커뮤니케이션과
미디어교육 연구의 **주사위**

질적 연구방법론

강진숙 저

지금

커뮤니케이션과
미디어교육 연구의 주사위
질적 연구방법론

지은이 | 강진숙
펴낸이 | 김지연
펴낸곳 | 지금
초판 1쇄 | 2016년 7월 11일
초판 2쇄 | 2019년 9월 9일
등록 | 제319-2011-41호
주소 | 06924 서울특별시 동작구 장승배기로 128, 305호(노량진동, 동창빌딩)
전화 | (02)814-0022 FAX (02)872-1656
홈페이지 | http://www.papergold.net
ISBN | 979-11-86041-98-7 93330

이 도서의 국립중앙도서관 출판예정도서목록(CIP)은 서지정보유통지원시스템
홈페이지(http://seoji.nl.go.kr)와 국가자료종합목록 구축시스템(http://kolis-net.nl.go.kr)에서
이용하실 수 있습니다. (CIP제어번호 : CIP2016012531)

• 책값은 책표지에 표시되어 있습니다.

일러두기

1. 이 책은 국립국어원 표기법을 준수했다.
2. 외국 인명이나 지명, 작품명은 될 수 있는 한 국립국어원의 외래어 표기법을 따르되, 굳어진 용례는 관행을 따라 표기했다.
3. 출판 지침은 〈언론 관련 학술지 논문 작성 지침〉(2014)을 준수했다.
4. 원서는 이탤릭체로 표기했다.
5. 단행본이나 정기간행물은 홑화살괄호(〈 〉)로, 논문과 시, 논설, 기고문 등은 큰따옴표(" ")로 표시했다.

이 저서는 2013년 정부(교육부)의 재원으로 한국연구재단의 지원을 받아 수행된 연구임
(NRF-2013S1A6A4017332)
This work was supported by the National Research Foundation of Korea Grant funded by the Korean Government(NRF-2013S1A6A4017332)

Preface 서 문

"당신을 만나고서 모든 게 달라졌어." 밀란 쿤데라의 〈정체성〉에 나오는 이 한 마디는 권태로운 일상의 마디를 끊는 스타카토처럼 설렘을 전해준다. 섬광처럼 만남의 순간 경험하게 되는 짜릿한 느낌, 그것은 비단 사람만이 아니라 누군가 자필로 쓴 연애편지를 보는 순간에도 경험할 수 있다. 혹은 지식의 헛간을 뒤지다가 뒤엉켰던 문제들을 해결할 수 있는 실마리를 발견한 순간에도 정서는 변이한다. 스피노자가 말했듯이, 슬픔에서 기쁨으로 나의 더 작은 완전성에서 더 큰 완전성으로 정동이 일어난다. 여기서 중요한 것은 내 몸과 정신에 켜켜이 쌓인 습관과 관성의 문턱을 넘어서는 일이다. 문턱을 넘어서는 모험, 그것은 낯선 세계를 향한 관심과 문제의식 그리고 화석화되어 가는 직관을 복원하려는 자기 성찰 속에서 가능하다.

이 책을 집필하게 된 계기도 여기에서 출발한다. 수의 세계에서 감지하기 어려운 것들을 이야기의 세계에서 발견하고자 함이다. 이 이야기의 세계는 사건과 문제가 발생하는 삶의 현장으로서 연구자와 연구참여자들의 해석과정을 거쳐 가치판단이 이루어지는 장이다. 이 현장은 한 개인의 희로애락이 체득된 생애, 유년기의 미디어 체험, 특정한 입장을 지닌 담론들, 사회 문화적 현상, 문화집단, 그리고 경계가 있는 사례 등을 통해 구체적으로 작동한다. 여기서 중요한 것은 이 현장을 어떻게 해석할 것인가 하는 고민을 넘어서서 문제해결의 방안들을 모색하는 데 있다. 이처럼 현장의 문제와 그 해결책에 대한 각성이 필요한 이유는 곧 내 삶의 문제의식들을 확장하고 해결하는 과정과 맞닿아 있기 때문이다. 따라서 질적 연구방법론의 목적은 다양한 인간의 주관성과 사회 현상들에 적합한 방법론을 적용하여 해석하고 분석함으로써 문제해결의 방안들을 모색하는 데 있다.

이러한 맥락에서 이 책은 다음과 같은 목차로 구성되었다.

제1장 질적 연구의 사상적 배경과 미디어교육에서는 질적 연구의 정의와 의미, 방법론 유형과 사상적 배경, 그리고 커뮤니케이션과 미디어교육 연구를 위한 질적 연구방법의 의의와 시사점을 제시한다.

제2장 생애사 연구에서는 생애사 연구의 이론과 방법론을 이해하기 위해 관련된 사상가들의 사유들을 검토한다. 생애사 연구의 사유를 위한 문제틀로서 벤야민의 역사적 경험과 기억의 사유를 비롯해 프로이트의 정신분석학에 기반한 무의식과 트라우마 개념을 살펴본다. 이어서 생애사 연구의 배경 · 범주 · 정의 등을 탐색하고, 방법론의 유형과 특성을 논의하고자 한다. 마지막으로 커뮤니케이션과 미디어교육 분야에서 생애사 연구의 이론과 방법론의 적용 가능성과 의미들을 도출한다.

제3장 미디어 비오그라피 연구에서는 개인의 생애사 과정에서 나타나는 미디어 이용행위에 대한 분석방법을 제시한다. 이를 위해 미디어 비오그라피 연구의 문제설정과 정의, 범주와 특징, 이론과 방법론들을 정리한다. 이 연구의 중요한 구성범주는 개인의 생애사와 가족관계, 사회구조적 맥락, 시간구조, 생활세계, 유사상호작용, 기억 등의 사유들을 통해 발견된다. 여기서 더 나아가 집단 무의식, 정동, 아비투스, 집단기억 등의 철학, 윤리학, 분석심리학, 사회학의 주요 개념과 범주들을 고려하여 미디어 비오그라피 연구의 문제설정과 논의를 제기한다.

제4장 담론 분석에서는 담론을 형성하는 언어 체계와 현실세계를 상호 연관성 속에서 분석하는 방법과 의미들을 탐색한다. 담론이론의 발전 과정에서 제기되는 쟁점은 담론과 실재대상의 관계를 어떻게 설정할 것인가 하는 점이다. 담론을 언어 내부의 문제로 간주할 경우 담론 외부의 현실문제들을 간과하거나 '언어의 감옥'에 갇힐 수 있기 때문이다. 여기서는 담론 바깥의 사유를 강조하는 알뛰세의 이데올로기론과 페쇠의 담론이론을 구체적으로 논의한 후, 이를 바탕으로 방법론의 유형과 특징으로서 비판적 담론 분석, 뉴스담론의 이론과 그 적용 사례들을 살펴보고자 한다.

제5장 근거이론에서는 핵심 사상인 상징적 상호작용론, 근거이론의 정의와 배경, 연구 유형 등 이론적 논의, 방법론의 유형과 특징, 그리고 적용 사례와 함의 등을 탐색한다. 이를 위해 근거이론의 주요 이론가들인 글레이저, 스트라우스와 코빈, 차마즈 등을 중심으로 한 근거이론의 체계와 방법들을 논의한다. 근거이론이 다른 질적 연구와 다른 점은 범주구성, 코딩 분석, 이론개발 등의 특수한 방법과 절차들을 사용한다는 점에 있다. 근거이론의 의의는 현존하지 않는 이론의 개발이나 기존 이론의 개선을 도모하는 데 있다.

제6장 현상학 연구에서는 후설의 초월론적 현상학을 토대로 질적 현상학 연구의 이론과 방법들을 살펴본다. 현상학 연구는 다양한 철학적, 사회학적, 교육학적 접근을 통해 이론과 방법론의 체계화가 이루어졌다. 특히 후설의 현상학은 질적 현상학 연구의 이론과 방법론을 형성하는 중요한 역할을 하였다. 이 연구의 목적은 개인의 생생한 체험과 '사태 그 자체'로 돌아가 의식의 지향성을 찾아내고, 다시 추상적인 수준에서 의미의 본질을 발견하는 데 있다. 이러한 현상학적 접근의 의의는 생활세계에서 인간이 자명하게 여기는 신념과 확신을 성찰할 수 있는 계기를 제공한다는 점에 있다.

제7장 문화기술지 연구에서는 문화기술지 연구의 다양한 이론과 방법론의 체계들을 살펴보고, 국내 문화기술지 연구의 경향과 시사점들을 규명하고자 한다. 문화기술지란 '사회적 생활에 대

한 일상의 기록'으로서 특정 지역의 사회갈등, 문화생산, 실천행위의 현장을 기록하고 분석하는 질적 연구방법론이다. 그 목적은 현지인의 관점에서 상호 관계하고 외부자의 관점에서 다른 삶의 방식을 이해함으로써 인간과 지역사회의 심층성과 복잡성을 드러내는 데 있다. 특히 문화기술지는 문화공유집단뿐 아니라 문화생산과 갈등의 현장, 그리고 사회적 소수자와 타자들에 대한 관심을 중요하게 다룬다.

제8장 사례연구에서는 이론과 방법론의 핵심적인 사항들을 중심으로 살펴본다. 이를 위해 사례연구의 정의와 배경 및 범주, 방법론의 유형과 특징, 그리고 사례연구 방법론의 적용 사례에 나타난 주제 유형과 분석방법들을 검토한다. 사례연구의 의의는 개인과 공동체, 관계와 프로젝트 등 사례들을 선정하여 단일 사례나 다중 사례의 독특성과 쟁점들을 분석함으로써 현실 문제의 해결을 위한 대안적 관점을 모색하는 데 있다.

제9장 질적 연구의 검증방법에서는 다양한 타당성과 신뢰성 검증방법론과 연구의 윤리성 확보를 위한 연구자의 태도 등을 검토한다. 이를 위해 구바의 자연주의적 입장, 레더의 독특한 타당성과 신뢰성 범주들, 그리고 삼각검증법, 참여자 검증, 동료 검증 등의 다양한 검증방법론을 검토한다. 나아가 연구의 윤리성 확보를 위한 연구자의 가치판단과 책임 있는 태도를 논의한다.

이상의 질적 연구방법론은 기본적으로 인간의 주관성과 사회현상을 분석하기 위해 중요한 이론과 방법들을 제공한다. 하지만, 이러한 질적 연구방법론이 단순히 기법이나 해석의 도구로 사용될 경우 이야기의 세계를 풍부하게 해석할 수 있는 길을 놓칠 수 있다. 중요한 것은 질적 연구자가 기법만이 아니라 보다 체계적이고 독특한 방법론의 사유들을 실천하여 다양한 사회 문제들을 드러내고 과감히 새로운 만남을 위한 문턱을 넘어서는 데 있다.

덧붙여 자료수집에 도움을 준 박지혜 연구자와 소유석 연구조교, 최종적으로 출판 편집과정에서 세심한 교정작업과 노력을 아끼지 않았던 김지연 대표님과 지금 출판사 편집위원님들, 그리고 동고동락을 함께하는 중앙대 미디어커뮤니케이션학부 동료 교수님들께 진심 어린 감사의 마음을 전하고자 한다.

끝으로, 이 책이 발간될 수 있도록 재정적 지원과 엄격한 심사과정을 관리하고 진행해준 한국연구재단의 저술출판지원 사업 관계자분들과 세심한 지적을 해주신 심사위원님들께 감사의 인사를 드린다.

2016년 6월
흑석동 연구실에서 강진숙

차 례

Contents

차 례

Contents

제1장

01 질적 연구의 사상적 배경과 미디어교육

1

질적 연구의 문제설정, 정의, 방법론

1) 질적 연구의 문제설정

질적 연구는 무엇이고 어떻게 정의할 수 있을까? 이러한 물음에 보다 쉽게 다가서기 위해서는 질적 연구를 위한 문제설정이 필요하다. 이것은 크게 다음 세 가지 측면에서 살펴볼 수 있다. 즉 수의 세계와 이야기의 세계에 대한 사유, 사물의 세계와 언어의 세계에 대한 사유, 그리고 구조와 주체에 대한 문제설정이 여기에 포함된다.

구체적으로 살펴보면 우선, 수의 세계와 이야기의 세계는 문자의 발명과 코드화의 역사적 과정에 관심을 둔 빌렘 플루서(Vilém Flusser)의 사유에서 발견된다. 체코의 커뮤니케이션 사상가인 플루서는 그의 주저인 〈코무니콜로기(*Kommunikologie*)〉(1996/2001)와 그의 에세이들인 〈피상성 예찬(*Lob der Oberflächlichkeit)*〉(1983/2004)을 통해 역사적으로 코드가 발명되고 변화하는 과정에서 구체적인 동물과 사물들을 대하는 방식의 차이들을 설명하고 있다. 이를테면, 구석기시대의 라스코 동굴벽화(〈그림 1-1〉 참조)와 고대 시리아의 상업도시 우가리트의 쐐기문자(〈그림 1-2〉 참조)는 입체적 사물과 동물들을 어떻게 표현하는지에 따라 서로 차이가 나타난다.

그림 1-1. 라스코 동굴벽화

출처: http://100.daum.net/multimedia/63_11100002_i2.jpg

그림 1-2. 우가리트의 쐐기문자 도기판(陶器板)

출처: http://lila.sns.it/mnamon/index.php?page=Esempi&id=30

여기서 쐐기문자란 부드러운 점토판에 첨필로 눌러 쓴 쐐기모양[楔形]의 문자로서, BC 15세기 우가리트의 상업적 전성기에 두드러지게 사용되었다(권삼윤, 2001). 메소포타미아의 설형문자나 이집트의 신성문자(神聖文字, 히에로글리프)와 같이 '서기(書記)'가 필요할 정도로 난해한 음절문자가 아니라 '상업거래'를 위한 실용성과 해사무역의 의사소통에 효과적인 표음문자의 형태를 지녔다. 즉 계산의 효율성과 거래를 위한 소통의 방법이었던 것이다.

이렇게 볼 때, 라스코 동굴벽화에서 역동적인 모양의 소와 말이 상상을 표현하는 평면의 그림으로 구성되었다면, 우가리트의 쐐기문자는 계산의 효율성과 실용성을 위해 선형적으로 표기되었다. 즉 전자의 그림이 소들을 '비밀이 가득한 황소'로 표현하고 시각적 상상을 불러일으키는 이야기로 만들어냈다면, 후자의 문자들은 '여덟 마리의 황소'로 계산의 효율성을 꾀하기 위해 표현되었다는 점에서 서로 차이가 나타난다. 그 이유는 선사시대의 소통방식이 주로 평면의 그림을 통해 상상과 이야기가 풍부한 주술적 효과로 이루어졌다면, 역사가 기록되기 시작한 문자시대에는 상상보다는 현실을 개념화하고 합리적 계산을 통해 예측 가능성을 높이는 소통방식이 중시되었기 때문이다(강진숙, 2010). 요컨대, 동일한 사물이나 동물을 어떠한 태도로 해석하고 표현하는지에 따라 산출되는 의미와 결과에는 차이가 발생하는 것이다. 즉 상상력을 발휘해 이야기를 중심으로 황소들을 볼 것인지 아니면 계산을 통해 황소의 숫자들과 그 효과들을 바라볼 것인지는 서로 다르다.

이러한 맥락에서 질적 연구는 수의 세계와 이야기의 세계를 어떠한 태도로 접근하고 분석할 것인지, 그리고 궁극적으로 이 세계의 분리된 경계들과 화합하기 어려운 사유의 다름과 문제들을 어떻게 해결해 나갈 것인지 등의 과제와 연관된다(〈표 1-1〉 참조).

표 1-1. 수와 이야기의 세계로 본 연구태도의 차이

구 분	수의 세계	이야기의 세계
이 론	실증주의	구조주의, 후기구조주의, 비판이론, 포스트모더니즘, 정신분석학, 담론, 현상학, 기호론
가치지향	객관성, 사실성, 예측 가능성	주관성, 타당성, 반성적
방법론	연역적	귀납적
검 증	신뢰도	신뢰성, 타당성

두 번째는 사물의 세계와 언어의 세계에 대한 미메시스적 사유이다. 사물과 언어의 세계에 대한 탁월한 사유는 독일의 사상가인 발터 벤야민(Walter Benjamin)의 미메시스의 개념에서 찾아볼 수 있다. 벤야민은 그의 대표적인 저서인 〈아케이드 프로젝트〉(1982/2005)를 비롯해 소논문들인 "유사성론"(1933/2008)과 "미메시스 능력에 대하여"(1933/2008) 등을 통해 사물과 언어의 관계들을 탐색하고 있

다. 여기서 나타나는 주요한 문제설정은 시각적으로 포착되는 사물들을 어떻게 촉각적인 언어들로써 사유하고 재구성할 것인가 하는 데에 있다. 이를 위해 고려할 수 있는 개념이 '미메시스 능력'이다. 고대의 철학적 사유에서 비롯된 '미메시스' 개념은 아리스토텔레스의 예술이론을 통해 긍정적인 위상을 획득하게 된다. 왜냐하면, 플라톤이 미메시스를 이데아의 허상, 진리의 왜곡을 가져오는 위협적 기제로 비판한 반면(오형엽, 2009), 아리스토텔레스는 모든 예술의 기원을 모방에 두고 예술가의 역할을 새롭게 규정하고 있기 때문이다. 이 견지에서 미메시스란 연극이나 회화와 같은 예술 매체를 통해 인간의 희극과 비극을 재현(re-present)하는 행위를 가리킨다(유기환, 2010).

그런데, 벤야민은 이 두 고대 철학자들의 사유를 넘어서서 미메시스를 단순한 미학적 모방이나 재현이 아니라 놀이(Spiel)와 언어적 표현의 차원에서 해석한다. 우선, 놀이의 측면에서 볼 때 어린이들은 "상인이나 선생을 흉내내는 것만이 아니라 물레방아, 기차까지도 흉내낸다"(Benjamin, 1972/2008, 200쪽). 어른들이 다양한 의태어와 의성어 등 학습된 언어들을 통해 사물을 기억하는 반면, 아이들은 장난감들을 서로 결합하고 파괴하며 지각과 감각적 표현을 통해 사물을 가지고 유희한다. 이처럼 어린이들이 놀이를 통해 감각적으로 사물의 유사성을 지각하는 태도를 벤야민은 '감각적 유사성(sinnliche Ähnlichkeit)'이라고 말하고, 이 경우 미메시스 능력(das mimetische Vermögen, the mimetic faculty)은 감각적으로 사물을 표현하는 유희의 생성능력을 의미하게 된다. 또 다른 한편, 미메시스는 '비감각적 유사성(unsinnliche Ähnlichkeit)'을 통해서 사물을 언어로 표현하는 능력을 의미하기도 한다. 예컨대, 점성술(Astrologie)은 별과 인간의 관계를 알레고리화하여 비감각적으로 이야기를 구성하는 미메시스 능력이다(〈표 1-2〉 참조). 점성술이 비감각적 유사성의 특성을 지니는 이유는 "어떤 별의 상태와 한 사람 사이에 존재하는 유사성"을 감각적으로 지각하기 어렵기 때문이다(Benjamin, 1972/2008, 203쪽). 즉 '별들의 성좌'는 우리가 느끼기 이전에 존재하는 미메시스적 객관성을 형성하고 있고, 이 경우 미메시스 능력은 점성술에 경험적 성격을 부여해 별자리와 인간 사이의 연결고리를 창출하는 알레고리화의 능력이 된다. 이 과정에서 중요한 것이 언어의 역할이다. 즉 예전에 별들이나 동물의 내장, 우연한 사건들에서 읽어내기, 즉 투시력(透視力, Hellsicht)의 토대였던 미메시스 능력은 수천 년의 발전 과정을 거치면서 점차 언어와 문자를 통해 "비감각적 유사성의 완전한 서고를 만들게 되었다"(Benjamin, 1972/2008, 206쪽). 과거의 투시력이 점차 문자와 언어 속으로 집약되어 사물들과 그 독특한 향(香, Aromen)들이 서로 만나고 이야기로 표현되는 것이다. 이러한 관점에서 볼 때, 가장 오래된 읽기는 모든 언어 이전의 읽기, 동물의 내장, 별들 또는 춤에서 읽기, 즉 "씌어지지 않은 것을 읽기"에 있다(Benjamin, 1972/2008, 215쪽).

표 1-2. 미메시스 능력의 두 가지 유형

구 분	감각적 유사성	비감각적 유사성
정 의	감각적으로 사물의 유사성을 지각하는 태도	사물과 인간의 관계를 알레고리화하여 비감각적으로 이야기를 구성하는 태도
사 례	어린이들의 사람, 물레방아, 기차 흉내내기 놀이	별자리와 인간의 관계를 알레고리화하는 점성술

이러한 맥락에서 질적 연구는 사물과 현상, 그리고 사람들의 관계들에 대해 언어로 표현하는 미메시스 능력의 실천방법이다. 즉 질적 연구에서 미메시스 능력은 어떻게 시각적으로 경험되는 사물과 사건들을 감각적 유사성 혹은 비감각적 유사성의 측면에서 표현하고 새롭게 재구성할 것인가 하는 문제설정을 환기시킨다. 예컨대, 참여관찰이나 묘사방법을 이용할 경우 질적 연구는 생생한 사건의 현장에서 직접적으로 '씌어지지 않은 것'을 읽거나 경험하는 접근태도를 취함으로써 미메시스 능력의 구현이 가능하다. 특히 특정 이슈나 문화적 사건들에 대한 연구참여자의 경험과 인식들을 자료수집할 경우, 의식적 기억이 아닌 무의식적인 측면에서 특정 사물에 스치면서 '충격체험'처럼 떠오르는 기억들을 채집할 수 있는 문제의식의 개발과 확장이 필요하다.

마지막으로, 구조와 주체에 대한 사유이다. 전통적으로 질적 연구의 이론적 계보는 주로 구조와 주체의 관계를 어떻게 인식할 것인가 하는 문제로 이어져 왔다. 구조와 주체의 관계에 대한 문제설정이 중요한 이유는 질적 연구가 단지 구조와 주체를 분석하는 정태적 연구영역으로 제한될 수 없기 때문이다. 즉 질적 연구의 가치 지향점은 구조의 불평등한 조건과 모순들이 주체를 어떻게 구성하고 예속하는지를 분석할 뿐 아니라 궁극적으로 사회구조적인 문제들을 해결하기 위해 주체들이 능동적이고 유희적인 대안과 방법들을 도출하는 데 있는 것이다.

이러한 관점에서 질적 연구의 문제설정을 활성화하기 위해서는 주요한 사상의 맥락을 형성하는 세 가지 차원의 이론적 자원들과 그 차이들을 명확히 규명하고 판단하는 태도가 선행되어야 한다. 이것은 크게 세 가지 사상적 맥락으로 구분할 수 있는데, 구조주의, 후기구조주의, 그리고 포스트모더니즘이 그것이다(Poster, 1990/1994; 이정우, 1999 참조). 각각의 차이를 이해하기 위해 보다 세부적으로 세 가지 측면, 즉 시간과 공간에 대한 정의 및 철학적 사상, 주체에 대한 관점, 그리고 이론적 평가의 측면에서 살펴보고자 한다(〈표 1-3〉 참조).

우선, 시간과 공간에 대한 정의의 측면에서 바라볼 경우, 구조주의 이론이 시간보다 질서와 필연성의 법칙이 작용하는 공간을 우선시하고 있다면, 포스트모더니즘은 이와 상반되게 공간보다 카오스적인 시간을 더 중요하게 다루고 있다는 점에서 차이가 나타난다. 예컨대, 소쉬르(Saussure)처럼 언어의 문법과 규칙을 중시하는 랑그 중심의 사고나 레비스트로스(Lévi-Strauss)와 같이 질서와 법칙의 공간을 주체의 행위보다 중요한 결정 요인으로 삼는 사유 태도는 가장 기본적인 구조주의의 사상적 원천으로 작용하고 있다. 반면, 료타르(Lyotard), 데리다(Derrida), 보드리야르(Baudrillard) 등의 포스트모더니즘에서 구조는 해체되어 있고 불확실성에 기반한 공간이다. 한편, 후기구조주의에서 라캉(Lacan)과 알튀세(Althusser), 푸코(Foucault)는 정태적이고 닫혀 있는 구조가 아니라 역동성을 지닌 구조와 시간의 다원성을 전제로 한다. 이와 유사한 맥락에서 부르디외(Bourdieu)와 들뢰즈(Deleuze) · 과타리(Guattari)는 각각 '장(champ)'과 '기계(machine)'의 개념을 사용하여 사회구성원과 사건들의 관계성과 의미들을 분석하고 있다. 이와 같은 세 가지 이론자원의 시공간에 대한 관점은 구조주의의 이성중심주의와 포스트모더니즘의 주체중심주의적 시각에 기인한다. 이와 달리 중간자의 위치에서 후기구조주의는 다원화된 시공간의 구조와 차이의 철학을 바탕으로 구조와 주체의 상호관계성과 영향력을 파악하고자 한다는 점에서 다른 접근에 비해 질적 연구에 시사하는 바가 크다.

표 1-3. 구조와 주체에 대한 연구태도의 차이

구 분	구조주의	후기구조주의	포스트모더니즘
사상가	• 레비스트로스 • 소쉬르 • 옐름슬레우	• 라캉, 알튀세 • 푸코, 부르디외 • 들뢰즈, 과타리	• 료타르 • 데리다 • 보드리야르
시 간	• 시간 개념 미미 • 랑그 중심 • 공시적 사고	• 시간의 물질성과 존재론 (베르그손, 하이데거) • 시간의 다원화 (푸코의 에피스테메) • 시간의 역설(들뢰즈)	카오스적인 시간
공 간	• 구조 개념 중시 • 질서와 법칙의 공간	• 장(champ) 개념 사유(부르디외) • 다원화된 시공간 구조 • 구조주의 인정+시대적 맥락과 단절 고려	• 구조, 공간 해체 • 불확실성의 공간
사 상	• 이성중심주의 • 합리주의 • 필연의 법칙성	• 차이와 변혁 강조 (68년 5월 혁명 성찰) • 차이와 생성의 철학	• 주체중심주의 • 반합리주의 • 우연성과 불연속성
주체관	구조에 종속〔예속〕된 존재	• 구조에 대한 신체의 가변성, 관계성, 역동성 강조 • 권력에 의한 주체구성 • 욕망의 생산성과 주체성	탈중심적, 탈구조적 주체
평 가	• 역동성에 대한 제한적 사유 • 구조결정론에 치중 • 행위자의 자율성에 대한 비관적 태도	• 구조와 주체의 역동성과 실천 강조 • 구조를 변혁할 수 있는 실천 전략의 구체성 필요	• 세계에 대한 상대주의적 해석 • 주체의 해방적, 대안적 행위론 부재

출처: 강진숙 (2000). 〈인터넷 장(field)의 기호체제와 주체화과정에 대한 연구: 공간과 기호의 배치, 그리고 주체문제를 중심으로〉. 중앙대학교 대학원 박사학위 논문, 44쪽 재구성. 원 저작권자의 모든 권리가 보호됨.

두 번째로, 주체에 대한 관점을 보면 레비스트로스나 소쉬르, 그리고 옐름슬레우(Hjelmslev)가 구조주의적 사유에서 문화적 구조나 언어 문법, 형식성 등에 종속된 주체를 상정한다면, 료타르와 데리다 등은 포스트모더니즘의 관점에서 주체를 탈중심적이고 구조를 벗어나 자유로운 언어적 행위의 담지자로 자리매김한다. 이러한 양극단의 중간에서 후기구조주의는 구조에 대한 신체의 가변성, 만남을 통한 관계성, 역동성 등을 강조하는 한편, 주체가 구조로부터 상대적 자율성을 지니고(알튀세), 권력이 역사적으로 주체를 구성하며(푸코), 그리고 욕망을 결여가 아닌 생산의 측면에서 사고한다(들뢰즈와 과타리)는 점을 강조한다. 요컨대, 구조를 전제로 하되 주체의 역동적 행위와 실천의 가능성들을 열어놓고 있음을 알 수 있다.

마지막으로 이론적 평가의 측면에서 볼 때, 행위자의 자율성을 엄격히 제한적으로 간주하는 구조주의의 구조결정론적 시각과 포스트모더니즘의 세계에 대한 상대주의적 해석의 태도는 구조와 주체의 상호작용성과 주체의 능동적 실천에 대한 대안을 창출하기 어렵다는 점에서 한계가 있다. 이와 달리 알튀세나 푸코, 그리고 부르디외 등의 경우 구조의 작용방식을 이데올로기 구성체와 권력, 그리고 상징폭력과 문화자본 등을 통해 역동적으로 접근하고 있고 저항적 실천의 계기를 고려하고 있다는 점에서 차이가 발견된다. 여기서 더 나아가 들뢰즈와 과타리는 안티테제로서의 저항이 아니라 다양한 욕망의 생산과 결합, 그리고 차이의 생성을 통한 실천 전략들을 보다 구체적으로 제시하고 있다는 점에서 질적 연구의 실천방안들을 모색하는 데 유의미한 자원들을 제공할 것으로 판단된다.

2) 질적 연구의 정의와 철학적 가정

그러면, 질적 연구는 어떻게 정의할 수 있는가? 질적 연구에 대한 정의는 하나의 통일된 견해나 합의된 입장을 바탕으로 제시하기가 어렵다. 왜냐하면, 학자들마다 질적 연구의 이론적 전통과 역사적 맥락을 바라보는 관점이 서로 다를 뿐 아니라 방법론의 범주를 구성하는 태도 역시 다양한 경향을 보이고 있기 때문이다. 여기서는 질적 연구의 정의를 이해하기 위해 사회과학과 기호학 분야의 덴진과 링컨(Denzin & Lincoln), 그리고 교육학 분야의 크레스웰(Creswell)의 질적 연구에 대한 견해를 검토하고자 한다.

우선, 기호학과 사회과학 분야에서 질적 연구를 수행하고 있는 덴진과 링컨은 자연주의적 접근과 해석적 접근을 통합적으로 차용해 질적 연구를 정의하고 있다. 덴진과 링컨에 따르면, 질적 연구란 '자연스러운 상황'에서 연구참여자 및 분석대상에 접근하고 의미를 심층적으로 해석하는 연구방법을 의미한다(Denzin & Lincoln, 2005). 즉 질적 연구는 조작적 설계가 이루어지지 않은 자연스러운 상황에서 사물을 연구한다는 측면에서 자연주의적 접근에 기초하며, 특정한 현상과 상황에 대해 이해하고 의미를 해석한다는 점에서 해석학적 실천을 바탕으로 하는 연구분야인 것이다(강진숙, 2008). 이러한 정의에 대해 크레스웰은 질적 연구의 영향과 세계 변화에 대한 강력한 지향점을 가진다는 점에서 긍정적으로 평가하고 있다(Creswell, 2007/2010). 이와 유사한 측면에서 덴진과 링컨은 질적 연구의 질료들을 연구참여자들의 내러티브와 구술면담의 자료들뿐 아니라 개인의 일상이나 문제되는 순간들, 혹은 의미를 기술하는 다양한 '경험적 재료들'로 확장하여 다양하게 접근하고 있다. 여기서 '경험적 재료들'이란 연구를 위한 다양한 사례연구, 개인적 경험, 내적 성찰, 삶의 이야기, 면담, 관찰, 역사적 · 상호작용적 · 시청각 텍스트(Denzin & Lincoln, 1994) 등을 망라하는 개인 및 집단의 사회문화적 산물들을 포괄한다.

다른 한편, 교육학적 관점에서 질적 연구를 수행하고 있는 크레스웰은 질적 연구를 철학적 가정과 세계관을 바탕으로 접근하고 있다. 크레스웰에 따르면, 질적 연구란 철학적 가정, 세계관, 적용 가능성이 있는 이론적 렌즈의 활용, 이에 적합한 연구문제들을 설계하여 개인 및 사회의 제 문제들과 연관된 의미 있는 개인이나 집단을 조사하는 연구분야를 의미한다(Creswell, 2007/2010). 이러한 견해에서 볼 때, 질적 연구는 인간과 사회의 문제를 분석하고 그 대안을 모색하는 데 적합한 철학적, 이론적 논의와 방법론의 연구전통들에 기반을 둔 연구영역의 위상을 지닌다(강진숙, 2008). 그러면, 크레스웰은 어떠한 철학적 가정들을 전제로 하는가? 그것은 질적 연구의 주창자라고 평가될 정도로(김영천, 2012) 인식론적, 방법론적 기초를 정립한 구바와 링컨(1988)의 공리적(axiomatic) 이슈를 수정하여 다음과 같이 다섯 가지의 철학적, 실천적 연구범주를 제시하고 있다.

표 1-4. 크레스웰의 철학적, 실천적 연구범주

범주	가정	물음	특성	함의
철학적 범주	존재론	실재(reality)의 본질은 무엇인가?	실재는 연구참여자의 관점에서 주관적이며 복합적임	연구자는 참여자의 말로 인용과 주제를 활용하며, 상이한 관점의 증거를 제공
	인식론	연구자와 대상 간의 관계는 어떠한가?	연구자는 자신과 대상 간의 관계를 좁히고자 함	연구자는 참여자와 협력하며 현장에서 시간을 보내고, '내부인'이 됨
	가치론	가치는 어떠한 역할을 하는가?	연구자는 연구가 가치를 가지며 편이(bias)가 존재함을 인정함	연구자는 내러티브를 형성하는 가치에 대해 개방적으로 논의하고 참여자의 해석과 함께 자신의 해석을 포함함
실천적 범주	수사학	연구는 주로 어떠한 언어를 사용하는가?	연구자는 개인적 목소리를 사용하여 문학적, 비공식적 형식으로 글을 쓰며, 질적 용어와 제한된 정의들을 사용함	연구자는 내러티브를 사용하며, 1인칭 대명사를 사용할 수 있고, 질적 연구의 언어를 채택할 수 있음
	방법론	연구과정은 무엇인가?	연구자는 귀납적 논리를 사용하며, 맥락과 설계 내에서 주제를 연구	연구자는 일반화 이전의 세부적인 것들을 가지고 작업하며, 연구의 맥락을 상세하게 기술하며, 현장 경험에 의해 끊임없이 질문을 수정해 나감

출처: Creswell, J. W. (2007). *Qualitative inquiry and research design: Choosing among five approaches* (2nd ed.). Thousand Oaks, CA: Sage. 조흥신 · 정선욱 · 김진숙 · 권지성 (공역) (2010). 〈질적 연구방법론: 다섯 가지 접근〉. 서울: 학지사, 35쪽 재구성. 원 저작권자의 모든 권리가 보호됨.

〈표 1-4〉의 내용을 구체적으로 살펴보면, 크레스웰은 질적 연구의 정의를 철학적 가정뿐 아니라 연구의 실천적 범주까지 포함해서 접근하고자 한다. 즉 구바와

링컨(1988)의 철학적 공리들인 세 가지 범주, 즉 존재론, 인식론, 그리고 가치론을 수용하고 여기에 실천적 범주인 수사학과 방법론의 가정들을 덧붙여 교육학적 응용과 실천의 가능성을 확장하고자 한다. 각각의 특성들을 살펴보면(Creswell, 2007/2010, 34-37쪽 참조), 우선 존재론적 가정은 실재 혹은 현실(reality)의 본질이나 특성과 관련된 범주이다. 연구자는 질적 연구 과정에서 다양한 사실에 대한 의견을 채택하고 그 실체들을 전달할 수 있어야 한다. 개인의 상이한 관점을 제시하여 다양한 사실들을 입증할 수 있도록 하는 것이 바로 질적 연구의 존재론적 가정이다. 예컨대, 현상학 연구를 수행하는 경우, 연구자는 연구참여자들이 자신의 실재 경험을 어떻게 서로 다르게 파악하는지를 간파하고(Moustakas, 1994), 다양한 경험들을 관통하는 본질적인 의미들을 추출해내어야 한다.

그 다음으로 인식론적 가정에서 연구자는 참여자와 가까워지기 위해 노력해야 한다. 연구자는 참여자를 알기 위해 현장에 머무르게 되는데, 연구자는 참여자와의 거리를 최소화하기 위해 노력함으로써(Guba & Lincoln, 1988) 진정성과 신뢰성을 가진 연구결과를 도출할 수 있다. 또한 가치론의 측면에서 연구자는 연구에 가치를 부여하고, 이 가치를 명확히 제시할 필요가 있다. 즉 연구자는 자신의 표현과 해석이 드러나는 것을 인정하고(Denzin, 1989), 연구에 자신의 가치와 주관성이 개입될 수 있다는 사실을 전제로 해야 한다. 왜냐하면, 질적 연구는 통계학을 활용하여 객관성을 증명하는 양적 연구와 달리 연구참여자들의 주관성을 심층적으로 분석하고 결과를 도출하는 연구방법이기 때문이다.

마지막으로 실천의 범주에서 수사학과 방법론에 대한 연구자의 이해가 필요하다. 우선, 수사학은 질적 연구자들이 어떠한 언어를 사용하여 이론적 논의와 분석을 수행할 것인가 하는 문제와 연관된다. 즉 질적 연구에서 주로 사용되는 이해, 발견, 의미 등과 같은 용어들을 사용하여(Clandinin & Connelly, 2000) 연구자의 관점과 논리적 타당성을 보여줄 수 있어야 하는 것이다. 예컨대, 연구자는 내러티브나 생애사 연구처럼 개인의 구술과 연대기를 바탕으로 이야기를 전개해 나갈 수 있다. 또한 방법론의 범주에서 질적 연구의 방법은 귀납적으로 분석결과들을 도출하는 것이다(Creswell, 2007/2010). 즉 연구의 설계 단계에서 가설을 미리 결정하고 증명하는 것이 아니라 연구문제를 설정한 후 다양한 구술 면담자료나 관련 문헌자료들을 바탕으로 결과와 논점들을 사후적으로 추출하는 방법이다. 이 때문에 질적 연구에서 분석결과는 연구자가 예측하지 못했던 상황과 논점들을 포함할 수 있다. 따라서 질적 연구의 귀납적 결론 도출 과정에서 연구자는 최대한 자신의 무의식과 경험에서 기인한 선입견과 편견들을 최대한 괄호치기하는 연구의 태도가 요구된다.

이상의 논의에 근거할 때, 질적 연구는 개인과 사물, 그리고 사회현상을 선입견과 편견을 배제한 채 '자연스럽게' 관찰하고 연구참여자들의 구술과 제스처, 경험자료 등을 상호작용적으로 이해하고 분석하는 연구영역으로 정의할 수 있다. 여기서 중요한 것은 어떠한 연구목적에 근거하여 특정한 철학적 범주들과 실천적 범주들을 선택하고 적용하는지, 그리고 어떠한 질적 연구의 방법들을 적용하고 그 선정근거는 무엇인지 엄밀한 연구설계의 과정이 선행되어야 한다.

3) 질적 연구의 목적과 연구설계

그러면, 질적 연구의 목적은 어디에 있는가? 그리고 이 목적에 부합하는 연구설계는 기본적으로 어떻게 구성되어야 하는가? 질적 연구의 초심자들이 직면하는 어려움은 어떻게 연구목적을 설정하고 어디서부터 연구논문을 설계해야 하는지 방향을 잡는 데서 시작한다. 물론 그 이전에 선행되어야 할 것은 연구자가 어떠한 철학적 문제설정을 가지고 이 연구를 수행하고자 하는가 하는 데에 있다. 그 다음으로 그 문제설정에 부합하는 연구목적의 구상과 이를 실현하기 위한 연구의 골조를 형성하는 연구설계 작업에 들어가는 절차가 이어진다.

우선, 질적 연구의 목적은 질적 연구를 하는 이유가 무엇인가 하는 물음과 맞물려 이해할 수 있다. 질적 연구에 대한 오해 중의 하나는 '통계적' 또는 양적 연구의 대체방법이거나 보완적 연구로서 인식하는 경우이다(강진숙, 2008). 즉 편의적인 의도에서 질적 연구를 양적 연구와 결합해서 절충적 방법을 취하려 하거나 양적 연구와의 외형적 균형성을 맞추기 위한 의도로 질적 연구방법을 사용하는 경우가 문제의 그것이다. 이 경우 연구자의 자기만족감은 충족될 수 있으나 각각의 방법론이 갖는 고유한 철학적 가정과 연구의 목적 및 이유에 대한 성찰은 뒷전에 밀린 도구주의에 빠지는 우를 범할 수 있다. 즉 질적 연구는 편의주의적 접근으로 선택될 수 있거나 쉽게 논문 하나를 만들어낼 수 있는 방법이 아니라 개인과 사회에서 발생하는 다양한 문제들을 진단하고 해결하기 위한 성찰적인 이론 실천의 장인 것이다. 이러한 점에서 크레스웰이 강조하듯이, 질적 연구는 한 문제를 연구하기 위해서 강력한 헌신이 필요하며 많은 시간과 자원이 소요되는 작업(Creswell, 2007/2010)이다.

그러면, 질적 연구의 목적을 어떻게 가늠할 수 있는가? 이러한 물음과 관련하여 세 가지 측면에서 목적성을 정리할 수 있다. 우선, 질적 연구의 목적은 특정한 가설과 연관된 변인 및 효과의 검증이 아니라 '왜', '어떻게' 등 특정한 경험과 사건의 결과가 발생하게 된 개인적, 구조적 원인과 경향들을 발견하는 데 있다(강진숙, 2008). 이를 위해 연구주제와 관련된 철학적 사상과 이론들을 탐색하고 연구목적을 구체적으로 설정할 수 있도록 한다.

두 번째로, 질적 연구의 목적은 특정주제와 연관된 문제들을 드러내고 비판적으로 분석함으로써 문제해결의 방안들을 도출하는 데 있다. 예컨대, 사회적으로 문제시되고 있는 아동학대와 폭력의 상황과 사회 및 국가의 대처방식에 대한 정책적, 이론적 대응방안을 개발할 수 있다. 여기서 중요한 것은 문제와 대처전략이 이루어지는 현장에 대한 연구자의 민첩한 참여관찰과 심층적 이론 탐색 및 개발을 수행하는 데 있다.

마지막으로, 질적 연구의 목적은 해당 연구의 성과가 실제로 학문적, 실용적으로 활용되어 현실 사회구조의 모순과 문제점들을 해결하고 사회변화를 꾀하는 데 있다. 질적 연구는 연구참여자 개개인들의 개별적 경험과 사건, 이야기들에 근거해 자료수집과 분석이 이루어지지만(강진숙, 2008), 그 원인의 규명은 개인의 특수한 경험적 상황뿐 아니라 역사적으로 반복되고 지속되는 보편적인 사회구조적인 문제들을 진단하고 해결책을 모색하는 과정에서 보다 통찰력 있게 접근할 수 있기 때문이다.

이상에서 살펴본 질적 연구의 목적에 근거해 연구설계의 방법을 제시하면 다음 〈표 1-5〉와 같다. 연구자는 분석결과를 도출하기 이전까지 크게 네 가지 범주의 연구설계와 작업을 수행하게 된다.

표 1-5. 질적 연구의 목적과 연구설계 방법

범주	자원	목적	작업	초점
주제 설정	존재론	현실(reality) 사건들 중에서 어떠한 문제와 이슈들을 다루고자 하는가?	연구자가 어떠한 문제의식을 갖는지 다양한 뉴스와 문헌, 사전 인터뷰 자료 등을 통해 문제들을 설계하기	연구주제의 선정을 위해 연구자 자신이 문제를 자각, 학습하는 과정 필요
이론적 논의	인식론	이 문제는 왜, 어떻게 발생하게 되었는가?	연구자는 연구주제에 대한 개방적인 인식과 관심을 축적하기	연구자는 문제와 관련된 이론과 현장에서 '내부관찰자' 혹은 '외부관찰자'의 역할 수행 및 학습
연구 문제 설정	의미론	어떠한 의미와 가치를 지니는가?	연구자는 연구주제에 맞는 세부적인 연구문제를 설정하기(3~4가지)	연구자는 연구문제와 연관된 연구참여자와의 설문내용들을 세부적으로 구성하고 대화할 방법을 구상함
연구 방법 설정	수사학	연구자는 주로 어떠한 언어를 사용하는가?	연구자는 연구문제에 맞게 질적 연구의 기술 및 면담 방법(개방형, 반개방형) 선별하기	연구자는 연구참여자와의 면담결과 및 내러티브를 인용하며, 이에 대한 해석과 가치판단 작업을 수행함
	관계론	연구자는 연구참여자와 어떻게 라포(rapport)를 형성하는가?	연구자는 연구참여자 그룹을 선정, 분류하고 최대한 특수한 경험과 생각들에 열린 자세로 소통하기	연구자는 연구참여자와의 친밀감 형성 혹은 프라이버시를 보호하는 거리 조절 등 신중하고 신뢰감 있는 관계 형성
	방법론	어떻게 연구를 진행하고, 분석방법은 무엇인가?	연구자는 귀납적 논리를 사용하며, 연구주제와 문제설정에 적합한 방법론의 선택, 신뢰성 검증 방법을 명시하기	연구자는 연구주제의 특수성을 고려해 방법론을 선정하고, 방법론 적용의 의의와 제한점을 제시함

우선, 주제설정의 범주이다. 이것은 연구자가 어떠한 연구주제로 작업을 수행하고자 하는지 다양한 자료를 수집하고 검토하여 문제설정을 기획하는 단계이다. 이 경우 존재론의 측면에서 '현실에서 발생하는 사건과 이슈들 중에 어떠한 것들을 문제로 삼을 것인지' 연구목적을 제기하게 된다. 이를 위해 다양한 뉴스와 문헌들, 사전 인터뷰 자료 등을 통해 연구자 스스로 문제를 자각하고 학습하는 과정들을 섭렵할 필요가 있다.

두 번째는 이론적 논의의 설계를 위해 연구자는 인식론의 자원을 활용하여 '이 문제가 왜 어떻게 발생하게 되었는지'를 규명하는 단계를 거친다. 이를 위해 연구자는 연구주제에 대해 개방적이고 선입견을 배제한 인식적 태도와 관심을 축적하도록 한다. 이 과정에서 중요한 것은 연구자가 이론과 현장의 자료들에 접근할 경우 '내외부 관찰자'의 역할들을 선택적으로 고려하여 보다 생생한 경험과 인식들을 학습하고 겸비하여 연구의 질을 높일 수 있도록 한다.

세 번째는 연구문제 설정의 범주이다. 연구자는 의미론의 자원들을 활용하여 어떠한 연구문제들을 규명하고자 하는지, 궁극적으로 이 연구가 '어떠한 의미와 가치를 지니는지' 설계하는 과정을 가지게 된다. 이를 위해 연구자는 연구주제에 부합하는 세부적인 연구문제를 설계하는데, 이 경우 연구문제는 분석결과와 유기적 연관성을 바탕으로 산술적 규모(보통 3~4가지 정도)를 조절하도록 한다. 특히 연구자는 연구문제를 연구참여자와 대화과정에 최적화될 수 있도록 세부적으로 질문내용들을 구성하고 대화할 방법을 구상한다.

마지막으로, 연구방법의 설계를 위해 세 가지 자원의 활용이 요구된다. 즉 수사학, 관계론, 그리고 방법론의 활용이 그것이다. 우선 수사학의 측면에서 연구자는 '주로 어떠한 언어를 사용할 것인지'를 결정하도록 한다. 연구자의 주요 작업은 연구문제에 질적 연구의 기술 및 면담방법(개방형, 반개방형)을 선별하는 것이 된다. 여기서 중요한 것은 연구자가 연구참여자와의 면담결과 및 내러티브를 인용하며, 이에 대한 해석과 가치판단 작업을 수행하는 방법을 구체화하는 데 있다. 다음으로 관계론의 측면에서 연구자는 연구참여자와 '어떻게 라포(rapport)를 형성할 것인지'를 설정하도록 한다. 연구자는 연구참여자 그룹을 선정, 분류하고 최대한 특수한 경험과 생각들에 열린 자세로 소통하는 작업을 수행한다. 여기서 초점은 연구자가 연구참여자와의 친밀감 형성 혹은 프라이버시를 보호하는 거리 조절 등 신중하고 신뢰감 있는 관계를 형성하는 데에 있다. 이와 함께 방법론의 자원을 활용하여 '어떻게 연구를 진행하고, 분석방법은 무엇인지'를 설계하는 과정이 남아 있다. 앞에서 보았듯이, 연구자는 질적 연구의 방법인 귀납적 논리를 사용하며, 연구주제와 문제설정에 적합한 방법론을 선정할 뿐 아니라 신뢰성 검증방법을 명시한다. 이 경우, 연구자는 연구주제의 특수성을 고려해 방법론을 선정하고, 방법론 적용의 의의와 제한점을 제시함으로써 방법론 적용의 타당성 및 신뢰성을 검증하도록 한다. 이러한 논의는 연구방법에서 제기하되 궁극적으로 연구의 결론적 논의에서 보다 구체화시키는 것이 적합하다.

2

질적 연구의 방법론 유형과 사상적 배경

1) 질적 연구의 방법론 유형

질적 연구의 방법론을 유형화하기 위해서는 다양한 학문분야의 관점들을 통합적으로 고려할 필요가 있다. 그 이유는 질적 연구방법론의 전통적 맥락에서 볼 때, 서로 다른 분류들을 행하고 있지만 학문분야 내에서는 보다 유사한 방법론의 유형들을 채택하고 있기 때문이다(강진숙, 2008). 질적 연구방법론의 다양한 유형들을 학문분야별로 구분하여 그 특징들을 살펴보면 다음 〈표 1-6〉과 같이 제시할 수 있다.

〈표 1-6〉에서 볼 수 있듯이, 교육학 분야에서 두드러진 연구자들로서 야콥(Jacob, 1987)과 랜시(Lancy, 1993), 그리고 크레스웰(Creswell, 2007)을 들 수 있다. 이들의 유형 분류를 보면, 야콥이 생태학적 심리학, 인지인류학, 상징적 상호작용주의, 총체적 문화기술지, 그리고 의사소통의 문화기술지 등 다섯 가지 유형을 제시하고 있다면, 랜시와 크레스웰의 경우는 보다 더 유사한 유형별 접근을 행하고 있음을 알 수 있다. 랜시의 경우, 총 일곱 가지의 유형들인 인류학적 관점, 전기적 관점, 개인에 관한 이야기, 역사연구, 사회학적 관점, 사례연구, 그리고 인지연구 등으로 구분하고 있다. 이와 함께 크레스웰은 스트라우스와 코빈(Strauss & Corbin, 1990)이 제시한 질적 연구방법론의 유형을 부분적으로 수용하여 새롭게 재구성하고 있다(강진숙, 2008). 그것은 총 다섯 가지 접근 유형으로서 내러티브 연구, 현상학, 근거이론, 문화기술지, 그리고 사례연구 등이 여기에 포함된다.

> 표 1-6. 질적 연구방법론의 유형 분류

분 야	연구자	연 도	유형 분류
교육학	Jacob	1987	• 생태학적 심리학 • 총체적 문화기술지 • 인지인류학 • 의사소통의 문화기술지 • 상징적 상호작용주의
	Lancy	1993	• 인류학적 관점 • 사회학적 관점 • 전기적 관점 • 사례연구 • 개인에 관한 이야기 • 인지연구 • 역사연구
	Creswell	2007	• 내러티브 • 문화기술지 • 현상학 • 사례연구 • 근거이론
간호학 (사회학)	Munhall & Oiler	1986	• 현상학 • 근거이론 • 문화기술지 • 역사적 연구
	Strauss & Corbin	1990	• 근거이론 • 문화기술지 • 현상학 • 생애사 • 대화분석(conversational analysis)
	Morse	1994	• 현상학 • 문화기술지 • 민족과학(ethnoscience) • 근거이론
심리학	Moustakas	1994	• 문화기술지 • 근거이론 • 해석학 • 경험적 현상학 연구 • 발견적 연구(heuristic research) • 초월론적 현상학
	Slife & Williams	1995	• 문화기술지 • 현상학 • 사회적 가공물 연구(studies of artifacts)
사회 과학	Denzin & Lincoln	1994	• 사례연구 • 문화기술지 • 현상학, 민속방법론, 해석학적 실천 • 근거이론 • 전기연구 • 역사연구 • 임상연구
		2005	• 실행, 비판, 공공문화기술지 • 생애사 • 해석적 실천 • 내러티브 • 사례연구 • 참여적 실행연구 • 근거이론 • 임상연구
	Miles & Huberman	1994	• 해석주의(interpretivism) • 사회인류학 • 협력적인 사회연구

출처: Creswell, J. W. (2007). *Qualitative inquiry and research design: Choosing among five approaches* (2nd ed.). Thousand Oaks, CA: Sage. 조흥신 · 정선욱 · 김진숙 · 권지성 (공역) (2010). 〈질적 연구방법론: 다섯 가지 접근〉. 서울: 학지사, 23-24쪽 재구성. 원 저작권자의 모든 권리가 보호됨.

이러한 유형을 바탕으로 크레스웰은 자신의 저서인 〈질적 연구방법론: 다섯 가지 접근〉(2007/2010)에서 질적 연구방법을 이해하기 위한 철학과 패러다임에 기초한 해석의 틀, 방법론의 정의와 배경 및 연구 유형에 대한 논의, 그리고 방법론에 필요한 연구절차, 자료수집 및 분석방법, 글쓰기 등을 비롯해 타당성과 신뢰성 평가에 대해 상세히 설명하고 있다. 이렇게 볼 때, 교육학 분야의 공통점은 각각의 유형 분류에 기본적으로 인류학, 문화기술지, 사례연구, 이야기, 내러티브 연구 등이 포함되어 있다는 점에서 나타난다.

두 번째로, 간호학 분야의 연구자들인 문홀과 오일러(Munhall & Oiler, 1986)는 질적 연구의 유형을 네 가지로 분류하였는데, 여기에는 현상학, 문화기술지, 근거이론, 그리고 역사적 연구가 포함되어 있다. 또한 간호학과 사회학 분야에서 스트라우스와 코빈(Strauss & Corbin, 1990)은 방법론의 유형을 근거이론, 현상학, 대화분석, 문화기술지, 그리고 생애사 연구 등 총 다섯 가지로 분류하고 있고, 모스(Morse, 1994)의 경우는 현상학, 민족과학, 문화기술지, 그리고 근거이론 등 네 가지로 유형을 구분하고 있다. 여기서 알 수 있는 것은 간호학과 사회학 분야의 질적 연구 유형에서 공통적으로 현상학, 근거이론, 문화기술지 등 세 가지 이론이 주요하게 다루어지고 있다는 점이다. 특히 근거이론은 스트라우스와 코빈이 그들의 공저인 〈질적 연구의 기초(*Basics of qualitative research*)〉(1990)를 통해 현장 자료의 분석을 위한 코딩 절차를 체계적으로 정립함으로써 이론의 체계화를 꾀하게 된다.

세 번째로, 심리학 분야에서 무스타카스(Moustakas, 1994)가 여섯 가지 유형들인 문화기술지, 해석학, 발견적 연구(heuristic research), 근거이론, 경험적 현상학 연구, 그리고 초월론적 현상학 등을 질적 연구의 방법론으로 포함시키고 있다면, 슬라이프와 윌리엄스(Slife & Williams, 1995)는 문화기술지, 사회적 가공물 연구(studies of artifacts), 그리고 현상학 등을 유형화하고 있다. 특히 무스타카스의 현상학적 분석모형은 커뮤니케이션과 미디어교육 분야의 연구에서도 종종 차용되고 있다는 점에서 관심의 여지가 있다. 이 분야에서 질적 연구방법론의 기본 형태는 주로 문화기술지와 현상학을 토대로 적용되고 있는 것으로 파악된다.

마지막으로, 사회과학 분야에서 초창기에 질적 연구방법론의 이론과 유형을 체계화했던 덴진과 링컨(Denzin & Lincoln, 1994)은 사례연구, 현상학 · 민속방법론 · 해석학적 실천, 근거이론, 역사연구, 문화기술지, 전기연구, 그리고 임상연구 등의 방법론에 관심을 기울였다. 그 이후 10여 년이 지난 시점(2005)에서 그들의 연구를 볼 때, 기본 골격은 유지하고 있지만 역사연구나 현상학 대신에 실행과 비판이나 참여적 실행연구 등의 유형들을 새롭게 포함시키고 있다는 점에서 차이가 나타난다. 또한 마일즈와 후버맨(Miles & Huberman, 1994)은 해석주의(interpretivism), 협력적인 사회연구, 그리고 사회인류학 등을 포함시켜 해석적 접근과 인류학적 접근을 중요하게 다루고 있다.

이상과 같이 질적 연구방법론은 다양한 학문분야에 따라 유형의 분류와 접근방식 또한 서로 다르게 제시되어 왔다. 특히 질적 연구의 개념과 목적, 철학과 이론의 패러다임, 그리고 구체적인 연구방법 및 분석방법의 차원에서 복잡다양한 논의가 이루어져 왔음을 알 수 있다.

2) 질적 연구의 사상적 배경

그러면, 커뮤니케이션과 미디어교육을 위한 질적 연구방법은 어떻게 유형화할 수 있는가? 그리고 각각의 방법론은 어떠한 철학적 · 사상적 배경을 바탕으로 이론적 체계를 형성하고 있는가? 이러한 물음들을 풀어나가기 위해 저자는 질적 연구방법의 다양한 접근들 중에서 커뮤니케이션과 미디어교육 연구에 풍부한 이론적 자원을 제공할 수 있는 몇 가지 방법들을 제시하고자 한다.

그것은 총 일곱 가지 방법론의 이론과 접근 방법으로서, 생애사 연구(life history study), 미디어 비오그라피 연구(mediabiographical study), 담론 분석(discourse analysis), 근거이론(grounded theory), 현상학 연구(phenomenological study), 문화기술지 연구(ethnography study), 그리고 사례연구(case study) 등으

로 유형화된다. 앞에서 살펴본 많은 질적 연구방법론의 접근 방식들 중에서 이처럼 일곱 가지 방법론에 집중하는 이유는 다음 두 가지 측면에 근거한다. 한편으로, 이 방법론들이 대부분 앞에서 검토한 다양한 학문분야의 방법론 유형에 공통적으로 포함되고 있기 때문이고, 또 다른 한편으로는 커뮤니케이션과 미디어교육 분야에 접근하는 데 적합하기 때문이다. 즉 문자와 영상, 문화생산자와 시청자, 그리고 다양한 미디어와 커뮤니케이션 현상을 분석할 수 있는 방법론으로서 유의미한 방법론적 함의를 제공할 것으로 판단한다. 이와 더불어 다른 질적 연구의 접근 방법에서 고려하지 않았던 '미디어 비오그라피' 연구방법을 부가적으로 포함시켜 커뮤니케이션과 미디어교육 연구를 위한 고유한 방법론의 개발과 이론적 범주의 확장을 꾀하고자 한다. 이 방법은 이미 독일의 미디어교육과 문화연구의 전통에서 몇 십 년간 방법론적 적용과 성찰이 이루어졌다는 점에서 연구의 가치가 있다. 이를 통해 우리나라의 연구 풍토에 적합한 방법론으로 변용시키고 질적 연구방법론의 경계들을 넓히는 계기를 마련할 필요가 있다.

그러면, 각각의 방법론은 어떠한 사상적 · 학문적 배경과 연구의 초점을 지니고 있는가? 이에 대해 방법론의 유형에 부합하는 사상적 · 학문적 배경, 연구 초점, 그리고 자료분석의 토대 등을 중심으로 살펴보면 다음 〈표 1-7〉과 같이 구성할 수 있다.

표 1-7. 일곱 가지 방법론의 학문적 배경과 연구 초점

방법론 유형	사상적 배경	연구 초점	분 석
생애사	인류학, 문학, 역사학, 심리학, 사회학	개인 및 집단의 생애와 삶을 연구	이야기, 제스처, 역사적 내용
미디어 비오그라피	커뮤니케이션학, 미디어 교육학, 윤리학, 사회학, 정치학, 정신분석학	미디어 환경에서 개인 및 집단의 삶과 미디어 이용패턴, 습관, 기억 등을 연구	이야기, 미디어 이용패턴, 습관, 미디어맵
담론 분석	이데올로기론, 의미론, 담론이론, 기호학, 정치학	이데올로기 구성체와 담론 구성체의 상호관계, 담론의 물질성, 담론의 의미와 주체화 기제 분석	언술, 명제, 호명, 이데올로기
근거이론	사회학, 행정학, 정치학	현장과 이론에서 수집한 자료들에 근거해 이론과 정책 개발	개방코딩, 축코딩, 선택코딩
현상학	철학, 사회학, 심리학	현상에 대한 다양한 경험들의 본질적 의미 분석	현상, 진술, 경험, 의미
문화기술지	문화인류학, 사회학	문화공동체와 사회적 집단의 행위와 활동들을 참여관찰, 기술, 해석	기술, 분석, 묘사, 해석
사례연구	정치학, 사회학, 도시연구	사회적 사건과 사례들의 발생 원인과 과정, 주변 반응들에 대한 심층 분석	사건일지, 관련 뉴스, 주제, 반응 행위, 주장

3

커뮤니케이션과 미디어교육 연구를 위한 질적 연구방법의 의의와 시사점

그러면, 커뮤니케이션과 미디어교육 연구를 위해 질적 연구방법은 어떠한 의의와 시사점을 지니고 있는가? 이것은 다음과 같이 세 가지 범주에서 제시할 수 있다. 즉 이론의 개발과 확장, 방법론의 신뢰성 확보와 체계화, 그리고 이용자의 주관성과 정서의 변이 방법에 대한 모색 등이 여기에 포함된다. 이에 대해 다음과 같이 보다 구체적으로 살펴보고자 한다.

1) 이론의 개발과 확장

우선, 이론의 개발과 확장이라는 범주에서 질적 연구방법은 커뮤니케이션과 미디어교육 연구를 위한 학문적 실천과 방법론의 패러다임에 대한 관심을 활성화시킬 수 있다. 언론학계에서 과거 패러다임 갈등은 주로 행정적 관점과 비판적 관점의 갈등에서부터 양적 연구 대 질적 연구, 인문주의 대 사회과학적 연구 사이의 대립, 그리고 비판적 연구와 노동자의 역할론 등을 통해 촉발되었다(Melody & Mansell, 1983; Mosco, 1983; 강진숙, 2008). 패러다임에 대한 갈등과 논쟁이 언론학계에서 점차 사라지고 방법론을 편의주의나 도구주의적으로 활용하는 경향이 만연한 현 상황에서 질적 연구는 다시 출생의 이유를 물어야 할 때이다. 왜 질적 연구가 생겨났고, 이론과 방법론의 경계선은 지금 어떠한 학문의 지형을 만들어 내고 있는가? 이러한 물음이 중요한 이유는 질적 연구가 특별한 계급과 영웅의 삶이 아니라 소외되고 주변화된 사람들의 삶과 주관성에 다가가며 문제들을 공유할 수 있는 실천의 장이기 때문이다. 커뮤니케이션과 미디어교육 연구를 위해 질적 연구가 필요한 이유는 여기에서 시작된다. 즉 질적 연구의 의의는 사회적 소수자들의 목소리와 구술들을 담아내고, 일상생활의 미시적인 차별과 권력의 문제들을 드러내기 위한 이론의 개발 및 확장을 꾀하는 데 있다. 나아가 소수자들 스스로 문제해결 능력을 키우기 위한 미디어교육의 방법들을 개발하기 위해서는 질적 연구의 이론적 패러다임을 발굴하고 학문적 타당성을 획득할 것이 요구된다.

2) 방법론의 엄밀한 적용과 체계화

두 번째로, 질적 연구방법론의 엄밀한 적용과 체계화 방법을 모색함으로써 커뮤니케이션과 미디어교육 연구의 신뢰성과 타당성을 획득할 수 있도록 한다. 커뮤니케이션과 미디어교육 연구에서 사실성을 판단하는 경험 및 실증적 연구와 타당성을 판단하는 비판적 · 해석적 연구는 중요한 방법론의 양날개를 이루는 것이다. 그럼에도 불구하고, 소위 양적 연구 대 질적 연구의 이원적 분리는 특별한 갈등과 논쟁 없이 도구적 접근 속에서 편의적으로 방치되고 있는 게 사실이다. 특히 양적 연구뿐 아니라 질적 연구 내의 다양한 방법론을 커뮤니케이션 연구에 적용하는 과정에서 학계와 현장의 논쟁과 갈등은 거의 두드러지게 나타나지 않는 상황이다. 왜 그러한가? 그것은 앞에서 검토한 각계 학문분야의 질적 연구방법들을 범주화하려는 시도들이 우리나라의 연구풍토에서 크게 눈에 띄지 않기 때문이다. 질적 연구의 방법을 적용하는 학술지 작업뿐 아니라 질적 연구의 방법론을 유형화하고 연구자들 사이의 비교와 논쟁 등 갑론을박의 과정을 통해 고유한 방법론의 유형 목록들이 정립될 필요가 있다. 따라서 방법론의 신뢰성 확보와 체계화를 위해서는 전체적인 방법론의 지도를 제작하고, 추상적 이론들을 실증적, 경험적, 해석적 차원에서 구체화할 수 있는 연구설계와 절차가 필요하다.

3) 이용자의 주관성과 정서의 변이 방법 창출

마지막으로 커뮤니케이션과 미디어교육 연구에 질적 연구방법이 필요한 이유는 이용자의 주관성과 정서의 변이 방법을 창출하기 위함이다. 주지했듯이 질적 연구는 주관성을 분석하는 연구영역이다. 즉 질적 연구의 이론 및 방법론의 체계화를 꾀함으로써 미디어 이용자의 주관성 영역들을 다차원적으로 분석하고 환경의 변화와 정서의 변이를 꾀할 수 있는 방법들을 모색할 수 있다. 크레스웰이 설명하듯이, 질적 연구과정에서 연구자들은 선행문헌의 저자들이 사용한 의미가 아니라 연구참여자들이 문제나 이슈에 대해 부여하는 의미를 이해하는 데 초점을 둔다(Creswell, 2007/2010). 커뮤니케이션, 즉 의사소통의 영역은 면대면 소통과 컴퓨터 매개 소통, 그리고 화상회의나 가상현실 시스템을 활용한 원격현전(telepresence) 등 다양한 소통 방식들로 이루어져 있다. 이러한 환경에서 질적 연구방법론이 필요한 이유는 미디어를 이용하는 이용자의 정서들, 즉 기쁨, 슬픔, 욕망들이 다양한 소통과 만남, 혹은 차별과 배제를 통해 변이하는 과정들에 접근하기 위함이다. 미디어 제작자나 이용자와 같은 연구참여자들이 어떠한 미디어 이용과 채팅 과정에서 특정한 정서와 변이들을 경험했는지, 나아가 자신의 정서를 어떻게 능동적으로 변화시킬 수 있는지를 탐색하는 데 질적 연구와 그 방법은 유의성을 지닌다.

이상과 같이 질적 연구는 커뮤니케이션과 미디어교육을 연구함에 있어 중요한 의의와 시사점을 제공한다. 특히 커뮤니케이션 연구분야의 이론 개발과 확장뿐 아니라 방법론의 체계화를 통한 연구의 신뢰성과 타당성 확보, 그리고 이용자의 주관성과 정서의 변이에 대한 분석을 통해 미디어 이용환경의 개선과 변화를 꾀할 수 있도록 한다는 점에서 질적 연구의 존재는 그 자체로 생명력을 지닌다.

제2장

02 생애사 연구 (life history study)

개관

생애사 연구는 개인의 삶과 사회구조의 상호작용적 관계 속에서 서로 영향을 미치는 사건과 맥락을 이해하는 중요한 질적 연구의 한 방법이다. 여기에는 다양한 학자들의 견해와 역사적 이론의 전통들이 자리하고, 중요한 범주는 시간성, 맥락성, 관계성, 상호주관성, 기억하기 등을 통해 분석의 틀로서 활용되고 있다.

본 장에서는 생애사 연구의 이론적, 방법론적 접근의 이해를 위해 국내외에서 연구되고 분석된 자료들을 바탕으로 논의를 전개하고자 한다. 이를 위해 우선, 생애사 연구의 사유를 위한 문제틀로서 벤야민의 역사적 경험과 기억의 사유를 비롯해 프로이트의 정신분석학에 기반한 무의식과 트라우마 개념을 검토한다. 그 다음으로 생애사 연구의 배경 · 범주 · 정의 등을 탐색하고, 이를 바탕으로 방법론의 유형과 특성을 논의하고자 한다. 마지막으로 커뮤니케이션과 미디어교육 분야에서 생애사 연구의 이론과 방법론의 적용 가능성과 의미들을 제시하고자 한다.

토론 주제

1. 생애사 연구에서 역사적 경험과 트라우마는 어떠한 문제를 제기하는가?
2. 생애사 연구는 어떠한 역사적 배경에서 생겨나고 발전했는가?
3. 생애사 연구는 다른 유사 장르와 어떻게 차이가 나타나는가?
4. 생애사 연구에서 사회적 소수자들은 어떠한 위상과 의미를 지니는가?
5. 커뮤니케이션과 미디어교육 분야에서 생애사 연구는 어떻게 자리매김 되는가?

주요 용어

정지의 변증법 • 트라우마 • 생애 전환점 분석 • 해석적 현상학 • 사회적 소수자 • 생애사 방법론

1

문제설정: 생애사 연구의 사유들

1) 역사적 경험과 기억의 사유: 벤야민

(1) 벤야민은 누구인가?

벤야민은 주로 20세기 전반에 활동하였던 독일의 문학비평가이자 번역가, 미디어 사상가로서 문학, 미학, 정치학, 커뮤니케이션학 등 다양한 분야에 학문적, 실천적 영향력을 미쳤다. 19세기 말 여름 독일 베를린의 부유한 유대인 가정에서 태어난 벤야민은 제2차 세계대전이 한창 진행 중이던 1940년에 프랑스의 한 마을에서 음독자살로 생을 마감한다. 나치에 점령당한 프랑스에서 탈출해 스페인을 거쳐 미국으로 망명을 시도하려고 했지만 저지당하자 프랑스와 스페인 국경지대의 포르브에서 자살을 택한 것이다.

사후 현재까지 벤야민의 저술들은 학계와 많은 독자 대중들로부터 다양한 평가와 관심을 받으며 애독되고 있다. 예컨대, 독일 프랑크푸르트 학파의 일원이었으면서도 이 학파에서 거부되었던 교수임용자격논문 〈독일 비애극의 원천〉(*Ursprung des deutschen Trauerspiels*)(1928/2009)은 아직도 학술적 연구의 자료로 활용되고 있다. 벤야민의 기억에 대한 사유는 그의 후기사상을 배경으로 한다. 즉 전기사상이 주로 신학적, 형이상학적 성향에 토대를 두었다면, 후기사상은 인간학적 유물론과 정지의 변증법에 대한 사상을 중심으로 다양한 저술들이 집필되었다. 물론 최성만(2005)이 강조하듯이, 전기사상에서도 예술작품을 기존의 전형적인 비평방법이나 예술사적 관찰방식을 벗어나고자 한다는 점에서 그의 역사철학적 인식은 일관성을 보여준다. 예컨대, 전기 작품인 〈이력서 Ⅲ〉(1928)의 경우, 역사철학적 사유에 근거하여 예술작품을 정의하고 있다는 점에서 그러하다. 즉 벤야민에 따르면, 예술작품이란 "어떠한 측면에서도 특정 영역에 제한할 수 없는, 한 시대의 종교, 형이상학, 정치, 경제적 경향들의 총체적 표현"(Benjamin, 1928/2012, 520-521쪽)이다. 따라서 예술작품을 비평하기 위해서는 작품의 시대적 맥락과 상호 영향력을 고려해야 한다는 것이 그의 유물론적 사상의 골격이다.

(2) 벤야민의 변증법적 사유와 기억

이러한 맥락에서 벤야민은 후기사상에 핵심적인 정지와 흐름의 변증법적 사유를 바탕으로 기억에 접근한다. 기억의 유물론적 사유는 주로 〈베를린 연대기〉(1931/2007)와 그 이후에 출간된 〈1900년경 베를린의 유년시절〉(1931-1938/2007), "프루스트의 이미지"(1929), 〈에두아르트 푹스, 수집가와 역사가〉(1937), 〈역사의 개념에 대하여; 폭력비판을 위하여; 초현실주의 외〉(1940/2008) 등에서 찾아볼 수 있다. 이 저술들은 후기사상의 주요한 테마를 형성하는 두 가지 사유, 즉 '인간학적 유물론(anthropologischer Materialismus)'과 '정지의 변증법'을 통해 두드러지게 나타난다. 우선, '인간학적 유물론'은 벤야민이 감상적인 개인의 기억과 삶의 해석에서 벗어나 보다 역동적이고 생생한 역사적 경험과 기억의 이미지들을 분석하고자 하는 데서 비롯된 사유이다. 즉 '의식보다 감성에 일정한 방향성을 두는 정치학'이나 부르주아 개인의 자유주의적 주체관을 벗어나는 '집단의 신체적 신경감응(Innervation)'(최성만, 2007) 등은 감성과 신체의 현장에 접근하고자 하는 벤야민의 실천적 관심을 보여준다.

이러한 관점에서 벤야민이 기억의 유물론적 접근과 해석을 풍부하게 하는 것이 "정지 상태의 변증법"에 대한 사유이다(Benjamin, 1982/2005, 1054쪽). 이것은 시각적으로 체험하는 우리 주변의 이미지들은 시간의 선형적 흐름에 따라 열거되는 것이 아니라 어느 한순간 우리의 새로운 체험 속에 뛰어든다. 마치 영화의 등장이 우리의 눈을 카메라의 초점에 맞춰 '산만한 시험관'으로 만들고 새로운 충격 체험을 가능하게 했듯이 기술복제시대의 이미지들은 우리의 생애사를 다시 기록하게 한다. 이에 대해 벤야민은 다음과 같이 설명하고 있다.

> 과거가 현재에 빛을 던지는 것도, 그렇다고 현재가 과거에 빛을 던지는 것도 아니다. 오히려 이미지란 과거에 있었던 것이 지금(Jetzt)과 섬광처럼 한순간에 만나 하나의 성좌를 만드는 것을 말한다. 다시 말해 이미지는 정지 상태의 변증법이다. 왜냐하면 현재가 과거에 대해 갖는 관계는 순전히 시간적 · 연속적인 것이지만 과거에 있었던 것이 지금에 대해 갖는 관계는 변증법적인 것이기 때문이다. 즉 진행적인 것이 아니라 이미지적인 것이며 〈, 〉 비약적인 것이다. 변증법적 이미지만이 진정한(즉 태곳적 이미지가 아니다) 이미지이다. 그리고 우리가 이러한 이미지들을 만나는 장소, 그것이 언어이다. (Benjamin, 1982/2005, 1054쪽)

벤야민이 강조하듯이, 사진에 이어 영화와 TV, 그리고 디지털 세계가 만들어내는 이미지들은 연극이나 회화처럼 몰입의 대상이 아니라 놀이와 유희의 틈새를 허용한다. 어느 한순간 다른 장면을 연상해도 다시 이야기 속으로 자연스럽게 혹은 산만하게 감각의 구멍들을 열어놓게 된다. 휘발성의 이미지들이 생성되고 조합되며, 그리고 소멸되면서 우리의 일상생활의 언어와 이야기들을 다시 재구성하고 있기 때문이다. 따라서 "변증법적 이미지는 한순간에 빛나는 이미지"이다(Benjamin, 1982/2005, 1077쪽). 이것은 말 그대로 '정지 상태의 변증법', 즉 감각적으로 경험할 수 있는 모든 세계의 사물과 신체들에 대해 이미 익숙한 체험의 연속성을 중단시키고, 체험한 내용을 시간 속에서 배열하고 새롭게 의미를 재구성하는 것이다(윤미애, 2007). 왜냐하면, 기억은 이미지들로 구성되는 직조행위(Benjamin, 1982/2005)이며, 이미지란 과거에 존재했던 것이 지금 이 순간에 섬광처럼 만나 하나의 성좌를 만드는 기억의 재료들이기 때문이다. 이와 관련하여 아도르노는 변증법적 이미지와 알레고리의 연관성에 대해 다음과 같이 언급하고 있다.

> 변증법은 이미지 속에서 정지되며, 역사적으로 가장 새로운 것 속에서 최근에 사라진 것으로서의 신화를, 근원의 역사로서의 자연을 인용한다. 따라서 실내의 이미지들처럼 변증법과 신화를 전혀 구분할 수 없도록 만드는 이미지들이 바로 '대홍수 이전의 화석'인 셈이다. 그것들을 벤야민의 표현을 빌려 변증법적 이미지라고 불려도 좋을 것이다. 알레고리에 대한 그의 적확한 규정은 알레고리를 역사적 변증법과 신화적 자연의 형상으로 파악하는 키에르케고르의 알레고리적 의도에도 적용될 수 있다. 이 규정에 따르면 '알레고리 속에서 관찰자는 경직된 원래의 풍경으로서 역사의 히포크라테스적 모습(facies hippocratica), 즉 임종의 표정을 마주하게 된다'. (Adorno, 1933, p. 60: Benjamin, 1982/2005, 1053쪽 재인용)

이와 같이 변증법적 이미지들이 정지 상태에서 조합되고 새로운 알레고리와 이야기들로 구성되는 과정에서 기억하는 주체는 존재하지 않는다. 즉 이미지들의 변증법적 작용을 통한 이야기의 구성은 의식적으로 기억하려고 노력하는 자아가 아니라 떠오르고 소멸하는 이미지들의 회상에 의존한다. 때문에 〈잃어버린 시간을 찾아서〉(1928/2012)의 저자 프루스트에 지속적으로 관심을 보이는 벤야민은, 이 의지와 상관없는 회상을 "프루스트적 비자의적(非恣意的) 기억"이라고 명명하고 있다(Benjamin, 1928/2012, 236쪽). 요컨대, 기억하기는 작가의 인격이나 주체의 의지에 의해 실행되는 것이 아니다. 벤야민이 강조하듯이, 그것은 '섬광처럼' 떠오르는 과거 회상들의 연속이고, 작가의 중단이나 줄거리들은 연속체의 이면, 즉 "양탄자 뒷면의 무늬"일 뿐이다(Benjamin, 1928/2012, 238쪽). 이러한 벤야민의 정지의 변증법과 이야기 구성의 사유들은 생애사 연구에서 연구자가 어떻게 연구참여자와의 관계를 설정하고, 체험된 삶과 이야기된 삶을 어떻게 구분하고 재구성하며 해석할 것인가 하는 문제와 맞닿아 있다.

(3) 생애사 연구의 시사점

이상과 같은 벤야민의 두 가지 사유, 즉 '인간학적 유물론'과 '정지의 변증법'은 생애사 연구를 위한 중요한 문제설정의 자원으로서 의미가 있다. 그것은 한편으로, 한 개인이나 집단의 생애사 연구는 과거에 대한 회상들을 불러내어 그 이야기들을 역사적으로 재조명하고 새롭게 구성하는 방법이기 때문이다. 즉 벤야민의 사유처럼 생애사 연구는 연속적인 시간과 역사의 흐름을 중단하는 어느 충격적 순간을 기억하는 행위들에 대한 질적 연구방법인 것이다. 예컨대, 제2차 세계대전의 유대인과 학살 책임자들의 생애사, 베트남전, 4 · 19 혁명, 5 · 18 민주화 운동 등 과거 역사적 사건을 통해 떠올릴 수 있는 개인 및 집단의 역사 이미지를 분석할 수 있다. 또 다른 한편, 생애사 연구는 전기문처럼 한 개인의 일대기나 인격, 혹은 천재성이나 영웅주의를 분석하는 것이 아니라 과거의 경험들이 현재의 체험과 만나 어느 순간 부딪히며 번개처럼 지나가는 무의식적 감성들을 수집하고 그 의미들을 성찰하는 분석방법이기 때문이다. 즉 개인의 죽음 직전에 파노라마처럼 스쳐 지나가는 전 생애의 응축된 이미지들처럼 다양한 무의식적인 순간의 과거 회상들이 어떠한 방식으로 '지금' 이곳의 생활 속에서 새로운 충격체험으로 나타나는지 등을 분석할 수 있다.

2) 무의식과 트라우마: 프로이트의 정신분석학

(1) 프로이트의 정신분석학

또 다른 생애사 연구의 문제설정으로서 고통의 정서와 개인 · 집단의 기억을 들 수 있다. 고통의 정서는 하나의 생애를 관통하는 개인의 기억뿐 아니라 역사적 사건의 피해자들이 경험하게 되는 복수의 집단 기억을 통해서도 지속적이고 반복적으로 표출된다. 여기서는 고통의 정서에 대해 크게 세 가지 측면으로 접근하고자 한다. 즉 고통의 정서와 트라우마, 집단무의식과 개성화를 통한 치유, 정동(정서의 변이)을 통한 기억실천 등이 여기에 포함된다.

우선, 고통의 정서와 트라우마는 주로 구조주의 이론과 정신분석학의 주창자인 독일의 사상가 지그문트 프로이트(Sigmund Freud)의 사유를 통해 살펴볼 수 있다. 프로이트는 스스로 정신분석학을 "지형학(Topographie)"(Freud, 1915/1997, 171쪽)이라고 명명하면서 정신계의 조직적 활동을 강조하는데, 그의 저술활동은 일반적으로 전반기와 후반기로 구분된다. 전반기를 제1지형학 이론기라고 한다면 후반기는 제2지형학 혹은 '구조 이론기'로 명명할 수 있다(박찬부, 1997). 전자의 제1지형학에 포함되는 대표적인 저술은 〈꿈의 해석〉(1900/1997)으로서 프로이트가 제기하는 정신계는 의식, 전의식, 무의식의 층위로 구성된다. 이 저술은 프로이트가 1895년 7월 23일부터 24일에 이르는 수면 시간 동안 직접 꾼 "이르마의 주사 꿈"을 자유연상 기법을 활용해 해석하고 은폐된 소원 성취 기능을 인식하는 발판을 제공하였다(Freud, 1900/1997, 145-162쪽 참조). 특히 심리의 기저를 이해할 수 있는 무의식의 논리를 발견했을 뿐 아니라 이를 토대로 정신의 억압과 전이, 트라우마 같은 신경증의 원인들을 체계적으로 규명할 수 있도록 했다는 점에서 의미가 있다(김인순, 1997). 〈꿈의 해석〉에서 정신분석학의 이론적 전환점을 보여준 무의식의 발견은 이후 프로이트의 논문인 "무의식에 관하여"(1915)에서 보다 심층적으로 조명된다. 한편, 후자의 제2지형학은 프로이트가 64세에 출간한 "쾌락 원칙을 넘어서"(1920)를 기점으로 "자아와 이드"(1923) 등 후기이론의 핵심적 저술들을 통해 전개된다. 이 시기의 정신계는 자아, 이드, 초자아의 삼각구도를 바탕으로 구조주의적 사유의 단초들을 제공하고 있다.

프로이트가 제기한 전기와 후기의 정신계에 해당하는 각각의 정신분석학 개념들은 주로 위의 저술들을 통해 설명된다. 이 중에서도 "무의식에 관하여"와 "자아와 이드" 등을 통해 제시된 주요 삼각구도의 정신계들을 중심으로 정리해보면 다음과 같이 제시할 수 있다(〈표 2-1〉 참조). 이와 관련하여 프로이트는 〈꿈의 해석〉에서 기억을 세 가지 조직, 곧 의식, 전의식, 무의식과 연관시켜 설명한다(Freud, 1900/1997, 624-630쪽 참조). 즉 기억할 수 있는 조직이 의식이라면, 전의식은 잘 기억나지 않지만 노력에 의해 기억할 수 있는 조직이며, 무의식은 감각자극을 받아들이지만 그 자극들의 흔적을 보존하지 못하여 아무것도 기억하지 못하는 조직을 가리킨다. 따라서 연상 작용에 의해 개인이 경험했던 것을 말하고 표현하기 위해서는 무의식이 아닌 전의식의 활동이 이루어져야 한다. 때문에 무의식에 접근하기 위해서는 언어적 표상을 수행하는 전의식의 '검열'을 통과해야만 하는 것이다(Freud, 1915/1997). 또한 자아, 이드, 초자아의 관계는 다음과 같은 프로이트의 설명을 통해 요약적으로 확인할 수 있다.

> 만약 마음의 구조를 이드, 자아, 초자아로 구분해 놓은 것이 우리의 지식에서 어떤 진보를 의미한다면, 그것은 우리에게 마음속의 역동적 관계를 더 철저히 이해할 수 있게 해주고, 그것을 더 명료하게 기술할 수 있게 해주어야만 한다는 말을 이미 한 바 있다. 우리는 또한 자아가 특별히 지각의 영향을 받고 있다는 것과, 넓게 말해서, 본능이 이드에 대해서 갖는 것과 같은 의미를 지각이 자아에 대해 가질 수 있다는 것을 결론적으로 이미 표명하였다. 동시에 자아는 또한 이드와 같이 본능의 영향에 종속된다. 자아는 이드의 특별히 수정된 일부분에 불과하다. (Freud, 1923/1997, 381-382쪽)

표 2-1. 프로이트의 전·후기 정신계 구분

시 기	정신계	정 의
전 기	의식 (Bewußtsein/consciousness)	선명히 기억할 수 있는 것
	전의식 (前意識, das Vorbewußte/ the preconscious)	'의식이 될 수 있는 능력'을 가지나 아직 조건이 형성되지 않은 의식 이전의 것
	무의식 (das Unbewußte/ the unconscious)	기억할 수 없는 것 • '서술적' 무의식: 상식적 의미 • '역동적' 무의식: '살아 움직이는' 역동성을 지닌 것 • '조직적' 무의식: 조직 특유의 에너지를 보유하며 고유한 자질과 특징을 지닌 것
후 기	자아 (ego, das Ich)	이드의 환유적 연속체: 지각-의식 조직의 매개를 통해 외부세계의 직접적인 영향에 의해 수정된 부분의 이드
	이드 (id, das Es)	자아에 우선하는 정신계, 이드에서 자아가 발생
	초자아 (super ego, das über-Ich)	'자아 이상(Ichideal)': 아버지의 목소리, 검열자, 재판관, 양심의 소리, 오이디푸스 콤플렉스의 후예

(2) 무의식과 트라우마, 집단기억

그런데, 프로이트의 정신분석학적 사유에서 무의식과 억압은 "억압에 관하여"(1915)와 "쾌락 원칙을 넘어서"(1920)에서 주요하게 다루어지며, 이를 통해 과거에 발생한 억압된 무의식의 증후로서 트라우마 개념을 이해할 수 있는 단초를 제공한다(Freud, 1920/1997). 이를 이해하기 위해 여기서는 프로이트가 사유한 여러 가지 정신분석학의 사유들 중에서도 무의식의 역할과 트라우마의 측면을 중심으로 탐색하고자 한다. 주지했듯이, 무의식은 한편으로, 의식과 다르며 의식에 직접적으로 알려지지 않은 어떤 고유한 정신활동이자 영역이면서, 또 다른 한편 인간의 행동을 추동하는 힘이 만들어지는 정신의 층위(이창재, 2004, 86-87쪽)로서 이해할 수 있다. 이러한 무의식의 활동은 신경증 환자들뿐 아니라 일반인들에게도 일상생활의 경험과 행동 속에서 종종 나타난다. 예컨대, 꿈, 실수 행위, 농담 등이 무의식의 영역에서도 출현한다. 그 이유는 무의식의 영역이 "전적으로 억압된 것으로 채워져 있지 않다는 사실"(Freud, 1915/1997, 161쪽)에서 기인하기 때문이다. 그러면, 트라우마는 어떻게 정의되며 그 특징은 무엇인가?

프로이트에 따르면, 트라우마는 "자극에 대항하는 방어적 방패에 생긴 심각한 파열 현상의 결과"(Freud, 1920/1997, 301쪽)이다. 즉 트라우마는 무의식에 있는 과거에 자아가 감당하기 힘들었던 고통스러운 상처의 표상과 정서를 내재한 것이다(이창재, 2004, 114-115쪽). 이러한 현상은 주로 "외상적 신경증(die traumatische Neurose)"으로 불리면서 "심각한 물리적 충격, 철도 재난, 그리고 생명이 위협받을 수 있는 기타 사고를 겪은 후에 발생하는 상황"(Freud, 1920/1997, 275쪽)으로서 오랜 시간 동안 알려지고 기술된 바가 있다. 특히 프로이트는 트라우마의 증후로서 반복강박의 사례를 제시하는데, '얼마 전에 있었던' 제1차 세계대전의 피해자들인 '전쟁 외상성 환자들'의 상황이 그것이다. 그들이 '감당할 수 없는 강력한 자극이나 충격에 의해 꿈과 일상생활에서 반복적으로 정신적 피해를 겪을 수밖에 없는 상황'(박찬부, 1997)이 바로 이러한 트라우마라는 고통의 정서에서 비롯되는 것이다. 중요한 것은 이러한 트라우마들을 어떻게 치유할 것인가 하는 문제이다. 베르그손이 언급했듯이, 과거는 물질에 의해 작동되고, 정신에 의해 표상된다(Bergson, 1896/2011). 즉 주체가 의식적인 노력으로 기억하지 않아도 몸과 마음에 표상되어 이상증세를 보일 수 있는 것이다. 이 때문에 프로이트는 트라우마 증상이 "운동 신경증적 증상이 많다는 점"(Freud, 1920/1997, 275쪽)에서 히스테리 증상과 비슷하지만, 그 특성을 뛰어넘는다고 지적한 바 있다. 왜냐하면, 트라우마의 정신기능이 훨씬 더 광범위한 전신 쇠약과 전신 장애의 조짐을 보이기 때문이다. 이러한 점에서 볼 때, 트라우마라는 고통의 정서에 접근하는 것은 상처의 드러냄이 아니라 치유에 목적을 두어야 한다. 융(Jung)이 강조하듯이, 무의식은 "개별적으로 발전하는 게 아니라 상속되는 것"(Jung, 1984/2002, 157쪽)이다. 즉 무의식은, "개인적인 것뿐 아니라 비개인적인 것, 유전된 범주나 원형의 형태로 집단적인 것을 내포하는 것"(Jung, 1928/2004, 31쪽)으로서 집단적 무의식으로서 표출되는 것이다.

(3) 생애사 연구의 시사점

이러한 맥락에서 볼 때, 프로이트의 고통의 정서와 트라우마에 대한 정신분석학 접근은 다음 두 가지 측면에서 생애사 연구에 시사점을 제공한다. 우선, 과거에서 현재까지 개인의 생애사에 영향을 미치는 무의식의 활동과 트라우마의 발생 근거들을 조명할 수 있게 한다는 점이다. 생애사 연구는 한 개인의 일상적이고 평범한 삶 속에서 어떠한 고통의 정서가 반복적으로 나타나는지 그 정신적 외상을 중심으로 무의식의 작용과 원인, 그리고 치유의 가능성들에 접근한다는 점에서 프로이트의 트라우마에 대한 사유는 현 시점에서도 질적 연구와 분석방법의 사상적 자원으로서 의미가 있다.

또 다른 한편, 프로이트의 정신분석학에서 〈꿈의 해석〉이나 다양한 신경증의 해석을 위해 사용한 자유연상기법은 기본적으로 내러티브의 분석방법을 차용한다는 점에서 생애사 연구의 분석방법에 시사점을 제공한다. 생애사 연구의 구술 및 내러티브 분석의 차원에서 정신분석학을 조망할 수 있는 이유는 "내러티브의 모든 정보화과정”이 “인간사고의 중심 기능 혹은 심급(instance)”(Jameson, 1981, p. 12: Abbott, 2002/2010, 18쪽 재인용)이라는 인식의 투영이면서 동시에 “내러티브는 모든 시대, 장소, 사회에 존재하는 인류의 역사”(Barthes, 1975, p. 237)로서 인식할 수 있기 때문이다. 이와 같이 정신분석학에 근거한 내러티브 분석은 이미 선행연구를 통해 발견된다. 예컨대, 서사학적 정신분석학자들인 도날드 스펜스(Donald Spence)(1982)나 로이 셰이퍼(Roy Schafer)(1994)를 비롯하여 정신분석학적 문학비평가들인 피터 브룩스(Peter Brooks)(1994), 박찬부(1996), 그리고 내러티브 분석을 통한 문학치료 방법을 탐색하고 있는 이민용(2012) 등의 정신분석학적 접근이 두드러진 선행연구의 사례들이다. 이민용(2012)이 강조하고 있듯이, 프로이트는 내러티브를 통해 치료적 효과를 얻는 방법을 두 가지 측면, 즉 ‘기억의 상기’와 ‘사건에 대한 서술과 구술’을 통해 규명한다. 기억의 상기가 프로이트 자신이 꾼 꿈뿐 아니라 임상환자들의 다양한 꿈의 이미지들, 그리고 무의식의 억압으로 인해 발생하는 트라우마와 히스테리 같은 신경증을 1차적으로 불러오는 기억의 차원이라면, 고통의 정서들을 이야기로 표현하는 것은 서술의 차원, 즉 내러티브의 차원으로 파악할 수 있다. 때문에 자유연상을 통한 기억하기와 내러티브 분석방법은 질적 연구에서 연구참여자들의 생애사에 접근하는 유의미한 방법으로 파악된다.

2

생애사 연구의 배경, 범주, 정의

1) 생애사 연구의 배경과 유사 장르

생애사 연구에서 생애사는 어떻게 이론적으로 정의되고 있고, 그 학문적 접근 범주는 어떻게 형성되어 있는가? 이러한 물음을 조명하기 위해 여기서는 생애사에 대한 다양한 연구자들의 견해를 바탕으로 생애사의 정의와 범주들을 살펴보고자 한다.

(1) 생애사 연구의 배경

> 사람이 온다는 건 / 실은 어마어마한 일이다. / 그는 / 그의 과거와 / 현재와 / 그리고 / 그의 미래와 함께 오기 때문이다. / 한 사람의 일생이 오기 때문이다. / 부서지기 쉬운 / 그래서 부서지기도 했을 / 마음이 오는 것이다.
>
> – 정현종의 시 "방문객"(2008) 중에서

생애사(life history)는 일반적으로 '생애(life)'와 '역사(history)'의 조어로 이루어진 개념이다. 즉 생애사는 한 개인이나 집단이 시간과 공간의 매트릭스 위에서 삶의 이력을 만들고 다양한 정서들을 변이해 나가는 과정이다. 이러한 점에서 앞에서 본 정현종의 시 "방문객"(정현종, 2008)은 한 사람 속에 깊이 들어 있는 삶의 이력과 정서들이 얼마나 중요한지 그 의미를 엿보게 한다. 왜냐하면, '사람이 온다는 것'은 그 사람의 '일생'과 '마음'이 오기 때문이다. 즉 과거의 트라우마나 기뿜의 정서, 기억들이 현재와 미래의 그 사람에게 뒤엉켜 서로 다른 이야기들을 생산해내는 까닭이다. 이처럼 생애사는 어떤 사람이 살아온 삶의 단면들을 통해 역사적 상황들과 사회구조적인 모순들을 규명할 수 있다는 점에서 유의미한 질적 연구의 한 방법이다. 그러면, 생애사 연구는 어떻게 시작되었고, 역사적 배경은 어떠한가?

생애사 연구의 정의는 단일하게 규정되지 않고 학문적 접근 방식에 따라 서로 다른 해석이 이루어지고 있다. 생애사 개념의 이해를 위해 여기서는 생애사 연구의 역사적 배경을 살펴보고자 한다. 생애사 연구의 역사적 배경은 사회학과 철학적 배경 속에서 전개되어 왔는데, 그것은 주로 1920, 1930년대 시카고학파의 사회학적 전통에서 시작되었다. 예컨대, 1920년대의 윌리엄 아이삭 토마스(William Isaac Thomas)와 플로리안 츠나니에키(Florian Znaniecki)는 "유럽과 아메리카에서의 폴란드 농부"라는 주제로 생애사 연구의 이론적 체계화를 꾀하는 데 기여하였다(박성희, 2004; Adriansen, 2012, p. 40: 이동성, 2013, 74쪽 재인용). 이 연구는 미국의 폴란드 이민자들이 서술한 편지나 구술 인터뷰 자료 등을 수집하여 고유한 삶의 주체로서의 개인과 동시대의 삶을 복합적으로 조명하고 있다는 점(박성희, 2004)에서 방법론의 확장에도 기여하였다.

이와 함께 1930년대에는 클리포드 쇼(Clifford Shaw)(1930)가 〈잭 롤러: 한 비행소년의 회고록(*The Jack-Roller: A delinquent boy's own story*)〉이라는 저술을 통해 생애사 연구의 사회학적 사유와 방법에 큰 영향을 미쳤다(Smith, 1994, p. 297). 그 외에도 사회학적 측면에서 상징적 상호작용론에 기반한 조지 허버트 미드(George Herbert Mead)의 영향이나 1960년대 독일의 해석학적 전통, 그리고 하워드 베커(Howard Becker)(1966, 1970)의 정밀관찰 방법을 사용하여 전기적 · 자서전적 생애사에 접근한 사회학적 연구 사례들(Smith, 1994)도 의미 있는 생애사 연구의 역사적 전통으로서 간주할 수 있다.

(2) 생애사 연구와 유사 장르의 비교

그러면, 생애사 연구는 어떻게 다른 유사한 연구들과 차이가 나타나는가? 그것은 크게 네 가지 측면에서 살펴볼 수 있다. 즉 생애사와 비교할 수 있는 문학적·학술적 유사 장르로서 전기연구, 자서전, 자문화기술지, 그리고 생애담 등을 들 수 있다. 각각의 기본적 특성과 그 차이점을 비교해 보면 다음과 같다.

우선, 전기연구(biography study)는 타자에 의해 서술된 삶에 대한 이야기를 의미하는 것으로서 전기적 접근은 주로 3인칭 시점에서 기술되는 것이 일반적이다(김영천, 2013b). 이것은 주로 소수의 연구참여자나 가족, 혹은 지인들과의 구술 인터뷰나 문헌자료 등을 분석하여 거리두기를 하는 접근 방법이다. 문학전기와 관련하여 표명된 버지니아 울프(Virginia Woolf)의 견해에 따르면, 전기란 예술도 과학도 아니며 일종의 기술(craft)이다(Edel, 1984). 사회학에서 전기는 타자의 삶을 이해하고 재현하는 중요한 연구방법 중의 하나로서 간주된다(김영천·한광웅, 2012). 크레스웰(2007/2010)은 광의적 측면에서 전기연구와 생애사 연구를 모두 내러티브 연구에 포함시키고 있다. '내러티브'란 어떤 텍스트나 담론에 부여된 용어일 수도 있고, 아니면 개인들이 진술한 이야기에 특정하게 초점을 맞추는 것(Polkinghorne, 1995)이다. 이러한 내러티브 연구는 단일한 전체로서 삶의 복합성을 개인적, 시간적, 맥락적 연관관계를 바탕으로 탐구하는 질적 연구의 한 방법이다(Cole & Knowles, 2001). 크레스웰(2007/2010)에 따르면, 형식의 다양성을 강조하는 내러티브 연구에서 전기연구는 연구자가 다른 사람의 인생 경험에 대해 기록하고 글로 표현하는 내러티브 연구의 유형에 포함된다.

두 번째로, 자서전(autobiography)은 문학 분야에서 자기의 역사적인 삶의 이야기를 1인칭 주인공 시점에서 창조적으로 재현하고 기술하는 방식을 의미한다(김영천·허창수, 2004; 김영천·이동성, 2011; 김영천, 2013a; 이동성, 2013). 이러한 자서전은 연구자가 스스로 기록하고 저술하는 형식이다(Ellis, 2004). 김영천과 한광웅(2012)에 따르면, 자서전은 자기 반영성을 강조하는 성찰과 주관성을 중요하게 여기는 장르로서 자기 삶의 일대기를 조망하는 1인칭 시점에서 기술되는 게 일반적이다.

세 번째로, 자문화기술지(autoethnography)는 해석적 관점의 교육과정 탐구방법으로서 연구자의 주관성과 체험을 자연스럽게 포함시킨다(Jones, 2005; 김영천 · 이동성, 2011; 이동성, 2013). 혹은 자문화기술지와 생애사 연구를 분리하는 시각(이동성, 2013)도 존재하는데, 연구참여자와 저자가 전자에서는 동일하지만, 후자에서는 구분된다는 점에서 차이가 있다는 것이다. 한편, 자문화기술지를 질적 연구방법론이라기보다 철학적 물음으로 간주할 필요성을 강조하는 입장(Wall, 2006; Maydell, 2010)도 존재한다. 이러한 관점에 따르면, 자문화기술지는 자기연구(self-study)의 한 유형으로서 자아의 본질이나 타자들과 연관된 자아의 위치에 대한 심층적인 철학적 문제제기로서 파악된다. 자문화기술지의 개념이 사용된 역사적 단초는 1976년경 인류학자인 하이더(Heider)가 처음 'auto-ethnography' 용어를 사용한 사실(Chang, 2008; 박순용 · 장희원 · 조민아, 2010)에 근거한다. 그 후 현대적 의미로 사용된 사례는 하야노(Hayano, 1979, 1982)가 수행한 사회과학 연구에서 비롯되었는데, 여기서 그는 자문화기술지라는 용어를 사용하며 연구자의 경험과 주관성, 그리고 관점을 토대로 한 분석방법을 수행하였다(Wall, 2006; Chang, 2008; 김영천, 2010; 박순용 · 장희원 · 조민아, 2010; 김영천 · 이동성, 2011). 자문화기술지의 학문적, 이론적 체계화는 리드-다나하이(Reed-Danahay, 1997)와 엘리스 · 보크너(Ellis & Bochner, 2000) 등에 의해 이루어졌다(Chang, 2008; 김영천 · 이동성, 2011). 이러한 자문화기술지의 초점은 연구자 자신의 경험과 주관성, 캐릭터, 정서, 자의식, 구체적인 행위 등(Ellis, 2004)에 대해 사적이거나 감성적(Berry, 2006; Sparkes, 2000)으로 혹은 비판적 · 성찰적(Jones, 2005)으로 기술함으로써 다양한 글쓰기 형식을 사용할 수 있다는 점에서 묘미가 있다.

네 번째로, 생애담(life story)은 민간전승(folklore) 분야에서 주로 사용하는 개념으로, 한 인간의 생애를 화자 자신의 해석과 주관성을 중심으로 기술하는 것을 가리킨다(Atkinson, 1998; 손병우, 2006). 생애사와 생애담은 개인의 삶의 이야기에 주목하고, 연구자와 참여자가 구분된다는 점에서 생애사와 유사하지만, 양자는 해석방식의 학문적 접근 방법에서 차이가 나타난다(손병우, 2006). 즉 사회학과 인류학에서 연구되는 생애사가 연구자의 연구문제를 중심으로 생애를 다룬다면, 민속학에서 다루어지는 생애담은 참여자의 구술을 중심으로 인간의 생애에 담긴 주관성과 해석을 강조한다는 점에서 서로 다른 특수성을 지니고 있는 것이다.

다섯 번째로, 구술사(oral history)는 한 사람 또는 여러 사람들로부터 사건과 그것의 원인 및 영향에 대한 개인적인 반성과 성찰들을 수집하여 연구하는 방법이다(Plummer, 1983). 예컨대, 교실에 있는 교사와 어린이(Ollerenshaw & Creswell, 2002), 또는 특정 조직에 대한 구술들(Czarniawska, 2004) 등의 연구가 이루어졌다. 일반적으로 구술사는 면담을 통해 구술자료를 생산하는 구술채록과 구술자료를 활용한 역사서술을 포함하는 개념으로 사용하고 있다(윤택림 · 함한희, 2006, 46-50쪽 참조). 이와 관련하여 이용기(2009, 293쪽)는 구술사 개념을 구술채록과 분리하여 표현할 것을 강조하며 "구술채록을 활용한 역사쓰기"로서 '구술사 연구'를 정의하고 있다. 김세은(2013)은 구술사의 기본 전제를 이야기로 호출된 개별 경험의 기억들을 수집하고 역사와 진리의 차원으로 들어서는 것임을 강조하고 있다. 연구의 핵심은 "경험과 기억에 대한 주관성, 부분성, 개별성을 인정하고 가치를 부여"(김세은, 2013, 233쪽)하는 작업에 초점이 모아진다.

마지막으로 생애사(life history)는 개인의 역사적 삶을 내러티브 형식을 통해 분석하는 방법으로, 연구자 역시 연구참여자들과 함께 대화하고 상호작용적으로 관계한다는 점에서 간주관성(intersubjectivity)을 추구한다(최영신, 1999; 김영천, 2013b). 이러한 생애사는 개인의 전체적인 인생을 그리는 것으로서 단일하거나 복합적인 에피소드를 비롯해 사적인 상황들, 또는 공동체의 문화적 맥락 속에서 발견되는 개인의 사적 경험에 대한 내러티브 형식의 특징을 나타내기도 한다(Denzin, 1989a; Creswell, 2007/2010). 이러한 생애사 연구는 1인칭 시점의 자기몰입적 특징이 강한 자서전이나 전기와 달리 학문적 접근과 자료수집, 분석, 글쓰기 작업 등 연구과정의 엄격성을 추구한다는 점에서 문학적 접근과 차이가 나타난다.

이상에서 설명한 생애사와 유사 장르들의 차이점을 비교하면 다음 〈표 2-2〉와 같다.

> **표 2-2. 생애사와 유사 장르들의 차이점 비교**

장 르	연구대상	학문분야	저자 시점	강조점
전기문	타인의 삶의 연대기	문학	3인칭 작가	교훈적, 객관적, 문학적
자서전	자기 삶의 연대기	문학	1인칭 주인공	문학적, 묘사적, 창조적
자문화 기술지	자기 삶에 대한 참여 관찰	문화연구, 인류학	1인칭 주인공 · 관찰자	자기성찰, 반영적, 엄격성
생애담	개인의 삶에 대한 이야기	민속학	1인칭 · 3인칭 주인공	구술성, 연대기적
구술사	개인의 역사적 삶에 대한 구술 기록	문화연구, 인류학	1인칭 화자	구술성
생애사	개인의 삶과 이야기 해석	역사학, 사회학, 인류학, 심리학	1인칭 · 3인칭 주인공	맥락성, 간주관성, 재해석

출처: 김영천 · 한광웅 (2012). 질적 연구방법으로 생애사연구의 성격과 의의. 〈교육문화연구〉, 18권 3호, 15쪽에서 인용; 이동성 (2013). 생애사 연구방법론의 이론적 배경과 분석방법에 대한 탐구. 〈초등교육연구〉, 26권 2호, 78쪽에서 인용; 김영천 (2013b). 〈질적연구방법론 2: Methods〉. 파주: 아카데미프레스, 206-207쪽 재구성. 원 저작권자의 모든 권리가 보호됨.

2) 생애사 연구의 범주와 특징, 그리고 정의

(1) 생애사 연구의 범주와 특징

생애사 연구에 대한 정의를 내리기 위해서는 선행연구에서 수행한 다양한 시각들을 검토할 필요가 있다. 생애사 연구는 어느 하나의 단편적인 근거로 정의하기 어려운 분야이기 때문이다. 주지했듯이 1920년대 시카고학파와 1960년대 독일의 해석학적 전통을 바탕으로 다양한 이론과 방법론의 지형들을 형성해 왔고, 현재까지 다양한 이론과 방법론을 형성하며 연구가 지속되고 있다. 특히 생애사 연구의 특징을 규정하는 범주들을 구성하는 방식은 국내외 연구에서 서로 상이한 방식으로 제시되고 있다. 이러한 측면을 고려하여 여기서는 우선, 생애사 연구의 범주에 대한 연구자들의 구성방식을 검토하고, 이를 바탕으로 새롭게 생애사 연구의 의미를 이어갈 수 있는 범주들을 구성하여 제시하고자 한다.

생애사 연구의 정의를 명확히 하기 위해 먼저 살펴보아야 할 생애사 연구의 주요 구성범주와 특징을 연구시기에 따라 정리하면 다음 〈표 2-3〉과 같다.

표 2-3. 연구자별 생애사 연구의 주요 구성범주와 특징 비교

연구자	구성범주	특 징
달라드 (Dollard, 1935)	심리적 요인	개인적 삶의 특징 발견
	사회적 요인	사회적 조건의 이해
크레스웰 (Creswell, 1998)	이야기	단일한 개인의 대화나 이야기를 기술하여 연구 초점을 제공
	사건	자신의 삶에서 하나의 특별한 사건을 떠올림
	맥락	떠올린 사건을 사회적 맥락 속에 배치
	반성	연구자의 내부자적 개입과 자기 경험 및 해석에 대한 반성
박성희 (2004)	책임	개인적인 삶을 계획하고 자기책임을 짐
	반성	삶의 주체자로서 삶에서의 자기 확신을 지님
	시각	자신의 시각(자신의 의미, 본질)
	자동제조	스스로 삶의 규칙을 설명하고 전개함
	삶의 과정	제도, 문제, 변화에 적응하는 삶의 과정
	자아실현	미래를 위한 자아실현의 학습과정
콜과 놀즈 (Cole & Knowles, 2001)	관계성	보다 넓은 사회적 조건 혹은 맥락 발견
	상호성	상호작용적인 대화와 이야기 기술
	배려, 존중	서로 다른 삶의 배려와 존중
김영천 (2013b)	맥락	문화, 정치, 가족 등 맥락의 영향 속에 자리 잡은 삶을 연구
	시간	시간의 축으로 연구참여자를 이해
	관계	연구자와 참여자의 관계에 의존
	정체성	개인의 정체성을 재인식시키는 과정
	경험	개인의 경험이 복합적으로 축적되는 연속적인 과정
	문제해결	개인의 관점에서 바라보는 문제해결 방식
이동성 (2013)	맥락성	이야기의 배경을 이루는 시간적 맥락에 주목
	내러티브	주관적 이야기의 재해석과 의미의 발견
	관계성	연구자와 참여자 사이의 친밀성·진정성 강조
	인간화	배려, 민감성, 존중은 인간적인 요소
	대항문화	개인적 내러티브와의 접촉을 통해 학문적 가정에 의문 제기

우선, 예일대 심리학자로서 초창기 사회심리학의 이론적 체계를 정립했던 존 달라드(John Dollard)(1935)는 생애사 연구에서 두 가지 측면, 즉 심리적 요인과 사회적 요인을 통합적으로 고려해야 한다고 주장한다. 즉 개인적 삶의 특징을 발견하는 것과 함께 사회적 조건들을 맥락적으로 이해해야 한다는 견해이다.

두 번째로, 크레스웰(1998)은 생애사 연구의 특징을 설명하는데, 그것은 네 가지 범주인 이야기, 사건, 맥락, 그리고 반성 등으로 이루어진다. 즉 생애사 연구의 초점은 이야기 구성의 범주에서 단일한 개인의 대화나 이야기를 기술하여 연구 초점을 제공하고, 사건의 범주에서는 자신의 삶에서 하나의 특별한 사건을 떠올릴 수 있도록 하며, 이와 같이 떠올린 사건을 사회적 맥락 속에 배치하도록 하고, 마지막으로 연구자의 내부자적 개입과 자기 경험 및 해석에 대한 반성을 통해 보다 나은 연구결과를 도출할 수 있도록 한다.

세 번째로, 박성희(2004, 244-251쪽)는 책임, 반성, 시각, 자동제조(autopoiesis), 삶의 과정, 그리고 자아실현의 범주를 중심으로 생애사 연구의 특징을 제시하고 있다. 생애사 연구는 개인적인 삶을 계획하고 자기책임을 질 수 있는 연구태도를 지향해야 하며, 반성의 범주에서는 삶의 주체자로서 삶에서의 자기 확신을 지닐 필요가 있다는 것이다. 다음으로 자신의 시각, 즉 자신의 의미와 본질을 발견할 수 있는 연구이고, 스스로 삶의 규칙을 설명하고 전개해 나갈 수 있도록 하는 접근 방식이다. 또한 문제를 해결하기 위해 제도, 문제, 변화에 적응하는 삶의 과정을 기술하는 방식이면서, 마지막으로 미래를 위한 자아실현의 학습과정의 특성을 지닌다. 이러한 관점에서 생애사란 사회구성원으로서 개인의 행위와 체험이 사회의 가치지향과 어울려 시간적인 순서에 따라 개인의 지평과 계획에 의해서 구조화되어 가는 것이다.

네 번째로, 콜과 놀즈(Cole & Knowles, 2001)는 관계성, 상호성, 배려와 존중을 생애사 연구의 주요한 범주로서 강조한다. 즉 생애사 연구는 보다 넓은 사회적 조건이나 맥락을 발견할 수 있는 관계성에 초점을 맞추어야 하고, 상호작용적인 대화와 이야기를 기술할 수 있도록 하며, 마지막으로 서로 다른 삶을 이해하고 연구참여자의 삶에 대한 배려와 존중의 태도를 지향하는 것이 여기에 포함된다.

다섯 번째로, 김영천(2013b)은 맥락, 시간, 관계, 정체성, 경험, 문제해결 등 여섯 가지 범주를 생애사 연구의 주요한 특징으로 강조하고 있다. 이에 대해 구체적으로 살펴보면, 우선 맥락의 범주에서 생애사 연구는 문화, 정치, 가족 등의 맥락과 연관된 삶을 연구하고 시간의 축을 바탕으로 연구참여자를 이해하는 작업이다. 또한 연구자와 참여자의 관계가 중요하게 작용하는 생애사 연구는 개인의 정체성을 재인식하는 과정이자 개인의 경험을 복합적으로 축적하는 연속적인 과정으로 정의할 수 있다. 이러한 생애사 연구는 개인의 관점에서 견지하는 문제해결 방식을 기술하고 그 의미를 찾아내는 접근 방법이다.

마지막으로, 이동성(2013)은 앞의 김영천과 유사한 맥락에서 맥락성, 내러티브, 관계성, 인간화, 그리고 대항문화의 범주에 초점을 두고 있다. 구체적으로 살펴보면, 우선 생애사 연구의 주요한 특성으로서 이야기의 배경을 이루는 시간적 맥락을 들 수 있다. 즉 생애사 연구는 과거, 현재, 미래가 상호작용하는 시간 속에서 삶의 과정을 맥락적으로 탐구하는데, 여기서 맥락은 타자를 포함한 사회문화적 환경을 의미한다. 맥락성은 사건을 이해하는 중요한 역할을 한다(Haglund, 2004, p. 2; 이동성, 2013, 78-79쪽). 또한 주관적 이야기의 재해석과 의미의 발견을 위한 내러티브 방법을 차용하는데, 생애사는 "참여자의 주관적 이야기를 재해석하여 다시 이야기하는 서사구조"이기 때문이다(한경혜, 2005; 이동성, 2013, 79-80쪽). 이때 중요한 것은 주관적 이야기의 정확성이 아니라 의미를 발견하고, 자기-재현을 통해 이야기를 구성하는 데에 있다. 또한 관계성의 측면에서 연구자와 참여자 사이의 친밀성과 진정성이 형성될 수 있도록 하고, 배려, 민감성, 존중을 통해 인간적인 요소들을 고려할 수 있도록 한다. 마지막으로 생애사 연구의 지향점은 개인적 내러티브와의 접촉을 통해 학문적 가정에 의문을 제기하고 대항문화를 창출하는 것에 주안점이 있다. 왜냐하면, 생애사 연구는 개인적 내러티브와의 접촉을 통해 "학문적 가정에 의문을 던질 수 있어야" 하기 때문이다(이동성, 2013, 81쪽). 즉 생애사는 침묵하는 자들의 소리를 알려내고, 진정한 성찰을 이끌며 자아를 반영할 수 있는 하나의 거울인 것이다(Dhunpath, 2000).

(2) 생애사 연구의 정의

이와 관련된 맥락에서 박성희(2004)와 김영천(2013b)은 삶의 주체인 개인이 자신의 시각으로 재구성하는 삶의 이야기로서 생애사에 대한 정의를 제시하고 있다. 특히 시간성을 강조하여 시간의 흐름에 따라 지식의 지평이 없어지고 삶에 대한 의미를 만들어 가는 과정으로서 생애사를 바라보는데, 그 이유는 개인은 사회와 상호작용하여 자아를 형성하며 구조화시켜 나간다는 점에 기인하고, 또 다른 한편, 동시대를 살아가는 개인은 자신의 시각에 따라 삶의 규칙이나 지평을 바탕으로 자신의 삶을 구성하기 때문이다. 이와 유사한 맥락에서 알하이트(Alheit, 1995; 박성희, 2011)는 생애사를 개인이 삶을 살아가는 과정을 자신의 고유한 논리에 의하여 분석하고 재구성하는 발달과정으로 인식하고 있다.

이상과 같은 생애사 연구의 주요 범주와 특징들에 대한 제 견해를 고려할 때, 생애사 연구의 정의는 시간성, 맥락성, 내러티브, 기억하기, 정동을 발견하는 작업 등의 주요한 구성범주에 초점을 두고 규정할 수 있다. 특히 시간성과 관련하여 만델바움(Mandelbaum, 1973)은 세 가지 분석단위를 제시하고 있다. 우선, 차원의 단위이다. 차원은 개인의 삶을 몇 가지의 차원이나 측면으로 나누어 특정한 삶의 영역을 통해 삶에 영향을 미친 주된 원동력을 찾는 것을 의미한다. 두 번째로, 전환점을 제기한다. 여기서 전환이란 삶의 주요 전환점과 관련된 사회적 조건을 살피는 것을 지향하고, 이를 통해 삶의 기간을 구획하는 것을 의미한다. 마지막으로, 적응을 들 수 있다. 즉 개인의 고유한 적응양식은 삶의 변화와 연속성의 두 측면을 이해하는 데 도움을 준다는 점에서 시간성을 연구의 중요한 구성범주로 설정하는 것은 성찰적 접근을 위해 유의미성을 지닌다. 이러한 생애사에 대한 정의에 근거할 때, 생애사 연구의 유의미한 이론적 유형들을 고려하고 심층적 해석을 위해서는 다음과 같은 몇 가지 구성범주와 정의에 대한 고려가 필수적이다(〈표 2-4〉 참조).

> 표 2-4. 생애사 연구의 주요 구성범주와 특징

구성범주	특 징
시간성	개인, 집단, 사회의 시간적 경험들과 역사성
맥락성	사회적 상황과 맥락에서 개인의 삶과 경험들에 접근
상호주관성	생활세계(life world) 속의 체험과 이야기에 대한 이해와 의미의 공유
내러티브	이야기의 구성, 알레고리의 형성, 비감각적 유사성과 의미 해석
기억하기	과거의 특정한 시점에서 체험한 사건과 트라우마, 생의 체험들을 기억, 회상하는 과정을 통해 치유하기
정동의 발견	체험과 기억들을 통해 정체성과 정서의 변이 과정들을 발견하고 의미화하기
생애사 정의	개인이나 집단의 특정한 시간성 속에서 형성된 삶과 기억, 정서의 체험에 상호주관적으로 관계해 이야기를 구성하고 정서 변이의 가능성과 의미들을 분석하는 질적 연구방법

요컨대, 생애사 연구란 개인이나 집단의 특정한 시간성 속에서 형성된 삶과 기억, 그리고 정서의 체험에 상호주관적으로 관계하여 이야기를 구성하고 정서 변이의 가능성과 의미들을 분석하는 질적 연구방법이다. 즉 개인이나 집단이 특정한 시간과 사회적 맥락 속에서 체험한 사건과 기억들을 상호주관성(intersubjectivity)에 근거해 대화나 이야기체로 기술하고 해석함으로써 연구참여자의 정체성과 정서의 변이를 성찰적으로 의미화하는 연구방법이다. 생애사는 1인칭 시점이나 전지적 작가 시점에서 접근하는 전기연구나 자서전 연구와 달리 자료수집, 분석, 글쓰기 작업을 통해 연구자의 해석과 분석방법의 엄밀성을 확보할 것이 요구되는 분야이다. 이 때문에 참여자의 주관성뿐만 아니라 연구자와 독자들의 주관성도 고려하여 상호주관성을 추구하는 접근태도는 풍부한 생애사 논의를 위해 유의미하다(김영천, 2013b).

특히 앞에서 살펴본 벤야민의 미메시스 이론과 프로이트의 무의식과 트라우마에 대한 사유들은 이러한 생애사 연구의 사상적 자원으로서 적합성을 지닌다. 생애사 연구는 개인이나 집단의 과거에 체득된 무의식을 드러내고 상처를 가하기 위함이 아니라 공감하고 공동의 치유 방법을 창출하는 데 목적이 있기 때문이다. 따라서 생애사 연구는 특정 기득권층이나 소수의 영웅들이 아니라 다양한 소수자들의 생애와 이야기들을 재구성하고 정서의 변이들을 발견하여 기쁨의 정서들로 변이시킬 수 있는 정동의 발견과 치유의 실천 작업으로서 의미가 있다.

3
방법론의 유형과 특성

1) 이론적 접근 유형

(1) 이론적 접근의 선행 사례

생애사 연구의 이론적 접근은 연구자들마다 다양한 형태를 취하고 있다. 그 이유는 생애사의 주요한 구성범주나 특징, 그리고 정의에 대한 연구자의 서로 다른 관점에서 기인하지만, 또 다른 한편 생애사 연구의 이론적 지평이 단순히 역사적 접근에 머물기보다 다양한 사회과학과 인문학, 그리고 교육학적 접근 등 학문의 경계를 넘어서는 시도들을 통해 확장되고 있기 때문이다. 주지했듯이 1930년대를 기점으로 사회학과 인류학적 전통에서 발전하기 시작한 생애사 연구방법은 다양한 학문분야에서 질적 연구의 이론과 방법론의 체계화가 이루어지고 있다. 특히 최근에는 여성학, 심리학, 문화연구, 가족연구, 이주민, 정치영역, 교육연구 등에서도 이론과 방법의 자원으로 응용되고 있다(Ojermark, 2007). 이와 같이 생애사 연구방법론이 다양한 학문분야에서 광범위하게 적용되는 이유는 공식적인 사회연구나 역사연구의 대상에서 배제되어 왔던 일반인들에 주목하기 때문이고, 또한 권력에서 배제되거나 혹은 차이성을 지닌 사회적 소수자들의 경험을 언어화함으로써 경험적 연구의 외연을 확장할 수 있기 때문이다(이동성, 2013). 이러한 맥락에서 여기서는 선행연구 사례들을 통해 어떠한 이론적 접근 유형들이 제시되고 그 특징이 설명되고 있는지 살펴보고자 한다.

우선, 스미스(Smith, 1994, pp. 294-301 참조)는 전기적 방법(biographical method)의 주요한 이론적 접근을 설명하면서 인문학과 사회과학 분야로 구분하여 이론 유형을 설명하고 있다. 인문학적 분야에서 문학전기(literary biography)와 역사적 접근이 주요한 전기적, 생애사적 연구의 이론 자원으로 활용되고 있다. 특히 호너(Horner, 1987)는 래드클리프(Radcliffe) 전기 시리즈를 소개하는 글을 통해, '좋은 전기는 우리 자신을 훑어보고 인간 정신을 반성하도록 하는 데 있다'고 강조하면서 '전기는 역사를 조명하고, 예시(example)로써 영감을 주며 삶의 가능성에 대한 상상력을 자극한다'고 언급하고 있다. 이러한 시각은 문학전기의 사회적 역할로서 생애사와 유사한 반성적, 역사적 삶의 의미 등을 중시하는 연구태도에서 기인한다. 또한 스미스가 제시한 생애사 연구의 사회과학적 접근은 주로 인류학, 심리학, 사회학, 페미니즘/소수자론, 그리고 교육연구 등 다양한 학문분야에서 이루어지고 있다. 1920년대 이후 1990년대에 이르는 생애사 연구의 경향을 볼 때, 전기적 접근과 생애사적 접근은 명확히 분리되기보다 혼재되어 있는 상황에서 다양한 인문학과 사회과학 분야의 이론들이 차용된 것으로 파악된다. 구체적으로 살펴보면, 인문학 분야의 문학전기가 개인의 삶과 역사의 예시와 상상력에 기초한 문학적 접근이라면, 역사적 접근에는 구술사(oral history)나 집단전기학(prosopography) 등의 이론적 접근 방법들이 출현하였다. 한편, 사회과학 분야에서는 생애사(life history)와 개인성 연구 같은 인류학적 접근이나 심리적 고통과 문제들을 중심으로 한 생애사 연구의 심리학적 접근, 그리고 시카고학파나 독일의 빌레펠트 학파를 중심으로 시작된 개인과 사회구조, 해석학을 바탕으로 한 생애사적 접근, 혹은 배제되거나 권력 없는 개인들에 대한 페미니즘과 소수자 관점의 접근이 중요한 이론 자원으로 활용되고 있다.

두 번째로, 박성희(2011)는 생애사 분석을 위한 이론의 유형을 크게 인본주의, 생활세계론, 인지이론, 실용주의, 그리고 상징적 상호작용론 등 다섯 가지 범주로 구분하고 있다. 각각의 특성을 보면, 우선 인본주의가 인간의 능동적, 창조적인 특성과 자아실현에 초점을 둔다면, 생활세계론은 기본적으로 생활세계를 직접 체험하는 개인의 눈으로 연구하는 데 중점을 두는 이론적 접근이다. 또한 인지과정을 분석함으로써 심리현상을 이해하고 설명하는 인지이론뿐 아니라 환경과 접촉할 때 생기는 경험을 바탕으로 경험의 재구성을 통한 교육적 성장에 초점을 두는 실용주의도 생애사 연구의 이론지형에 포함시키고 있다. 또한 상호작용적 행위, 타인을 지향하는 행위 지향, 신뢰감 있는 라포 형성 등을 고려한 상징적 상호작용론을 생애사 연구의 중요한 이론적 접근으로 제시하며 구체적인 분석방법론을 도출하고 있다.

마지막으로, 강이화와 알하이트(강이화 · Allheit, 2015, 11-14쪽 참조)는 '독일 생애사 연구의 인식론적 기반과 분화 과정'을 연구하면서 생애사 연구의 이론적 토대들을 탐색하고 있다. 강이화와 알하이트는 생애사 연구의 이론 유형을 사회구성주의, 사회 · 역사적 구성주의, 포스트모더니즘, 자기준거적 의식(selbstreferenziellen Bewusstsein), 그리고 후기구조주의적 접근 등 다섯 가지 범주로 구분하여 생애사 연구의 출현과 진화과정에 대한 다각도의 접근을 행하고 있다. 구체적으로 검토하면, 우선 사회구성주의적 생애사 연구는 주로 상호작용론과 생애사를 연계하는 접근 방식이나 인류학과 생애사 연구의 연계적 접근을 통해 이루어졌다. 이러한 사회구성주의적 접근이 분화하면서 사회구조와 생애사적 과정 사이의 구성주의에 초점을 두는 연구경향이 나타났는데, 이를 두고 사회 · 역사적 구성주의의 생애사 이론으로 구분한다. 이와 함께 포스트모더니즘의 이론을 바탕으로 사회적 현실에 대한 상징적 · 언어적 생애사의 구성에 초점을 맞추는 연구경향이 나타났다면, 또 다른 한편 '사회적 현실'에 중심을 두기보다 생애사 주체가 갖는 의식의 토대에 초점을 두고 사회적 · 문화적 시스템의 작동방식에 관심을 기울이는 체계이론, 인지이론, 생물학적 구성주의 등의 이론적 연계방식이 생애사 연구의 범위에 포함되었다. 덧붙여 프랑스 후기구조주의 철학에 기초한 생애사 연구들의 경우, 전지구적인 사회구조의 변화와 여성이주자, 민족화, 성별화 등을 문제설정으로 한 이론적 접근들이 하나의 이론지형을 형성하고 있는 것으로 분석된다.

이상의 내용을 정리하면 〈표 2-5〉와 같다.

표 2-5. 생애사 연구의 이론 유형과 특징

연구자	이론 유형	특 징
스미스 (Smith, 1994)	문학전기 (literary biography)	개인의 삶과 역사의 예시와 상상력에 기초한 문학적 접근
	역사	구술사(oral history), 집단전기학(prosopography) 등을 포함하는 인본주의와 사회과학의 통합적 접근
	인류학	생애사(life history)와 개인성 연구 같은 인류학적 접근
	심리학	심리적 고통과 문제들을 중심으로 한 생애사 연구의 심리학적 접근
	사회학	시카고학파를 중심으로 시작된 개인과 사회구조에 대한 생애사적 접근
	페미니즘/소수자론	배제되거나 권력 없는 개인들에 대한 페미니즘과 소수자 관점의 접근
	교육연구	교사들의 삶과 이력에 대한 생애사적 접근
박성희 (2011)	인본주의	인간의 능동적, 창조적인 특성과 자아실현에 초점
	생활세계론	생활세계를 직접 체험하는 개인의 눈으로 연구
	인지이론	인지과정을 분석함으로써 심리현상을 이해하고 설명
	실용주의	환경과 접촉할 때 생기는 경험을 바탕으로 경험의 재구성을 통한 교육적 성장에 초점
	상징적 상호작용론	상호작용적 행위, 타인을 지향하는 행위 지향, 신뢰감 있는 라포 형성 등
강이화·알하이트(Alheit) (2015)	사회구성주의	상호작용론과 생애사의 연계, 인류학과 생애사 연구의 연계적 접근
	사회·역사적 구성주의	사회구조와 생애사적 과정 사이의 구성주의에 초점
	포스트모더니즘	현실에 대한 상징적·언어적 생애사의 구성에 초점
	자기준거적 의식 (selbstreferenziellen Bewusstsein)	'사회적 현실'보다 생애사 주체가 갖는 의식의 토대에 초점 (체계이론, 인지이론, 생물학적 구성주의 참조)
	후기구조주의	프랑스 후기구조주의 철학에 기초한 생애사에 초점 (세계화, 여성이주자, 민족화, 성별화 등)

(2) 이론적 접근의 의의와 시사점

앞에서 보았듯이, 생애사 연구는 다양한 이론적 접근을 통해 개인과 집단의 삶과 체험들을 조명하고 반성적으로 접근하는 질적 연구의 한 방법임을 알 수 있다. 그럼에도 불구하고, 이론적 접근은 생애사 연구의 체계화를 꾀하기 위해 지속적으로 성찰되어야 하는 한계점들도 내포한다. 윤택림(2013)의 경우, 이러한 생애사의 문제점을 두 가지 측면에서 제시하고 있다. 그것은 한편으로, 생애사가 개인적 삶의 대표성을 어떻게 획득할 수 있는가 하는 문제제기에서 비롯된다. 이러한 문제는 개인을 파편화되고 고립된 존재가 아니라 역사적 산물이자 사회적 관계의 총화로 간주하는 시각에서 보완될 수 있다. 개인은 사회와 구조를 들여다볼 수 있는 창구임과 동시에 사회와 구조의 영향을 받는 존재이기 때문이다. 또 다른 한편, 개인적 경험의 주관성에 대해 제기되는 문제들에서 비롯된다. 이에 대해 윤택림(2013)은 이러한 문제제기 이전에 순수한 객관성이 존재하는가에 대한 질문이 선행되어야 한다고 주장하며, 당사자들의 지각 행위에서부터 주관성이 들어간다는 점을 명확히 인식해야 함을 강조한다. 프리만과 크란츠(Freeman & Krantz, 1980)가 객관성에 기초한 관점으로 생애사를 평가하는 것을 비판하는 것도 이러한 맥락에서 연유한다.

이러한 문제제기는 생애사 연구뿐 아니라 거의 모든 질적 연구방법론에 제기되는 의구심이기도 하다. 즉 질적 연구가 기본적으로 주관성의 연구라는 점을 전제로 한다는 점을 간과한 채, 주관성을 분석하는 연구태도의 원칙성에 문제를 제기할 경우 그 질문자는 질적 연구의 기초를 위해 ABC부터 다시 탐독해야 할 것이다. 반면, 질적 연구에 대한 방법론적 신뢰성과 타당성에 대한 문제제기는 과거는 물론 현재와 미래까지도 지속되어야 한다. 주관성 연구가 선입견과 자의성의 무기를 함부로 휘두르며 사회적으로 왜곡된 통념과 편견을 재생산하는 연구영역은 아니기 때문이다. 질적 수준을 높이고 연구의 신뢰성과 타당성을 충족시키기 위해서는 질적 연구의 기본 요건인 분석방법의 엄밀성, 체계성, 진정성을 획득할 수 있도록 하는 것이 최선의 방책이다. 질적 연구의 매력이 연구자의 사유와 분석방법의 차이에 따라 각양각색의 결을 지닌 분석결과를 생산할 수 있다는 점에서 나온다면, 질적 연구의 실패는 그 차이의 결을 신뢰성 검증 없이 방치할 때 초래된다는 점도 고려할 일이다.

2) 방법론의 유형과 특징

"역사를 기술하는 것은 연도에 관상(Physiognomie)을 부여하는 것이다."
(Benjamin, 1982/2005, 1082쪽)

벤야민의 언급처럼 생애사 연구방법론은 개인과 집단의 생애사 동안 형성된 기억의 관상들을 시각적 · 촉각적으로 경험하고 이야기로 구성하여 의미화하는 방법이다. 즉 '연도에 관상을 부여하는' 역사적 기술 작업이 한 사람 혹은 한 집단의 삶과 기억을 대상으로 이루어지는 것이다. 이를 위해서는 선행연구들을 통해 생애사 연구를 위한 방법론들이 어떻게 논의되어 왔는지 검토할 필요가 있다. 앞에서 보았듯이, 생애사 연구는 다양한 유사 장르와의 비교나 관련성 속에서 연구되었을 뿐 아니라 연구자의 이론적 · 사상적 접근 방식에 따라 방법론의 차이가 발생하기 때문이다. 여기서는 생애사 연구에서 기본적으로 요구되는 방법의 유형과 특징들을 연구작업의 흐름을 고려하여 구체적으로 살펴보고자 한다.

(1) 연구작업의 흐름과 설계방법

생애사 연구에서 연구작업의 흐름과 설계방법은 연구의 총체적 설계도를 어떻게 기획하고 진행할 것인지를 가늠하는 작업이다. 이러한 연구작업과 준비가 중요한 이유는 연구자가 자신의 연구작업 과정에서 문제의식 없이 수동적으로 끌려다니거나 이론의 숲속에서 방황하는 것을 최대한 방지하고, 주체적이고 강력하게 연구의 주도권을 쥐고 완성도를 기할 수 있도록 하는 데 있다. 즉 많은 시간과 노력을 할애해야 하는 질적 연구(Creswell, 2007/2010)의 특성을 고려할 때, 보다 체계적이고 지혜로운 접근 방식이 필요한 것이다. 이를 위해서는 생애사 연구의 주제와 목적 설정, 연구의 문제설정과 이론적 논의를 위한 적합한 사상가와 이론 및 선행연구 자료들의 수집, 연구문제 설정, 연구방법의 구체화, 분석방법 구상, 신뢰성 및 타당성 검증 등의 설계방법에 대한 이해가 선행되어야 한다. 이러한 연구작업의 흐름과 설계방법에 대해 보다 구체적으로 살펴보면 다음과 같다.

① 1단계: 연구주제와 연구목적의 설정

우선, 생애사 연구와 관련하여 어떠한 연구주제와 연구목적을 설정할 것인지를 결정한다. 이를 위해 생애사 연구분야의 선행연구와 관련 문헌들을 탐색하면서 연구자별로 다루고 있는 생애사 연구주제의 유형, 적용 이론과 학문적 배경, 연구참여자 선정과 분석방법 등을 정리한다. 이 작업은 연구작업이 종료될 때까지 지속적으로 연구자의 작업과 비교하고 검토해야 하기 때문에 시각적으로 명시적인 도표 형식으로 정리하고 선행연구의 전체적인 경향성을 파악할 수 있도록 한다. 특히 질적 연구의 경우, 연구의 시작단계에서 기획하는 연구주제와 연구목적의 설정은 연구과정 전체의 정향성을 좌우하는 나침반으로서 중요한 역할을 수행한다.

따라서 시행착오를 최대한 피하고 체계적인 연구의 진행을 위해서는 이 첫 단계의 설계를 철저하게 수행하기를 권유한다. 여기서 중요한 것은 어떠한 생애사 연구를 하고자 하는지에 대한 연구자 자신의 의도와 목적에 부합하는 연구주제를 설정하는 데에 있다.

② 2단계: 연구문제 설정과 이론적 논의

연구문제의 설정과 이론적 논의를 위해서는 해당 연구에 적합한 사상가와 이론 유형, 그리고 이와 관련된 풍부한 선행연구 자료들을 수집한다. 1단계에서 연구주제와 연구목적이 설정된 상태라면, 이제 2단계에서는 이론적, 사상적 자원들을 학습하고 주요 개념들을 연구주제나 연구목적과의 상호 유기적 연관성을 고려하여 이해하고 정리한다. 여기서 중요한 것은, 왜 생애사 연구를 수행하고자 하는지, 어떠한 문제들을 규명하고자 하는지 등과 관련하여 문제설정을 하고, 그 다음으로 생애사 연구의 문제설정에 이론적, 사상적 논거로 적용할 수 있는 이론적 논의들을 수행하는 것이다.

여기서 주의할 사항은 단편적으로 몇 개의 선행연구나 논문에 전적으로 의존해 얇게 논의를 전개할 경우, 추후 분석과정에서 적합한 논거로 뒷받침하고 서술할 수 있는 이론적 자원들이 빈약해질 수 있다는 점이다. 이를 예방하기 위해서는 여러 겹의 이론적 논의들을 전제하여 분석과정에서 발생할 수 있는 시행착오를 최대한 방지하도록 한다. 중요한 것은 감당하기 어려운 이론들을 열거하는 것이 아니라 연구와 관련된 개념의 이해, 이론의 재구성, 사상의 주요 논점과 쟁점, 한계와 함의들을 정리하고 체화하는 과정에 적극적으로 참여하는 태도를 견지하는 데에 있다. 생애사 연구와 관련된 주요 개념과 이론적 접근의 방법에 대해서는 뒤에서 보다 구체적으로 논의하고자 한다.

③ 3단계: 연구문제와 연구방법의 구체화(연구문제 · 연구참여자 선정, 표본추출)

3단계에서는 연구문제와 연구방법을 구체화하는 작업에 집중한다. 이를 위해 우선, 어떠한 선정근거와 표집 방법에 근거해 연구참여자를 선정할 것인지를 결정한다. 연구문제는 앞에서 설정한 연구목적과 이론적 논의를 바탕으로 설정한다. 연구문제는 일반적으로 3~4가지 정도로 핵심적으로 구성하고, 각각의 연구문제를 어떻게 규명해 나갈 것인지 그 요점을 중심으로 각각의 연구문제 아래에 제시한다. 이러한 연구문제 설정에 신중을 기해야 하는 이유는 추후 분석결과를 정리할 때, 이 연구문제의 내용들에 부합할 수 있도록 방대한 분석결과와 논의들은 제한하고 핵심적인 해석들을 추출해내야 하기 때문이다. 특히 연구문제는 연구참여자와의 인터뷰를 실시하기 위한 질문지 구성에 유기적인 연관성을 지니는 것이다. 예컨대, 연구목적에 근거하여 'Vonnie Lee의 생애사 연구'의 경우, "Vonnie Lee는 무슨 이야기를 할 것인가?"(Creswell, 2007/2010, 159쪽)라는 중심질문을 고려하고 추론하는 작업이 연구문제 설정 과정에서 필요하다. 이 질문에는 개인마다 삶의 이야기를 갖고 있고, 그 사람의 삶의 의미를 담은 주요 관심 요소들이 있을 것이라는 점을 유추하고 담아낼 수 있기 때문이다. 이를테면, 버스 여행, 배의 침몰사건으로 인한 트라우마, 무속인의 삶, 해직 언론인의 언론사 밖의 삶 등 다양한 질문의 질료들이 연구문제들 속에서 집약적이고 포괄적, 함축적으로 응축되어 물음표로 표현할 수 있도록 한다.

두 번째로, 어떠한 연구참여자를 선정할 것인지 결정한다. 연구참여자를 선정하는 일은 생애사 연구에서 신중하게 고려되어야 한다. 왜냐하면, 생애사 연구는 연구자가 어떠한 개인이나 집단을 선정할 것인지 하는 문제에서 연구의 초점과 논의의 방향성이 달라질 수 있기 때문이다. 이에 연구자는 어떠한 연구참여자를 선정할 것인가 하는 문제를 고려하고, 이를 보다 원활하게 결정하기 위해 앞의 연구단계들을 인내심을 가지고 철저히 진행하면서 여기까지 도달해야 한다. 왜냐하면, 연구자가 자신의 연구주제에 대한 목적의식이나 문제의식이 없다면 연구참여자와 의미 있는 관계를 형성하기 어렵기 때문이다. 뿐만 아니라 연구자가 연구와 관련된 저서, 논문, 다양한 자료들에 대한 이해와 체화가 되지 않을 경우, 연구참여자의 구술자료를 그대로 녹취하고 풀어내고 전달하는 전기문의 집필자가 될 수도 있다는 점을 명심해야 한다. 주지했듯이, 생애사 연구에서 중요한 것은 어떠한 시간성 속에서 형성된 삶의 현실과 정서들을 마주하고 반성적, 성찰적인 해석을 이끌어낼 것인가 하는 연구자의 통찰력 있는 인식과 문제제기, 그리고 복수의 의미와 가능성들을 도출하는 데 있다. 이를 위해서는 생애사와 직·간접적으로 연관되어 있는 사유의 주름들을 접고 펼치는 작업들을 반복적으로 전개하는 인내심이 요구된다. 사람을 만난다는 것은, 정현종의 시처럼 그 사람의 "과거와 현재, 그리고 그의 미래"와 마주하는 일이고, "부서지기도 했을 마음"을 마주하는 대단한 사건이기 때문이다.

세 번째로, 연구참여자를 어떠한 방법으로 선정할 것인가 하는 문제가 제기된다. 질적 연구에서 연구참여자 선정 시 각양각색의 유형들 중에서 가장 적합한 방법을 선택할 수 있도록 신중히 고려해야 한다. 예컨대, 마일즈와 후버만(Miles & Huberman, 1994)은 총 16가지의 질적 연구의 표본추출 전략의 유형들을 제시하고 있다(〈표 2-6〉 참조).

표 2-6. 질적 연구의 표본추출 유형

표본추출 유형	목 적
최대 편차 (maximum variation)	다양한 편차를 기록, 중요한 공통의 패턴 확인
동질성 (homogeneous)	초점에 맞춰 간단명료하게 정리, 집단 면접 촉진
결정적 사례 (critical case)	논리적 일반화와 다른 사례에 대해 최대한의 정보 적용을 허용
이론 기반 (theory based)	이론적 구성체의 사례 발견, 상술, 분석
확증적/비확증적 사례들 (confirming and disconfirming cases)	초기 분석에서 상세히 설명, 예외를 탐색하여 편차 도출
눈덩이 굴리기(snowball) 또는 연쇄(chain)	특정 사건이나 사례에 대해 풍부한 정보를 가진 사람을 지인으로부터 소개나 추천 받아 표집
극단적 또는 일탈적 사례 (extreme or deviant case)	매우 특이하게 표출된 현상과 사례 수집
전형적 사례 (typical case)	일반적이고 평균적인 사례 수집
강도 (intensity)	강력한 현상이지만 극단적이지 않게 표출하며, 풍부한 정보를 제공하는 사례 수집
무작위 의도표집 (random purposeful)	의도적 표본을 무작위로 확대하여 표본에 대한 신빙성(credibility)을 증가시키고자 할 때 유용
층화된 의도표집 (stratified purposeful)	하위집단의 묘사와 비교를 의도할 때 유용
기준 (criterion)	몇 개의 기준을 충족시키는 모든 사례들의 질적 보증에 유용
기회적 (opportunistic)	새롭고 기대하지 않았던 것의 기회적 이용
조합 또는 혼합 (combination or mixed)	다원화, 융통성, 다양한 관심과 욕구 충족 의도
편의 (convenience)	정보의 신빙성(credibility)을 희생하는 대가로 시간, 비용, 노력을 절약 의도

출처: Miles, M. B., & Huberman, A. M. (1994). *Qualitative data analysis: An expanded sourcebook* (2nd ed.). Thousand Oaks, CA: Sage, 28쪽에서 인용. 원 저작권자의 모든 권리가 보호됨.

이상의 표본추출 유형 중 질적 연구에서 가장 빈번하게 사용되는 것은 눈덩이(snowball) 표집, 의도적(purposeful) 표집, 편의적(convenience) 표집, 결정적 사례(critical case) 표집 등으로 대별된다. 눈덩이 표집이 다수의 연구참여자를 필요로 하는 연구에서 사용된다면, 편의적 표집은 연구자가 쉽게 접근하여 자료를 구할 수 있는 "현장이나 개인을 연구대상으로" 하는 경우에 적용된다(Creswell, 2007/2010, 181쪽). 또한 특정한 이슈나 문제에 대해 구체적인 정보를 제공하는 결정적 사례에 근거한 표본추출은 고급정보에 접근하는 데 유용한 방법이다. 생애사 연구의 경우, 특정 집단과 연관된 생애사 연구가 아니라면 1명 내지 2명의 개인을 연구하는 경우가 일반적이다(Creswell, 2007/2010). 따라서 여러 표본추출 유형 중에서도 의도적 표집 방법을 사용하여 연구참여자를 선정하는 것도 한 방법이다.

④ 4단계: 연구참여자와의 라포 형성, 인터뷰 방법

이제 연구자는 연구참여자와 어떠한 관계를 형성하고 면담태도를 견지할 것인가 하는 문제가 대두된다. 생애사 연구는 다른 질적 연구와 비교할 때, 연구참여자와의 라포 형성이 가장 중요하게 연구결과를 좌우하는 방법이다. 라포 형성은 단지 친밀감의 표현이 아니라 다양한 연구참여자와의 관계 형성의 방법을 필요로 하는 영역이다. 생애사 연구는 연구참여자를 질문에 대답하는 반응자나 대상으로 간주하는 대신 자신의 고유한 역사를 생성하는 주체이며, 앎이 생성되는 과정에서 능동적인 역할을 수행(Casey, 1992, pp. 188-189)하는 존재로서 인식하고 있기 때문이다. 이러한 맥락에서 연구참여자와의 라포 형성 방법에 대한 다양한 의견들이 제시되어 왔다.

우선, 콜과 놀즈(Cole & Knowles, 2001)는 연구자와 참여자 사이의 상호작용을 관계성, 상호성, 배려와 존중으로 구분하고 있다. 생애사 연구에서 연구자와 참여자의 역할과 책임감은 관계 속의 대화의 일부로서 통상적인 질적 연구와는 다르게 이해되기 때문이다(김영천, 2013b). 이와 관련하여 김영천과 한광웅(2012)은 생애사 연구를 위한 구술면담과 자료수집 방법에 대해 다음과 같이 설명하고 있다. 먼저 자료수집 방법으로 고려해야 할 것은 연구자가 연구참여자와의 상호이해 가능한 용어를 사용하는 것이다. 즉 생애사 연구에서 구술면담할 경우 일상용어로 질문하고 복잡하고 까다로운 용어의 선택이나 의도가 모호하며 중의적 의미를 갖는 질문은 제기하지 않는다. 특히 문어체보다는 구어체를 사용하여 안정된 대화를 통한 구술면담이 이루어질 수 있도록 한다. 왜냐하면, 생애사 연구의 참여자는 단순히 인지 반응의 대상이나 효과의 변인이 아니라 삶과 정서체험, 그리고 기억의 정황들을 이야기하는 대화상대자이자 연구의 참여주체이기 때문이다. 두 번째로, 연구자는 폐쇄적인 질문형식이 아니라 구조화 수준이 낮거나 반구조화된 질문형식을 취하는 게 좋다. 연구자의 선입견과 성급한 질문 의도가 첨가될 경우, 연구참여자의 대답은 일정한 방향으로 구속되고 강제될 수 있기 때문이다. 즉 완전히 폐쇄적이고 닫혀 있는 하나의 방향에 기반한 인터뷰 방식은 연구참여자의 진솔하고 자유로운 대화와 이야기를 차단하고 심층적인 접근을 가로막을 수 있다는 점에서 신중히 질문형식을 고민하고 수평적 대화방식을 견지할 수 있어야 한다.

다른 한편, 연구자의 태도로서 연구참여자와의 대화상황에서 최대한 상대방의 의견과 경험들에 대한 존중감, 경청의 자세, 관심과 호기심의 표현 등을 고려하는 게 좋다(김영천 · 한광웅, 2012). 이를 실행하기 위해 필요한 연구자의 태도는 다음 몇 가지로 정리할 수 있다. 우선, 구술면담을 시작하기 전에 미리 '인터뷰 및 자료수집 허가 동의서'를 준비해서 연구참여자의 사전 허락과 동의 절차를 거치도록 한다(Creswell, 2007/2010, 178-180쪽 참조). 이것은 연구참여자에 대한 존중감의 구체적인 실천 방법으로 간주할 수 있다. 이 동의서 내용에는 연구참여자가 언제든지 자발적으로 인터뷰를 중단할 권리를 명시하기, 연구의 주제 · 목적 · 자료수집 등에 사용되는 절차들을 공유하기, 프라이버시 보호의 차원에서 연구참여자의 비밀보장에 대해 언급하기 등이 포함된다. 예컨대, "본 조사의 내용은 통계법 제9조에 의거 비밀이 보장되며 통계 목적 이외에는 절대로 사용하지 않습니다." 라는 문구를 동의서의 가장 위쪽 지면의 한가운데에 배치하여 강조한다. 또한 연구참여자와 관련되어 알려진 위험에 대해 기술하기, 연구참여자에게 발생할 것으로 예상되는 이로움을 표현하기, 연구자와 연구참여자의 서명 및 사인이 동의서의 하단에 공동 기재할 수 있도록 하는 것 등이 주요한 사항이다. 이상의 내용을 정리하면 다음 〈표 2-7〉에서 제시한 바와 같다.

표 2-7. 인터뷰 및 자료수집 동의서의 주요 항목 및 내용

항 목	내 용
연구중단의 권리	인터뷰 과정에서 자발적으로 인터뷰를 그만둘 권리
연구목적과 절차 공유	연구의 주제, 목적, 자료수집에 사용되는 절차들
프라이버시 보호	연구참여자의 비밀보장과 자료수집의 용도 언급 예 "본 조사의 내용은 통계법 제9조에 의거 비밀이 보장되며 통계 목적 이외에는 절대로 사용하지 않습니다."
질병 및 위험 고려	연구참여자와 관련되어 알려진 위험에 대한 서술
영 향	연구참여자에게 발생할 것으로 예상되는 이로움
공동 서명	연구자와 연구참여자의 서명 및 사인

(2) 분석방법의 구상

그러면, 생애사 연구는 어떠한 분석방법을 통해 풍부하고 심층적인 해석을 도출해낼 수 있는가? 주지했듯이, 생애사 연구방법은 인간의 경험을 심층적으로 탐구하기 위한 대안적 연구방법론으로 평가되고 있다(Kouritzin, 2000). 개인의 삶과 역사를 탐색하는 것은 과거 삶에서의 구체적인 선택과 행동이 현재 삶의 모습과 질, 그리고 해석에 어떻게 투영되어 있는지 관심을 기울이고 이해하는 성찰적 태도에서 비롯되기 때문이다(한경혜, 2005). 즉 생애사 연구는 연구자와 참여자가 공동으로 지식을 구성하는 연구방법론으로서 개인의 역사적 삶을 추적한다는 것은 평범하거나, 주변화되어 있는 이들의 경험에 다가감으로써 "그들의 목소리와 관점을 듣고, 보고, 읽는 것"을 의미한다(Riessman, 2008, p. 9).

① 삶의 다층적 분석방법

이러한 점을 고려할 때, 생애사 분석방법은 다음과 같이 다층적 차원에서 조망될 필요가 있다. 생애사 연구의 선행 사례들을 검토한 결과, 생애사 분석방법은 연구자마다 다양하게 제시되고 있기 때문에 주요한 사항들을 중심으로 재정리하고자 한다. 우선, 삶의 유형들을 구분하고 조직화하며 상호 관계성을 이야기로 구성하는 방법이다. 브루너(Bruner, 1995)는 삶을 세 가지 종류로 구분하여 분석하고 있다. 그것은 '살아온 삶(life as lived)', '체험된 삶(life as experienced)', 그리고 '이야기된 삶(life as told)' 등으로 대별된다. 이러한 삶의 다층적 구분을 생애사 분석방법에 적용해 보면 한 개인이나 집단의 삶의 국면들을 분석할 수 있는 자원들이 만들어질 수 있다. 예컨대, '살아온 삶'에 대한 분석방법은 현실적으로 일어났던 삶의 과정에 초점을 둠으로써 제3자에 의해서도 파악될 수 있는 외적인 행동의 사실성을 분석하는 것이다. 이러한 분석은 삶의 국면들을 외적으로 표출된 사실들에 근거해 절단하고 재구성함으로써 사회적 관계성에 입각한 생애사의 의미에 접근할 수 있다. 두 번째로, '체험된 삶'은 주체의 이미지, 감정, 의미 등을 분석하는 삶의 분석대상이다. 이것은 연구참여자의 경험을 통해 기억되고 회상된 것을 새롭게 재구성하여 의미들을 해석하는 방법이다. 마지막으로, '이야기된 삶'은 화자의 생활사나 문화적 습관, 듣는 이와의 관계, 사회적 문맥 등에 좌우되는 삶의 지층이다.

브루너는 '이야기된 삶'을 생애사의 중요한 특성으로 규정하고, 개개의 삶의 요소가 어떻게 관련되고, 조직화하며 줄거리를 만드는지 등에 관심을 두고 분석하였다(김영천, 2013b). 이러한 브루너의 분석틀을 적용하여 양영자(2011)는 내러티브-인터뷰 분석방법에 따라 3단계 과정의 분석 작업을 수행하였다. 우선, 생애사적 데이터를 연대기적 순서로 배열하는 '연대기적 생애사' 분석을 하였으며, 둘째 인터뷰 자료를 연속적으로 분석하여 '이야기된 생애사'를 구성하는 '자기프레젠테이션(Selbstpräsentation)'으로서의 '생애사에 대한 총평(biographische Gesamtevaluation)'과 이를 통해 형성된 '조절메커니즘(Steuerungsmechanismus)'를 도출하여 '이야기된 생애사'를 분석하였다. 마지막으로, 앞에서 분석한 연대기적 생애사와 이야기된 생애사와의 비교 분석을 통해 '체험된 생애사'를 재구성하여 생애사적 체험과 그 의미들을 분석하였다. 조절메커니즘이란 의식되지 않는 조절기제로서 생애사에서 체험을 선택하여 말하게 하고 이러한 체험을 생애사와 연결시켜 일정한 테마에 맞추도록 조절하는 어떤 잠재된 기제가 있다는 관점에 근거한다(Rosenthal, 1995; Rosenthal & Fischer-Rosenthal, 2005). 이러한 분석방법은 브루너의 견해를 차용하여 생애사의 사실성, 경험성, 그리고 구술성 등 다층적으로 생애사 분석을 실시할 수 있다는 점에서 의미가 있다.

② 생애사의 전환점 분석방법

이러한 분석방법은 생애사 연구에서 만델바움(Mandelbaum, 1973)이 제기한 '삶의 영역들(dimensions)', '전환점(turnings)', '적응(adaptation)' 등 세 가지 분석범주와 연계해 접근할 수 있다. 만델바움(Mandelbaum, 1973)은 생애과정을 시간의 순서에 따라 정리하는 서술 방식에서 벗어나기 위해 이러한 분석범주들을 사용했고, 이 범주들은 생애사 분석과 해석에 유의미한 분석틀로서 사용되고 있다(Frank & Vanderburgh, 1980; 한경혜, 2004; 김영숙 · 이근무, 2008). 우선 삶의 영역은 개인의 삶을 구성하는 영역들을 몇 가지로 구분해서 각각의 원동력들을 분석하는 범주이다. 둘째, 전환점이란 삶의 특정한 사건들로 인해 변화된 전환 시점이나 그 전후의 생활조건들을 파악하는 방법이다. 이것은 삶의 특정 지표를 발견하고 국면의 변화에 따라 이야기를 구성하는 분석방법으로 파악된다. 마지막으로, 적응의 범주는 연구참여자가 삶의 과정에서 나타난 위기와 변화에 대처하는 적응양식들을 분석하는 방법이다. 이러한 접근 방식은 앞에서 살펴본 브루너의 세 가지 삶의 지층들을 분석하는 접근 방법과 연계할 경우 더 풍부한 분석들이 이루어질 수 있을 것으로 유추된다.

③ 생애과정 관점의 분석방법

다음으로 2000년대 초반 무렵부터 노년학 분야에서 분석틀로 활발하게 사용되기 시작하였던 생애과정 관점(life course perspective)을 들 수 있다. 생애과정 관점은 개인의 일생을 연령에 의해 분화된 일련의 역할 전이(transition)들에 의해 구획되는 것으로 파악한다. 즉 이러한 전이들이 사회적으로 구조화되는 과정에 초점을 맞추고, 이 과정을 개인시간, 가족시간, 그리고 역사적 시간이라는 서로 다른 차원의 시간의 역동적 상호작용으로 개념화하여 접근하는 이론적 관점이다(한경혜, 1990, 2004). 여기서 개인시간(individual time)이란 개인의 연령별 생애단계에서의 진행정도를 나타내주는 지표로 작용하며, 가족시간(family time)은 가족이 보유한 자원과 욕구를 반영하는 가족의 상황과 각각의 역할이 조합된 형태를 분석할 수 있는 범주를 의미한다. 마지막으로, 역사시간(historical time)은 개인이 특정한 역할 전이 혹은 생의 전환점을 경험할 당시 역사상의 위치를 보여주는 생애과정으로서, 경제적 · 인구학적 · 사회적 상황을 분석할 수 있는 지표로 사용된다.

이와 같이 세 차원의 시간성에 기반한 생애과정 관점의 분석방법은 개인의 생애사를 이해하기 위해 개인－가족－사회의 영역에서 미시적 개인사－가족발달사－거시적 역사 등의 통합적 분석을 꾀할 수 있다는 점에서 의미가 있다. 이러한 분석방법의 의의는 특히 노년학 연구분야에서 두드러지게 나타난다. 한경혜(1990, 1991, 2004)에 따르면, 이 방법은 노년기 삶을 결과가 아닌 '과정'으로서 파악하는 데 유용하고, 인간발달 및 노화과정의 역사성, 다차원성을 분석할 수 있게 하며, 미시적인 개인발달과 거시적 역사구조의 연계성을 탐구할 수 있게 한다는 점에서 노년기 생애사 연구의 분석틀로 의미가 있다.

④ 총체적 · 범주적 · 담론 분석방법

생애사 연구의 분석방법으로서 리블리히 · 투발-마쉬아크 · 질버(Lieblich, Tuval-Maschiach, & Zilber, 1998)는 총체적 내용 · 형태, 범주적 · 담론 분석방법 등 네 가지 접근 방식을 제시하고 있다. 구체적으로 살펴보면(한경혜, 2004; 이동성, 2013), 총체적 내용분석(holistic-content approach)은 개별 생애사를 분석의 초점으로 삼아 각 생애사의 주요한 테마를 찾아내는 방식이다. 이것은 삶의 전환점을 중심으로 태도, 만족도, 결정을 탐색하는 것으로서 인생의 질 변화를 탐구하는 데 유용하다(김영천, 2013b).

두 번째로, 총체적 형태분석(holistic-form)은 생애사의 내용적 측면보다 전체적인 구조를 분석의 중심에 두는 방식이다. 예컨대 생애과정에서 가장 행복한 시점, 혹은 불행한 시점을 중심으로 생애도표를 구성하거나, 삶의 변화를 이끈 위치를 탐색하는 방식 등이 있다(이동성, 2013).

세 번째는 범주적 내용분석(categorical-content approach)으로서 이것은 여러 개의 생애사로부터 공통의 테마를 도출하는 방법이다. 이는 생애과정을 유형화하고, 사회문화적 요인과의 관련성을 탐색하는 데 유용하다. 특히 이러한 접근 방법은 연역적 논리나 귀납적 논리를 따르지 않고 근거이론의 분석방법과 유사한 개연성 삼단 논법의 논리를 반영하며, 귀납과 연역적 방법을 결합하여 사실로부터 과거의 상황을 추론하고 미래를 전망하는 분석방법(이희영, 2005)으로서 파악된다. 이러한 범주화된 내용분석은 타자의 삶과 비교하고 특수한 무엇을 조명하는 데 도움을 주며, 추상적 범주는 사회과학, 인문학에서 차용할 수 있다는 점에서 학제적 접근이 가능한 방법이다(김영천, 2013b).

마지막으로, 담론 분석(discourse analysis)을 들 수 있다. 이러한 접근은 '어떠한 방식으로 말하는가?' 하는 이야기 구성의 메커니즘과 언술의 결합방식에 초점을 맞춰 의미론적 측면에서 생애사의 의미구성과 주체가 호명되는 방식을 탐색하는 방법이다(Riessman, 1993; 한경혜, 2005; 이동성, 2013). 이 경우, 이야기가 재구성되는 의미화 방식에 초점을 맞춰 연구참여자가 어떠한 방식으로 단어, 명제, 언술 등을 선택하고 배제하는지를 분석하여 특정한 의미화 방식과 주체화 방식들을 도출해내는 접근 방식이다. 이것은 연구참여자의 삶과 이야기를 조건화하는 이데올로기 구성체의 특성들을 파악할 수 있다는 점에서 유의미한 분석방법이다.

다만, 생애사 연구에 최적화된 담론 분석방법을 개발하는 과제가 남아 있다는 점은 주시할 일이다.

(3) 신뢰성 및 타당성 검증방법

신뢰성 및 타당성 검증방법은 질적 연구에서 점차 중요하게 관심을 기울이고 있는 방법론의 한 영역이다. 그 이유는 질적 연구가 주관성을 분석하는 방법이지만, 그 주관성 분석은 연구자의 선입견과 편견, 자의성 등이 개입된 해석의 오류들을 성찰하고 하나의 해석과 답이 아니라 복수의 가능성들과 물음들을 제기할 때 진정성을 획득할 수 있다.

하지만, 실제로 질적 연구를 진행하는 과정에서 연구자가 연구의 신뢰성 및 타당성을 검증하는 절차를 거치지 않았다면, 아무리 심층적인 차원에서 자기 성찰과 반성적 태도를 견지한다 해도 연구결과는 달라지지 않는다. 질적 연구의 신뢰성 및 타당성은 연구자 개인의 성찰만으로 충족되는 것이 아니기 때문이다. 중요한 것은 다차원적인 접근을 통해 연구의 품질을 검증하는 방법을 직접 실행하고 수정, 변경하는 작업을 실천하는 과정에 있다. 특히 질적 연구 중에서도 생애사 연구는 연구참여자의 주관성과 연구자의 해독능력에 전적으로 의존하는 방법론의 특성을 고려할 때, 연구결과가 도출된 이후 적합한 검증방법을 적용할 것이 요구된다.

그러면, 생애사 연구에 적합한 신뢰성 및 타당성 검증방법은 어떠한 것이 있는가? 이와 관련하여 플럼머(Plummer, 1983: Creswell, 2007/2010, 296-297쪽 재인용)는 타당성과 연관된 세 가지 질문들을 제기하고 규명할 것을 요구하고 있다. 즉 표본추출, 자료원, 이야기의 타당성 검증이 여기에 해당한다. 예컨대, 표본추출의 범주에서 '연구참여자가 대표성을 지니는가?'의 질문을 제기할 수 있다. 이와 유사한 관점에서 에델(Edel, 1984) 역시 '생애사 연구자는 신뢰할 수 있는 증인과 신뢰할 수 없는 증인을 어떻게 구별하는가?'라는 질문을 제기하며 검증의 질문들을 유형화할 것을 강조하고 있다. 생애사 연구방법론은 극소수의 연구참여자들을 선정하기 때문에 자료로부터 연구결과를 일반화하는 데 난점이 발생한다는 점에서 이러한 질문은 지속적으로 유효한 작업이다(이동성, 2013). 두 번째로, 제기할 수 있는 질문은, '정보제공자, 연구자, 정보제공자와 연구자 간 상호작용에 대한 편견의 근원은 어디에 있는가?'(Plummer, 1983) 혹은 '연구자는 단순히 연구참여자의 목소리를 대변하는 것을 어떻게 피할 수 있는가?'(Edel, 1984) 하는 물음에서 보다 세분화된 검증방법을 개발할 수 있도록 한다. 마지막으로, '연구참여자는 생애사를 해독하거나 공식적인 기록과 비교할 때, 생애사 연구를 다른 정보제공자로부터 얻은 이야기와 비교할 때, 그 이야기가 타당하다고 생각하는가?' 등의 질문에 대해 다각도의 접근과 성찰성을 통해 검증절차를 구체화하고 적용할 수 있도록 한다. 이를 위해서 연구자는 원자료를 충실히 활용해야 하고, 논리적 일관성이 있는 주제를 이끌어 내기 위하여 많은 시간을 투자해야 하며, 연구참여자의 개인적인 이야기를 어떻게 거시적인 맥락에 연계시킬 것인지(이동성, 2013) 방법론의 체계적 적용과 연구의 완성도를 높일 수 있을 때까지 팽팽한 긴장감을 놓치지 않는 게 좋다.

이러한 신뢰성 및 타당성 검증을 위한 질문들과 연구태도는 생애사 연구에 적합한 검증방법들을 개발하고, 실제로 다양한 실험들을 통해 대안적 접근을 모색하는 데 중요한 연구윤리의 단초를 제공한다.

4

방법론의 적용 사례와 커뮤니케이션과 미디어교육 분야의 시사점

여기서는 생애사 연구의 방법론을 적용한 사례를 탐색하기 위해 학문분야의 경계를 넘어서서 적용된 방법론을 바탕으로 분류하여 탐색하고자 한다. 사회학, 인류학, 교육학, 언론학 등 학문분야를 기준으로 분류하는 것은 용이한 접근이지만, 앞에서 살펴본 방법론의 선험 사례를 직접 검토하기에는 적합하지 않고 피상적인 탐색에 그칠 수 있기 때문이다. 따라서 여기서는 연구자의 분과학문의 특수성을 넘어서서 각각의 연구자들이 생애사 연구의 방법론을 어떻게 적용하고 유의미한 분석결과를 도출하고 있는지 몇 가지 선행 사례를 중심으로 조망하고자 한다. 보다 구체적으로 선행 사례의 방법론은 연구참여자 특성, 이론 유형, 방법론의 유형 등 세 가지 분석범주를 중심으로 살펴보고자 한다. 이러한 연구는 현재 생애사 연구가 미미한 적용수준에 있는 커뮤니케이션과 미디어교육 분야에서 본 연구를 활성화하는 데 기초자료를 제공할 것으로 기대한다.

1) 구술생애사적 접근 사례

(1) 삶의 다층적 분석 사례: 생애구술

생애사는 수집자료의 범위에 따라 '일반적 의미의 생애사'와 '주제 중심적 생애사

(topical life history)'로 구분된다(한경혜, 2004). 일반적 의미의 생애사가 삶의 전반적 영역에 대한 정보와 자료들을 수집하는 반면, 주제 중심적 생애사는 연구자의 관심과 연구목적에 부합하는 주제를 선정하여 보다 제한된 연구참여자들을 선정하게 된다. 하지만, 실제로 선행연구들을 분석한 결과 이 두 구분은 보다 면밀한 검토가 필요하다. 연구주제별로 접근할 경우, 이 두 구분은 모호하고 거의 모든 연구들이 특정 주제를 중심으로 생애사 연구를 실시하고 있기 때문이다. 따라서 여기서는 주제별 분류가 아니라 일반적인 생애구술 자료수집의 일환으로서 심층인터뷰 분석과 연구참여자의 구술성에 의존하고 있는 연구들을 먼저 분류하고자 한다.

우선, 생애구술 분석에 초점을 둔 선행연구들은 삶의 다층적 분석방법으로 분류할 수 있다. 앞에서 브루너(Bruner, 1995)가 설명한 바 있는 세 가지 삶의 방식은 생애구술 자료를 범주화하는 데 유의미하다. 브루너는 생애사에서 주요하게 다루는 삶을 세 가지 층위, 즉 '살아온 삶(life as lived)', '체험된 삶(life as experienced)', 그리고 '이야기된 삶(life as told)' 등으로 구분하였다.

표 2-8. 구술생애사적 접근 사례의 방법론 유형 및 특성

연구자	연구참여자	이론적 논의	방법론
임영호 · 홍찬이 · 김은진 (2009)	문화산업 주변부 종사자(에로물 감독)	문화산업론, 직업생애사	구술생애사: 심층인터뷰 (에피소드 1회, 생애사 2회 병행)
유경옥 (2010)	춘천지역민(남녀 18명, 문화프로그램 참여자)	근대문화와 미디어환경	생애구술: 구술자료, 통계 및 지역사료
최란주 (2010)	결혼이주여성(3명)	다문화사회론	구술생애사: 구술인터뷰
김세은 (2012)	동아투위 해직언론인	언론민주화운동	• 생애구술/범주화: 사건별로 범주화(10개 소주제) • 자료수집: 회고록, 자서전, 기록물, 심층인터뷰
오마리아 · 김하나 (2009)	농촌 여성노인 K	젠더 불평등 이론	• 생애구술/범주화: 성장기, 결혼초기, 자녀성장기 • 자료수집: 심층인터뷰
강은숙 (2011)	저항집단 (5 · 18민중항쟁 경험자)	사회적 트라우마티즘	생애구술/범주화: 6개 시기 구분

생애구술자료 분석에 초점을 둔 삶의 다층적 분석 사례를 정리하면 〈표 2-8〉에서 제시한 것과 같다.

이 연구들의 특징은 다음 세 가지로 정리할 수 있다. 우선, 생애사 연구의 자료수집과 분석을 위해 대부분 연구참여자의 생애구술 인터뷰에 크게 의존한다는 점이다(임영호 · 홍찬이 · 김은진, 2009; 유경옥, 2010; 최란주, 2010; 오마리아 · 김하나, 2009). 즉 연구참여자의 심층인터뷰 방법을 중심으로 생애구술 자료를 수집한 후 개인의 생애사와 사회적, 역사적 맥락들을 상호 연관성 속에서 분석하는 것이다. 여기에 부가적인 방법들을 병행하는 사례들도 발견된다. 예컨대, 인터뷰를 에피소드와 생애사 인터뷰로 분리하는 방법을 사용(임영호 · 홍찬이 · 김은진, 2009)하거나, 구술인터뷰 외에도 회고록, 자서전, 기록물 등의 문헌연구를 병행하는 연구 사례(김세은, 2012) 등이 여기에 포함된다. 이 경우 생애구술 인터뷰 분석의 신뢰성을 뒷받침할 뿐 아니라 상호주관성에 근거한 연구참여자의 생애경험을 다각도로 해석할 수 있다는 점에서 의미가 있다.

둘째, 생애사 분석을 생애구술에 초점을 두는 방식은 연구참여자의 생애사에 나타난 특이성을 전제로 할 때 유용하다. 앞의 선행연구 사례에서도 볼 수 있듯이, 생애구술의 참여자들은 사회적인 특권층이나 중심인물보다는 여성노인, 결혼이주여성 등 사회적 소수자들이나 사회구조적 불평등과 문제들을 경험했던 사건 당사자들을 중심으로 선정되는 경향이 나타나는 것으로 분석된다.

요컨대, 다층적 분석사례는 연구참여자의 생애구술에 초점을 두고 개인적, 사회적 특수성에 대한 생생한 자료수집과 해석을 가능하게 한다. 여기서 제기되는 과제는, 삶의 지형들을 시간의 흐름에 따라 조망하는 것을 넘어서서 어떻게 보다 세분화된 생애사의 사건별, 맥락별, 전환점의 구분과 특성화 작업을 수행할 수 있는지 생애사 방법론의 다층적 접근에 대한 후속 연구가 필요하다. 왜냐하면, 생애사 연구는 연구자와 연구참여자 사이의 상호주관성을 바탕으로 시간의 선형적 배치나 연대기적 분석을 넘어서는 이야기의 재구성 작업이 가미되는 방법이기 때문이다.

(2) 방법론의 병행분석 사례

생애사 연구 사례에는 다른 질적 연구의 방법론과 병행분석한 사례들도 존재한다. 이경희와 박성희(2006)는 "평생학습의 새로운 패러다임으로서의 생애사 연구: 사례재구성을 통한 중년여성의 학습개념을 중심으로"에서 근거이론과 생애사 분석방법을 병행하여 생애사 연구의 방법론을 확장하고 있다. 연구참여자는 평생교육원에서 6개월 이상 학점은행제에 의해 학위과정을 이수하는 30대에서 50대까지의 여성 학습자 10명을 선정하였다. 자료수집 방법은 생애사 연구에서 사용되는 내러티브 면접(narrative interview)(Schütze, 1983; 박성희, 2004)을 통해 진행되었다. 연구참여자들의 생애사는 총 네 가지 단계로 범주화되었는데, 유년기, 학창기, 성인기, 미래 등이 그것이다(〈표 2-9〉 참조). 근거이론에 의한 자료분석은 위기극복 방식으로서의 자기준거성(Selbstreferentialität), 삶의 의미, 자기 재생성, 삶의 제도 등의 맥락적 조건을 바탕으로 중심현상으로서 사회화와 생애사의 문제들을 탐색하고 있다. 이러한 병행분석의 방법은 생애사 연구의 방법론을 체계화할 수 있다는 점에서 의미가 있는 한편, 근거이론의 축코딩 모형을 어떻게 구술생애 인터뷰 방법과 유기적으로 연계할 것인지에 대한 성찰적 접근이 요구된다. 나아가 생애사 연구와 근거이론의 방법론적 병행이나 연계뿐 아니라 기본적으로 이론의 개발과 생애사의 의미 해독 등 그 목적이 서로 다른 사유의 차원들을 어떻게 해결해야 하는지의 문제도 진전된 연구를 통해 보완해야 할 과제로 남아 있다.

한편, 홍기순(2008)은 "아동기 가정폭력 경험에 대한 생애사 연구"를 실시하였다. 연구참여자는 대학생으로서 아동학대예방 프로그램 강사로 활동하면서 동시에 복지관 방과 후 아동에 대한 학습지도와 특기교육의 보조교사를 선정하였다. 자료수집은 심층면담을 실시하였고, 분석방법은 생애사 연구방법에 판 마넨(van Manen)의 현상학 분석틀을 적용하여 현상학적 생애사 연구를 진행하였다. 연구결과는 아동기 가정폭력 경험에 대한 기술(생애 요약), 아동기 가정폭력 경험에 대한 해석, 체험된 시간(크로노스, 카이로스) 등의 흐름에 따라 아동기에 가정폭력을 경험한 성인의 생애사에 대한 해석학적 현상학의 성찰이 이루어지고 있다는 점에서 흥미로운 접근으로 평가된다. 특히 생애사의 이야기를 구성하는 시간성, 맥락성 등을 현상학적 분석틀과 병행분석하는 시도들은 생애사 연구의 특수성과 차별성을 도출하는 데 의미를 지닌다. 향후 현상학적 생애사 연구가 해석적 차원을 넘어서서 치유의 정서들을 생성할 수 있는 방법론의 모색도 기대된다.

표 2-9. 생애사 방법론의 병행분석 사례

연구자	연구참여자	이론적 논의	방법론
이경희 · 박성희 (2006)	평생교육원 학점은행제 여성 학습자(30~50대, 10명)	성찰적 학습(Giddens), 평생학습(Kraul, Marotzki), 성찰된 자아(Schulze, 1993)	• 근거이론, 생애사 내러티브 분석 • 범주화: 유년기, 학창기, 성인기, 미래
홍기순 (2008)	아동학대예방 프로그램 강사, 복지관 방과 후 아동 보조교사	현상학 해석모형 (van Manen)	• 생애사 • 해석학적 현상학

(3) 생애과정 · 전환점의 관점

앞에서 살펴보았듯이, 생애과정 관점은 개인의 일생을 연령에 따라 나누고 각각의 생애단계에 나타난 사회적 구조화 과정을 분석하는 방법이다(한경혜, 1990, 2004). 이를 위해 세 차원의 시간이 어떻게 역동적으로 상호작용하는지, 그리고 과거 경험을 통해 미래 상황을 예측할 수 있도록 한다는 점에 의미가 있다. 한경혜(2004)는 "생애사 연구를 통한 노년기 삶의 이해"에서 생애과정 관점에 근거하여 노인들의 생애 전환점과 생애사 체험들을 분석하고 있다. 연구참여자는 노인복지관에서 살아온 이야기 회상 프로그램에 참여한 6명의 노인들(남 3명, 여 3명)을 선정하였고, 총 7회에 걸쳐 집단 이야기 프로그램을 실시하였다. 연구참여자들은 라이프라인 그래프(lifeline graph)를 작성하면서 생애단계별로 살아온 이야기들을 교수자 2~3인들과 함께 나누며 분석과정에 참여하였다. 이 연구의 의의는 생애사 분석을 생애과정 관점에 근거해 생애과정을 범주화하고, 연구참여자들 스스로의 관점에 기초한 생의 전환점을 탐색하는 데 있다. 이러한 분석방법은 노년기 삶을 결과가 아닌 생애사적 과정으로 본다는 점에서 노년의 문제를 현재진행형의 과제로 설정할 수 있다. 하지만, 자료수집과 분석방법은 생애사 연구의 일반적 접근 사례와 두드러지게 차별화되지 않는다는 점에서 방법론의 차별화 방안이 요구된다.

다른 한편, 김영숙과 이근무(2008)는 만델바움(1973)이 제시한 생의 전환점 이론에 근거해 "탈성매매 여성들의 생애사 연구: 그 끝없는 탈주에 대하여"를 수행하였다. 심층인터뷰를 통해 수집된 자료를 삶의 영역, 전환점, 적응의 세 가지 개념틀에 의해 분석하였다. 연구참여자는 눈덩이 표집(snowball sampling) 방법을 통해 연구참여자를 소개받았고, 2006년 2월부터 동년 10월까지 총 13명의 연구참여자를 발굴하였다. 이 연구는 탈성매매 후의 전환점과 사회적응이 어떻게 이루어졌는지, 그리고 제한적 삶의 어려움 등 생애 전환점의 체계적 분석을 통해 사회적 소수자로서의 여성이면서 사회적 소외계층인 연구참여자들의 생애사와 의미를 밝히고 있다는 점에서 연구 의의를 찾아볼 수 있다. 이상의 내용을 정리하면 다음 〈표 2-10〉과 같다.

표 2-10. 생애과정 · 전환점의 관점 분석 사례

연구자	연구참여자	이론적 논의	방법론
한경혜 (2004)	노인 복지관의 노인들 (남녀 6명)	노년학	• 생애과정 관점으로 범주화: 개인시간, 가족시간, 역사적 시간 • 생애 전환점 분석
김영숙 · 이근무 (2008)	탈성매매 여성들(13명)	도덕 · 페미니즘 담론 비판	• 눈덩이 표집 방법 • 생애 전환점 분석

(4) 교육분야 분석 사례

여기서는 교육과정이나 환경 등 교육분야의 분석 사례를 분리하여 탐색하고자 한다. 그 이유는 아직까지 커뮤니케이션과 미디어교육 분야에서 생애사 연구방법의 체계화가 제대로 이루어지지 않았고, 앞의 분석 사례들뿐 아니라 교육분야의 생애사 연구방법들을 복합적으로 분석하여 이론과 방법론의 지평을 세분화할 필요가 있기 때문이다. 이러한 측면에서 교육학 분야에서의 생애사 연구가 어떠한 역사적 배경과 이론, 방법론에서 분석되고 있는지 조망해야 한다. 예컨대, 강민수와 문용린(2007)을 비롯하여 안태진(2003), 류숙희(2004) 등은 교육심리학적 생애사 연구를 통해 한 인물의 능력발현과정과 갈등구조, 그리고 교육 경험을 보다 폭넓게 이해할 수 있는 교육심리학적 접근의 유용성을 강조하고 있다. 이 분야의 향후 과제는 개인의 지적 · 정서적 능력의 개발, 갈등구조를 해결할 수 있는 개인의 능력을 발견하고 교육적 활용방안을 모색하는 데 있다(강민수 · 문용린, 2007).

2) 커뮤니케이션과 미디어교육 분야의 시사점

이상에서 살펴본 생애사 연구의 다양한 이론적 체계와 쟁점, 그리고 방법론의 모색 등은 커뮤니케이션과 미디어교육 분야의 생애사 연구에 시사점을 제공한다. 이것은 크게 다음 세 가지 측면에서 조망할 수 있다. 즉, 연구주제와 연구참여자의 관심영역 확대, 학제 간 경계를 넘어선 이론의 개발, 그리고 방법론의 응용과 체계화를 통한 사회적 활용의 방안들을 미디어제도의 개선과 미디어교육의 활성화를 꾀하는 데 기여할 수 있도록 한다. 특히 교수자와 학습자의 관계에 대한 검토, 그리고 학습자의 자아의식과 정서, 트라우마와 생의 전환점 등에 대한 관심은 미디어교육의 학문적, 현실적인 과제들로서 다루어질 일이다.

(1) 연구주제와 연구참여자의 관심영역 확대

앞에서 분석하였듯이, 문화, 미디어, 사회학, 사회복지, 교육분야 등 각계 학문분야에서 각기 이론의 전통을 넘나드는 생애사 연구의 학문적 근거와 방법론의 연구가 이루어지고 있다. 특히 연구주제는 개인의 정서와 심리적 기저뿐 아니라 사회구조와의 관계 맥락까지 고려하고 있다는 점에서 커뮤니케이션과 미디어교육 분야의 주제의 다각화를 꾀할 필요성을 절감하게 한다. 뿐만 아니라 다양한 학문적 접근을 통한 생애사 연구에서 결혼이주여성, 아동기폭력경험자, 여성노인, 탈성매매여성 등 사회적 소수자와 주변인들이 연구참여자로 선정되는 것을 알 수 있다. 생애사 연구는 타인의 생을 해석하는 게 아니라 상호주관성과 라포 형성을 통해 서로 삶을 긍정적으로 치유해 나가는 것을 지향점으로 삼는다는 점은 지속적으로 환기해야 할 연구윤리이다.

(2) 학제 간 경계를 넘어선 이론의 개발

이미 알 수 있듯이 생애사 분석을 위해 다른 질적 연구들의 방법론들이 병행적으로 다루어졌다. 이를테면, 근거이론과 생애사의 접목이나 해석적 현상학과 생애사의 병행분석 사례들은 생애사 연구와 다른 질적 연구방법의 무한한 자기증식의 가능성들을 유추하게 한다. 물론 여기서 명심할 것은 질적 연구에서 방법론은 단지 도구주의적 접근으로 제한할 수 없다는 점이다. 즉 편의성과 실용성의 측면에서 각각의 질적 연구방법들의 차이와 목적을 간과한 채 기계적 조합을 통해 분석방법으로 차용할 경우, 질적 연구의 본질적 의미는 희석될 수밖에 없다. 질적 연구는 학제 간 경계를 넘어서는 이론의 전통과 발전을 통해 체계화되었지만, 궁극적으로 지향하는 바는 개인과 사회의 구조적 문제와 그 해결방법을 모색함으로써 기쁨과 긍정의 정서와 그 정동 능력을 확산하는 데 있다. 커뮤니케이션을 매개로 한 정서의 변이는 그 어느 분야보다 중요한 영역인 것이다. 연구에 참여하는 이가 왜 '연구대상'이나 '분석대상'이 아니라 '연구참여자'로 표현하는 게 타당한지도 이와 관련하여 고민해 보면 좋을 일이다.

(3) 방법론의 응용과 체계화, 사회적 활용

마지막으로 생애사 연구에서 활용된 다양한 방법론을 응용하고 시시각각 변화하는 디지털 환경과 이용자의 생애사에 대한 접근이 필요하다. 이를 위해서는 생애사 연구에서 제기된 삶의 영역에 대한 다차원 구분, 노년기의 삶을 결과가 아닌 과정으로 간주하기, 그리고 주변화되고 타자화된 사회적 소수자들을 열린 사회적 담론의 장으로 함께하기 등의 문제설정들이 커뮤니케이션과 미디어교육 분야에서도 적극 고려되어야 한다. 생애사 연구는 한 사람의 몸에 새겨진 고통, 트라우마, 기쁨, 환희의 정서들에 접근하는 것일 뿐 아니라 사회적으로 서로 고립되고 제 목소리를 내지 못하는 이들을 촘촘히 연결할 수 있는 사회적 안전망의 창출을 위해 필요한 제도적 분석방법일 수 있다. 앞으로도 미디어의 이용환경이 유년기를 거쳐 청소년기, 그리고 청년기와 노년기로 이어지는 생의 시간성 속에서 어떠한 사건들과 의미들을 만들었는지 체계화하는 과제가 남아 있다.

제3장

03 미디어 비오그라피 연구 (medienbiographical study)

개관

미디어 비오그라피 연구는 개인의 생애사 과정과 미디어 이용행위에 대해 개인적 차원과 사회적 맥락의 차원에서 통합적으로 접근하는 질적 연구의 한 이론과 방법이다. 이 연구의 중요한 범주는 개인의 생애사와 가족관계, 사회구조적 맥락, 시간구조, 생활세계, 유사상호작용, 기억 등의 사유들을 통해 발견된다. 여기서 더 나아가 집단 무의식, 정동, 아비투스, 집단기억 등의 철학, 윤리학, 분석심리학, 사회학의 주요 개념과 범주들을 고려하여 미디어 비오그라피 연구의 문제설정과 논의를 열어놓고자 한다.

이를 위해 우선, 미디어 비오그라피 연구의 문제설정, 독일 미디어 교육학자들의 선행연구에 기초해 미디어 비오그라피 연구의 정의, 범주와 특징, 이론과 방법론들을 정리하고자 한다. 이를 바탕으로 미디어 비오그라피 연구의 이론적 접목을 꾀할 수 있는 사유들을 탐색하고자 한다.

토론 주제

1. 집단 무의식과 원형의 분석심리학적 사유는 어떠한 문제를 제기하는가?
2. 미디어 비오그라피의 정의와 범주는 어떻게 논의되고 있는가?
3. 미디어 비오그라피 연구에서 아비투스와 집단기억의 사유는 어떻게 연관되는가?
4. 미디어 비오그라피 연구에 중요한 방법론의 유형은 무엇인가?
5. 미디어 비오그라피 연구는 어떠한 질적 연구의 위상을 지니는가?

주요 용어

집단 무의식과 원형 • 정동 • 미디어 비오그라피 • 아비투스 • 집단기억

1
문제설정

1980년대 초부터 독일의 미디어교육학자의 개념과 범주화 작업을 통해 본격적인 질적 연구의 한 영역으로 자리하게 된 미디어 비오그라피는 현재까지 다양한 학제 간 연구와 방법론의 모색을 통해 진일보해왔다. 이 연구의 중요한 범주는 개인의 미디어 이용행위, 생활세계, 시간구조와 현재성, 정서발달 등 다양한 연구 분야와 접목하려는 시도들을 통해 구성되었다. 하지만, 아직까지 미디어 비오그라피는 다양한 학제 간 연구의 필요성과 함께 이론과 방법론의 한계들을 보완할 수 있는 풍부한 후속 연구가 필요한 게 사실이다. 여기서는 우선, 기존의 미디어 비오그라피 연구에서 다루지 못했던 분야를 찾아서 문제설정의 차원에서 탐색하고자 한다. 이를 위해 우선 융의 집단 무의식과 원형에 대한 분석심리학적 시각을 살펴보고, 뒤이어 정동의 윤리학적, 철학적 문제설정들을 탐색하고자 한다. 이를 위해 스피노자와 들뢰즈의 사유를 바탕으로 정동의 장치로서 미디어의 위상을 재개념화하고자 한다.

1) 분석심리학과 집단 무의식: 융

(1) 분석심리학의 문제의식

칼 구스타프 융(Carl Gustav Jung)은 스위스 케스빌에서 출생한 의사이자 분석심리학의 주창자로서 평가된다. 그는 의학, 고고학, 신비주의, 철학에 대한 지식을 바탕으로 프로이트의 정신분석학과 다른 '분석심리학'의 영역을 개척하였다. 프로이트 학파였던 융이 정신분석학을 비판하며 새로운 영역을 주창한 이유는 프로이트가 개인의 무의식을 전적으로 성적 충동에 집중해 해석하거나 개인의 경험과 정신 병리의 원인을 가족구조를 중심으로 분석했다는 점에서 기인한다. 즉 프로이트가 성적 충동을 나타내는 정신 에너지인 리비도(libido)를 강조했다면, 융은 인간의 무의식을 통해 창출되는 창조적이고 긍정적인 행동의 에너지들이 존재한다는 시각을 보였다는 점에서 차이가 나타난다. 나아가 무의식을 개인수준과 집단수준으로 구분하여 집단 무의식 개념에 접근할 뿐 아니라 꿈과 환상, 신화 등의 선험적인 원형 이미지들을 세밀하게 분석함으로써 개인의 행동과 이야기 구성의 규칙성을 분석할 수 있는 단초를 제공한다.

그러면, 집단 무의식과 원형은 어떠한 저술들을 통해 설명되는가? 융은 다양한 저술들을 통해 집단 무의식과 원형의 사유를 발전시키고 있다. 예컨대, 1916년도에 〈무의식의 구조〉라는 제목으로 처음 발표한 후 1928년도에 수정, 보완된 "자아와 무의식의 관계"가 실린 〈인격과 전이〉(1928/2004), 정신의 본질과 집단 무의식, 그리고 모성 원형과 어린이 원형 등 다양한 원형들에 대해 분석하고 있는 〈원형과 무의식〉(1984/2002)은 대표적인 분석심리학의 개념들을 살펴볼 수 있게 한다. 여기에 덧붙여 1959년 봄 영국방송협회 BBC가 제작한 존 프리먼의 융과의 인터뷰 내용이 실린 〈인간과 상징〉(1964/1996)은 융의 무의식과 꿈, 상징에 관한 글을 비롯해 다양한 융 학파의 신화, 개성화과정, 시각예술의 상징성, 꿈의 상징 등에 대한 이론과 분석사례들을 제시하고 있다. 이 저술에서 융의 사상을 발전시키고 있는 융 학파의 심리학 방법을 발견할 수 있는데, 그것은 소위 '정신의 나침반'이라고 부르는 인간 정신의 개념화 작업으로서 다음의 행동 유형들을 통해 구분된다(Jung et. al., 1964/1996, 86-87쪽). 즉 감각, 사고, 감정, 그리고 직관 등 네 가지 행동 유형이 그것으로서 이를 도식화하면 다음 〈표 3-1〉과 같다.

> **표 3-1. 융 학파의 네 가지 행동 유형의 분류**

감각(sense)	사고(thinking)	감정(feeling)	직관(intuition)
신체적 요인에 의한 외적 자극에 의존, 비합리적 행동	합리적 기능을 수행하는 행동	의도적 · 합리적으로 질서를 부여하는 행동	육감처럼 비의도적이면서 비합리적인 행동
존재 여부 표현	존재의 정체성 표현	존재의 좋음/나쁨 표현	존재의 유래/지향 표현
의지력	기질	상상력	기억력

위에서 제시했듯이, 감각(sense)은 감각 지각(sense perception)으로도 불리는 것으로서 신체적으로 외적 자극에 의존하여 나타나는 비합리적인 행동 유형을 가리킨다. 즉 외적 자극의 대상이 있는지 없는지 존재 여부를 가리는 영역으로서 의지력을 통해 조절할 수 있다. 또한 사고(thinking)는 합리적 기능을 수행하는 행동 유형으로서 존재의 정체성을 표현하고 기질로 발휘된다. 이에 비해 감정(feeling)은 비의도적으로 나타나는 정서(emotion)와 달리 의도적이고 합리적인 질서를 부여하는 행동이다. 이것은 존재의 좋음과 나쁨을 표현하는 상상력의 영역이다. 마지막으로 직관(intuition)은 육감의 경우에서 알 수 있듯이 비의도적이면서도 비합리적인 기능을 수행한다. 즉 무엇인가 감지하는(perceiving) 기능을 수행하는 영역으로서 기억력의 정도를 판단할 수 있다. 중요한 것은 이러한 네 가지 행동 유형의 기준을 융이 제시한 이유는 유일하거나 불변의 정설을 주장하기 위함이 아니라 "자신의 편견을 이해하는 데 유용"(Jung et. al., 1964/1996, 87쪽)하기 때문이다. 즉 다른 사람의 꿈을 이해하려면 자신의 편애를 희생하고 편견을 억제해야 하기 때문이다. 이러한 견해는 융이 강조하는 분석가와 피분석가의 관계에 대한 태도에 기인한다(Jung et. al., 1964/1996). 즉 분석가와 피분석가와의 관계는 일방적인 분석의 주체와 대상이 아니라 상호이해와 상호인정을 전제로 해야 한다는 것이다. 이러한 융의 분석태도는 미디어 비오그라피 연구자의 태도를 고민하고 일정한 규준을 만드는 데에도 도움이 된다. 특히 연구자가 심층인터뷰에 참여한 연구참여자와의 관계를 어떻게 설정할 것인가 하는 점은 질적 연구의 라포 형성의 방법에 해당한다. 즉 연구자는 어떻게 자신의 편견이나 발언에 의해

상대방이 상처받지 않고 긍정적 대화상황에 참여할 수 있도록 할 것인지, 그리고 어떠한 태도로 연구참여자의 기억과 회상, 그리고 감성의 지대를 공유할 것인가 보다 세밀한 라포 형성의 방법과 규준들을 설정하는 작업이 미디어 비오그라피 연구의 과제다.

(2) 집단 무의식과 원형 개념

그러면, 집단 무의식과 원형은 어떻게 정의되는가? 융에 따르면, 집단 무의식은 개인의 경험에서 비롯된 개인 의식과 다르다(Jung, 1984/2002). 즉 개인 무의식이 본질적으로 한때 의식이었던 것이 잊히거나 억압되어 의식에서 사라진 무의식이라면, 집단 무의식은 "결코 의식에 머문 적이 없고, 그래서 한 번도 개인적으로 획득되지 않았으며, 예외 없이 유전적으로 존재하는 무의식"(Jung, 1984/2002, 156쪽)을 의미한다. 즉 집단 무의식은 "개체의 저편에 사회가 있는 것처럼 우리의 개인적 정신 저편에 있는 집단적 정신"(Jung, 1928/2004, 40쪽)이다.

이러한 집단 무의식에 관계된 것이 '원형(Archetypus)' 개념이다. 원형이란 정신 속 어디에나 보편적으로 널리 퍼져 있는 어떤 일정한 형식들을 보여주는 것이다(Jung, 1984/2002). 즉 집단 무의식은 선험적으로 존재하는 틀인 원형들에 의해 구성되며, 이것들은 "이차적으로 의식될 수 있고 의식 내용에 뚜렷한 형태를 부여하는 것"이다(Jung, 1984/2002, 157쪽). 이를테면, 원시적 심리학에서 레비 브륄이 언급한 마술적인 '집단적 표상(collective representation)'을 들 수 있다(Jung, 1928/2004, 1984/2002). 예컨대, 미국인의 슬로건, 표어, 최상의 단계로서 시(詩)와 종교 언어의 밑바닥에 자리하고 있는 것들이 여기에 포함된다. 신화학 연구의 '주제(motive)', 혹은 비교종교학 영역에서 원형은 '상상의 범주들'로서 규정된다. 또한 노이로제의 경우, "사적인 일이면서 동시에 사회적 현상"(Jung, 1984/2002, 163쪽)으로 표출되는 것이기 때문에 어떠한 원형이 작용했는지 분석할 수 있다. 다시 말해서 원형은 상징적 이미지로 표출된 인간의 본능이다. 본능이 생리적 충동으로서 주로 감각을 통해 지각된다면, 원형은 반복적이고 본능적으로(Jung et. al.,

1964/1996) 나타나는 꿈의 이미지들이나 신화, 슬로건, 표어, 종교 언어, 동물의 상징 등을 통해 표현되는 집단적 표상인 것이다.

그러면, 상징적 이미지들로 나타나는 원형들을 분석하기 위해서는 어떠한 태도가 요구되는가? 이에 대해 융은 크게 다음 세 가지 측면을 강조한다(Jung et. al., 1964/1996, 134-136쪽 참조). 즉 꿈과 상징을 해석하기 위한 조건으로서, 우선 '지성'의 필요성이 제기된다. 여기에는 꿈을 꾼 사람의 개성에 관한 많은 지식이나 해석자의 자기 인식이 포함된다. 덧붙여 중요한 것은 유용한 해석 기준에 대해 신중하고 지적인 접근이 요구된다는 점에 있다. 왜냐하면, 직관과 감정 기능이 결여된 연구자는 아무리 지성인이라도 꿈과 상징을 해석하다가 길을 헤맬 수 있기 때문이다. 두 번째로, 상징을 산출한 전체성을 고려해야 한다는 점이다. 해석자는 연구참여자의 문화적 배경을 이해하고 상징들을 만들어낸 배경의 전체성을 파악해야 하기 때문이다. 마지막으로, 상상력과 직관력의 필요성이 제기된다. 이 두 힘은 고도로 정밀해야 하는 과학의 분석처럼 사실에 대한 정확한 지식과 그 사실들 간의 논리적 관계들을 해명하는 데 필수적이다. 즉 직관은 합리적 지성이나 특정한 문제에 대한 지성의 활동을 보조하는 역할을 수행하는 데 유용하기 때문이다. 융이 강조하듯이, "과학적 이론은 만고불변의 진리가 아니라 사실을 증명해 보이려는 일시적 시도에 지나지 않는다"(Jung et. al., 1964/1996, 136쪽).

이러한 맥락에서 융이 제시한 독창적인 '집단 무의식'과 원형 이미지 개념은 미디어 비오그라피 연구와 접점이 형성된다. 왜냐하면, 한편으로 집단 무의식 분석을 통해 개인의 생애사 동안 다양한 미디어들을 이용하며 어떻게 특정한 집단이 공통의 혹은 유사한 상징과 꿈, 신화, 환상 등을 체험했는지 성찰할 수 있다. 또 다른 한편으로는, 이러한 집단 무의식의 행동들이 생애 특정 국면에서 어떠한 행동들을 통해 표출되었고, 그 의미는 무엇인지 분석할 수 있다.

2) 정동의 문제설정

미디어 비오그라피 연구의 두 번째 문제설정은 정동의 사유를 중심으로 제기된다. 정서의 변이를 가리키는 정동은 미디어 이용경험과 연관된 생애사 분석에 유의미한 사유의 자원들을 제공하기 때문이다. 특히 연구자는 연구참여자의 과거경험에 대한 사실판단뿐 아니라 정서의 변이를 발견하고 어떠한 역사적, 사회적 맥락들이 작용했는지 그 과정과 관계상황에 대한 분석이 요구된다. 이러한 점을 고려하여 여기서는 스피노자의 정동의 윤리학을 바탕으로 스피노자로부터 영감을 받았다 해도 과언이 아닐 들뢰즈의 공명이론, 그리고 정동의 장치로서의 미디어 특성에 대해 집약적으로 살펴보고자 한다.

(1) 스피노자의 정동

여기서는 17세기 합리주의 사상가인 스피노자의 정동에 대한 사유를 살펴보고, 정동의 사상적 배경으로서 가장 중요한 근거들을 제시하고자 한다. 이러한 스피노자의 정동은 주로 윤리학의 정수들이 집약적으로 설명되는 〈에티카〉를 통해 발견된다. 라틴어 본으로 집필된 〈에티카〉에는 두 단어가 섞여 사용되는데, affectio와 affectus가 그것이다. 여기서는 들뢰즈의 해석에 기초해 전자는 정서(감정, 감응; affection), 후자는 정동(affect)으로 번역하여 사용하고자 한다(Deleuze, 1978/2005; 강진숙, 2014).

우선, 스피노자의 정동에 대한 사유는 인간의 다양한 본성에서 비롯되는 정서들을 크게 세 가지 측면으로 구분한다(강진숙, 2014, 199-203쪽 참조). 그것은 곧 욕망, 기쁨, 슬픔을 가리키는데, 모든 정동은 바로 이 세 가지에서 생겨난다(E3p11s).[1] 스피노자가 정의하는 정동이란, 각각의 개별적이고 다양한 정서가 다

1) 스피노자의 〈에티카〉는 기하학적 질서에 따라 증명되고, 총 다섯 개로 나뉜 각 장은 정의로부터 주석까지 체계적으로 설명된다. 이에 따라 본 논문의 각주 표기는 다음의 라틴어 머리글자를 사용하고자 한다. 즉, 정의(Definitiones), 공리(axiomata), 명제(정리, propositio), 증명(demonstratio), 계(추론, 결론, 보충, corollarium), 주석(scholium), 머리말(præfatio)

른 상태로 이행하는 것을 의미한다. 예컨대, 기쁨이란 정신이 "더 작은 완전성에서 더 큰 완전성으로 이행하는 것(transitio a minore ad majorem perfectionem)" (E3p11s)이라면, 슬픔은 정신이 "더 큰 완전성에서 더 작은 완전성으로 이행(transitio a majore ad minorem perfectionem)"하는 것이다(E3p11s). 다시 말해서, 누군가 슬픔의 정서를 느낄 때 그 사람은 자신의 힘이 감소되어 무기력감이나 비통함으로 주저앉게 된다. 반면, 내가 기쁨의 정서를 느끼게 된 경우, 나는 모든 것을 용서할 수 있고 무한한 힘이 생겨난 것 같은 상황을 경험할 수 있다. 즉 기쁨과 슬픔의 정서는 만남과 마주침을 통해 나의 정서가 변이되는 과정이자 결과인 것이다. 마지막으로, 욕망이란 "의식을 동반하는 충동"이다(E3p9s). 욕망은 슬픔과 기쁨을 느끼고자 하는 감각적인 욕구를 의미한다. 들뢰즈는 스피노자의 사유를 집약하며 감각의 중요성과 몰입(indulgence)의 욕망을 요구한다. "느껴라. 우리에게 일어나는 것을 느껴라"(Deleuze, 1978/2005, 103쪽). 사랑 중에서 가장 아름다운 것은 정신적인 것이 아니라 감각적인 욕망이기 때문이다(Deleuze, 1978/2005). 이 때문에 기쁨뿐만이 아니라 슬픔 역시 감각적인 욕망으로서 나의 능력을 헤아리고 증대시킬 수 있는 여지를 제공한다. 기쁨과 슬픔을 욕망하는 것이 선악의 도덕적 기준으로 판단할 수 없는 인간의 본성이기 때문이다. 즉 슬픔의 정서는 나쁜 것이 아니라 나와 맺는 관계들이 "나의 관계들과 부합하지 않는" 사물 혹은 신체들이라는 점을 나타낼 뿐이다(Deleuze, 1978/2005, 94-95쪽). 여기서 중요한 것은 욕망의 결과들인 정서 그 자체가 아니라 슬픔에서 기쁨으로 어떻게 스스로 자기 정서를 변이시킬 수 있는가 하는 능력에 달려 있다. 이것을 정동의 능력이라고 한다면, 스피노자는 이 능력이 크면 클수록 '더 큰 완전성'으로 갈 수 있고, 더 큰 덕을 소유할 수 있게 된다.

이러한 스피노자의 정동에 대한 사유의 핵심은 심신평행론과 코나투스 개념을 통해 더 잘 이해할 수 있다. 우선, 스피노자의 '심신평행론'은 서구 합리주의 사상

등의 머리글자인 D, a, p, d, c, s와 약칭 pref. 등으로 표기한다. 일례로 E3p2d는 〈에티카〉 3부 명제 2의 증명을 뜻한다. 자세한 사항은 라틴어 원문을 참조한다(http://www.thelatinlibrary.com/spinoza.ethica1.html)(강진숙, 2014, 199쪽, 주[2] 참조).

의 핵심인 로고스 중심주의, 즉 이성 중심적 사유에 대한 비판적 인식에서 비롯된 것이다. 즉 데카르트의 코기토 논리에서 강조하듯이 이성이 신체의 작용보다 더 우월하거나 합리적 판단의 원인이 된다는 관념론에 반론을 제기하는 게 스피노자의 사유 원칙이다(Copleston, 1961/2009; 이은경, 2013). 중요한 것은, 신체와 정신이 평행하다는 점에 있다. 즉, 신체와 정신 그 어느 쪽도 일방적으로 지배하거나 결정할 수 있는 권한이 없다. 스피노자의 심신평행론은 곧, "정신도 신체를 운동이나 정지로 그리고 다른 어떤 것으로 결정할 수 없다"(E3p2)는 인식에 근거한다. 왜냐하면, 신체와 정신의 관계는 우열의 수직적 질서가 아니라 "어떤 개체가 지닌 사유의 양상(attribute)이나 사물의 양상에서 관찰된 결과"이기 때문이다(E3p2s; 5pref.).

또 다른 한편, 존재의 긍정적 힘에 대한 스피노자의 관심을 알 수 있게 하는 것은 '코나투스(conatus)'의 사유이다. 코나투스란, "존재를 유지하려는 노력"을 의미하며, 모든 덕의 기초로서 강조된다(E4p18s). 이것은 스피노자의 윤리학 〈에티카〉의 핵심 개념으로서 '보다 큰 완전성'으로 다가가기 위한 인간의 노력으로 간주된다. 예컨대, 약물에 의존하거나 중독 증세를 보이는 사람은 무력한 마음을 지닌 채 자기 본성과 모순되는 외적 원인에 정복당하는 사람들이다. 이를 극복하기 위해서는 자신의 욕망, 기쁨, 슬픔의 정서들을 파악하고 자신의 능력을 훈련하고 개발할 수 있는 행동의 노력이 필요하다. 왜냐하면, 인간의 능력이 선천적으로 주인-노예, 선-악으로 분리되고 고정되어 있는 게 아니라 자기보존 노력에 의해 끊임없이 변화할 수 있기 때문이다(강진숙, 2014). 따라서 스피노자는 이러한 코나투스를 "덕의 첫째가는 유일한 기초"(E4p22c)라고 강조한다.

이러한 스피노자의 정동에 대한 사유는 미디어 비오그라피 연구에 중요한 사상적 자원들을 제공한다. 그것은 우선, 연구자가 연구참여자와의 만남 자체를 어떻게 기쁨의 관계로, 서로 잘 부합하는 관계로 가도록 할 것인가 하는 문제의식에 단서를 준다. 정동은 혼자서 체험하는 것이 아니라 만남과 마주침을 통해, 즉 상호작용적 관계를 통해 발생하기 때문이다. 둘째, 연구참여자가 과거 생애 동안 어떠한 미디어 비오그라피의 체험들을 체득했고, 어떠한 생애사적 의미들을 느끼고 있는지 정동의 측면에서 이해하고 해석할 수 있다. 이 경우, 스피노자가 강조하듯이 연구참여자의 과거 기억을 통해 느끼는 슬픔의 정서들은 무용한 것이 아니라 '외적 원인'에 의해 내 욕망이 억압되었거나 '더 큰 코나투스'의 작용에 의해 나의 힘이 감소한 결과로서 모두 긍정적인 자기체험들로서 인식해야 한다. 다만, 슬픔의 정서가 기쁨으로, 즉 슬픈 만남이 기쁜 만남으로 변이할 수 있었던 계기들이나 사건들, 혹은 그 역의 상황들에 주목하면 정동의 능력이 갖는 미디어 비오그라피의 단면들을 파악하고 의미들을 공유할 수 있을 것이다.

(2) 들뢰즈의 '공명효과'

스피노자의 사상에 대한 들뢰즈의 연계성은 그의 저서들 곳곳에서 발견된다. 이를테면, 들뢰즈의 주저들인 〈스피노자의 철학〉(1981/1999)과 〈스피노자와 표현의 문제〉(1968/2002) 등이 스피노자의 철학적 사상과 주요 개념들을 체계적으로 분석하고 있다. 여기서는 방대한 들뢰즈의 스피노자 해석 중에서도 주로 '공명' 개념으로 이어지는 사유들에 초점을 맞추고자 한다. 이러한 '공명'의 개념은 주로 〈프루스트와 기호들〉(1964/1997), 〈천 개의 고원〉(1980/2001), 〈차이와 반복〉(1968/2004) 등의 여러 저술들에서 주요하게 제시된다(강진숙, 2014).

그러면, 공명은 어떠한 의미를 지니고 있는가? 강진숙은 들뢰즈의 공명 개념을 여러 저술들을 검토하여 두 가지 측면으로 재구성하고 있다(강진숙, 2014, 203-205쪽 참조). 들뢰즈의 저술에는 공명에 대한 설명이 상세하게 집약적으로 다루어지기보다는 여러 저술들을 통해 문학이나 언어학적 측면에서 파편화되어 등장하기 때문이다. 이러한 난점에도 불구하고 스피노자의 사유를 연결하는 공명의 개념에 주목하는 이유는 미디어 비오그라피 연구에서 개인기억이나 집단기억의 과정에서 구술되는 기쁨과 슬픔의 정서의 변이들을 잘 포착할 수 있는 사유이기 때문이다.

이러한 측면에서 들뢰즈의 공명은 '마들렌 효과'를 통해 조명할 수 있다. 들뢰즈는 마르셀 프루스트의 대표적인 자서전적 문학작품인 〈잃어버린 시간을 찾아서〉

(1권)에 등장하는 유년시절의 마르셀을 통해 정동에 다가간다. 우연히 맛본 마들렌의 경험은 질병으로 바깥 활동을 활발히 하지 못하는 어린 마르셀에게 슬픔에서 기쁨으로 정서의 변이, 즉 정동을 가능케 했기 때문이다(강진숙, 2014). 즉 공명의 효과는 과거의 마들렌과 현재의 마들렌의 맛과 향기가 감각적으로 통하면서 생기는 행복감인 것이다(서동욱, 2008). 마들렌 조각이 녹아든 홍차 한 숟가락을 기계적으로 입술에 가져간 순간, 프루스트는 "이유를 알 수 없는 감미로운 기쁨에 사로잡히며 나를 고립시켰으며"(Proust, 1913/2012, 86쪽), 그 느낌을 욕망했던 것은 "바로 나 자신이었음"을 감지한다. 여기서 그가 경험했던 정서의 변이는 과거와 현재의 '마들렌'이 가져다 준 공명의 효과이다. '죽음'과 질병의 절망으로 인한 '슬픔'에서 벗어나 '기쁨'으로 이 순간 정서의 이행이 시작된 것이다. "나는 더 이상 나 자신이 초라하고 우연적이고 죽어야만 하는 존재라고 느껴지지 않게 되었다. 도대체 이 강렬한 기쁨은 어디서 온 것일까?"(Proust, 1913/2012, 86쪽) 그것은 공명이라는 효과, 즉 직접적으로 관계하지 않는 "이질적인 항들 간의 '이웃 관계'에서 나타나는 조화"이다(Deleuze & Parnet, 1977, p. 125; 서동욱, 2008, 129쪽). 즉 공명은 스피노자의 정동에서 보았듯이 존재와 존재 사이의 마주침을 통해 기쁨 혹은 슬픔 등의 정서 변이와 이행을 일으키는 효과임을 알 수 있다(강진숙, 2014). 이러한 공명효과를 가능케 하는 것은 과거와 현재 사이에 공명이 있다는 사실, 그리고 과거의 과거로서의 '공통성'의 관념이 있다는 사실에 근거한다(서동욱, 2008).

여기서 미디어 비오그라피 연구에 주는 시사점은, 두 시점의 마들렌 경험이 서로 다른 시간성과 특이성을 지니고 있음에도, 그 시차를 넘어 과거의 감각에 대한 회상만으로도 현재의 정서적 변이, 즉 슬픔에서 기쁨으로의 정동이 가능하다는 것이다. 이에 대해서는 다각도의 후속 연구가 필요하다. 왜냐하면, 시간성의 차이에도 불구하고 유사한 상황이 반복될 경우, 과거 어느 한 순간의 기쁜 정서가 현재의 슬픈 정서들을 변이시킬 수 있기 때문이다. 물론 그 역의 상황도 가능하다. 공명효과는 단지 휘발성을 지닌 일회적인 회상이 아니라 기억의 물질성, 즉 촉각적 체험들을 통해 생애사의 시간대를 넘나들며 서로 접속하고 화학적 변화를 일으키기 때문이다. 여기서 중요한 것은 정동의 능력이다. 즉 사유의 차원이 아니라 사물과 사물, 신체와 신체의 물질적 관계성에 근거해서 내가 어떠한 정동의 실천 능력들을 행사할 수 있는가 하는 점이다. 어떠한 신체나 사물을 만나는가 하는 점은 다른 사람의 강요나 억압이 아니라 주관성에 따라 선택해야 할 문제이기 때문이다.

요컨대, 들뢰즈는 스피노자의 정동을 보다 구체적인 욕망의 생산 실천을 통해 현재화하고 있다. 스피노자의 윤리학이 정동의 능력에 집중하는 '행동학(êthologie)'(Deleuze, 1981/1999, 45쪽)이라면, 들뢰즈는 그와 연관된 "공명의 철학"(박영균, 2007, 245쪽)을 펼쳐놓고 있는 까닭이다. 미디어 비오그라피 연구에서 중요한 시간성과 기억, 그리고 무의식의 측면을 들뢰즈의 공명효과와 접속한다면, 더 풍부하고 입체적인 분석방법의 생성이 가능하다. 정동과 공명의 사유는 기본적으로 근대의 동일성 논리를 전복하는 "차이와 반복의 놀이"(Deleuze, 1968/2004, 593쪽)이기 때문이다.

(3) 정동의 장치로서 미디어

앞에서 살펴본 스피노자의 정동과 들뢰즈의 공명에 대한 사유는 미디어를 어떻게 볼 것인가 하는 문제를 해결하는 데 기여한다. 미디어는 정서의 변이를 매개하거나 촉발하는 생애사의 중요한 역할을 하는 장(field)이라는 점에서 그렇다. 여기서는 미디어를 정동의 장치로 파악한 강진숙(2015)의 관점에 기대어 미디어 비오그라피 연구의 시사점을 발견하고자 한다.

강진숙은 미디어를 정동(affectus)과 장치(dispositif)의 조어인 '정동의 장치'로서 명명한다(강진숙, 2015). 이것은 곧 정서의 변이를 만들어내는 장치를 의미하는데, 미디어 비오그라피 연구와 연관시켜 세 가지 차원으로 구분해서 살펴볼 수 있다. 그것은 개인적 차원과 사회적 차원, 그리고 선험적 차원의 세 차원의 상호작용을 통해 이루어진다. 먼저, 개인적 차원은 개인의 미디어 이용행위를 통해 어떠한 정서의 변이가 나타났는지를 살펴보는 범주이다. 예컨대, 슬픔에서 기쁨으로의 정서 변이는 독서, TV 시청, 영화감상, 인터넷 서핑, 카카오톡 채팅, 페이스북 이용 등 다양한 미디어와 이용자(시청자)의 만남을 통해 나타나며, 역으로 '더 작은 완전성으로 이행'하는 슬픔으로의 정서 변이 또한 발생할 수 있다(강진숙, 2015). 여기에는 개인의 특이성과 특수성이 중요하게 작용하며 미디어 이용패턴이나 아비투스 등을 분석할 수 있다. 즉 나와 미디어가 만나서 어떠한 정서의 변이들이 특정한 생애사의 시점에서 발생했고 그 원인과 의미가 무엇인지를 분석하는 과제가 제기된다.

두 번째는 미디어와 이용자, 이용자와 이용자의 만남이 특정한 사회적 맥락 속에서 개인과 가족, 집단 무의식을 바탕으로 한 미디어 생애사를 구성한다는 점이다. 미디어를 정동의 장치로 바라볼 때, 사회적 맥락은 가족관계와 생애사적 연관성뿐 아니라 또래집단의 관계들을 파악할 수 있다. 즉 정서의 변이가 발생하는 공간으로서 미디어와 이용자의 만남과 경험, 기억의 재구성 과정 등을 탐색할 수 있다(강진숙, 2015). 예컨대, 사이버공간의 집단따돌림을 가리키는 '사이버 불링(cyberbullying)'이나 사이버폭력 현상을 미디어 비오그라피 방법으로 접근할 때, 특정한 생애사적 국면에서 가해자와 피해자는 어떠한 만남과 체험을 했으며 정서의 변이와 억압적 상황들이 어떻게 발생했는지를 탐색할 수 있다. 학교 현장에서 청소년 사이버 불링이 일어날 경우, 가해학생들은 가해 이유를 '재미'와 '기쁨'의 정서를 추구하거나 '교우관계의 자연스러운 갈등'처럼 일시적인 또래문화 현상으로 간주하는 경향이 나타난다(김봉섭, 2013, 4). 이 경우 미디어와 청소년들의 만남은 피해자의 정서와 코나투스를 약화시키는 '슬픈 만남'이고, '외적 원인'에 의해 강요된 왜곡된 정서가 나타난다는 점에서 비판적 접근이 필요하다. 이러한 접근의 의의는 미디어와 이용자의 생애사적 연관성을 밝혀줄 뿐 아니라 사이버 불링의 폭력적 경험으로 인한 '슬픈 만남'을 능동적인 정서의 변이를 통해 '기쁜 만남'으로 변화시킬 수 있는 미디어교육의 방법들을 도출할 수 있다는 점에 있다(강진숙, 2015). 미디어를 이용하는 능력은 선천적인 것이 아니라 후천적으로 교육과 체험을 통해 개발할 수 있는 까닭이다(강진숙, 2014).

마지막으로, 선험적 차원에서 정동의 장치인 미디어를 통해 정동능력을 개발할 수 있다는 점이다. 여기서 '선험적'이라고 표현한 이유는 프루스트의 '마들렌 효과'처럼 유년시절의 '맛보다'와 현재의 '맛보다', 그리고 미래를 넘나드는 '맛보다'의 행동들이 반복적으로 나타나기 때문이다. 들뢰즈가 〈의미의 논리〉에서 언급했던 '순수사건'들은 '먹다', '마시다' 등의 주어가 없는 행위들을 가리킨다(Deleuze, 1969/1999). 즉 내가 태어나기 전에 혹은 직접 경험하기 이전에 이미 선험적으로 존재했던 행위들에 초점을 두는 것이다. 이러한 선험성에 대한 사유는 과거와 현재를 오가며 반복적으로 나타나는 사건들을 분석하는 데 유의미하다. 다만, 여기서 주목할 것은 선험적 정동의 차원은 단지 동일한 기계적으로 되풀이되는 '헐벗은 반복'을 드러내고 '차이의 반복'을 찾아내고자 하는 데 있다(Deleuze, 1968/2004). 이러한 관점을 미디어 비오그라피의 방법에 연관시킬 경우, 집단기억 연구의 이론들과 접목 가능하다. 예컨대, 존 보너(John Bodnar)(1992)는 집단기억을 하나로 일반화하는 관점에 대한 대안으로서 두 가지 하위 범주, 즉 공식(official)기억과 토착(vernacular)기억으로 구분하고 있다. 공식기억이 정부나 학계에서 생산한 과거버전 같은 집단기억에 해당한다면, 토착기억은 일반 대중들이 지배 이데올로기를 형성하거나 지배 이데올로기에 대항하는 힘의 측면을 나타낸다(Olick, 2007/2011). 물론 올릭이 강조하듯이, 이러한 기억의 분류보다 더 중요한 것은 범주 구분 자체가 아니라 범주 간의 내외적 틀이 어떻게 형성되는지, 그리고 "범주들 내부의 기억투쟁들"이 어떻게 중요한 역할을 하는지 관심을 기울이는 데 있다(Olick, 2007/2011, 159쪽). 이러한 관점은 푸코의 장치 개념과 연관된다. 푸코는 장치를 담론과 비(非)담론적 영역을 포함하는 네트워크 혹은 구성체라고 정의한다(Foucault, 1977; Agamben, 2006/2010). 이러한 관점에서 볼 때, 미디어 정동 장치론적 분석은 미디어가 구성하는 네트워크, 즉 미디어와 이용자, 디지털 언어와 이미지, 기념식 장소와 참석자들 등의 복수적 결합관계 속에서 발생하는 정서적 변이와 기억투쟁에 초점을 둔다.

요컨대, 정동의 장치로서 미디어는 단일한 기계가 아니라 한 인간의 생애사 동안 현실에서 직접 마주하기 어려운 사물, 사람, 장소, 환경들을 다양하게 복수적으로 접할 수 있게 하는 정동의 네트워크이다(강진숙, 2015). 나아가 미디어 장치는 개인기억과 집단기억, 혹은 공식기억과 토착기억 사이에서 기억투쟁이 일어나는 권력과 이데올로기 싸움의 전쟁터일 수도 있다. 따라서 미디어 비오그라피 연구의 문제설정으로서 정동의 윤리학적, 철학적 사유를 토대로 역사적, 문화정치적 사유를 기억실천의 측면에서 통합적으로 고려하는 것도 한 방법이다.

2

미디어 비오그라피연구의 이론적 논의

여기서는 앞에서 살펴본 미디어 비오그라피 연구의 문제설정을 바탕으로 미디어 비오그라피 연구의 정의와 배경, 그리고 구성범주를 중심으로 각각의 특징들을 살펴보고, 이를 바탕으로 미디어 비오그라피 연구에 이론적 자원으로 접목시킬 수 있는 기억의 사유들을 논의하고자 한다. 이러한 이론적 탐색은 미디어 비오그라피 연구를 통해 현실의 사건들에 대한 미디어의 기록들, 그리고 미디어 이용자들의 생애 체험과 정서들을 분석할 수 있는 분석틀을 제공할 것으로 기대한다.

1) 미디어 비오그라피 연구의 정의, 배경

(1) 미디어 비오그라피 연구의 정의

미디어 비오그라피(Medienbiographie)란 독일의 커뮤니케이션과 미디어교육 연구자들을 중심으로 시작된 질적 연구의 한 분야이다. 1980년대 초부터 독일의 커뮤니케이션학계에서는 미디어와 커뮤니케이션 연구를 전기적, 생애사적 연구와 방법론적으로 연계할 필요성과 의미들에 대한 논의가 활발히 이루어졌다. 특히 커뮤니케이션과 미디어교육학계에서 TV와 비디오, 인쇄매체, 컴퓨터 등 미디어 이용에 대한 비판적, 성찰적 접근을 위해 제기되었다. 미디어 비오그라피 연구와 관련된 대표적인 학자들을 예시하면, 큐블러(Kübler, 1982), 잔더와 폴브레히트

(Sander & Vollbrecht, 1989; Vollbrecht, 1993), 바아케(Baacke, 1993), 아우펜앙어(Aufenanger, 1999), 노이만과 슈나이더(Neumann & Schneider, 1993), 슐체(Schulze, 1999), 히케티어(Hieckethier, 1982), 그리고 로게(Rogge, 1982) 등을 들 수 있다.

이처럼 다양한 학자들이 미디어 비오그라피 연구의 필요성과 그 의미들에 대해 다양한 연구와 담론들을 만들어냈지만, 엄격히 말하자면 아직까지 미디어 비오그라피는 어느 하나의 집약된 정의로 제시하기는 어렵다. 그것은 앞에서 살펴본 생애사 연구처럼 연구자들의 이론적, 사상적 시각의 차이에 따라 미디어 비오그라피에 대한 해석의 초점 역시 서로 다른 양상을 보이고 있기 때문이다.

① 경험된 삶의 보고 · 이야기

우선, 대표적으로 독일의 미디어교육학자인 폴브레히트(Vollbrecht, 1993)는 미디어 비오그라피의 다양한 관점들을 정리하면서 풍부한 문제제기와 향후 과제들을 제시하고 있다. 여기서 미디어 비오그라피란, "경험된 삶의 보고이자 이야기"(Vollbrecht, 1993, p. 11)로서 사회적, 역사적 현실 맥락 속에서 개인의 삶에 접근하는 질적 연구이다. 특히 이러한 접근은 삶을 "총체성 속에서가 아니라 보다 미시적인 미디어의 특징적인 단계들(Teilstraenge) 속에서 재구성"(Vollbrecht, 1993, p. 22)하는 방법으로서 개인의 현실 경험과 미디어 매개 경험의 차이들을 발견하는 데 있다. 즉 생애사적 지평의 차이와 틈새는 과거의 행동과 지각체험에 근거하여 미래의 행동들을 예측하게 하고(Vollbrecht, 1993), 또한 새로운 미디어 이용패턴과 지각방식들을 생성할 수 있게 한다는 점에서 의미가 있다.

② 경험의 시간구조 · 현재 행위의 시간 지평

두 번째로, 볼링(Jens Wolling)(2002)에 따르면, 비오그라피는 두 차원의 의미들에 근거해 정의된다. 즉 비오그라피는 한편으로, 경험의 시간구조이다. 즉 시간적 순서에 따른 경험의 구조를 의미한다. 또 다른 한편 현재 행위를 나타내는 시간적 지평을 가리킨다. 즉 비오그라피는 사회적 · 시간적 질서체계로서 현재 행위에 영향을 미치는 일정한 방향성을 나타내는 역할을 한다. 따라서 미디어 비오그라피는 생애 동안 어느 시점에서 미디어가 중요한 의미를 지녔는지, 그리고 어떠한 계기로 미디어 이용의 단절과 전환이 있었는지에 대한 질문들이 주요한 연구의 과제로 제시될 수 있다.

③ 세대별 미디어 이용의 유전적 차이

세 번째로, 독일 미디어학의 거두로 알려진 크누트 히케티어(Knut Hieckethier)(1982)는 미디어 비오그라피 방법을 '수용역사의 구성요소'로서 이해하고 있다. 그에 따르면, 이러한 접근 방법은 "생애사에서 미디어의 영향을 쫓아감으로써 미디어를 이용하고 경험했던 방식을 재구성하는 방법"(Hieckethier, 1982, p. 206)이다. 이것은 곧 미디어 비오그라피가 '수용연구의 패러다임 전환'의 의미를 지니는 방법으로서 자리매김할 수 있음을 암시한다. 즉 기존의 미디어 중심의 연구에서 벗어나 미디어 수용자에 대한 세대별 분석과 연구로 이행하는 중요한 인식의 진보를 꾀하는 것이기 때문이다(Aufenanger, 1999). 이러한 관점에서 히케티어는 구술사 자료수집 및 분석방법에 근거하여 미디어와 미디어 이용의 역사를 재평가하고자 한다. 다시 말해서, 미디어 비오그라피는 미디어 이용에서 유전적 차이를 규명하고, 상이한 세대들 속에서 다양한 미디어 수용의 경향성을 발견하는 것이다(Hieckethier, 1982; Aufenanger, 1999). 특히 영화와 TV는 그 '효과'의 측면에서 미디어 수용의 경향적 차이가 두드러지게 나타난다. 히케티어가 분석한 결과에 따르면, "영화의 경우 응답자 대부분이 하나의 독립된 영화에 대해 구체적인 기억을 가지고 있다면, TV의 경우는 명확하기보다는 두리뭉실하게 기억되는 것으로 나타났다"(Hieckethier, 1982, p. 213). 이러한 맥락에서 중요한 것은, 생애사 동안 다양한 시점에서 나타난 미디어 비오그라피를 구성함으로써 다양한 세대별 미디어의 의미들을 더 잘 분석할 수 있도록 접근하는 방안들을 모색하는 데 있다.

④ 미디어 이용의 사회화

마지막으로, 얀-우베 로게(Jan-Uwe Rogge)(1982)는 미디어의 이용을 사회화의 맥락에서 접근한다. 그가 보는 매스미디어의 사회화는 통시적이고 경험을 축적하는 평생의 과정으로서 행위능력의 생성 차원에서 파악해야 한다는 관점에 근거한다. 즉 미디어 수용구조를 매스미디어의 사회화 관점에서 분석할 때, 중요한 것은 개인의 행위를 통해 미디어 이용행위의 잠재력을 통시적으로 관찰하는 데 있다. 이를 통해 도출하는 것은, 상이한 생애단계에서 미디어의 주관적 의미를 재구성하고, 미디어의 이용을 경험과 행위의 통합 작용으로 간주하며, 생활지식과 미디어 지식의 통합 작용을 고찰하는 데 있다. 이러한 관점을 바탕으로 로게는 미디어 비오그라피 연구를 다음과 같이 정의한다.

> 이 연구(미디어 비오그라피)는 각기 자신의 생활세계와 개인적 · 사회적 조건들 속에 있는 수용자들을 탐구하고, 일상 행위에 의미를 부여하는 구조들을 고찰하는 것이다. 이 연구의 출발점은 수용자가 속해 있는 일상세계이다. 따라서 이 연구는 분석적인데, 그 이유는 이 연구가 구체적인 상황을 도외시하는 것이 아니라 생활맥락에 따른 미디어 행위와 연관되기 때문이다. (Rogge, 1982, p. 276)

⑤ 미디어 비오그라피의 광의적 정의

이와 같이 미디어 비오그라피는 다양한 학자들의 시각 속에서 정의와 특징들이 제시되고 있다. 앞에서 살펴본 미디어 비오그라피의 정의들을 도표로 정리하면 다음 〈표 3-2〉와 같다.

표 3-2. 미디어 비오그라피의 정의와 특징에 대한 관점 비교

연구자	정 의	특 징
폴브레히트 (Vollbrecht, 1993)	경험된 삶의 보고 · 이야기	미시적인 미디어의 특정 단계들 속에서 삶을 재구성
볼링 (Wolling, 2002)	경험의 시간구조 · 현재 행위의 시간 지평	사회적 · 시간적 질서체계로서 접근
히케티어 (Hieckethier, 1982)	수용역사의 구성요소	생애사의 미디어 이용에 나타난 유전적 특성과 세대별 분석
로게 (Rogge, 1982)	미디어 수용과정의 사회화	일상생활의 맥락과 구조적 조건에 따른 미디어와 이용자 행위 분석

이러한 복합적인 시각들을 고려하여 광의의 측면에서 미디어 비오그라피 연구를 다음과 같이 정의할 수 있다. 즉, 미디어 비오그라피 연구란 미디어 환경과 이용의 측면에서 TV시청자와 이용자의 미디어 이용 패턴과 습관, 취향들, 정서 체험과 기억들을 자료수집하여 세대별 생애사와 정체성 형성과정에 대한 이야기들을 구성하고 분석하는 질적 연구의 이론과 방법론을 의미한다. 이러한 정의를 뒷받침하는 이론적 근거들은 다양한 미디어 비오그라피 연구의 필요성을 바탕으로 보다 구체적으로 살펴볼 수 있다.

(2) 미디어 비오그라피 연구의 필요성

여기서는 미디어교육학계의 견해들을 검토하여 미디어 비오그라피 연구의 필요성을 다음과 같이 몇 가지로 정리하고자 한다. 기본적으로 미디어 비오그라피 연구는 커뮤니케이션 연구의 수용자론에 대한 비판과 성찰적 태도에서 비롯되었다. 즉 학문적 연구의 측면에서 미디어의 영향력이 과도하게 강조되면서 수용자나 이용자의 능동적 행위에 대한 고려가 미미했다는 점이 하나의 이유이다. 또 다른 하나는 일상생활의 조건과 이용자의 미디어 이용행위를 상호 유기적인 연관성 속에서 고려해야 한다는 문제의식에 기인한다. 이러한 두 가지 미디어 이용행위에 대한 문제의식과 관점은 미디어 이용행위의 생애단계별 추적과 해석적 분석의 필요성을 불러일으켰다. 이 과정에서 1970년대 후반 이후 1980년대와 1990년대 초반경에 본격적으로 제기되기 시작한 미디어 비오그라피 연구는 다양한 관점 속에서 그 의미와 필요성이 담론화되었다. 이러한 맥락을 고려하여 미디어 비오그라피 연구의 필요성을 몇 가지 관점별로 구분하여 제시하고자 한다.

① 미디어와 이용자 간의 상호작용적 관점

우선, 미디어 비오그라피 연구의 필요성이 제기된 데에는 이용자의 존재론적 해석을 수동적 태도에서 벗어나 능동적 행위자로서 규정하게 된 학계의 시각이 작용한다. 즉 질적 연구의 초점이 TV의 일방향적 효과에서 벗어나 미디어와 이용자 사이의 상호작용적 관점으로 전환할 필요성이 제기된 것이다(Aufenanger, 1999). 이러한 관점은 어린이와 청소년 이용자들을 수동적인 보호의 대상으로 볼 것인지 아니면 주체적 행위자로 간주할 것인지의 문제를 제기하였다. 실제로 1980년대 초창기 독일의 미디어교육학계에서 미디어 수용에 대한 주요 연구들의 초점은 주로 어린이와 청소년들의 미디어 수용, 특히 TV와 비디오의 부정적 모방과 폭력의 심각성에 있었고, 그 대안은 주로 어린이와 청소년 당사자가 아니라 부모들의 지도와 교육적 행위 등(Schorb, 1995; Kübler, 2000)에 초점을 두었던 게 사실이다. 즉 어린이와 청소년들을 비디오의 성 행위나 폭력적 행위를 모방하는 수동적 대상으로 간주하는 태도가 그것이다. 이와 달리 큐블러는 어린이와 청소년 등의 시청자들을 "능동적 공중(Publikums)"(Kübler, 2000, p. 68)으로 간주해야 할 이유를 제시한다. 그 이유는 TV 시청이 단지 수동적으로 모방하는 과정이 아니라 '유사 대화 커뮤니케이션 상황(quasi-dialogische Kommunikationssituaton)'을 형성한다는 논리에 기인한다. 즉 TV 예능프로그램의 진행자가 반갑게 인사를 건네거나 드라마에서 악역 연기를 마주할 때, 시청자들 역시 친밀감을 느끼거나 증오심의 정서를 체험할 수 있다. 이처럼 시청자의 '수용상황'이 현실세계와 하나가 되는 상태에서 '유사사회적 상호작용(parasoziale Interaktion)'(Horton & Wohl, 1956)과 정서의 표현과 변이과정을 어떻게 해석할 수 있는지에 대한 연구의 필요성이 제기된다. 여기서 유사사회적 상호작용은 가공의 현실관계를 실재관계로 간주하여 연예인이나 드라마의 주인공에 대해 친밀감, 분노, 기쁨, 소유욕과 같은 정서를 경험하는 커뮤니케이션 상황을 가리킨다. 이와 관련하여 1970년대에도 미디어 주인공과 수용의 다양한 관계들에 대한 분석(Teicher, 1972, 1973; Kübler, 2000)이 이루어진 바 있다. 이러한 연구가 미디어 비오그라피 방법을 통해 이루어질 경우, 이용자들의 생애사를 형성하는 '유사 정서체험'과 기억들의 경로들을 성찰적으로 분석할 수 있다.

② 이용자의 정체성 및 아비투스의 계보 형성 관점

두 번째로, 미디어 비오그라피 연구의 필요성은 미디어 이용자의 정체성과 아비투스 형성의 계보들을 파악할 수 있다는 점에 있다. 이러한 시각은 어린이와 청소년들이 미디어를 통해 상징, 행동패턴, 생애사적 정보들을 획득한다는 연구 결과를 통해 뒷받침된다(Baacke, Sander, & Vollbrecht, 1991; Vollbrecht, 1993). 즉 어린이와 청소년, 청년층은 전통적 미디어인 책뿐 아니라 영화, TV, 그리고 다른 시청각 미디어들을 통해 언어 스타일, 제스처, 사고방식 등 정체성과 아비투스의 형성요소들을 체득한다. 이러한 측면에서 클라우스 노이만-브라운(Klaus Neumann-Braun)과 실비아 슈나이더(Silvia Schneider)는 “증가일로에 있는 매스 미디어가 정체성 및 비오그라피의 형성에 영향을 미친다”(Neumann-Braun & Schneider, 1993, p. 194)고 강조한 바 있다. 이러한 정체성의 형성과정에서 흥미로운 것은 미디어와 이용자의 관계가 일시적으로 형성되고 종결되는 것이 아니라 생애사 동안 지속된다는 점에서 발견된다. 예컨대, TV나 인터넷에서 기획, 편성된 생활 · 건강정보 프로그램들은 시청자와 이용자의 섭식과 육아, 직업, 건강, 생로병사 등에 대한 전문가들의 상담과 세부적인 생활지원 대책들을 제공한다(Vollbrecht, 1993). 이러한 정보들은 출생 이전의 모태환경에서부터 노년기에 이르는 생애사 동안의 체험과 전기적 전형들(biographische Vorbilder)을 창출한다는 점에서 미디어 비오그라피 연구의 필요성이 제기된다. 즉 세대별 미디어 비오그라피의 경우, 어린이와 청소년뿐 아니라 청년기, 중 · 장년기, 노년기 등 다양한 세대별 생애 전환점을 기준으로 미디어와 이용자의 상호 영향력과 변화 추이들을 분석할 수 있다.

또한 젠더적 관점에 근거하여 특정 생애단계 동안 미디어 프로그램의 이용과정에서 나타난 성별 정체성과 아비투스의 형성 계보를 탐색하는 것도 한 방법이다. 이 개념은 프랑스의 사회학자인 피에르 부르디외(Pierre Bourdieu)가 사회구조와 행위 사이의 인식론적 단절을 극복하는 메커니즘으로서 제시한 것이다. 부르디외(Bourdieu, 1979/1995)에 따르면, 아비투스(habitus)란 개인의 행동 속에서 내면화되고 육화되는 인지, 감상, 판단의 성향체계를 의미한다. 원래 아리스토텔레스의 'hexis' 개념에서 발전된 이 개념은 토마스 아퀴나스의 'habitus' 용어 번역을 통해 현재의 표현에 이르렀는데, 원뜻은 '교육에 의해 영향받을 수 있는 심리적 성향'을 가리키는 것이었다(Bourdieu, 1979/1995). 부르디외는 아비투스를 무의식적이고 반복적, 기계적인 재생산에 머무르는 아비튀드(habitude, 습관)와 달리 '지속적으로 신체를 통해 구현되고 생성되는' 실천과 감각에 영향을 미치는 성향체계로 엄밀히 규정한다(Bourdieu, 1979/1995). 이러한 아비투스는 다음 두 가지 측면에서 내적 일관성을 토대로 구축된다(강진숙, 1998). 그것은 한편으로, 유년시절의 가정교육을 통해 형성되는데 부모와 가족들을 통해 매개된 개인의 성향체계가 대표적인 예이다. 성장과정에서 학교 교육이나 직업을 통해 아비투스의 실천논리가 변화하지만, 이미 체득된 내적 성향체계의 영향을 받게 된다. 따라서 생애사 과정에서 체득되는 아비투스와 개인의 미디어 이용행위를 분석하는 것은 미디어 비오그라피 연구의 개인적 생애사 차원에서 중요한 접근 방법이다. 또 다른 한편, 아비투스는 개인이 아닌 사회적 현상으로서 가족, 집단, 계급과 연관된다는 점이다. 이러한 측면에서 아비투스는 윤리적 성향과 실천원리가 객관적으로 체계화된 총체를 가리키는 에토스(ethos) 개념과 유사성을 지닌다(이동연, 1997). 개인과 개인들의 사회적 상호작용과 의사소통을 규제하거나 특정한 문화자본을 형성하는 사회적 토대로 작용하기 때문이다. 미디어 비오그라피 연구자들이 생애사 과정과 미디어 이용행위들을 분석할 때, 개인적 차원뿐 아니라 사회적 맥락으로서 가족관계와 일상생활의 구조적 특성들을 고려하는 것도 이러한 맥락과 유사하다. 부르디외의 아비투스 개념을 보다 심층적으로 접근하기 위해서는 문화자본의 개념과 유형, 그리고 상징폭력의 재생산 메커니즘 등에 대한 선행연구의 검토가 필요하다.

이러한 연구의 의의는 다양한 생애사적 기준과 준거틀에 따라 어떠한 미디어 이용의 패턴, 습관, 모방, 정서 변화 추이 등이 발생하였고, 이러한 체험들은 어떻게 기억되고 이야기되는지 등 다양한 질적 연구방법들을 고려하여 분석할 수 있다는 점에 있다. 나아가 미디어교육학 분야에서 제기되는 미디어 비오그라피의 과제는, 이용자들이 "어떻게 스스로 자신의 생애사적 설계를 구축하고(Selbstkonstrukion biograpischer Entwuerfe)"(Vollbrecht, 1993, p. 22) 새롭게 일상생활의 아비투스를 형성해나갈 것인지를 규명하는 데에서 발견된다.

③ 정서체험과 정동능력의 관점

정서체험과 정동능력의 관점에서 미디어 비오그라피 연구의 필요성은 다음 두 가지로 집약된다. 즉 한편으로, 생애의 각기 다른 시기에 미디어가 어떠한 의미를 지녔는지 설명할 수 있다는 점이다(Aufenanger, 1999; 강진숙, 2014). 어린이, 청소년, 노년층 등 세대적 특수성에 기반한 미디어 체험과 정서의 변용 과정을 분석할 수 있다. 이를 위해 고려할 수 있는 연구문제들은, 어떠한 역사적 시점에서 어떠한 미디어가 각 세대의 특수성을 반영했고 전형적 미디어가 되었는지, 그리고 각 세대의 구성원들은 어떠한 정서적 지각과 변용의 체험들을 했는지 등에 관한 것이다(강진숙, 2014). 또 다른 한편, 미디어 비오그라피 방법은 생애 초기단계의 미디어 체험 및 영향 관계 등을 재현하고(Aufenanger, 1999) 정서능력의 개발을 가능케 한다는 점이다. 즉 그림이나 맵 스토리텔링, 마인드 맵 등을 통해 과거의 미디어체험과 영향들을 회상하고, 이후에 형성된 이용자의 미디어 이용태도들을 상호연관적으로 분석한다. 이를 통해 이용자 스스로 자신의 정서 변이를 꾀할 수 있는 미디어 생애사의 설계도를 기획할 수 있다(강진숙, 2015). 여기서 중요하게 개입되는 것이 정동의 체험이다. 예컨대, 어떠한 생애의 시점에서 어떠한 미디어와 조우하며 공포와 고립 혹은 환희와 사랑 등의 슬픈/기쁜 정서를 체험했는지, 현재는 어떠한지 그리고 정서의 변이 과정에서 미디어가 어떠한 영향을 미쳤는지 등이 정동의 체험을 구성한다.

2) 미디어 비오그라피 연구의 초점과 구성범주

여기서는 미디어 비오그라피 연구의 초점과 구성범주를 살펴보고자 한다. 앞에서 살펴본 생애사 연구의 경우처럼 미디어 비오그라피의 초점과 구성범주는 연구의 시각과 이론적 접근 방식에 따라 다양한 차이를 나타낸다. 이러한 탐색은 미디어 비오그라피 연구의 초점과 연구의 범위들을 어떻게 설정하는지를 파악할 수 있게 하고, 나아가 방법론의 이해를 보다 용이하게 하는 선차적인 연구설계의 단계로서 중요하다. 미디어 비오그라피 연구의 초점과 구성범주는 다음과 같이 크게 다섯 가지 측면에서 살펴볼 수 있다.

우선, 1970년대에 이력과 생애사 연구를 활발히 전개하였던 마틴 콜리(Martin Kohli)의 연구 초점과 구성범주를 들 수 있다. 콜리(Kohli, 1978)는 생애사를 '개인 생애의 시간적 범주를 지배하는 사회적으로 조직된 규칙체계'라고 정의한다. 소위 '이력체제(lebenslaufregime)'라고도 명명하는 이 생애사 개념은 다음 세 가지 범주에 기초해 사회적으로 조직화된다. 즉 지속성, 연속성, 그리고 생애사성이 콜리가 언급한 생애사의 조직화 범주들이다. 여기서 지속성(Kontinuität)이 수명과 같이 현실의 생이 실질적으로 조직화되는 범주를 말한다면, 연속성(Sequenzialität)은 중요한 생애 사건들이 특정한 질서를 형성하는 연대기적 과정을 통해 조직화된다는 것을 의미한다. 또한 생애사성(Biographizität)은 개인의 생애사적 역량을 키워나감으로써 창의적인 개인의 발전을 꾀하고 현실의 도전과 가능성을 생애사적으로 재구성하는 것을 의미한다. 생애사 연구에서 이러한 '생애사성'은 노년학에 '생애사화(Biographisieren)' 개념을 연결하여 학습 측면에서 접근한 시각(Rosenmayr, 1983)을 통해 보다 쉽게 이해할 수 있다. 여기서 학습이란, 개인이 주체성을 발전시켜 나가거나 학습을 통해 대화능력을 개발하고 생애사적 역량을 강화하는 것을 의미한다. 즉 학습은 "현재 그리고 지금의 학습과정"에서 과거에 관한 학습을 지원하는 것(Tietgens, 1994: 박성희, 2009, 223쪽 재인용)으로서 미디어 생애사 연구에서도 유의미한 시각으로 판단된다. 미디어 비오그라피의 생애사성의 논리를 보다 구체적으로 뒷받침할 수 있는 학습과 생애사 역량의 접목과 실행방법에 대한 구체적인 후속 연구가 필요하다는 점에서 그렇다. 특히 노년기의 생애사적 의사소통의 역량을 개발하고 새로운 현실의 변화를 꾀하는 생애사성이 그 어느 때보다 중요하다. 노년기에는 경제활동과 사회활동의 중심에서 멀어지거나 주변인의 위치로 이전하면서 삶의 질과 의미성을 높일 수 있는 의사소통의 능력과 학습과정이 중요해지기 때문이다(Fischer-Rosenthal, 1995; Alheit, 1999; 박성희, 2009). 이러한 관점에서 볼 때, 미디어 비오그라피 연구는 두 가지 측면, 즉 지속성과 연속성의 측면에서 시청자 및 이용자의 생애주기와 미디어 이용행위에 나타난 이력을 추적하고 기억하여 생애사의 조직화방식을 파악할 수 있는 방법이라면, 또 다른 한편 미디어 이용환경에서 개인의 생애사를 새롭게 재구성할 수 있는 생애사성, 즉 생애사적 역량을 강화할 수 있는 방법을 개발하는 과제를 지닌다.

두 번째로, 얀-우베 로게(Jan-Uwe Rogge)(1982)의 미디어 일상과 비오그라피 중심의 연구 사례를 통해 구성범주를 확인할 수 있다. 로게는 사회화 이론에 근거하여 어린이와 청소년들의 미디어 관련 행위들을 분석하면서 중요한 구성범주들을 제시한다. 즉 발달심리학적 틀, 환경 경험, 가족의 영향력, 그리고 미디어 이용의 변화 등이 여기에 포함된다. 각각의 요인 범주들을 구체적으로 살펴보면, 우선 발달심리학적 틀은 사회화 맥락에서 미디어의 수용구조를 분석하는 범주라면, 환경 경험은 미디어 이용을 경험과 행위의 통합작용으로 간주하여 사회화가 일어나는 경험을 분석하기 위한 범주이다. 또한 가족의 영향력이 개인적 · 사회적 조건 속에서 수용자를 탐구하는 것이라면, 미디어 이용의 변화는 미디어 행위의 잠재력에 대한 통시적 관찰을 의미한다. 따라서 미디어 비오그라피는 이용자의 미디어 수용구조를 명확히 분석하기 위해 사회화 개념을 다차원적으로 접근하고 있다. 즉 생애사 동안 이용자의 사회화 과정은 통시적이고 경험을 축적하는 평생의 과정으로서 파악할 수 있고, 행위능력을 생성하는 차원으로서 간주된다(Rogge, 1982). 이러한 로게의 미디어 비오그라피에 대한 관점에 대해 독일의 저명한 미디어교육학자인 헬가 퇴너트(Helga Theunert)(1998)는 1998년 여름에 기고한 ≪슈투트가르터 차이퉁(Stuttgarter Zeitung)≫에서 다음과 같은 의견을 제시한다.

> 얀-우베 로게는 수년 동안 어린이 및 부모들과 함께 그의 상담 작업에서 다음의 사실을 보여주었다. 즉 한 번뿐인 삶과 미디어 상황으로부터 어떻게 최선의 이해력과 감정이입 능력을 발휘할 수 있는가 하는 점이다. 그 누구도 자신의 생애 시간과 환경 속에서 사회적, 경제적 제약으로부터 벗어날 수 없고, 모든 인간은 그때마다의 시간과 개인적 생활세계의 조건들에 반복적으로 파묻히는 자신의 고유한 미디어 비오그라피를 통해 형성되기 때문이다. (Theunert, 1998, 9, 5)

세 번째로, 옌스 볼링(Jens Wolling)(2002)은 '공중연구(Publikumsforschung)'의 방법을 논의하면서 미디어 비오그라피를 두 차원으로 구분하고 있다. 즉 한편으로, 시간적 순서에 따른 경험의 구조로서 미디어 비오그라피를 파악하기 위하여 경험의 시간구조에 대한 분석범주를 제기하고 있다. 또 다른 한편으로는 현재 행위의 시간 지평으로서 미디어 비오그라피에 접근하기 위한 분석범주를 제기한다. 이것은 사회적 · 시간적 질서체계로서 현재 행위에 영향을 미치는 정향기능을 분석하기 위한 범주로서 미디어 이용 경험에 대한 이용자의 기억과 이용계기, 그리고 이용결과에 따른 생애사적 영향력을 파악할 수 있도록 한다는 점에서 분석범주의 의미를 지닌다.

네 번째로, 생활세계의 관점에서 미디어 이용을 관찰하고 분석하고 있는 아누 푀스쾨(Anu Pöskö)(2009)의 분석범주 역시 미디어 비오그라피 연구에 흥미로운 접근 방식을 보여준다. 그 범주는 미디어 선호도, 미디어 이용태도, 미디어의 의미 등에 초점을 두고 분석과정에 적용되었다(Pöskö, 2009, pp. 1-3 참조). 미디어 선호도는 생애 특정 단계에서 어떠한 미디어가 중요했고, 선호하는 매체는 무엇인지 분석하기 위해 제기된다. 또한 미디어 이용태도는 미디어 이용상황에 대한 이용자의 평가를 긍정적 · 부정적 측면에서 구술하도록 하는 범주이다. 이것은 가족관계의 공통적 미디어 소비 행태를 기억하여 평가하거나 미디어에 대한 접근과 이용을 허용 혹은 금지하는 역할을 했던 조절자가 누구였는지를 회상하고 자신의 이용태도를 성찰하는 데 목적이 있다. 마지막으로, 미디어의 의미는 미디어와 그 내용에 대해 누구와 대화했는지 혹은 미디어와 생활세계의 연관성과 의미를 분석하는 데 유용한 범주로서 파악된다.

이러한 푀스쾨의 분석범주는 주로 어린이와 청소년들의 미디어 이용태도를 연구하는 데 더 적합한 방법으로서 도출한 것이다. 푀스쾨가 고려했던 미디어 비오그라피의 필요성은 어린이와 청소년의 미디어 이용에 대한 공적 담론의 경향에서 비롯되었기 때문이다. 즉 주로 중독의 위험이나 미디어 폭력의 효과 등 부정적 주제에 초점을 두고 공적 담론이 형성되어 왔다는 점에 기인한다. 푀스쾨에 따르면, 이러한 미디어의 위해성과 그 영향에 대한 염려나 어린이와 청소년층을 보호하려는 노력은 "지배적인 경향"으로 자리해 왔고(Pöskö, 2009, p. 2), 미디어교육학적 견지에서도 미디어의 문제들과 위해성에 대해 관심을 갖고 문제제기를 시작한 것이다. 미디어 비오그라피의 이론과 방법론에 대한 접근은 미디어 이용환경의 문제를 규명하고 학술적 대안을 찾고자 하는 현실적 요구에서 비롯되었다.

마지막으로, 우베 잔더(Uwe Sander)와 랄프 폴브레히트(Ralf Vollbrecht)는 '미디어 이용과 생애사(Mediennutzung und Lebensgeschichte)'에 대한 연구에서 "미디어 이용은 전기적(biograpische) 체험이 나타나 있는 오랜 동안의 사회화 과정의 산물"(Sander & Vollbrecht, 1989, p. 168)이라고 강조하고 있다. 따라서 "생애사 전반에 확장되어 있는 미디어 관련 지식과 행위들을 구조화하고"(Sander & Vollbrecht, 1989, p. 169) 새롭게 재해석하기 위해서는 미디어 비오그라피의 분석이 필수적인 것이다. 이러한 관점에서 잔더와 폴브레히트는 다음과 같은 미디어 비오그라피의 분석범주를 제시한다. 생애사적 시간의 구조를 피셔(Fischer, 1982)의 이론에 근거해 '사회적 시간(soziale Zeit)', '생애 시간(Lebenszeit)', 그리고 '일상의 시간(Alltagszeit)' 등 세 차원으로 분류한다(Sander & Vollbercht, 1985). 여기서 사회적 시간은 과거, 현재, 미래 등과 같이 직선형으로 이어지는 선형적 시간 구조(lineare Zeitstruktur)라면, 생애 시간은 생애 주기를 기준으로 구성되는 시간

구조(zyklische Struktur)를 나타내며, 일상의 시간이란 지속적이고 반복적인 일상 속의 현재 시간(die Zeit kontinuierlicher alltaeglicher Gegenwart)'을 의미한다(Sander & Vollbrecht, 1989). 예컨대, 일일 TV 시청 또는 음악청취 등이 일상의 시간성 속에서 이루어지는 미디어 행위인 반면, 영화관 방문은 일상의 시간에서 특별한 사건으로 간주된다.

이 경우, 미디어는 "전기적 증거들의 운반자(Traeger biographischer Zeugnisse)" (Sander & Vollbrecht, 1989, p. 170)로서 역할을 수행하게 된다. 이러한 관점에 근거할 때, 비오그라피 연구와 미디어를 접목하는 미디어 비오그라피 연구는 일상생활과 생애 시간의 구조인 전기적 측면을 복합적으로 고려해야 한다. 왜냐하면, 미디어는 "일상생활과 전기(Biographie)의 통합적 구성요소"(Sander & Vollbercht, 1985, p. 174)이기 때문이다. 즉 일상의 시간구조 속에서 이용자는 매일 TV, 라디오, 그리고 다양한 미디어들을 소비하고 이용하면서 자신의 생애 시간의 구조를 조직화하고 있는 것이다. 이러한 생애 시간의 구조가 일상생활 속에서 조직화된 결과가 곧 "자서전적 주체(autobiographical subject)"(Felski, 2000, p. 17)라는 정체성의 한 형태이다.

미디어 비오그라피 연구에서 시간구조와 정체성의 문제가 계속해서 상호연관된 범주로 제기되는 이유도 바로 여기에서 비롯된다. 왜냐하면, 이용자의 일상적 미디어 이용행위와 패턴, 그리고 취향 등은 개인의 정체성을 형성하는 중요한 요소로 작용하기 때문이다.

이상에서 살펴본 각 미디어 비오그라피의 주요 구성범주와 특징을 정리하면 다음 〈표 3-3〉과 같다.

표 3-3. 미디어 비오그라피 연구의 주요 구성범주와 특징 비교

연구자	구성범주	특 징
콜리 (Kohli, 1978)	지속성	수명을 가진 현실 생의 실질적 지속
	연속성	중요한 생애 사건의 질서 있는 연대기적 과정
	생애사성	생애사적으로 새로운 학습 · 경험을 통해 자기 개발
로게 (Rogge, 1982)	발달심리학적 틀	사회화 맥락에서 미디어 수용구조 분석
	환경 경험	미디어 이용을 경험과 행위의 통합작용으로 간주
	가족의 영향력	개인적 · 사회적 조건 속에서 수용자 탐구
	미디어 이용의 변화	미디어 행위의 잠재력에 대한 통시적 관찰
볼링 (Wolling, 2002)	경험의 시간구조	시간적 순서에 따른 경험의 구조 파악
	현재 행위의 시간 지평	사회적 · 시간적 질서체계로서 현재 행위에 영향을 미치는 정향기능
푀스쾨 (Pöskö, 2009)	미디어 선호도	생애 특정 단계에서 어떠한 미디어가 중요했고, 선호하는 매체는 무엇인지 분석
	미디어 이용태도	미디어 이용상황의 긍 · 부정성 평가, 가족관계의 공통적 미디어 소비 행태 기억, 미디어 접근 · 이용의 조절자(허용 · 금지) 분석
	미디어의 의미	미디어와 그 내용에 대해 누구와 대화했는지, 미디어와 생활세계의 연관성과 의미 분석
잔더 · 폴브레히트 (Sander & Vollbrecht, 1989)	사회적 시간	과거, 현재, 미래 등과 같은 선형적인 시간구조
	생애 시간	생애 주기를 기준으로 구성되는 시간구조
	일상의 시간	지속적, 반복적인 일상의 현재 시간구조

3

방법론의 유형과 특징

미디어 비오그라피의 연구방법론은 아직까지 독립된 이론체계를 갖추기보다 다양한 학제 간의 이론적 차용을 통해 분석틀로서 적용되어 왔다. 특히 주요한 학문 분야는 현상학, 해석학, 사회학, 정신분석학, 기호학, 교육학을 비롯해 미디어교육학 등을 들 수 있다. 여기서는 이러한 측면을 고려하여 미디어 비오그라피를 적용한 연구 사례의 분석방법론에 초점을 두고 적용된 방법론의 유형과 특징을 살펴보고자 한다.

1) 이론적 접근 유형

(1) 이론적 접근의 선행 사례

미디어 비오그라피 연구의 이론적 접근은 뒤에서 살펴볼 방법론의 구체적인 활용과도 상호연관성을 지닌다. 특정한 이론체계에 기초해서 분석개념과 방법, 그리고 의미들을 도출할 수 있기 때문이다. 여기서는 미디어 비오그라피 선행연구의 사례뿐 아니라 관련 있는 다양한 이론적 접근들을 탐색적으로 살펴보고, 이론의 접목 가능성을 탐색하고자 한다.

① 구조분석적 수용자 연구

우선, 구조분석적 수용자 연구의 맥락에서 미디어 이용자들의 행위와 이야기를 재구성하는 미디어 비오그라피 연구 사례를 들 수 있다. 이러한 연구의 대표적인 학자로서 클라우스 노이만-브라운(Klaus Neumann-Braun)과 실비아 슈나이더(Silvia Schneider)(1993)가 연구를 진행하였다. 이 두 연구자들이 공저 논문인 "미디어 수용에서의 비오그라피 범주(Biographische Dimensionen in der Medienaneignung)"에서 제시한 중심 테마는 매스미디어가 이용자의 정체성을 형성하고 미디어 비오그라피를 구성하는 데 영향을 미친다는 점에서 출발한다(Neumann-Braun & Schneider, 1993). 구조분석적 수용자 연구를 하는 목적도 이와 궤를 같이한다. 즉 이용자의 미디어 이용행위는 각각의 생애 동안 의미 있는 인상을 남기게 되고, 미디어를 통해 특정한 정체성과 삶의 구조를 조직하기 때문에 구조분석적 미디어 비오그라피 연구가 필요한 것이다. 이와 관련하여 노이만과 칼톤(Neumann & Charlton, 1989)은 "구조분석적 수용연구(Strukturanalytische Rezeptionsforschung)"에서 미디어 비오그라피와 수용연구를 위한 이론, 방법, 그리고 적용 사례 등을 논의하고 있다. 노이만과 칼톤이 강조하는 것은, 미디어 수용과정에서 두 가지 측면, 즉 "사회적 맥락(sozialer Kontext)"과 "고유한 수용행위(eigentliche Rezeptionshandlung)"를 고려해야 한다는 점이다(Neumann & Charlton, 1989, p. 179). 구체적으로 살펴보면, 전자의 사회적 맥락의 사례로서 가족관계의 맥락을 들 수 있다. 예컨대, 미디어 소비는 가족관계의 맥락에서 나타나며(Fritz, 1984) 일상의 삶과 사건들 속에서 통합적으로 작용한다. 왜냐하면, 미디어의 이용은 개인뿐 아니라 가족집단과의 전체적인 관계 속에서도 이루어지기 때문이다. 따라서 미디어 수용행위의 구조적 범주는 어린이의 발달 측면과 상호작용적 영역의 구조의 측면에 초점을 둔다. 또 다른 한편, '고유한 수용행위'의 측면에서 이용자는 '능동적이고 자기결정성을 지닌 존재(aktive und selbstbestimmte Person)'로서 간주하는 것이 구조분석적 미디어 비오그라피의 관점이다. 이러한 관점에서 어린이의 생애사적 분석은 가족관계와 같은 사회적 맥락을 고려하되 그 전제는 이용자의 고유한 미디어 이용의 생애사적 특수성에 근거한다. 즉 어린이를 비롯해 모든 이용자들의 태도를 일상적인 수용환경이 아니라 생애단계의 전체 과정 속에서 이용태도의 변화들을 분석하는 데 있다(Neumann & Charlton, 1989). 이 생애사적 과정 속에서 어린이의 미디어 이용 역시 단지 보호의 대상으로 한정되는 게 아니라 능동적이고 자기결정적인 계기들이 작용하는 생애사적 행위들을 발견할 수 있기 때문이다.

② 집단기억에 대한 역사사회학적 접근

두 번째로, 미디어 비오그라피의 이론 자원으로 활용할 수 있는 접근은 역사사회학적 접근에서 '집단기억(collective memory)'의 이론을 개진하는 입장에서 발견된다. 그 대표적인 학자로서 미국의 역사학·사회학자인 제프리 K. 올릭(Jeffrey K. Olick)의 저서 〈기억의 지도(*The politics of regret*)〉(2007/2011)를 들 수 있다. '기억연구의 대가'로서 평가되기도 하는 올릭의 집단기억론은 '집단기억이 인류의 역사와 사회, 그리고 정치를 어떻게 뒤바꿔놓았나?' 하는 문제제기로부터 시작된다. 즉 집단기억의 분석 개념이 "어떠한 가치를 낳았으며 어떠한 현상을 감지하도록 했는지, 또 어떤 종류의 감성을 탄생시켰는지 탐색해 보자"(Olick, 2007/2011, 39쪽)는 것이 그 의도이다. 그러면, 집단기억이란 어떻게 정의되고, 미디어 비오그라피 연구와 어떠한 연관성이 있는가?

우선, 집단기억에 대한 정의는 두 가지 관점에서 구분할 수 있다. 즉 개인의 주관성에 초점을 둔 연구경향이 그 하나라면, 다른 하나는 기억의 사회적 재구성에 관심을 둔 연구경향이다. 우선, 전자의 경우에 집단기억은 개인에게 보존되고 전승되는 개인 차원의 기억 분석이다. '집단기억'을 최초로 언급한 것으로 평가되는 후고 폰 호프만슈탈(Hugo von Hofmannsthal)(1902)은 집단기억의 단서를 다음과 같이 언급한다. "우리 안에서 터무니없이 우리에게 힘을 발휘하는 조상들"과 "층층이 쌓인 집단기억"이 그것이다(Schieder, 1978, p. 2: Olick, 2007/2011, 150쪽 재인용). 여기서 기억은 개인에게 전승되고 보존되는 것으로 해석된다. 이와 다른 측면에서 기억의 물질성과 사회적 경험의 접점이 이루어지는 현상을 심층적으로 분석한 앙리 베르그손(Henri Bergson)의 〈물질과 기억〉(1896/2011)은 기억연구의 좌표를 제시한 대작으로 평가된다. 이러한 연구는 미디어 비오그라피 연구에서 개인의 주관성과 사회적 · 역사적 맥락을 고려하여 미디어 이용행위와 기억들을 분석하는 데 유의미한 시사점을 제공한다.

또 다른 한편, 기억의 사회적 재구성에 초점을 둔 기억연구의 경향들이 존재한다. 대표적인 사례로서 에밀 뒤르켐의 〈종교생활의 원초적 형태〉(1961/1992)와 뒤르켐 학파에 속하는 프랑스의 사회학자인 모리스 알박스(Maurice Halbwachs)의 〈기억의 사회적 구성틀〉(1925)을 들 수 있다(Olick, 2007/2011). 여기서는 앞의 기억연구와 달리 집단기억에 초점을 두는 경향을 나타낸다. 특히 알박스의 경우, 기억이 어떻게 사회적으로 구성되고 집단기억으로 재현되는가 하는 문제에 초점을 두고 있다는 점에서 앞의 기억연구와 차이가 나타난다. 올릭에 따르면, 알박스의 관심은 사회적 기억 자체가 아닌 기억의 사회적 구성틀에 근거한다. 왜냐하면, 기억은 두뇌 어딘가에 보존되어 있는 게 아니라 "내가 외부에서 불러오는 것"(Halbwachs, 1992, p. 38)으로서 집단은 그 기억을 재구성할 수 있는 수단을 제공하기 때문이다. 이처럼 기억을 저장되고 보존된 것이 아니라 사회적 재구성의 행위로서 접근하는 것은 올릭과 유사하다. 이 경우 집단기억이란, 한편으로 사회적으로 형성된 개인의 기억이라면, 또 다른 한편으로는 집단적 기념의 재현과 기억흔적을 의미한다(Olick, 2007/2011). 하지만, 올릭이 알박스와 다른 접근을 취하는 사유의 기점은 기억의 사회적 재구성 분석에서 나아가 기억의 문화정치적 속성들을 드러내는 데서 변곡점을 형성한다. 이러한 접근의 근거는 두 가지 측면에서 나타난다. 하나는 집합기억과 집단기억의 차이를 논의하는 측면이라면, 다른 하나는 기존의 집단기억에 대한 가정에 대한 비판적 접근의 측면이 대표적인 증거이다.

여기서 두 번째로 살펴볼 집단기억과 미디어 비오그라피 연구의 연관성을 끌어올 수 있다. 즉 집단기억에 어떻게 접근할 것인가 하는 관점과 방법의 문제가 제기된다. 우선, 집합기억 접근법은 "개인주의적 원칙에 근거해 집단구성원 개개인의 기억을 수집"하는 방법이다(Olick, 2007/2011, 48쪽). 앞에서 보았듯이, 미디어 비오그라피에서 적용된 접근 방법은 주로 개인과 가족의 범주에 집중적으로 진행되었다. 즉 개인의 미디어 이용행위와 사회적 맥락으로서 가족관계가 중요한 분석범주인 것이다. 이것은 개인의 주관성과 미디어 이용행위와 사회적 맥락 사이의 연관성을 세부적으로 접근할 수 있다는 점에서 의미가 있다. 또 다른 예로, 구술사 연구는 민간기억을 통해 나타나는 연구참여자의 생애구술을 채취하여 "진정성(authenticity)"을 발견해내는 작업이기도 하다(Olick, 2007/2011, 50쪽). 하지만, 올릭이 강조하듯이 집합기억의 유형에 포함되는 구술사적 접근법이 "조사연구법의 개발이나 소외된 목소리를 단순히 복원"(Olick, 2007/2011, 52쪽)하는 데 제한된다면 기억연구의 측면에서는 검토가 필요하다. 앞에서 살펴본 구조분석적 수용자 연구에서 개인의 행위와 사회적 맥락의 상호연관성은 결국 개인과 집단의 기억을 기계적으로 구분하는 접근법에서 벗어나고자 하는 사유에서 비롯된 것이기 때문이다. 따라서 중요한 것은 집단기억의 연구는 '순수하게' 단일한 하나의 학문분야의 접근이 아니라 학제 간의 연계적 접근이 요구된다.

그러면, 미디어 비오그라피 연구를 위해 집단기억은 어떠한 이론적 자원을 제공하는가? 이러한 문제를 규명하기 위해 참조할 것은 올릭이 제기한 집단기억의 가정에 대한 비판적 해석과 대안적 관점이다. 올릭은 찰스 틸리(Charles Tilly)(1984)의 표현을 빌려 집단기억에 대한 기존의 '해로운 가정'을 비판적으로 해석하고, 자신의 대안적 관점을 제시한다(Olick, 2007/2011). 그의 관점은 "과정-관계론(process-relationalism)"(Olick, 2007/2011, 153쪽)이라고 부르는데, 이것은 집단기억을 사물 자체보다는 관계로서, 그리고 상태보다는 과정으로서 인식하고자 하는 사유방식이다. 이러한 사유에는 집단기억에 대한 "해로운 가정"으로 불리는 네 가지 관점이 내재해 있다(Olick, 2007/2011, 152쪽). 즉 집단기억을 '단일하며 주어진 것'으로서 간주하는 단일성, 특정 대상을 모방하는 것으로 보는 모방의 직접성, 하나의 사물로서 간주하는 실체성, 그리고 다른 종류의 문화와 분리 가능한 것으로서 집단기억을 파악하는 독립성의 가정 등이 그것이다. 하지만, 이러한 집단기억의 해석은 다양한 관계론과 과정론적 관점에 의해 비판된다. 이러한 관점은 1920년대 독일 철학자 에른스트 카시러(Ernst Cassirer)(1953)가 '실체론적 사고(substantialism)'를 비판한 접근 방식에서 유래한 것이다(Olick, 2007/2011). 특히 실체론으로 불리는 이 가정들에 대한 비판은 주로 철학적, 사회학적 측면에서 이루어졌는데, 대표적인 이론가로서 아보트(Abott, 1988, 1992, 1996), 부르디외(Bourdieu, 1990, 1996), 에머바이어(Emirbayer, 1997), 화이트(White, 1992) 등을 들 수 있다.

미디어 비오그라피 연구에서도 이러한 과정-관계론적 대안의 접근 방식과 사유는 유의미하다. 예컨대, 사물화된 기억의 파편이 아니라 "기억의 결합태(figuration of memory)"(Olick, 2007/2011, 155쪽)에 관심을 기울이면, 이미지와 맥락, 전통, 사건, 이미지, 이해관계 등이 집단기억의 정태성을 벗어나 역동적이고 불협화음처럼 이질성을 표출하며 서로 관계하는 운동성을 파악할 수 있기 때문이다. 집단기억과 회상을 생애사의 과정이자 사회적 관계 맥락 속에서 접근할 경우에도 이러한 과정과 관계론의 시각은 여전히 유효하다. 특히 이러한 접근은 미디어 이용의 생애단계적 시점과 사회적 사건의 관계성, 그리고 집단기억이 형성되는 사회구조적 과정에 대한 분석을 위해 고려할 만하다. 이러한 대안적 시각에서 올릭이 집단기억을 설명하는 방식은 미디어 비오그라피 연구의 이론적 지평을 열어놓는 데 시사점을 준다. 올릭이 설명한 집단기억의 두 가지 가정을 비교하고 대안적 관점을 정리하면 다음 〈표 3-4〉에서 제시하는 바와 같다.

표 3-4. 집단기억의 두 가지 가정 비교

실체론적 관점		과정-관계론적 관점	
단일성 (unity)	단일하며 합의된 〔주어진〕 것	장 (field)	서로 다른 위치들을 객관적 관계로 구성한 네트워크
모방의 직접성 (mimetic directness)	과거의 재현, 모방	매체 (media)	미디어들이 매개하는 사건과 장소의 관계들과 의미생산 과정
실체성 (tangibility)	하나의 사물	장르 (genre)	기억담론으로서 장르의 역사적 국면과 생성과정
독립성 (independence)	다른 문화에서 분리 가능한 것	프로파일 (profile)	시점마다 달라지는 정치의미체계의 윤곽

우선, 장(field)은 첫 번째 실체론적 가정인 단일성에 대한 대안으로 제시된 개념이다. 이것은 부르디외의 장 개념에 근거한 관점으로서 집단기억을 "단일하고 공통된 문화적 유산이라는 과도한 전체주의적 가정"(Olick, 2007/2011, 156쪽)에 대한 비판과 대안으로 제기된 것이다. 부르디외에 따르면, 장은 서로 다른 계급과 위치들을 객관적 관계망으로 구성한 것이다(Bourdieu, 1996). 이 장에서 문화자본이나 경제자본을 소유한 계급은 권력의 지배적 위치를 점하고 관계와 행위의 규칙성을 통제할 수 있는 지배권력을 행사하게 된다. 하지만, 올릭이 강조하듯이, 이러한 권력관계는 고정된 것이 아니라 "공식기억과 토착기억, 역사적 기억과 문학적 기억, 또는 공적 기억과 사적 기억 등의 구분"보다 중요한 것은 "그 범주들 내부의 기억투쟁이 범주의 내외적 틀을 형성한다"(Olick, 2007/2011, 159쪽)는 점에 있다.

두 번째 대안은 기억의 매체에 대한 관점이다. 기억을 과거 경험의 저장소나 과거에 접근해 다시 드러내는 재현(representation)의 행위로 간주할 때, 집단기억은 '사태 그 자체'에 머물 수 있다. 중요한 것은 미디어들이 매개하는 사건과 장소의 관계들과 의미생산 과정을 역동적으로 해석하는 데 있다. 따라서 미디어 비오그라피 연구에서 중요한 것은 과거의 미디어 이용 장르나 선호 프로그램 자체가 아니라 미디어와 이용자, TV와 시청자, 축제나 공식기념행사와 연설, 전시물 등의 관계들이 어떠한 문화정치적 의미들을 만들어내는지, 그리고 생애사적인 단면들의 전이와 이행과정에서 어떠한 변이들을 가져왔는지 등의 문제들을 규명하는 데 있다. 이와 관련하여 라이첼(Reichel, 1995)은 매체를 정서, 진정성, 사실성, 정의라는 네 가지 기준을 적용하여 각각의 예들을 제시하고 있다. 예컨대, 정체성과 통합의 기능을 수행하는 정치적 축제나 공식기념일, 재현과 이미지화 기능을 위한 폐허, 유적지, 박물관, 사진, 편지, 영화 등의 기억 장소, 지식의 기능을 통해 설명과 의미를 전달하는 매체로서 역사서, 기록, 구술사 분석을 들 수 있으며, 마지막으로 정당성, 재건, 통합의 기능을 행하는 처벌, 사면, 보상의 매체들이 주요한 기억매체로서 작용한다.

세 번째, 장르(genre)는 집단기억 혹은 사회적 기억을 대상이 아닌 과정으로 보는 관점으로서, 기억을 지속적인 장르 형성의 과정으로서 간주하는 시각이다. 이러한 장르의 개념을 설명하기 위해 올릭은 바흐친(Bakhtin, 1978)의 담론이론을 차용한다. 즉 집단기억은 '발화자의 사회-언어적 상호작용' 속에서 수행되는 지속적인 담론으로서의 장르 생성과정인 것이다.

마지막으로, 프로파일(profile)은 집단정체성을 형성하는 역사적인 "정치의미체계의 윤곽"을 설명하기 위한 개념이다(Olick, 2007/2011, 183쪽). 이 개념은 장과 매체, 장르의 총체적 관계, 즉 기억의 결합태를 드러내주는 역할을 한다. 예컨대, 과거 이미지, 정체성 주장, 정책 설명, 영웅 유형, 양식, 경계의 지각, 목적과 절차 등이 이러한 프로파일의 구성요소들이다. 프로파일로 접근한 집단기억은 개별요소들 자체가 아니라 그 관계성들에 집중하는 분석방식이다. 이를테면, 집단기억의 프로파일 분석은 특정 집단이나 정치권력이 전직 대통령의 묘소나 5·18기념비 혹은 '위안부 소녀상'들을 어떻게 기억의 결합태로 만들어내면서 정치적 목적을 달성하는지를 파악할 수 있도록 한다. 이 경우, 문화정치적 측면에서 미디어 비오그라피 분석을 통해 특정 사건에 대한 집단기억과 집단정체성 형성의 프로파일링 기법을 적용하여 그 의미들을 분석할 수 있다는 점에서 의미가 있다.

(2) 이론적 접근의 의의와 시사점

이상에서 살펴보았듯이, 미디어 비오그라피 연구의 이론적 자원은 미디어교육학뿐 아니라 사회학, 담론연구, 심리학의 주요한 사유방식들을 차용하여 보다 풍부하고 복합적인 분석을 행할 수 있다. 이러한 이론적 접근의 의의와 시사점은 다음과 같이 두 가지 측면에서 정리할 수 있다.

우선, 구조분석적 수용자론을 통해 비오그라피 연구를 할 경우, 개인의 미디어 이용행위와 사회적 맥락을 상호연관성 속에서 접근하는 데 유의미한 이론적 자원들을 제공한다. 특히 이러한 수용자론의 장점은 생애사적 과정에서 어린이와 청소년들의 미디어 이용행위를 능동적이고 고유한 생산성을 지닌 것으로 간주한다.

그 이유는 이 관점에서 이용자는 수동적인 보호 대상자가 아니라 능동적이고 자기결정력을 지닌 주체로서 인식되기 때문이다. 따라서 다양한 생애단계의 연령별 이용자들이나 여성의 젠더적 미디어 비오그라피 분석, 나아가 사회적 소수자들의 미디어 비오그라피의 차이의 생성적 의미와 가능성들을 도출하는 데 유의미한 접근으로 파악된다.

또 다른 한편, 집단기억을 과정-관점에 따라 분석할 경우 미디어 비오그라피 연구에 적합한 이론적 지평이 열릴 수 있다. 그것은 올릭이 대안적 관점으로 제시한 장, 매체, 장르, 그리고 프로파일 등 네 가지 가정이 미디어 비오그라피를 닫혀 있는 구조가 아니라 역동적인 관계에서 일어나는 집단기억의 형성과정으로 분석하는 데 적합하기 때문이다. 특히 특정 기념일과 역사적 사건이 우리의 일상적 장소에서 어떻게 미디어와 이미지들을 연결하여 '기억의 결합태'를 만들고 특정한 사회적 통념과 지배적인 상징들을 만들어내는지 분석하는 것도 의미 있는 방법이다.

아직까지 미디어 비오그라피 연구의 이론체계와 분석방법은 다른 질적 연구의 방법론에 비해 두껍지 않은 홑겹의 감들로 쌓여 있다. 그 이유는 비단 1980년대에 들어 학술적으로 담론화되기 시작한 방법론의 후발주자라는 점에 국한되지 않는다. 더 심각한 것은 경제적인 효율성과 눈에 보이는 실증성의 이익에 눈먼 학문의 경향이 이 세계의 다양한 역사적 사건과 사람, 그리고 미디어의 결합태들을 특정한 모형으로 찍어내고 있기 때문이다. 침대의 크기에 맞춰 나그네의 다리를 잘라버리는 고대 그리스의 도적 프로크루스테스처럼 말이다.

2) 방법론의 유형과 특징

(1) 해석적 구조분석의 방법

노이만과 칼톤은 미디어 이용행위를 재구성하여 그 구조를 해석하는 해석적 구조분석 방법을 적용하고 있다(Neumann & Charlton, 1989, pp. 184-186 참조). 비오그라피 분석에서는 연구참여자들이 자기해석(Selbstauslegung)한 것을 연구자(interviewer/Auswerter)들이 구조분석을 행하고 삼각기법(Triangulierung)의 검증절차를 통해 신뢰성 검토를 수행하였다. 여기서 삼각기법 검증은 연구자, 인터뷰에 참여한 연구참여자, 그리고 관련 분야의 전문가 등 세 영역의 책임자들이 인터뷰 내용과 연구결과 등을 검증하는 방법이다(Creswell, 2007/2010). 또한 구조분석의 대상은 주로 내러티브의 형태나 주어진 사회적 장소에서 일반적으로 나타나는 행위놀이 영역 등을 포함한다.

비오그라피적 재구성은 기본적으로 외부자 관찰시점에서 합리적으로 행위과정 및 절차들을 의미화하고 재구조화(rekonstruktion)한다. 여기서 재구조화하는 방법은 질적 연구에서 행하는 의미 해석 방법에 근거한다(Neumann & Charlton, 1989). 이러한 분석방법에서 중요한 것은 하나의 단일한 사례 분석이 아니라 이전 연구의 문제설정이나 연구결과와 연관해 종합적으로 분석할 필요가 있다는 점이다. 이를 위해 연구자는 특정한 관찰 맥락의 논리틀에서 행위들을 특성화한 후, 그 다음에는 일반적인 언어로 구성된 행위 사례들의 규칙성(Regelhaftigkeit)을 면밀히 검토하고 분석해야 한다. 사회적 행위의 일반적 규칙에 대한 검증은 담론분석(van Dijk, 1980, 1985)을 통해 수행할 수 있다. 이러한 방법을 적용하여 1983년부터 약 2년간 노이만과 칼톤은 가족관계의 맥락에서 취학 전 어린이들의 미디어 수용에 대한 장기적 연구를 수행하였다. 이를 위해 조사기간 동안 6명의 어린이들과 가족들을 방문하여 미디어 제공물들을 어떻게 이용하고 대하는지 그 태도를 조사하였다. 보다 구체적으로 살펴보면, 현장조사에서는 어린이들이 미디어를 다루는 방식과 도움을 주는 가족 맥락은 부모들과의 인터뷰를 통해 자료를 수집하였다. 이와 함께 때때로 가족의 생활환경에 참여하여 관련된 어린이와 오후 놀이를 함께 하면서 가정환경을 체험하고자 하였다. 이러한 어린이와의 놀이에는 2명의 관찰자가 참여하였다. 물론 연구자가 놀이 행위에 참여하고 관찰하는 것은 미디어 이용태도를 분석하는 데 일견 의미가 없어 보인다. 하지만, 어린이들은 놀이

행위 속에서 직접적인 대화로 표현할 수 있고(Neumann & Charlton, 1985), 공동의 놀이 행위는 참여관찰에 중요한 시점을 제공한다는 점에서 의미를 지닌다. 공동의 놀이 행위를 위해 어린이의 장난감을 사용하거나 연구자가 가지고 온 인형이나 블록 쌓기, 혹은 목재동물 등을 활용할 수 있다(Neumann & Charlton, 1989). 요컨대, 해석적 구조분석의 방법을 사용한 미디어 비오그라피 연구는 현장조사와 인터뷰, 그리고 참여관찰 등과 같은 다각도의 자료수집을 통해 이루어지며, 수집된 자료들은 개인의 고유한 미디어 이용태도와 가족관계 등을 통합적으로 해석하고 분석하는 방법이다. 이러한 연구의 의의는 생애사의 실증적 자료들, 즉 가족 상황들을 지각하고 이해할 수 있는 생생한 자료들에 근거한다는 점에서 출발한다. 특히 가족관계에서 이용되는 어린이의 그림책, 오디오, TV 등의 이용태도와 의사소통의 상황을 분석할 수 있다는 점에서도 의미가 있다(Neumann & Charlton, 1989). 이 과정에서 참여관찰자들은 어린이의 행위와 부모들의 대화, 가족의 분위기, 관찰자의 느낌 등을 질적 연구에서 양식화된 참여관찰 기록지에 매순간 메모하도록 한다.

(2) 질적 내용분석 방법

한편, 질적 심층인터뷰를 통해 구술자료를 수집한 후 질적 연구 차원의 내용분석 방법을 사용한 사례를 들 수 있다. 크리스티안 학클(Christiane Hackl)(2001)은 "TV 시청에 대한 생애사 연구(Fernsehen im Lebenslauf)"를 위해 미디어 비오그라피 연구를 수행하였다. 자료수집의 방법으로서 심층인터뷰를 진행하여 구술자료를 수집하였고, 그 후 질적 내용분석 방법을 사용해 생애단계의 특정한 TV 시청습관을 분석하였다. 주요한 질문의 요점은, 연구참여자들이 생애사 동안 어떠한 요인들이 TV 시청습관에 영향을 미쳤는지를 해석하는 데 있다. 이러한 학클의 연구는 1980년대 초반에 논의되기 시작한 미디어 비오그라피와 커뮤니케이션학의 관계를 조명하고, 미디어 비오그라피 방법에 대한 성찰의 기회를 제공한다(Wysterski, 2001).

학클의 연구목적은 생애 속의 미디어 역할을 분석하는 데 있다. 이를 위한 방법을 살펴보면(Hackl, 2001; Wysterski, 2001), 연구참여자 선정은 총 96명으로 뮌헨과 라이프치히 출신의 사람들로 구성하였다. 인터뷰 질문의 주요 범주는 우선, 생애사의 모든 단계를 포함시켰고, 구체적으로는 유년기, 청소년기, 성인기를 비롯해 직업과 퇴직시점 등으로 구분하였다. 또한 내용상으로는 사회적 환경, 여가 선용, 그리고 미디어 이용 등으로 구분하여 질문하였다. 인구통계학적 기준을 적용한 분류방법은 연령, 성별, 거주지 등으로 분류하여 정리하였다. 인터뷰 결과에 근거한 내용분석 방법은 일차적으로 거주지, TV세대(Fernsehgeneration) 여부, 그리고 성별을 기준으로 생애사 동안의 TV 시청상황에 대해 자료를 수집하고, 그 다음으로 각각의 요인들을 통합적으로 연관시켜 분석하였다. 분석결과, 출신지역의 요인들은 생애사적 TV 시청에 큰 영향을 미치지 못한 것으로 나타났는데, 그 이유는 유년기에는 TV 시청보다 여가와 일상생활의 행동들이 더 중요하게 작용하였기 때문이다. 반면, TV 시청 세대 여부에 대한 분석은 흥미로운 결과를 나타냈다. TV세대의 경우, TV가 일상의 매체로서 기능했다면, 그와 다른 비(非)TV세대의 경우 TV 시청태도는 규칙이자 특별한 일로 간주되었다. 예컨대, 오후 8시 15분 뉴스를 보거나 원하는 특정 시리즈물만을 TV 시청하는 라이프스타일이 여기에 포함된다(Hackl, 2001). 또한 여성과 남성의 경우 청소년기의 생애사 단계에서 차이가 나타났는데, 여성 청소년의 경우 여가시간을 중시했다면 남성 청소년은 주로 TV 시청이나 TV매거진 등을 이용한 것으로 분석되었다. 종합적으로 정리하면, 이러한 분석결과는 TV 시청이 어떠한 이유로 많고 적은 비중을 차지하게 되었는지를 알 수 있게 한다. 결론적으로, 과다 TV 시청 그룹의 경우 생애사의 초기 단계, 즉 유년기부터 TV 시청을 조기 이용하였고 선호하는 프로그램이나 스타들에 집중적인 관심을 보이는 집단으로 분석된다. 반면, 상대적으로 과소 TV 시청 그룹은 자연환경이나 시간집약적인 취미활동에 밀착된 생활을 하는 것으로 비교 분석된다. 특히 전자의 경우에 비해 후자의 그룹은 TV 시청보다 다른 사람들과 어울려 공동의 활동을 하는 것을 더 중요한 것으로 여기고 있다는 사실이 도출되었다.

이상의 분석방법은 TV 시청뿐 아니라 다양한 미디어 이용태도에 응용하여 미디어 이용자의 생애사 분석을 수행하기에 방법론적 시사점을 제공한다. 다만, 후속 연구에서 보완할 점은 TV세대의 범주에 대한 명확한 기준을 설정하는 방안이다. TV 시청이 다양한 디지털 미디어, 즉 스마트폰 등의 모바일 미디어나 태블릿 PC 등을 통해 이루어진다고 할 때 TV세대를 현대적으로 어떻게 재정의할 것인지, 그리고 비TV세대는 어떠한 기준으로 차별성을 두고 분류할 것인지 연구참여자 집단의 구성방법과 분류기준에 대한 보다 명확한 방법론의 구상이 요구된다.

(3) 자서전적 미디어 비오그라피 분석

미디어 비오그라피 연구방법으로서 자서전적 기술과 이야기 구성방식을 들 수 있다. 디터 바아케(Dieter Baacke)가 언급하듯이, 자서전적 비오그라피는 "재구성된 것(Rekonstruktionen)이자 허구(Fiktionen)"이다(Baacke, 1993, p. 30). 왜냐하면, 그것은 개인의 정체성과 삶의 지속성과 반복성 등을 기억으로부터 재구성하지만, "무의식에 따라 가공된 회상(Luecken mit unbewußten Fiktionen)"(Baacke, 1993, p. 30)을 저장하는 방법이기 때문이다. 그러나 16세 이후 1993년 저술 시점까지 일기를 작성하였던(Baacke, 1993) 바아케에게 자서전은 회상을 통해 가공된 것이라 할지라도, 그 비오그라피의 조각조각들에도 진실이 스며 있다는 것은 변하지 않는 사실이다. 이러한 자서전적 미디어 비오그라피 기술방법은 바아케를 비롯해 저명한 미디어교육학자들에 의해 시도되었다. 1993년도에 미디어교육학자인 티어와 라우퍼(Thier & Lauffer, 1993)가 공동 편집인으로 출간한 저서 〈통일독일에서의 미디어 비오그라피〉는 통일 이후의 동·서독의 사회문화적 차이와 변화, 그리고 생애사적 미디어 이용행위들과 추이 등을 파악할 수 있도록 미디어 비오그라피의 자서전적 기술과 해석들을 보여주고 있다. 물론 이러한 접근 방법의 기저에는 개인의 미디어 이용과 행위가 사회적 맥락과 불가분의 관계라는 인식이 관통하고 있다는 점은 주목할 만하다.

이러한 맥락에서 여러 지역에서 활동하고 있는 다수의 미디어교육학자와 전문가들에 의해 시도된 자서전적 미디어 비오그라피의 기술방법들은 참조할 가치가 있다(Thier & Lauffer, 1993). 예컨대, 바아케의 "미디어 비오그라피의 스포트라이트(Medienbiographische Spotlights)", 디터 비더만(Dieter Wiedermann)의 동독의 문화적 환경에서 기술한 미디어 비오그라피, 한스-외르크 슈틸러(Hans-Jörg Stiehler)의 유년기와 부모의 직업으로부터 시작해 모든 방과 사람들에 각인된 인상들을 묘사하는 '미디어 비오그라피의 시도', 유년기에 절찬리에 방영되었던 TV 방송 "삐삐 롱스타킹(Pippi Langstrumpf)"을 통해 회상되는 유년의 기억들을 기술한 엘케 슈톨첸부르크(Elke Stolzenburg) 등의 미디어 비오그라피가 두드러진 참조 사례들이다. 흥미로운 것은 이들 사례들의 구체적인 사건이나 이야기의 소재들은 다양하지만, 기술방법의 유사점이 발견된다는 점이다. 즉, 첫 도입부의 서술은 대부분 '나(Ich)'의 가족관계에 대한 회상이 주를 이룬다. 이를테면, 다음과 같이 "엄마, 아빠, 나"(Baacke, 1993, p. 30)로 시작한다.

> 라디오의 밤보다 적은 라디오의 날들: 엄마, 아빠, 하넬로어, 나. 엄마는 소파에 몸을 뻗거나 머리를 기대고, 하넬로어는 저급 화보를 읽는다. 아버지의 반대에도 불구하고. 18세 때 그녀는 허락을 받았다. 아버지는 헝겊이 덮인 스피커와 커다란 삼색의 눈금이 있는 최상품의 커다란 라디오 앞에 바짝 붙어서 나와 함께 웅크리고 앉아 계신다. 일요일 밤이었고, 북서부방송(NWDR)에서 "화려한 밤(Bunte Abend)"이 방송되고 있다. 그 유행가는 지루하고, 우리는 하인츠 에어하르트(Heinz Erhard)의 "꼭 같은 것이 또 하나 있구나[(Noch'n Gedicht(noch ein Gedicht: 속어)]"를 기다린다. 나는 그의 목소리를 들은 다음 바닥에 누워 웃는다. 유감스럽게도 그의 등장은 비교적 짧거나 그런 것처럼 보인다. 언제나 그 남자는 뒤집어질 정도로 웃겼는데, 아버지도 같은 생각이었다. (Baacke, 1993, p. 30)

바아케의 기술방법처럼 다른 미디어 비오그라피도 나와 가족관계를 연관시켜 미디어 비오그라피의 기본 관점인 '개인의 행위'와 '사회적 맥락'의 연계성을 고려하고 있음을 알 수 있다. 바아케 외에도, 나의 유년기 미디어 이용과 "가족파티"(Wiedermann, 1993, p. 46)의 연결을 통한 회상, 나의 유년기 꿈에 이어진 저널리스트와 문화감독자였던 부모의 직업 회상(Stiehler, 1993) 등이 주요하게 기술되는 경향은 대부분의 미디어 비오그라피 기술방법에서 두드러지게 나타나는 특징으로 분석된다. 물론 유년기 이후의 미디어 이용행위와 선호 프로그램 등을 이야기로 기술하는 방법(Stolzenburg, 1993)도 자아의 생애체험을 일관되게 기술하려는 의도에 따라 응용 가능한 방식이다.

4

방법론의 적용 사례와 커뮤니케이션과 미디어교육 분야의 시사점

1) 문제설정의 시사점

그러면, 미디어 비오그라피 연구는 커뮤니케이션과 미디어교육 분야에 어떠한 시사점을 제공하는가? 이러한 문제를 해결하기 위해서는 앞에서 살펴본 내용들을 환기하고, 이론과 방법론의 적용 가능성과 시사점을 도출하는 일이 필요하다. 이를 위해 여기서는 미디어 비오그라피 연구의 문제설정을 중심으로 정리하고자 한다. 즉 집단 무의식과 원형, 정동과 정동의 미디어 장치에 관한 것이다.

(1) 집단 무의식과 원형

앞에서 살펴보았던 융의 분석심리학은 미디어 비오그라피 연구에 시사하는 바가 크다. 특히 집단 무의식과 원형에 대한 사유는 미디어가 재현하는 기념식과 역사적 항쟁과 사건들이 어떠한 방송화면과 이미지들을 통해 반복적으로 나타나는지를 분석하기 위한 분석심리학적 단초들을 제공한다. 특히 여기서 상세하게 다루지 못했던 원형의 유형들인 페르소나(persona), 아니마(anima), 아니무스(animus), 그리고 자기(self) 등은 집단 무의식을 보다 체계적으로 분석하기 위한 주요 개념들이다(Jung, 1928/2004). 페르소나는 연극배우가 쓰고 어떤 역할을 나타내는 가면(Maske)으로서, "다른 사람이나 자기 자신이 개별적이라고 믿게 만드는, 마치 개성적인 것처럼 보이게 만드는 가면"(Jung, 1928/2004, 56쪽)이다. 그 역할은 집단정신을 대변하는 연기와 발언들을 자신의 발것처럼 보이게 만드는 데 있다. 하지만, 이러한 페르소나는 위선이 아니라 "자기 상황에 충실하려는 심리기제"(Clift, 1983, p. 40: 박철안, 2014, 34쪽 재인용) 혹은 정동 관리의 방법으로 간주할 수 있다. 그 다음으로, 아니마가 남성의 무의식 속에 있는 여성성 혹은 여성원리를 가리킨다면, 아니무스는 거꾸로 여성의 무의식 속에 있는 남성성 혹은 남성 원리를 의미한다(Jung, 1928/2004; 강미화, 2011). 이것은 가족관계를 통해 형성된 모성 콤플렉스나 아버지의 제왕적 이미지들을 분석할 수 있도록 한다. 마지막으로, 자기는 정신의 근원적 가능성이자 구심점으로서 인격의 분열을 막고 전체성과 통일성을 지향할 수 있도록 하는 원형의 한 유형이다(강미화, 2011). 특히 자기원형은 의식의 층위에 있는 '자아(ego)'와 달리 의식과 무의식을 모두 통합하는 전체로서의 정신이면서 갈등의 조절자로서 역할을 한다. 여기서 중요한 것은 집단무의식이 "개별적으로 발전하는 게 아니라 상속된다"는 점에 있다(Jung, 1984/2002, 157쪽). 즉 집단적 무의식은 원형의 틀에 의해 구성되며, 상징적인 이미지들의 재현을 통해서만 의식될 수 있다.

이러한 문제설정을 고려할 때, 분석심리학적 미디어 비오그라피는 이용자의 생애사적 과정에서 경험한 집단 무의식과 원형의 사례들을 분석할 수 있는 사유의 자원들을 제공한다. 이 경우, 어떠한 페르소나를 통해 생애사적 만남들과 역할들을 수행했는지, 그리고 정동의 관리는 어떠한 방식으로 이루어졌는지 살펴볼 수 있다. 또한 생애 단계에서 경험한 드라마의 여성성과 남성성들이 실제 가족관계나 사회적 맥락 속에서 어떠한 책임성을 생애사적으로 반복하도록 했는지 등의 문제들에 접근할 수 있게 한다. 특히 미디어 비오그라피 방법이 학계의 주목을 받은 이유는, 우선 생애사에 대한 교육학적 관심에 기초하여 지배계급이나 한 영웅의 전통적인 전기나 연대기가 아니라 일반대중의 일상생활과 미디어 이용에 관심을 기울이기 때문이다(Alheit & Dausien, 1990; 강이화 · Alheit, 2015). 이러한 시각이 중요한 이유는 푸코도 지적했듯이, 일반대중인 개인은 오랫동안 서술의 대상 밖에 머물러 있었고, 한 개인의 연대기나 그 생애의 이야기, 혹은 개인의 생애 흐름에 따라 기록된 이야기 등은 중요하지 않은 것으로 인식되어 왔기 때문이다(Foucault, 1975/1994). 따라서 융의 분석심리학적 문제설정은 미디어 비오그라피 연구를 통해 다양한 미디어 이용자 집단의 무의식과 생애사적 정동의 계기들을 분석할 수 있다는 점에서 의미가 있다.

(2) 정동과 정동의 미디어 장치

정동과 정동의 미디어 장치에 대한 사유는 미디어 비오그라피 연구를 통해 이용자의 생애사적 정서의 변이와 정동능력의 발현 사례들을 살펴보는 데 유의미하다. 그것은 두 가지 이유에서 기인하는데, 그 하나는 미디어 비오그라피 방법이 생애 초기 단계의 미디어 체험 및 관계를 다양한 정동의 장치들, 즉 그림이나 맵 스토리텔링 등을 통해 재현해 봄으로써 이후에 형성된 미디어 관계와 태도들을 상호연관적으로 분석할 수 있다는 점에 있다(강진숙, 2015). 이러한 시도들은 어떠한 생애의 시점에서 어떠한 미디어와 조우하며 폭력과 공포, 사랑과 질투, 환희와 절망 등의 정서를 체험했고 현재는 어떻게 변이했으며 그 계기는 무엇인지 등을 탐구함으로써 정동의 체험과 개인의 정서 변화를 파악할 수 있게 한다(강진숙, 2014). 생애사적 접근은 기본적으로 개인의 삶과 사회구조 간의 상호구성적 관계에 관심을 두며, 나아가 생애사적 변화에 대처하기 위한 대응능력까지 염두에 두기 때문이다(강이화 · Alheit, 2015). 따라서 정동의 사유와 장치의 문제설정을 통해 접근할 때, 미디어 비오그라피 연구는 생애사적인 과거의 체험과 현재의 상황들을 상호 관계시켜 새로운 미디어 비오그라피의 구성과 정동능력을 발현할 수 있는 방안들을 구상할 수 있도록 한다는 점에서 시사적이다.

2) 이론적 시사점

미디어 비오그라피 연구는 다양한 정의들과 필요성, 그리고 이론적 논쟁 등을 통해 1980년대 이후 본격적인 이론적 논의가 이루어졌다.

(1) 다양한 정의와 학제적 접근

우선, 정의의 측면에서 미디어 비오그라피는 경험된 삶의 보고이자 이야기, 경험의 시간구조이면서 현재 행위의 시간 지평, 세대별 미디어 이용의 유전적 차이를 규명하는 방법, 그리고 미디어 이용의 사회화 과정을 분석하는 접근 방법 등 다양한 관점에서 정의를 내리고 있다. 이처럼 미디어 비오그라피의 기본 정의가 하나로 고정되지 않은 것은 제2장에서 살펴본 생애사 연구의 맥락과 유사하다. 미디어교육학적 접근이 주류를 이루고 있지만, 생애사 연구의 한 범주로서 간주되는 이 미디어 비오그라피 역시 생애사처럼 다양한 학문적 접근을 통해 이론적 논의와 방법론에 대한 견해들이 제시되어 왔기 때문이다. 이러한 측면에서 미디어 비오그라피는 학제 간의 융합적 시도를 꾀할 수 있는 열린 질적 연구의 장으로서 평가할 수 있다.

(2) 연구의 필요성에 대한 다양한 시각

두 번째로, 미디어 비오그라피의 이론적 시사점은 연구의 필요성을 통해 파악된다. 앞에서 제시했듯이, 미디어 비오그라피는 미디어와 이용자 간의 상호작용적 관점에서 미디어와 개인, 그리고 사회적 상호작용 현상들을 분석하는 데 유의미하다. 또한 이용자의 정체성과 아비투스의 형성과정을 추적하기 위한 목적으로 이 방법이 적용되어 왔다. 특히 부르디외의 장 개념을 상호연관적으로 결합할 때, 문화자본과 권력의 관계성을 바탕으로 집단기억에 접근할 수 있다는 점에서 후속 연구의 사회학적 분석을 열어놓는다. 이러한 접근은 정서체험과 정동능력의 관점에서 미디어교육적 지향점과 실천방안들을 도출하는 데 도움을 줄 수 있다.

(3) 다양한 구성범주와 적용 시도

마지막으로, 미디어 비오그라피의 시사점은 다양한 구성범주에 대한 상이한 접근과 시도들을 통해 발견된다. 즉 시청자 및 이용자의 생애주기와 미디어 이용행위에 나타난 생애사의 사회적 조직 방식을 규명할 수 있다. 또한 발달심리학적 틀, 환경경험, 가족의 영향력, 미디어 이용경험을 중심으로 미디어 일상과 비오그라피 중심의 분석을 수행하기에 적합하다. 그 밖에도 미디어 선호도, 이용태도, 의미 분석 등이나 시간성과 사회화 과정 등을 분석하는 데 이론적 틀을 제공한다는 점에서 의미가 있다.

3) 방법론적 시사점

미디어 비오그라피 연구의 방법론적 시사점은 앞에서 해석적 구조분석의 방법, 질적 내용분석 방법, 자서전적 분석방법 등을 통해 살펴보았다. 우선, 해석적 구조분석의 방법은 심층인터뷰를 통한 개인의 미디어 이용행위의 특수성 분석과 함께 가족의 생활환경을 참여관찰 방법 등이 병행적으로 사용되었다. 특히 어린이 미디어 비오그라피의 경우, 놀이와 역할게임 등을 공동의 연구자이자 관찰자들이 프로토콜을 통해 기록한 자료들을 분석함으로써 보다 생생한 사회적 맥락들을 분석할 수 있게 한다. 질적 내용분석의 경우 출생지와 거주지, 성별, 여가선용 등의 다양한 기준들을 교차 적용하여 TV 시청에 대한 생애사 연구를 실시했다는 점에서 응용 가능한 방법으로서 긍정적인 가치를 지닌다. 또한 자서전적 분석방법은 주로 독일의 미디어교육 연구자나 학자들이 스스로 자신의 미디어 생애사를 유년기를 비롯해 생애사의 주요 국면에 대해 이야기를 재구성하고 서로 다른 목소리를 들려줬다는 점에서 의미가 있다.

이와 같은 맥락에서 미디어 비오그라피의 방법은 다양한 접근 방법을 통해 변주가 가능하다. 이러한 방법은 다양한 질적 연구의 전통 속에서 차용할 수 있는 데, 대표적으로 긴밀한 대화를 위한 라포 형성, 미디어 이용 시점을 기준으로 재구성한 약식 자서전, 세대별 특이성을 기록한 문서, 생애담 분석 등 다양하다(강진숙, 2014). 특히 세대적 특수성에 따른 정동의 장치와 정서 변이 과정이 어떻게 나타나는지, 정동의 장치가 생애사 초기와 후기 단계에 어떻게 생애사적 간극을 형성했고, 그 발생 맥락이 무엇인지, 그리고 정동의 장치를 통한 개인의 삶의 이력을 어떻게 구성하고 기록할 것인가 하는 기억실천의 방법도 보다 구체적인 연구의 주제들이다.

제4장

04 담론 분석 (discourse analysis)

개관

담론 분석은 담론을 형성하는 언어적 체계뿐 아니라 담론의 외부인 현실세계를 상호연관적으로 분석할 때, 본래의 실천적 의의를 발견할 수 있다. 하지만, 담론이론의 발전 과정에서 담론과 실재대상의 관계를 어떻게 설정하는지를 화두로 많은 논쟁이 진행되어 왔다. 논쟁의 접점은, 한편으로 담론의 내부에 초점을 둔 언어 중심적 접근을 강조하는 입장을 통해 나타났다면, 또 다른 한편으로는 담론뿐 아니라 담론을 형성하는 사회적 · 역사적 · 정치적 조건들과 맥락들을 중시하는 유물론적 담론 분석 혹은 비판적 담론 분석 등을 통해 표출되었다. 과연 어떠한 입장으로 담론 분석에 다가가야 하는지는 질적 연구를 대하는 연구자의 성찰적 태도에 달려 있다. 여기서는 우선, 담론 바깥의 사유를 강조하는 알튀세의 이데올로기론과 페쇠의 담론이론을 구체적으로 논의한 후, 이를 바탕으로 방법론의 유형과 특징으로서 비판적 담론 분석, 뉴스담론의 이론과 그 적용 사례들을 살펴보고자 한다.

토론 주제

1. 알튀세는 왜 모순의 중층결정과 이데올로기를 서로 연결시켜 사유하는가?
2. 페쇠는 알튀세의 이데올로기론을 어떻게 비판적으로 발전시키고 있는가?
3. 페쇠의 담론이론에서 의미화 방식은 어떻게 이루어지는가?
4. 페쇠의 담론이론에서 주체화 방식은 어떻게 이루어지는가?
5. 비판적 담론 분석의 이론적 체계화를 위해 어떠한 과제들을 수행해야 하는가?

주요 용어

루이 알튀세 • 미셸 페쇠 • 비판적 담론 분석 • 페어클러프(페어클로) • 판 데이크(반 다이크) • 담론과 실재대상

1

문제설정:
담론 바깥의 사유

담론 분석을 위해 중요한 문제설정은 담론의 안과 밖을 사유하는 관점에서 출발한다. 즉 담론 내부의 언어적 토대와 규칙성에만 초점을 두는지 아니면 담론 외부의 물질적 조건들을 상호연관성 속에서 사유하는지 하는 관점의 차이가 그것이다. 이처럼 담론 분석을 위해 담론과 담론 바깥의 영역을 어떠한 관계 속에서 분석하고 있는지의 문제는 단지 주요한 분석 대상의 선택을 위한 것이 아니다. 담론 분석에서 중요한 것은 담론의 의미생산과 주체화 방식, 그리고 이데올로기 효과를 규정하는 의미작용과 주체가 형성되는 원인과 과정을 파악하는 데 있기 때문이다. 이를 통해서 담론연구의 목적과 지향점은 어떠한 입장의 차이들이 서로 다른 담론의 의미와 주체화 방식들을 만들어냈는지를 분석하는 데 있다.

여기서는 담론의 바깥을 어떻게 사유해야 하는지 파악하기 위해서 루이 알튀세(Louis Althusser)의 이데올로기론과 미셸 푸코(Michel Foucault)의 지식권력론에 근거한 담론과 장치의 문제설정을 탐색하고자 한다. 알튀세의 이데올로기론은 담론 바깥의 이데올로기를 생산/재생산하는 구체적인 미디어나 학교 같은 '이데올로기적 국가기구들'의 작동방식과 다양한 이데올로기들이 서로 대립하고 입장을 관철시키는 다양한 방식들을 알 수 있게 해준다. 한편, 푸코의 지식권력론에 근거한 담론과 장치의 문제설정은 신체에 대한 감시 장치가 어떻게 점차 학문적 담론을 통한 지식권력의 문제로 변화하는지를 알 수 있게 한다. 이 두 사상가의 사유는 담론을 단지 언어적 측면이 아니라 바깥의 사유, 즉 담론의 유물론적 문제설정을 가능하게 해준다는 점에서 의미가 있다.

1) 모순의 중층결정과 이데올로기: 알튀세

주지했듯이, 알튀세의 이데올로기론은 프랑스의 알튀세 학파 언어학자인 미셸 페쇠(Michel Pêcheux)가 담론의 이데올로기적 효과를 분석하는 데 중요한 사상적 자원을 제공한다. 페쇠가 분석하는 담론은 어느 하나의 지배 이데올로기를 직접적으로 반영하기보다 여러 계급과 계층들의 이해와 요구, 그리고 정치적 입장들이 서로 불협화음을 이루는 의미 대립의 장이기 때문이다. 따라서 담론의 우선적인 문제설정은 알튀세의 이데올로기론이 제시하듯이 힘의 관계이며 이데올로기 투쟁의 장이라는 유물론적 관점에 근거한다. 이처럼 페쇠의 담론연구에 유물론적 사상의 기초를 제공한 알튀세의 문제설정을 이해하기 위하여 여기서는 알튀세의 사상, 모순의 중층결정과 이데올로기론, 이데올로기 일반의 세 가지 명제, 그리고 주체화 방식으로서 '호명' 테제를 살펴보고자 한다.[1)]

(1) 알튀세의 사회구조 관점: '구조화된 복합적 전체'

알튀세의 사상은 사회구조를 어떻게 볼 것인가 하는 문제를 중심으로 구조주의에 대한 회의와 비판적 성찰에서 출발한다. 이것은 크게 두 가지 측면에서 이루어진다. 한편으로, 이데올로기를 하나의 독자적인 실천층위로 개념화하는 점에 있다면, 또 다른 한편으로는 이데올로기를 어느 하나의 지배적 입장이 일방적으

---

1) 이 장의 논의는 주로 다음 문헌을 참조했다.
강진숙 (1993). <"담론(Discourse)"분석을 통한 뉴스의 이데올로기적 작용에 관한 연구: M. Pêcheux의 담론이론을 중심으로>. 중앙대학교 대학원 석사학위 논문; 강진숙 (2006). "교육위기" 담론의 의미와 주체구성 방식 연구: 한겨레신문과 조선일보 기사를 중심으로. <한국언론정보학보>, 33호, 7-52.

로 관철되는 것이 아니라 중층결정되는 원리를 분석하고 있다는 점에서 발견된다. 이러한 두 가지 문제설정은 담론을 정태적인 분석에서 벗어나 사회적 맥락 속에서 역동적으로 분석할 수 있는 이론틀을 제공한다는 점에 의미가 있다. 여기서는 두 가지 측면 중에서도 전자의 문제설정, 즉 이데올로기를 경제적 토대의 부수현상이 아닌 독자적 실천층위로서 그 운동성을 중시했던 알튀세의 문제의식에 접근하고자 한다.

우선 알튀세는 어떻게 기존 사회이론의 주류적 관점과 달리 이데올로기의 독자적 운동성을 발견하게 되었는가? 이러한 물음은 알튀세가 어떻게 기존의 마르크스주의와 달리 이데올로기를 하나의 독자적인 실천층위로 개념화하여 담론연구에 중요한 영향력을 미쳤는지를 파악하는 과정으로 나아간다(강진숙, 1993). 그 단초는 독일의 사상가이자 혁명가인 칼 마르크스(Karl Marx)가 그의 주저인 〈독일 이데올로기〉에서 이데올로기를 '허위의식'으로 규정한 데서 발견된다. 마르크스에 따르면, "어느 시대에나 지배계급의 사상이 지배적인 사상"(Marx, 1969/1989, 91쪽)이다. 여기서 지배계급은 한 시대의 경제적 생산력을 소유, 관리하고 있을 뿐 아니라 자신의 이익을 대변하는 지식과 사상을 지배하고 통제할 수 있는 위치에 있다. 그 이유는 특수한 이익을 지향하는 지배계급의 사상이 일반이익, 곧 이데올로기로 간주되기 때문이다. 이것이 바로 마르크스가 언급한 허위의식, 즉 '지배계급의 힘과는 별개의 것처럼 보이는 가상'이다(Marx, 1969/1989).

이처럼 이데올로기를 허위의식으로 보는 마르크스의 관점은 다양한 이데올로기 연구에 영향을 주었다. 마르크스의 관점에 대한 재해석의 경향은 두 가지 입장을 통해 변화과정을 겪게 되었다. 즉 한편으로 생산력 중심의 사회변화 논리인 "경제주의"적 관점(Althusser, *FM*, 1965/1990, 244쪽)의 해석이 있다면, 또 다른 한편으로는 생산력과 생산관계의 통일에 초점을 둔 알튀세의 이데올로기론적 입장이 존재한다. 경제주의적 관점에 따른 이데올로기 해석은 주로 러시아의 스탈린주의와 다수파를 지칭하는 볼셰비키의 입장에서 나타났다. 이 입장에 따르면, 생산력은 모든 역사발전의 기원, 본질, 목적으로 간주된다(Althusser, 1976). 이 때문에 이데올로기는 어떤 독자적인 것이 아니라 생산력 발전에 부차적이고 표피적인 현상에 불과한 것으로 과소평가되었다. 모든 역사발전의 동력은 생산력에서 발생한다고 인식하기 때문이다. 또 다른 경제주의의 경향인 토대환원론은 마르크스의 저술과 사상들에 대한 헤겔주의적 해석에서 나타난다. 토대환원론이란 경제적 토대를 상부구조를 결정하는 본질적 원인으로 규정하고, 상부구조의 제 요소들을 토대의 부수현상으로 간주하는 입장을 의미한다(정태석, 1991). 이러한 경제주의의 두 가지 입장은 이데올로기를 생산력 발전에 부차적인 표피적 현상이나 경제적 토대의 부수 현상으로 본다는 점에서 서로 상통하는 관점을 지닌다.

반면, 알튀세의 이데올로기 개념은 앞의 입장과 달리 독자적 실천층위를 지닌 영역으로 해석된다. 알튀세는 그의 주저인 〈마르크스를 위하여〉(*FM*, 1965/1990)에서 '연구를 위한 노트'라는 부제와 함께 "모순과 중층결정"의 논문을 제시하고 있다. 이 저술을 통해 알튀세는 헤겔이 〈정신현상학〉(1807/2011)에서 주창한 관념론적 변증법을 비판하며 새롭게 이데올로기를 재개념화한다. 이러한 알튀세의 시도는 이데올로기를 허위의식으로 해석한 경제주의적 관점에 대한 비판과 인식론적 단절을 꾀하는 작업에서 나타난다(Althusser, *FM*, 1965/1990). 마르크스가 시도했던 헤겔 변증법의 유물론적 전도 방법은 토대환원론적 해석을 통해 왜곡되고 그 의미성을 상실하기 때문이다. 그러면, 이러한 토대환원론은 어떠한 입장에서 비롯되었는가? 그것은 1859년에 마르크스가 집필한 〈정치경제학 비판을 위하여〉(1859/2007) "서문"의 내용 중에서도 특히 '생산력이 역사발전의 궁극적 동력'이라는 언명을 과도하게 해석한 데서 비롯된다. 즉 생산력의 발전이 모든 사회현상과 역사발전을 규정하는 본질적 원인이라고 주장하는 것이다. 이 경우 사회발전의 동력으로 작용하는 생산력과 생산관계, 그리고 토대와 상부구조 사이의 모순이나 관계성을 파악하기 어려워진다. 이것은 극단적으로 토대의 변화가 자동적으로 상부구조의 변화를 유인할 것이라는 '자동붕괴론'이 표출된 이유이기도 하다. 하지만, 1890년 "블로흐에게 보내는 엥겔스의 편지"(Engels, 1890: Althusser, *FM*, 1965/1990, 128-129쪽 재인용)에서 노년의 엥겔스가 밝히고 있듯이, "생산은 결정 요인이지만 '최종 심급'에서만 그렇다. 마르크스도 나도 그 이상을 주장한적이 없다." 이에 대해 알뛰세는 "경제적 요인이 유일한 결정 인자라고 '그 구절을 왜곡하는' 사람은 그 누구든 '그 구절을 공허하고 추상적이며 부조리한 것으로 변형시키게 될 것"이라며 경제주의적 입장에 대한 비판과 단절의 견해를 제시하고 있다(Althusser, *FM*, 1965/1990, 128-129쪽).

또 다른 한편, 알뛰세는 이데올로기를 사회구조 내의 경제와 정치 영역처럼 독자적 실천층위로서 분리, 규정하고 경제적 토대와의 관계성을 분석하고 있다. 이것은 주로 그의 주요한 논문인 "이데올로기와 이데올로기적 국가기구"(Althusser, *LP*, 1970/1991)에서 다루어지고 있는데, 그 초점은 경제적 토대의 재생산이 대부분 상부구조, 특히 이데올로기 층위에 의해 보증된다는 점을 이론적으로 규명하는 데 있다(Althusser, *LP*, 1970/1991). 이러한 알뛰세의 사유는 고전 마르크스주의 이론의 변화 과정에 중요한 계기를 제공한다. 스튜어트 홀(Stuart Hall)(1982)이 강조하듯이, 현대사회의 이데올로기 논의는 고전 마르크스주의적 이론의 지형보다 더 광범위하고 체계적인 성격을 띠고 있기 때문이다. 이처럼 알뛰세의 이데올로기론은 현대사회의 복합적 구조변화에 관심을 갖고 '재생산'의 관점에서 재정립된다(Althusser, *LP*, 1970/1991). 이러한 재생산 관점의 도입은 두 가지 측면에서 의미를 지닌다. 하나가 본질주의적 마르크스주의에서 기계적으로 적용하는 토대와 상부구조의 이원적 분석범주를 생산과 재생산이라는 역동적 관계로 변화시키고 있다는 점에서 발견된다(Althusser, *FM*, 1965/1990). 또 다른 하나는 재생산 과정을 분석함으로써 토대와 상부구조의 수직적 인과 관계에서 벗어나 상부구조의 상대적 자율성과 실천성을 포착할 수 있다는 점이다(Althusser, *LP*, 1970/1991). 여기서 재생산이란, 경제적 요소뿐 아니라 정치적 · 이데올로기적 요소들을 포함하는 실천 방식을 가리킨다. 알뛰세가 "유물론적 변증법에 대하여"에서 밝히고 있듯이, 실천이란 '일정한 생산 수단을 사용해 일정한 인간 노동에 의해 실행된 변형'을 의미하며, "결정적 실천"은 경제적 실천뿐 아니라 정치적, 이데올로기적(이론적) 실천을 통해서도 나타난다(Althusser, *FM*, 1965/1990, 192-193쪽).

요컨대, 이 세 가지 실천의 층위들은 한 사회구조의 재생산의 원리들을 분석할 수 있는 중요한 범주이다. 이를 통해 알뛰세는 사회를 토대와 상부구조의 이원적 분석이 아니라 “이미 주어진 하나의 구조화된 복합적 전체(structured complex whole)”로서 규정하고 상부구조의 자율적 속성들을 분석한다(Althusser, *FM*, 1965/1990, 223-229쪽). 국가, 정당, 이데올로기, 학교, 종교 등과 같은 상부구조는 경제적 토대의 부수적인 표피적 현상이 아니라 독자적인 실천을 행하는 상대적 자율성을 지닌 영역이기 때문이다.

(2) 모순의 중층결정과 이데올로기

그러면, 이 세 가지 실천층위, 즉 경제적 · 정치적 · 이데올로기적 실천층위는 어떠한 메커니즘을 통해 작동하는가? 그것은 독자적 실천층위라고 하지만, 어느 하나의 단일한 모순이나 완전히 분리된 채 서로 배타적으로 작동하지 않는다. 알튀세가 주장하듯이, 사회적인 모순과 문제점은 “사회의 총체적 구조와 그 존재조건들, 특히 그 모순이 지배하고 있는 각 층위들로부터 분리될 수 없기”(Althusser, *FM*, 1965/1990, 116쪽) 때문이다. 즉 사회의 여러 복합적 요인들과 실천층위들을 규정하거나 규정되고 있는 모순들의 양상들을 다층적으로 분석해야 한다. 이처럼 모순의 원리가 복합적이고 구조화된 전체를 통해 작용하는 결정의 상황을 알튀세는 “중층결정(overdetermination)”(Althusser, *FM*, 1965/1990, 116쪽)이라고 부른다. 즉 “복잡하게 구조적으로 불균등하게 결정되는 것”(Althusser, *FM*, 1965/1990, 240쪽)의 다른 표현이 ‘중층결정’인 것이다.

알튀세가 설명하고 있듯이, 이것은 프로이트의 정신분석학에서 차용한 개념이다. 프로이트는 ‘중층적 결정’을 수많은 꿈의 사유들이 단일한 이미지로 응축(condensation)되거나 특히 강력한 사유로부터 정신적 에너지가 외관상 사소한 이미지로 전이(displacement, 대체)되는 과정에서 꿈의 사유들이 특권적 지위를 얻는 이미지로 표상되는 것을 분석하기 위해 사용하였다(Althusser & Balibar, *RC*, 1968/1991). 이와 관련하여 알튀세는 이 개념을 차용하면서 다음과 같이 그 의미성에 대해 지적한다. 즉, “언어학과 정신분석학에서 빌려온” 이 개념은 “변증법적이며 객관적인 ‘함축적 의미(connotation)’를 지니며 특히 정신분석학에서 자의적인 차용이 되지 않을 만큼 여기서 지칭하는 내용과 형식적으로 유사성이 있다"는 것이다(Althusser, *FM*, 1965/1990, 237쪽). 따라서 '중층결정'은 다양한 사회적 모순의 자율성과 복합적 구조를 분석할 수 있다는 점에서 의미가 있다. 왜냐하면, 이 중층적 결정은 모순을 '사회'의 각 층위에 걸쳐 다양하게 존재하면서 동시에 그 자체의 고유한 본질적 효과를 가지고 있는 것으로 분석할 수 있기 때문이다(강진숙, 1993). 즉 이 개념은 사회적 과정 속에서 하나의 일반적 모순이 개별 모순을 지배하는 것이 아니라 개개의 모순들이 각기 다른 시간성을 가지고 "불균등하게" 발전한다는 사실을 밝혀줄 수 있다는 것이다(Althusser, *FM*, 1965/1990, 246쪽).

이러한 맥락에서 알튀세의 세 가지 실천층위들은 서로 독자적인 활동을 하면서 동시에 서로 영향을 미친다는 점에서 '절합(articulation)' 관계를 형성한다. 왜냐하면, 각 실천층위들은 상대적 자율성을 지니고 있으면서도 최종적인 결정이 경제 심급에 의해 이루어진다는 것을 부정할 수 없기 때문이다. 하지만, 알튀세가 전제하듯이, 경제가 결정적 요인이라는 것은 '최종심급에서(in the last instance)' 적용될 뿐이며 "처음부터 끝까지 '최종심급이라는 고독한 시간'은 결코 오지 않는다"(Althusser, *FM*, 1965/1990, 130쪽). 따라서 최종심급에서 경제가 결정하는 상황은 일방적인 것이 아니라 "경제, 정치, 이론 등의 사이에서 주요 역할이 치환하는"(Althusser, *FM*, 1965/1990, 244쪽) 가운데 수행된다. 이러한 맥락에서 알튀세가 제기하는 것이 각 층위들 사이의 작동방식을 파악하기 위한 "구조적 인과성(structural causality)"에 대한 사유이다(Althusser & Balibar, *RC*, 1968/1991, 236-238, 288쪽). 이러한 구조적 인과성은 스피노자의 사상에서 차용한 것으로, 부분과 전체의 관계를 상호 유기적으로 통찰할 수 있는 개념이다. 즉 구조 전체의 성질이 부분의 바깥에 있거나 그것을 초월해 존재하지 않고 각각의 부분들에 내재해 있다는 것이다(Althusser & Balibar, *RC*, 1968/1991, 236-237쪽). 이러한 내재성의 철학에 근거한 스피노자의 사유는 들뢰즈와 과타리(Deleuze & Guattari)의 〈스피노자와 표현의 문제〉(1968/2002)나 〈차이와 반복〉(1968/2004) 등을 중심으로 유물론적 사상의 토대를 이루는 차이의 생성과 '내재성의 평면' 이론에도 영향을 미친다. 이러한 구조적 인과성이 각각의 부분들과 현상들 속에서 구조 전체의 모순들을 파악할 수 있게 한다는 점에서 의미가 있다. 반면, 또 다른 두 가지 인과성 모형은 이와 비교된다(Althusser & Balibar, *RC*, 1968/1991, 236-237쪽; 진태원, 2015). 즉 한편으로 데카르트의 '기계적 인과성(causalité mécanique)'은 "이행적 인과성"(Althusser & Balibar, *RC*, 1968/1991, 288쪽)이라고 부르는데, 이것은 한 요소가 다른 요소에 미치는 영향만을 분석하면서 요소, 즉 부분과 전체의 관계를 설명하지 못하는 한계가 있다. 또 다른 한편으로 라이프니츠와 헤겔이 제시한 '표현적 인과성(causalité expressive)'은 목적론적 인과성으로도 불리는데, 이것은 부분을 전체의 표현으로 간주하면서 개별 요소들의 특수성을 일반적 보편성으로 뒤바꾸는 문제를 낳는다. 즉 각각의 부분들 속에서 전체의 표현을 발견하지만 그 부분들은 전체의 합을 위한 요소들로서 자율성을 갖지 못한다는 점에서 제한적이다. 따라서 스피노자의 사상을 계승하는 알튀세의 구조적 인과성 개념은 전체가 부분에 미치는 영향을 파악할 수 있도록 한다는 점에서 앞의 두 가지 인과성들과 차이점을 지닌다.

여기서 주목할 것은, 알튀세가 개념과 현실을 이론대상과 실재대상의 차이로 구분하여 그 관계를 규명한 작업은 이후 페쇠의 유물론적 담론이론을 형성하는 데 지대한 영향을 미쳤다는 점이다. 왜냐하면, 이 개념이 담론구성체와 이데올로기 구성체 사이의 구조적 인과성, 즉 구조적 효과가 어떻게 작용하는지를 규명할 수 있게 해주기 때문이다.

2) 이데올로기 일반의 특성과 주체화 방식

(1) 이데올로기 일반의 세 가지 명제

앞에서 살펴본 알튀세의 구조의 논리로서 모순의 중층결정과 구조적 인과성의 사유는 이데올로기론을 체계화하는 데 기여한다. 이를 통해 알튀세가 도달하는 길은 이데올로기 일반의 세 가지 명제를 정립하고 현실 분석의 틀을 제공하는 데로 나아간다. 즉 지금까지 알튀세는 재생산의 관점에서 사회구조의 세 가지 실천 층위들, 즉 경제적 · 정치적 · 이데올로기적 실천층위들이 서로 뼈마디처럼 분리되어 있으면서도 결합되어 있는 '절합 관계'로서 상호작용한다는 것을 주장하였다. 이를 통해 이데올로기의 추상적 범주로 접근한다. 여기서는 알튀세가 제시하고 있는 이데올로기 일반의 세 가지 명제의 유형과 특성에 주목해서 살펴보고자 한다.

우선, 이데올로기 일반의 세 가지 명제는 이데올로기의 '무역사성'을 전제로 한다. 이러한 문제설정은 이론적 추상의 범주를 설정하기 위한 것으로서 구체적인 이데올로기 분석을 위해 이루어진다. 역사적 시대 맥락에 따라 다른 형태로 작동하는 구체적인 이데올로기를 분석하기 위해서는 먼저 전 역사적 차원에서 공통적으로 작용하는 일반적 속성을 이론적으로 범주화하는 작업을 수행해야 하기 때문이다. 이러한 알튀세의 의도는 자신의 주 논문인 "마르크스주의와 휴머니즘"(1965)과 "이데올로기와 이데올로기적 국가기구"(1970)[2]에서 구체적으로 발견된다. 알튀세는 무의식의 영원성에 대한 프로이트의 관점에 기대어 이데올로기의 일반적 특성을 추출하고 있다. 즉 이데올로기는 '전 역사적(omni-historical)'이고 '영원(eternal)'하다는 것이다(Althusser, *LP*, 1970/1991). 여기서 이데올로기의 무역사성이란, 이데올로기가 사회구성체의 상부구조를 구성하는 하나의 실천층위로서 어떤 사회에서나 이데올로기는 필연적으로 존재한다는 이데올로기의 항존성(恒存性)을 의미한다. 이러한 이데올로기의 무역사성은 특정한 방식을 통해 작동한다. 이와 관련하여 알튀세는 이데올로기 일반을 다음의 세 가지 명제로 집약한다(Althusser, *LP*, 1970/1991, 166-174쪽 참조).

명제 1. 이데올로기는 실재 존재조건에 대한 상상적 관계의 표상이다.
명제 2. 이데올로기는 물질적 존재성을 가진다.
명제 3. 이데올로기는 개인을 주체로 구성한다.

---

2) 이 논문은 크게 두 부분으로 나뉘어져 있다. 전반부가 자본주의 사회의 이데올로기와 이데올로기 국가장치를 중심으로 논하고 있다면, 후반부는 이데올로기 일반을 다루는 철학적인 논의들로 구성되어 있다. 이데올로기 일반에 대한 명제는 이 논문의 후반부에 제시된 논의를 중심으로 한다.

위의 명제들 중에서도 첫 번째 명제는 복잡한 논리로서 세심한 주의를 요한다. 여기서 '실제 존재조건'이란 개인들의 현실적 존재를 결정해주고 있는 사회적 생산관계를 의미한다. 즉 이데올로기란 개인들이 실제의 사회적 "생산관계와 맺고 있는 관계"(Althusser, *LP*, 1970/1991, 166쪽)를 표현한 것이다. 그런데, 중요한 것은 이 관계가 생산관계와의 '실제 관계'가 아니라 '상상적 관계'라는 점에서 나타난다. 여기서 '상상적(imaginary)'이란 개인이 구조, 즉 현실적 사회관계를 인식하고 체험할 수 없다는 것을 의미한다. 이러한 맥락에서 이데올로기의 상상성은 현실에 대한 '환상'적 효과뿐만 아니라 현실을 발견할 수 있도록 해주는 '암시'의 효과도 가지고 있다고 간주된다(김수정, 1991). 곧 개인은 "이데올로기를 통해서 의식이라고 불리는 특정한 종류의 무의식을 획득함으로써"(Althusser, *FM*, 1965/1990, 266쪽) 그들의 사회관계를 실천한다는 것이다. 맥도넬(Macdonell, 1986/1992)이 지적하듯이 이데올로기는 자기들이 살아가고 있는 실제 상황에 대해 가공적으로 설정한 의미체계로 해석된다. 이 때문에 이데올로기는 '내가 이데올로기이다'라고 말하지 않는다. 왜냐하면 이데올로기란 누군가를 속이기 위한 허위의식이 아니라 바로 자신이 이데올로기임을 의식하지 못하는 무의식에서 비롯되는 까닭이다(Althusser, *LP*, 1970/1991).[3] 요컨대, 이데올로기는 관념의 체계가 아니라 개인들이 실제 생산관계와 맺고 있으나 그들이 그 현실적 사회관계를 인식하지 못한 채 무의식적으로 지배 질서 속에 편입되는 상상적 관계의 표현이라는 것이다. 따라서 이데올로기는 경제적 토대의 부수현상이나 허위의식과 같이 부정적 의미가 아니라 현실에 대한 개인들의 상상적 관계를 표현하는 것이다.

두 번째 명제는 이데올로기의 물질성에 관한 문제설정이다. 즉 이데올로기는 항상 구체적이고 물질적으로 작동하는 기구들과 그 실천들을 통해 나타난다는 것

---

3) 이 무의식 개념을 통한 이데올로기 일반에 대한 규정은 프로이트와 라캉의 영향을 나타낸다. 과거 프랑크푸르트 학파가 프로이트를 도입한 것이 비판전통과 정신분석의 첫 번째 만남이었다면 알튀세의 경우, 프로이트와 라캉으로 연결되는 정신분석적 접근은 두 번째 만남을 형성한다. 알튀세가 '이데올로기 일반'을 무의식으로 파악하는 것은 프로이트와 라캉의 무의식 이론을 흡수한 결과이며, 이데올로기 층위에 대한 그의 분석도 라캉의 상징질서론에 근거한다(도정일, 1992, 133-134쪽).

이다. 여기서 알튀세가 '물질성'을 주요한 명제로 제기한 이유는 두 가지 측면에서 발견된다. 즉 한편으로, 이데올로기가 개인들로부터 특정한 행동을 이끌어 내기 때문이고, 또 다른 한편으로는 그것이 현실의 물질적 토대를 근거로 하여 영향력을 발휘하는 데서 기인한다. 이를 근거로 알튀세는 이데올로기의 재생산을 담당하는 "이데올로기적 국가기구(Ideological State Apparatuses, 이하 ISA)"를 설정한다(Althusser, *LP*, 1970/1991, 148-154쪽). 알튀세가 ISA 개념을 도입하게 된 것은 그람시의 사유를 수용함과 동시에 미완의 이론들을 보완하는 과정에서 이루어진다. 그람시는 국가를 (억압적) 국가기구로 축소시킬 수 없다는 점, 그리고 국가에는 교회, 학교, 노동조합 등 '시민사회'에서 창출된 단체들이 포함된다는 관점을 제시했다. 하지만, 그람시는 이 시민사회의 기구들에 대한 체계화 작업을 진행하지 못한 채 "날카롭지만 미완의 상태로"(Althusser, *LP*, 1970/1991, 149쪽) 남겨두었다는 점에서 알튀세의 ISA 이론은 그람시의 사유에 대한 대안적 위상을 차지한다. 그러면, ISA는 어떻게 정의되며 그 유형과 특징은 무엇인가?

우선, ISA의 정의를 이해하기 위해서는 알튀세가 제시한 억압적 국가기구와 ISA의 차이점을 고려해야 한다. 즉 억압적 국가기구가 '하나의' 단일하고 '통일된' '공적 영역'의 형태라면, ISA는 '복수적'이고 '분산적'으로 구성되는 '사적 영역'의 기구로서 정의할 수 있다(Althusser, *LP*, 1970/1991, 149-151쪽). 이 때문에 억압적 국가기구가 '폭력으로써' 기능하는 반면, ISA는 '이데올로기로써' 그 기능을 수행한다. 여기서 ISA가 사적 영역이라고 하는 이유는 특정한 공적 기구가 아닌 일상생활의 영역과 시민사회의 기구들을 포함하기 때문이다. 여기서 공적인 것과 사적인 것의 구별은 형식적인 법의 구분일 뿐이며 중요한 것은 어떻게 기능하는가 하는 문제에 있다. 이것은 두 번째로 살펴볼 ISA의 유형을 통해 이해 가능하다. ISA의 유형으로서 알튀세는 종교(교회 체계), 교육(학교 체계), 가족, 법(억압기구에도 속함), 정치(정당), 노동조합, 커뮤니케이션(신문, 라디오, TV 등), 그리고 문화 ISA(문화, 예술, 스포츠 등) 등을 예시한다(Althusser, *LP*, 1970/1991). 이러한 ISA 유형들이 기능하는 바를 보면, 그것은 한편으로 지배 이데올로기를 생산해낼 뿐 아니라 다양한 계급 및 계층의 사회 구성원들에게 이를 끊임없이 전파하는 기능을 한다는 점이다. 이 때문에 이데올로기는 분산된 형태로 보이지만 그 기능상 우연한 집합이나 관념의 활동이 아닌 하나의 구조이면서 체계성에 기초해 작동한다. 알튀세가 강조하듯이, "실천적 활동으로서의 이데올로기는 관념의 활동이 아니라 구체적 사회기구인 ISA를 통해서"(Althusser, *LP*, 1970/1991, 170쪽) 기능하는 것이다. 그런데, 여기서 주목할 것은 정교하고 세련된 국가기구의 기능은 어느 하나에 편중되기보다 "억압적 국가기구와 ISA 사이의 상호작용"(Althusser, *LP*, 1970/1991, 152쪽)에 의해 이루어진다는 점이다. 예컨대, 군대와 경찰은 폭력뿐 아니라 그 기구의 재생산을 위해 이데올로기를 활용한다. 또한 학교나 교회 역시 훈육의 방편으로 추방, 징벌, 선별 등의 법 제도들을 적용한다는 점에서 양자의 상호작용적 관계가 발견된다. 이 때문에 ISA를 통해 생산되는 이데올로기의 내용은 한 시대를 주도하는 헤게모니의 실천영역이면서 동시에 지배 권력의 이론적, 이데올로기적 전선을 전개하고 체제 유지를 위한 물질적 방어 기제로 작용한다(Poulantzas, 1965). 요컨대, 알튀세의 두 번째 명제인 이데올로기의 물질적 존재성은 '복수적'이고 '분산적'으로 구성되는 ISA의 구체적이고 체계적인 실천행위를 통해 증명된다. 특히 ISA와 억압적 국가기구는 서로 상호작용적 관계를 유지하며 조직의 재생산과 이데올로기 효과를 창출한다는 점에 주목할 때, ISA는 단순히 일상생활의 영역이 아니라 헤게모니와 이데올로기 투쟁의 전선임을 알 수 있다.

마지막으로, 개인을 주체로 구성한다는 세 번째 명제는 '호명' 테제를 가리킨다. 알튀세는 이데올로기를 경제적 토대의 반영이 아닌 독자적 실천층위로서 생산/재생산의 역할을 하는 것으로 파악했다. 이 점에서 호명은 개인을 "사회적 주체"로 재구성하는 이데올로기의 주체화 방식을 보여준다(Althusser, *LP*, 1970/1991, 154, 175쪽). 이러한 주체화 방식은 ISA와 개인의 관계가 어떻게 형성되는지 살펴봄으로써 이해할 수 있다. 예컨대, 정치기구는 개인을 국민투표나 '경제위기'를 해결하기 위한 '우리 국민'으로 호명하거나 신문, 라디오, TV 등의 커뮤니케이션 ISA는 민족주의, 반종북주의, 국수주의, 자유주의, 도덕주의 등을 준수해야 할 '애국자'나 '일등시민' 등으로 주체화된다. 또한 교육 ISA는 공장과 산업계의 밖에서 교육을 담당함으로써 노동자로서의 생산관계를 재생산할 뿐 아니라 산업현장에 적합한 표준적

인성들을 호명하고 훈육한다. 따라서 이데올로기 일반의 세 번째 명제는 개인을 주체로 호명하며 생산관계를 재생산하고 지배 권력과 사회적 통념에 부합하는 인성과 정동을 만들어내는 것임을 알 수 있다.

그러면, 이데올로기는 어떻게 구체적으로 주체를 구성하는가? 이제까지 살펴본 것이 이데올로기 일반, 즉 추상적 범주에 해당한다면 이제 보다 구체적인 이데올로기의 작동방식을 살펴보고자 한다. 그 이유는 "어떤 계급도 ISA들에 대한 헤게모니를 행사하지 않고서는 국가권력을 장악하기 어렵기 때문"(Althusser, *LP*, 1970/1991, 152쪽)이다. 따라서 이데올로기가 어떻게 상상적 관계를 형성하며 물질적 기구를 통해 개인을 주체로 구성하는지 탐색할 이유가 명백해진다.

(2) 이데올로기의 주체화 방식: '호명(interpellation)' 테제

이데올로기에 의한 주체의 '호명(interpellation 또는 hailing)' 테제는 개인이 어떻게 사회구조 속에서 가공의 주체와 자신을 동일시하거나 반동일시하는지를 파악할 수 있게 한다. 반휴머니즘적 관점에서 출발한 이 호명 테제는 주로 알튀세의 "이데올로기와 이데올로기적 국가기구"에서 설명된다. 여기서는 주체에 대한 알튀세의 관점, 호명 테제의 정의, 그리고 작동방식 등을 살펴보고자 한다.

우선, 알튀세의 주체에 대한 관점은 반휴머니즘에 근거한다. 기본적으로 알튀세는 '역사를 만들고 변화를 추동하는 것은 인간의 의지'라는 주의주의나 역사주의 등을 주장하는 휴머니즘에 비판을 제기한다. 인간은 구조로부터 자유로운 존재가 아니라 이미 태어날 때부터 구조 속에 편입되어 있다는 것이 그의 관점이다. 왜냐하면, 개인은 자신을 규정하는 외부에 대해 무지하여 스스로 '자유'를 누리는 주체라는 인식, 즉 '자기 자명성(self-evidence)'을 갖기 때문이다. 이 경우 주체는 이중적 의미에서 구성되는데(Macdonell, 1986/1992), 그것은 한편으로 생산관계 속에서 사회적 위치를 점하고 있는 주체의 구성, 또 다른 한편으로 이데올로기에 의한 가상의 정체성에 종속되고 얽매이는 주체로 구성되는 것을 의미한다. 따라서 주체의 이중적 구성이란 실제적인 생산관계를 맺지만 주체가 체험하는 것은 그러한 실재관계가 아니라 이데올로기적 작용에 의해 형성된 가상의 관계라는 점이다.

이러한 가상의 관계에 주목한 것이 두 번째로 살펴볼 주체의 '호명' 테제이다. 여기서 제시된 알튀세의 주장은 "이데올로기가 모두 개인들을 주체로 호명한다"(Althusser, *LP*, 1970/1991, 178쪽)는 점이다. 예컨대, 경찰이 지나가는 행인에게 "이봐, 자네!"라고 호명할 때, 대부분의 사람들은 자기를 부른다고 생각하고 몸을 돌려 쳐다본다. 그는 그 호명이 '실제로' 자기를 향한 것이며, '호명을 당한 사람은 (다름 아닌) 바로 자기임'을 무의식적으로 인지했기 때문이다. 이로써 개인은 호명에 의해 상상에 기반한 가상의 관계 속에서 '부름 당한 주체'로 구성된다. 이러한 호명 사례는 개인이 어떻게 생산적 관계 외에 상상적 관계 속에서 지배 이데올로기에 스스로 복종하고 동일시하는지를 파악하기 위한 분석틀이다.

마지막으로, 호명 테제의 작동방식은 경찰의 사례를 보완한 알튀세의 설명에서 파악된다. 경찰의 사례는 호명과 반응 과정의 전후관계나 '목소리'의 특수성이라는 한계가 작용한다. 이데올로기의 '무역사성'과 '무의식성'은 시간의 연속성이나 경찰의 목소리를 의식하는 과정에 부합하지 않기 때문이다. 이에 따라 알튀세는 경찰의 호명 사례를 보완하기 위해 특수 이데올로기인 종교 이데올로기의 "거울구조(mirror structure)"를 끌어온다(Cousins, 1985, p. 103). 라캉의 거울상 개념에서 차용한 이 '거울구조'는 이데올로기가 어떻게 호명을 통해 주체를 구성하는지를 분석하는 데 유용하다. 이 구조는 주체의 동일시와 의식의 각인이 이루어지는 동일시의 구조에 기반하기 때문이다. 종교 ISA의 경우에 나타나는 이중적 거울구조는 한편으로, 대주체(the Subject, '신')와 개인들의 관계에서 나타난다면, 다른 한편으로는 주체(the subject)들(신도들)과 대주체(신)의 관계에서 구성된다(Althusser, *LP*, 1970/1991). "이중적 거울구조"라는 이데올로기적 무대장치(misé en scéne)는 다음의 네 가지 과정 – 호명의 4중 기제 – 을 통해 나타난다(Althusser, *LP*, 1970/1991, 185쪽; Cousins, 1985, p. 103).

1. 개인들을 주체(신도)로 호명한다.
2. 주체들은 대주체(신)에게 복종한다.
3. (완전한 오인 속에서) 주체들과 대주체들 간의 상호 인정, 주체들 간의 인식, 주체의 그 자신에 대한 인식이 나타나고
4. 모든 일이 실제로 그러하며, 만약 주체들이 자신들이 누군가를 인식하고 그에 따라 행동하면 모든 일이 잘 되리라는 절대적인 보증.
   아멘 – '그대로 이루어질지어다.'

표 4-1. 종교 이데올로기의 주체 호명

구 분	호명 방식	호명 사례
1	개인들을 주체(신도)로 호명	'모세야!'
2	주체들은 대주체(신)에게 복종	'예, 진정 저입니다'
3	(완전한 오인 속에서) 주체–대주체 간의 상호 인정, 주체들 간의 인식, 주체 자신에 대한 인식	• 신의 호명에 따라 신도들이 자리를 차지한 것으로 오인 • 모세(주체)는 신이 호명한 자리에 있고, 신도들과 함께 부름에 따라 다양한 주체(노동자나 사장, 또는 군인 등)로서 대주체에게 종속된 주체임을 각인
4	모든 일이 실제로 그렇고, 주체들 자신들이 누군가를 인식하고 그대로 행동하면 모든 일이 잘 되리라는 절대 보증. 아멘 – '그대로 이루어질지어다.'	신도들(주체들)은 그들의 존경/경멸에 따라, 신을 믿고 부름에 응답하면 운명이 달라질 수 있다(영생을 받거나 저주를 받거나)는 절대 보증을 받게 됨 예 모세가 백성에게 신의 율법을 지키도록 한 것

이러한 종교 이데올로기에 나타난 호명과정을 도식화하면 위의 〈표 4-1〉과 같다. 이러한 알튀세의 호명 테제는 페쇠가 담론의 이중적 주체를 설정하는 데 영향력을 미친다. 페쇠가 구성한 두 가지 주체는, '말하는 주체'와 '대주체'로 구분된다(Pêcheux, *LSI*, 1982). 여기서 '말하는 주체'는 언술과 명제 등으로 표현된 담론 구성체 내에서 등장하는 주체로서, 자신이 스스로 자유를 향유하는 주체라고 믿는 주체(the subject)를 가리킨다. 이와 함께 제시된 '대주체(the Subject)'는 담론

내에 직접 표현되지는 않으나 담론의 의미작용에 영향을 미치는 힘 또는 권력으로서 국가, 신, 민족 등을 가리키며, 이것은 담론구성체를 관장하는 중요한 기능을 수행한다.

여기서 흥미로운 것은 경관의 '목소리' 호명과 달리 주체가 대주체에게 복종하는 기제, 즉 신도들이 신에게 복종하는 방식이 겉으로 드러나지 않고 가려져 있다는 점이다. 왜냐하면 종교적 이데올로기에 의해 나타난 일련의 '오인(misrecognition) 과정'이 호명된 주체를 자유로운 믿음이라는 '자명성'을 갖게 하기 때문이다. 앞에서 보았듯이, 신도와 신 사이의 상호인정, 신도들 간의 인식, 신도의 그 자신에 대한 인식 등이 그것이다. 알튀세에 따르면, 너와 내가 호명을 받은 주체들이라는 자명성은 일종의 "이데올로기 효과"(Althusser, *LP*, 1970/1991, 176쪽)이다. 즉 호명은 주체를 구성하는 기제일 뿐 아니라 주체들 스스로 자신의 입장을 '자연스러운 것'으로서 오인하고 자명성을 확인하는 이데올로기적 효과를 발생시키는 것이다.

이상과 같은 알튀세의 이데올로기론은 뒤에서 논의할 페쇠의 담론이론에서 발전적으로 적용된다. 여기서 발전적이라고 한 이유는 한편으로, 알튀세의 이데올로기론이 노정하고 있는 대안적 실천방안의 부재에 기인한다. 즉 알튀세는 이데올로기에 의한 호명 테제가 어떻게 호명－동일시－의식의 정체성을 형성하는 실천기제로서 작동하는지를 밝혀내는 문제틀을 창안했지만, 더 나아가 주체의 실천적 대항방식에 대해서는 진전된 의견을 보이지 않았기 때문이다. 즉 동일시와 반동일시의 이데올로기 효과를 고려하지만, 보다 역동적인 주체의 실천적 측면은 고려되지 않았다. 그 이유는 알튀세가 주체의 구조적 종속성에 착안해 ISA의 작동방식을 조명했기 때문으로 파악된다. 또 다른 한편, 알튀세의 이데올로기론은 호명 테제를 통한 주체구성 방식에는 접근하나 보다 구체적으로 ISA가 담론구성체와 어떠한 상호연관성을 지니는지, 나아가 이데올로기적 입장의 차이가 어떻게 담론의 의미화 방식을 통해 대별되는지 등에 대해서는 명확한 분석이 이루어지지 않았다. 이러한 점에서 알튀세의 이데올로기론을 담론영역에 비판적으로 적용한 페쇠의 담론이론을 조명하는 것은 의미가 있다.

2

담론 분석의 이론적 논의[4)]

1) 페쇠의 유물론적 담론이론의 토대

페쇠의 담론이론은 주로 그의 주요 저서인 〈언어, 의미론, 이데올로기〉(1975)를 통해 구체적인 접근이 이루어진다. 이러한 시도는 담론의 유물론적 기초를 확립하는 방향으로 진행되었는데, 구체적으로는 알튀세의 이데올로기론, 프로이트와 라캉의 정신분석학, 그리고 언어학의 의미론적 분석방법을 통합적으로 재구성하여 이론적 체계가 확립되었다. 페쇠가 이러한 통합적 접근을 행한 이유는 크게 다음의 두 가지 측면에서 정리된다.

한편으로, 담론의 물질성, 즉 바깥의 사유를 견지하는 관점에 기인한다. 즉 페쇠는 담론을 언어 내부의 문제로 보는 것이 아니라 담론과 주체를 구성하는 특정한 "역사적 조건과 이데올로기적 효과"에 초점을 맞춤으로써 권력이 행사되는 과정과 메커니즘을 규명하고자 했기 때문이다(Thompson, 1984, p. 234). 특히 페쇠는 담론 분석을 통해 이데올로기의 실천층위들을 구체적으로 파악하고자 했고, 궁극적으로는 재생산과 변혁의 관점에서 담론 내외부의 변화를 위한 실천방안들을 도출하고자 하였다. 또 다른 한편, 이러한 접근은 의미론적(semantic) 분석을

---

4) 페쇠의 담론에 대한 논의는 다음 문헌을 참조하여 재구성하였다.
강진숙 (1993). 〈"담론(Discourse)" 분석을 통한 뉴스의 이데올로기적 작용에 관한 연구: M. Pêcheux의 담론이론을 중심으로〉. 중앙대학교 대학원 석사학위 논문; 강진숙 (2006). "교육위기" 담론의 의미와 주체구성 방식 연구: 한겨레신문과 조선일보 기사를 중심으로. 〈한국언론정보학보〉, 33호, 7-52.

통해 보다 체계적으로 이루어진다. 의미론은 진술, 명제, 단어들이 '외부적 실재' 즉 그들의 지시대상과 어떤 방식으로 관계를 맺는지를 분석하는 방법이다. 이는 소쉬르 등 구조주의 기호학자들이 '의미작용(signification)'으로 불렀던 것과 유사하지만 이들과 차별화된다. 구조주의적 기호학이 기표와 기의의 지시적 기능을 언어학적 측면에서 접근했다면(박명진, 1989), 페쇠의 의미론적 분석은 담론의 실재대상, 즉 담론의 현실맥락인 사회적 · 역사적 · 이데올로기적 조건들과의 관계 속에서 의미구성과 주체구성의 문제를 고려했기 때문이다.

이처럼 페쇠의 유물론적 담론이론의 토대는 담론의 언어학적 측면과 실재대상과의 관계를 의미론적인 연관성 속에서 분석한다는 점에서 의의가 있다. 이러한 점을 고려하여 여기서는 우선, 담론과 실재대상의 관계, 담론의 적대성, 담론의 의미구성, 의미작용의 메커니즘, 그리고 호명과 담론의 주체형태에 대해 논의하고자 한다.

(1) 담론과 실재대상의 관계

담론과 실재대상의 관계는 페쇠가 어떻게 알튀세의 이데올로기론을 담론이론으로 발전시켰는지를 알 수 있게 하는 연구범주이다. 이것은 알튀세의 지식대상과 실재대상에 대한 논의에 근거한다. 알튀세가 구별한 바에 따르면, 지식대상이 실재대상에 대한 사유이자 개념, 이론적 차원이라면, 실재대상은 현실(the real)에 해당된다. 따라서 지식대상은 실재대상의 인식론적 전유를 생산하는 메커니즘이다(Althusser & Balibar, *RC*, 1968/1991, 75-87쪽 참조). 이러한 알튀세의 논의가 담론연구의 담론과 실재대상의 관계로 이어진 것이다.

기본적으로 담론의 어원은 라틴어 'discurrere', 즉 특정한 하나의 방향 없이 여러 방향으로 질주하는 것을 의미하는 데서 비롯되었다. 이것은 곧 담론이 대상과의 동일성을 문제 삼는 것이 아니라 담론 안에서 빠져 나가려고 하는, 그러면서도 숨어 있는 것을 포착하기 위해 사용하는 개념이다(이득재, 1992). 이처럼 담론은 단지 추상적 언어가 아니라 실재대상과의 관계 속에서 다양한 입장들이 대립하고 불협화음을 이루는 실천영역이다.

그런데, 담론과 실재대상의 관계는 생각보다 복잡한 이론적 관점이 교차하면서 쟁점화되어 왔다. 그중 하나가 담론의 내부에 초점을 두고 분석과 실천방안을 도출하는 입장이라면, 다른 하나는 담론과 실재대상의 관계에 초점을 맞추는 입장이다. 여기서 전자가 소쉬르의 구조주의 언어학[5]에 기반을 둔 언어모델[6]의 입장이라면, 후자의 경우에는 알뛰세의 이데올로기론과 그 문제설정을 발전적으로 적용시킨 페쇠의 담론이론이 해당된다. 이 두 입장의 차이점은 크게 다음 두 가지 측면에서 발견된다. 우선, 담론을 파악하는 인식론적 토대를 들 수 있다. 언어모델은 '텍스트의 바깥은 아무것도 없다'는 데리다의 표현에서 나타나듯이 기표에 절대적 우위성을 두고 있는 반면, 페쇠의 경우 외부세계와 연관성을 갖지 않는 언어적 구성물은 의미가 없다고 간주한다. 이러한 이견은 인식론적 차이에서 기인하는데, 언어모델이 사회이론을 개진하면서 견지했던 인식의 측면을 검토하면서 페쇠의 입장과 어떻게 차별화되는지 탐색하고자 한다. 우선, 언어모델의 사회이론적 입장은 힌디스와 허스트(Hindess & Hirst, 1975)에서 시작해서 라클라우와 무페(Laclau & Mouffe)로 이어지고 있다. 우선 힌디스와 허스트는 언어모델의 기본입장인 담론과 담론 외부인 실재대상 간의 관계를 부정하는 작업을 '인식론 비판'을 통해 수행한다(Macdonell, 1986/1992). 그들에 따르면, 인식론이란 담론 영역과 실재대상의 차별성과 상호관계의 맥락에서 풀어보려는 모든 이론으로서, 담

---

5) 소쉬르가 주창한 구조주의 언어학은 기호를 언어 내적 현상으로 제한시켜 파악하는 것으로서 언어기호를 이루는 기표와 기의의 지시적 기능에 초점을 둔다. 예컨대, '강'의 기호에서 기표가 '강'을 말할 때 나는 청각영상이라면, 기의는 언어의 문법적 규칙을 통해 만들어진 이미지(강=시원함)이다. 소쉬르는 이 기표-기의의 관계에 의해서만 강의 의미가 생성된다고 주장한다. 즉 강이라는 기호는 언어 내부에서만 의미를 가질 뿐 기호 외부의 영향에 따른 의미의 생성 및 변형, 그리고 의미 재구성의 문제들은 고려되지 않는다.

6) '언어모델'이라는 개념은 광의적 측면, 20세기 후반 프랑스에서 대두하여 세계적으로 그 영향을 미친 구조주의적, 탈구조주의적 방법론과 관련되어 있다(강내희, 1992). 한편, 협의적 측면에서 언어모델은 포스트맑스주의 사회이론 중에서도 특히 담론실천을 언어 내부의 작용으로 간주하는 입장을 가리킨다. 이 입장은 맑스주의를 '단순 환원론'으로 비판하면서 이것을 극복하기 위한 길을 언어이론에서 도입하려 한 점에서 '언어모델'로 불린다.

론영역과 담론의 대상영역을 구분하고 다시 양자의 관계를 정의하는 것은 잘못되었다. 왜냐하면, 개념들은 어떤 역사의 요소가 아니다. 그것들은 역사과학의 개념이나 사유대상으로서의 역사를 구성하는 수단으로 작용하지 않기 때문이다(Hindess & Hirst, 1975). 즉 개념과 실재대상 간에는 어떤 조응관계도 없다는 시각이다. 이를테면, '전자본주의 생산양식'에 대한 설명에서도 그들은 그 개념의 실재대상인 전자본주의의 구체적인 역사단계를 고려하지 않고, 이론과 실재대상 사이에 어떤 필연적인 관계도 없다는 논리를 제시한다. 이를 통해 도달한 결론은 결국 담론과 실재대상 사이에는 어떤 조응의 관계도 성립하지 않는다는 것이다.

하지만, 담론과 실재대상의 관계를 고려하는 것은 유물론적 입장의 제1테제이다. 알튀세가 설명한 지식대상이 '인간의 머릿속'에서만 생산되는 것이라면, 실재대상은 두뇌 밖에 있는 현실세계를 가리킨다. 유물론적 입장에서 실재대상은 지식대상에 대해 독립할 수 있어도 지식대상은 실재대상으로부터 독립할 수 없다는 점에서도 실재대상의 중요성이 확인된다(강내희, 1992). 이와 유사한 관점에서 맥도넬(Macdonell, 1986/1992)은 인식론 비판에서 나아가 담론과 실재대상 간의 관계를 조응의 문제 속에서 조망해야 함을 강조한다. 양자의 조응관계에 입각할 때, 언어, 인식, 지식이 현실 맥락과 사회적 과정 속에서 어떻게 의미를 획득하거나 상실하게 되는지 분석할 수 있기 때문이다. 따라서 힌디스와 허스트는 인식론을 비판하려다 인식론의 문제틀에서 헤어 나오지 못하는 우를 범하고 있다. 오히려 중요한 것은 담론이 어떠한 역사적 조건과 제도적 실천 속에서 형성되고, 주체의 호명을 통해 어떻게 부르주아 지식에 동일시하게 만드는지, 그 메커니즘을 분석하는 데 있다.

이러한 맥락에서 알튀세와 페쇠는 언어모델의 입장과 차별화된다. 기존의 부르주아 인식론에서 배제하고 있는 모순과 이데올로기 투쟁, 그리고 지식과 담론의 물질적 토대와 주체화 방식 등의 사유들을 이론으로 구체화하고 있기 때문이다. 여기서 관건은 지식이나 담론이 어떻게 인식되는가의 논리적 차원이 아니라 지식과 담론의 역사적 조건이나 이데올로기 효과를 포착하는 데 있고, 궁극적으로 권력의 지배방식을 꿰뚫어 보는 데 있다.

두 번째로, 언어모델의 시각은 라클라우와 무페의 담론적 실천에 대한 견해에서도 발견된다. 라클라우와 무페는 〈사회변혁과 헤게모니〉(1985/1990)에서 날카로운 담론을 통한 정치적 실천의 방안들을 모색하고 있다. 그럼에도 불구하고, 그들이 견지하는 담론적 실천의 의미는 언어모델의 협의에서 벗어나기 어렵다.

> 우리의 분석은 담론적 실천과 비담론적 실천 간의 구분을 기각하면서, 다음의 두 가지 점을 긍정한다. 1) 어떠한 담론 대상도 모든 담론의 출현조건 바깥에서 주어지지 않는 한 모든 대상은 담론 대상으로서 구성된다는 점과, 2) 우리가 통상 사회적 실천을 언어적 측면과 행위적 측면으로 구분하는 것은 잘못되었거나 그 구분은 담론적 총체성 내의 분화로 파악해야 한다는 점이다. (Laclau & Mouffe, 1990, 133-134쪽)

위의 언급에서 알 수 있듯이, 라클라우와 무페가 인식하는 담론적 실천은 곧 사회적 실천으로 등치된다. 즉 담론적 실천은 사회적 실천들과 행위들의 위상과 동일하며, 독립된 담론 외부의 영향은 고려되지 않는다. 힌디스와 허스트처럼 그들 역시 담론과 실재대상을 조응의 관계로 파악하기보다는 외부 현실의 문제도 담론 내부로 끌어오는 담론 환원론적 시각을 나타내고 있기 때문이다. 따라서 언어모델의 입장을 띠고 있는 라클라우와 무페는 '담론구성체' 개념 하나로 모든 사회변화와 정치적 실천의 가능성이 집약되어 나타나게 된다. 이 때문에 맥도넬이 비판하듯이, 언어모델은 "담론을 구체화하고 있는 기술적(technical)이고 제도적인 과정을 고려하지 않고 단지 의미의 내적 연쇄로만 파악"(Macdonell, 1986/1992, 84-85쪽)하고 있다는 점에서 문제가 야기된다. 이와 같이 담론적 실천을 실재대상의 영향과 분리하여 고립적으로 사용하는 경향에 대해 프레드릭 제임슨은 '언어의 감옥'으로 표현하며 비판적 견해를 제시하고 있다(Jameson, 1972/1993). 언어의 감옥은 담론의 역사적 조건과 물적 존재로 향한 관심을 차단시키고, 사회적 과정에서 발생하는 모순과 현상들의 작동방식을 명확히 규명하기 어렵기 때문이다.

반면, 페쇠의 담론적 실천은 담론이 형성되는 장치와 실천의 문제, 혹은 이들을 관통하는 모순관계에 집중한다. 페쇠가 정의하는 담론적 실천은 독립된 외부의 영향을 받아 작용하며, 담론과 담론 외부의 관계는 상호 절합된 구조적 관계, 즉 '구조적 인과성' 속에서 형성되기 때문이다(Pêcheux, *LSI*, 1982). 알튀세가 스피노자의 사상을 토대로 개념화한 구조적 인과성은 경험론적 인식론을 견제하기 위해 도입되었지만, 페쇠의 담론이론을 통해 언어모델의 관점을 비판적으로 극복할 수 있는 계기를 제공한다(강내희, 1992). 요컨대, 구조적 인과성은 언어모델이 폐기했던 담론과 실재대상의 관계를 복원한다는 점, 나아가 담론적 실천을 현실의 이데올로기 구성체를 통해 물질적으로 구체화한다는 점에서 페쇠의 담론연구에 의미를 부가한다. 다음에서 논의할 담론의 적대성은 이러한 관점들을 뒷받침할 근거들이다.

(2) 담론의 적대성: '의미의 대립'

담론 분석에서 중요한 관건은 누가 '무엇을' 말했는지가 아니라 누가 '어떻게' 말하고 있는지를 분석하여 의미의 대립 쌍을 찾아내는 데 있다. 즉 담론에서 중요하게 다루는 것은 '사태 그 자체'가 아니라 그 사태를 의미론적으로 재구성하는 방식을 포착하는 데 있다. '지식정보사회', '사람', '녹색', '한강의 기적' 등의 단어들이 단순히 사태 그 자체를 지시하는 기능을 넘어서서 특정한 역사적, 정치적 맥락들과 조응하기 때문이다. 즉 동일한 단어를 어떠한 맥락에서 서로 다르게 사용하는지를 분석하고, 그 이데올로기적 효과를 도출하는 게 담론 분석의 출발점이다. 이와 같이 담론 분석을 통해 입장의 차이와 의미의 대립을 고려하는 이유는 바흐친이 강조하듯이, "개개인에게 모든 말은 자신의 것과 남의 것으로 나뉘지만, 그 사이에서 경계는 이동하고, 그 경계 위에서는 긴장된 대화적 투쟁이 발생"(Bakhtin, 1979/2006, 493쪽)하기 때문이다. 따라서 담론의 표현방식에 숨겨진 입장의 차이들을 도출하는 것은 곧 담론 내부와 외부의 조응관계 속에서 서로 뒤엉켜 있는 권력의 지형, 갈등 양상, 저항의 계기들, 변화의 단서들을 발견하는 탐정의 추리 작업이기도 하다.

이와 같이 담론의 실재대상과 역사적 조건에 접근하는 방식은 이미 미셸 푸코(Michel Foucault)를 통해 논의되었다. 푸코의 담론 분석은 역사적 사건 속에서 등장했던 지식체계와 담론구성체 분석을 통해 권력이 일정한 방식에 따라 사회성원들의 에피스테메, 즉 인식소를 지배한다는 사실을 규명하고 있기 때문이다. 특히 담론의 물질성을 고려하지 않고 모든 것을 담론의 문제로 환원시키는 언어모델의 입장과 달리 푸코는 물질적인 사회제도 속에서 권력과 지식체계 간의 유착관계를 분석하고 있다. 이런 의미에서 푸코의 담론이론은 담론의 실천성, 특히 권력의 강제성을 강조하고 있다. 예컨대, 17세기 중엽 이래 형성된 '광기 담론(discourse of madness)'은 단순히 광기라는 병적 현상을 대상으로 한 분석결과가 아니다. 그것은 일정한 직업 없이 방황하는 알코올중독자나 노숙자들이 왜, 그리고 어떻게 사회적으로 위해한 '미치광이'로 규정되었고, 그 결과 감옥과 수용소에 격리되어 무상노동에 차출되었는지를 상세히 분석하는 담론연구이다. 즉 광기에 대한 지식과 담론은 광인 자체의 문제가 아니라 한 사회가 권력의 통치수단으로서 지식체계를 어떻게 전략적으로 활용하고 있는지를 잘 드러내고 있는 것이다. 따라서 푸코의 담론 분석은 담론의 외부를 고려하지 않는 언어모델의 입장과 담론의 외부, 즉 담론을 형성하는 물적 조건인 지식권력과 통치권력의 전략들을 중시하는 입장이다.

그런데, 이러한 푸코의 담론연구에 나타난 위대한 성과에도 불구하고 권력의 긍정적 활용방안이나 주체화 방법에 대해서는 상대적으로 간과되고 있는 것도 사실이다. 왜냐하면, 푸코의 접근이 담론에 관통하는 역사적인 조건과 권력관계를 잘 들춰내고 있지만, 담론을 다양한 의미의 대립과 주체화 과정이 이루어지는 실천의 장임을 간과하는 측면이 나타나기 때문이다. 이에 대해 에드워드 사이드는 1968년 이후 전개된 푸코의 연구작업에 긍정적인 평가를 내리면서도 "푸코는 권력이 왜 그리고 어떻게 획득되고 사용되며 고수되는지에 대해서는 이상하리만큼 수동적이고 비논리적 견해를 가지고 있다"(Side, 1983, p. 221)고 의구심을 표한다. 이와 유사한 맥락에서 페쇠 역시 푸코의 담론이론을 성찰적으로 접근하고 있다. 그 요점은, 푸코가 사회적 · 역사적 조건과 맥락을 고려하여 담론구성체에 나타난 권력관계를 분석하고 있지만, 푸코가 도착한 지점은 이데올로기적 투쟁의 장이 아닌 '분산된 자율적 규칙'으로서의 담론의 장이라는 것이다. 즉 푸코는 〈지식의 고고학〉(1969/1992)에서 담론의 규칙성을 파악했지만 이데올로기적 계급투쟁의 존재를 인식하는 데 실패했기 때문에 그 자신이 성취한 진보적 성과에도 불구하고 "제도와 기능의 사회학으로 뒷걸음질치고 말았다"(Pêcheux, 1982, p. 181)는 것이다.

물론 현대사회에서 푸코의 담론 사상은 사이드나 페쇠의 우려와 달리 더 날카로운 문제의식을 제기할 수 있다. 특히 계급론과 이데올로기 투쟁에 대한 새로운 이론적, 사상적 접근과 논쟁이 필요한 상황에서 푸코의 실천적 의미들을 간과하기는 섣부른 판단일 수 있다. 그럼에도 불구하고, 페쇠의 담론이론은 알튀세의 이데올로기론을 보완하는 작업의 일환이듯이 푸코의 담론이론을 재조명할 수 있는 지렛대로 작용할 수 있다. 왜냐하면, 페쇠의 담론이론에는 의미의 대립적 성격을 분석할 수 있는 '적대성'의 문제의식이 살아있기 때문이다. 즉 푸코가 논증했던 권력의 지배적 훈육방식이나 성교육이나 인구통계학 같은 학문 체계를 이용한 지식권력의 관철방식에는 현실의 장을 뚫고 나오는 송곳의 역할들이 두드러지게 나타나지 않고 있다는 점에서 페쇠의 문제설정은 이론의 틈새를 보완할 수 있는 가능성을 지니고 있다.

2) 담론의 의미구성과 주체구성

여기서 주목할 것은, 페쇠가 알튀세의 이데올로기론을 어떻게 담론 영역에 적용하고 문제설정을 구체화하고 있는지를 탐색하는 일이다. 이를 위해 다음에는 담론의 의미구성과 주체구성의 범주에서 이데올로기 구성체와 담론구성체, 그리고 선구성과 절합을 통한 의미작용의 방식, 그리고 호명과 담론의 주체형태를 탐색하고자 한다.

(1) 담론의 의미구성: 이데올로기 구성체 · 담론구성체

페쇠는 그의 주요 저서인 〈언어, 의미론, 이데올로기(*Language, sementics and ideology*, 이하 *LSI*)〉(1975)에서 알튀세의 문제설정을 발전적으로 적용하여 담론 이론을 개진한다. 여기서 페쇠가 초점을 두는 것은 담론을 통해 어떻게 생산관계의 '재생산과 변혁'이 이루어지는가 하는 문제이다. '재생산/변혁'에 주목하는 것은 자본주의적 생산양식에 근본적으로 내재해 있는 모순과 대립의 지형을 포착하기 위함이다. 이를 위해 페쇠는 *LSI*에서 제시한 "9. 담론의 주체형태(the Subject-Form of Discourse)"에서 담론과 담론과정, 담론구성체와 이데올로기 구성체의 정의와 특징, 그 역할들을 설명하고 있다.

우선, 담론과 담론과정의 정의를 살펴보면 페쇠의 유물론적 담론 사상의 토대를 이해할 수 있다. 페쇠에 따르면, 담론은 동일한 언어체계를 다르게 사용하는 방식을 의미한다. 즉 "단어, 표현, 명제 등이 그것들을 사용하는 사람들이 취하는 입장에 따라 그 의미를 달리한다"(Pêcheux, 1982, p. 111)는 것이다. 예컨대, '진보'라는 단어를 보수주의자와 급진주의가 사용하는 의미는 서로 다르게 나타난다. 보수주의적 입장에서 진보가 체제유지를 위한 소극적인 변화를 의미한다면, 급진주의자의 경우는 사회구조의 전반적 변화를 꾀하는 의미로 사용될 수 있기 때문이다. 또한 벤야민(Benjamin, 1982/2005)의 해석처럼 진보가 특정한 체제에 도달하기 위한 목적론적 결과가 아니라 그 자체가 파국이고 과정일 수 있다. 이처럼 언어체계를 서로 다르게 사용하는 이유는 담론의 내부와 외부를 관통하는 '이데올로기적 입장'의 차이에서 기인한다. 즉 이데올로기적 입장에 의해 담론의 의미가 생산되는 사회적 과정이 '담론과정'이다. 페쇠(Pêcheux, 1982)에 의하면, 담론과정(discursive process)은 담론의 의미생산 방식이 이루어지는 사회적 맥락에 기초한 의미화 과정이다. 이러한 관점은 담론의 주체형태를 구성하는 담론구성체와 이데올로기 구성체의 관계를 통해 보다 구체화된다.

그러면, 담론구성체와 이데올로기 구성체는 어떻게 정의되며, 그 관계는 어떠한 특성 속에서 나타나는가? 이러한 물음에 부응하며 페쇠는 그의 저서에서 두 가지 테제를 제시한다. 우선, 제1테제에 따르면, "단어, 표현, 명제의 의미는 그 자체로 존재하는 게 아니라 그것들이 생산된 사회-역사적 과정에서"(Pêcheux, 1982, p. 111) 일정한 역할을 수행하는 이데올로기적 입장들에 의해 결정된다. 여기서 페쇠가 언급하는 '이데올로기 구성체(ideological formation)'는 앞에서 보았던 복수적이고 분산된 사적 영역의 이데올로기적 국가기구, 즉 ISA와 동일한 의미로 사용한다(Pêcheux, 1982). 다시 말해서, 이데올로기 구성체는 이데올로기라는 독자적 실천층위가 특정한 제도와 기구를 통해 물질적으로 기능하고 실천을 행하는 이데올로기 국가기구들의 복합적 체계인 것이다.[7] 특히 이데올로기 구성체는 "계급적 입장들(class positions)"과 함께 "지역적(regional)" 특성을 가지고 있다(Pêcheux, *LSI*, 1982, p. 99). 즉 전자가 각 계급이 자신의 이익을 대변할 수 있는 담론을 이데올로기 구성체 내에서 선취하게 된다는 점을 의미한다면, 후자는 법, 신, 윤리, 가족, 정의, 지식 등 직접 계급입장을 반영하지 않는 담론의 이데올로기적 가치들을 가리킨다. 이 두 가지 특성이 동시에 담론구성체의 성격을 결정하고 계급투쟁의 지형을 변화시키는 것이다. 따라서 이데올로기 구성체의 이론적 설정은 담론 내부의 의미생산뿐만 아니라 담론 외부의 규정력을 밝힘으로써 지배구조와 권력의 재생산 조건을 규명할 수 있도록 한다는 점에 의미가 있다.

그러면, 담론구성체(discursive formation)는 어떻게 정의되고, 이데올로기 구성체와 어떠한 관계를 지니고 있는가? 페쇠는 담론구성체의 의미를 다음과 같이 설명하고 있다.

> 담론구성체란 어떤 주어진 이데올로기적 구성체(이데올로기 국가기구들의 복합체)에서, 즉 계급투쟁의 상태에 의해 규정된 어떤 주어진 국면과 특정한 입장에서 무엇을 말할 수 있고 말해야 하는지(연설, 설교, 팸플릿, 보고서, 프로그램 등등)를 규정하는 것이다. (Pêcheux, *LSI*, 1982, p. 111)

---

7) 이러한 이데올로기 구성체의 정의는 페쇠가 알튀세의 이데올로기론을 계승한 사례로서 언어모델의 관념론적 경향이나 스탈린주의에 토대를 둔 경제주의적 언어관과 결별하는 근거다.

위에서 알 수 있듯이, 담론구성체는 일정한 언어체계를 토대로 특정한 단어를 일정한 방식으로 사용하는 담론의 복합적 체계로서 언어적 요소들을 선택하고 조합하는 방식을 포함한다. 페쇠에 따르면 이러한 선택과 조합의 메커니즘은 반드시 "한 담론구성체 내에서 담론과정을 통해 단어들 사이에 치환(substitution), 바꿔 말하기(paraphrases), 동의어 사용(synonymies) 등의 방식으로 일정한 관계들을 만들어냄으로써"(Pêcheux, 1982, p. 112) 의미를 생산해낸다. 즉 담론구성체가 의미를 생산하기 위해서는 항상 다른 단어로 치환하거나 일정한 방향으로 바꿔서 표현하기, 또는 다른 명제를 사용하는 과정을 통해 일정한 언어적 요소들 간의 관계들이 만들어져야 한다는 것이다. 이때 형성되는 관계들이 바로 담론 내에 등장하게 될 언어적 표현들을 선택하여 담론의 성격을 규정하게 된다. 그 이유는, 이 관계들이 언어적 표현 방식들을 선택하거나 조합함으로써 특정한 정치적, 이데올로기적 입장을 대변하기 때문이다. 이를테면 '노동자'가 아닌 '근로자'라는 표현을 선택하거나 '노령화'와 '청년실업'을 연관시켜 조합함으로써 특정한 입장들을 대변할 수 있도록 하는 기능을 수행한다.

여기서 제기되는 것은 담론구성체가 이데올로기 구성체와 어떠한 관계를 갖는가 하는 물음이다. 이것은 앞에서 살펴본 페쇠의 제1테제에 이어 제시된 제2테제의 내용을 통해 알 수 있다. 즉 모든 담론구성체는 그 속에서 구성되는 "의미의 투명성"을 통해 "이데올로기 구성체의 복합적 체계(the complex of ideological formations)와 비늘처럼 엇물려 있는 담론구성체의 지배적인 복합적 전체에 의존하는 것"(Pêcheux, *LSI*, 1982, p. 113)을 숨긴다. 이러한 페쇠의 제2테제는 담론구성체가 이데올로기 구성체 내에서 존재하면서도 '언어의 투명성'을 통해 이데올로기적 입장을 은폐하거나 국면에 따라 표출하는 작용을 하고 있음을 알 수 있게 한다. 즉 담론구성체는 이데올로기 구성체를 벗어날 수 없을 뿐 아니라 동시에 이데올로기 구성체에서 형성된 정치적 입장을 '일정한 방식으로' 언어로써 '의미화'한다는 것이다. 그러면 이데올로기 구성체와 담론구성체는 어떻게 조응의 관계를 유지하는가? 주지했듯이, 두 구성체들은 서로 '엇물림'의 관계를 형성하며 이데올로기적 입장을 특정한 담론의 선택과 조합을 통해 의미화하고 표출한다. 페쇠는 그의 주저인 〈언어, 의미론, 그리고 이데올로기(*LSI*)〉의 주석에서 부가적으로 다음과 같은 단서를 제시한다.

> 이러한 조응의 본질에 대해서는 여기서 다루지 않겠다. 그것은 단순히 등치(이데올로기=담론)의 문제라고 할 수도 없고, 또 단순히 기능의 분담 – '담론적 실천(discursive practice)'/'비담론적 실천(non-discursive practice)' – 의 문제도 아니다. 그것은 다음과 같이 말하는 게 더 적절하다. 즉 담론구성체들이 이데올로기 구성체 속으로 '비늘모양(imbrication)'처럼 엇물려 있는 관계라는 점, 이러한 엇물림의 원리는 명백히 '호명'에 존재한다. (Pêcheux, *LSI*, 1982, p. 112, 주[7])

위에서 페쇠가 단서를 제시하듯이, 두 구성체들의 상호 조응관계는 담론구성체들이 이데올로기 구성체들 속으로 생선의 '비늘모양'처럼 엇물려 있는데, 그 원리는 '호명'을 통해 작동한다. 이러한 호명은 이데올로기적 힘을 통해 작용할 수 있다. 홀에 따르면, 사물이나 사건에 대해 특정한 의미가 획득될 수 있는 것은 바로 그들을 특정 방식으로 의미화하는 힘이 존재하기 때문이라고 주장하며, 그 힘을 "이데올로기적 힘"(Hall, 1982, p. 69)이라고 주장하고 있다. 페쇠의 이론에 적용하면, 여기서 사건들이 반복적으로 특정한 방식으로 기의(signified)를 획득해 나갈 수 있는 이유는 담론의 의미작용과 호명을 통한 주체화 과정이 작용하기 때문이다. 이를 통해 다양한 대립적이거나 갈등적 입장을 포함하는 '문제성 있는' 사건들조차도 특정한 지배적 담론으로 의미화되고 평가될 수 있는 것이다.

(2) 의미작용의 메커니즘: 선구성 · 절합

앞에서 살펴보았듯이 담론 분석은 의미생산 과정뿐만 아니라 주체형성 과정을 분석함으로써 이데올로기 효과와 의미의 대립성을 드러내는 방법이다. 이것은 곧 담론과정이 언어, 표현, 명제 등을 특정한 방식으로 의미화하는 과정임과 동시에 담론 외부의 이데올로기적 입장을 반영하는 주체화 과정이기 때문이다. 이 두 가지 측면을 고려할 때, 담론의 이데올로기 효과와 의미의 대립성을 포착하는 게 용이해진다. 이를 이해하기 위해 여기서는 우선, 담론의 의미작용 메커니즘과 그 특징을 살펴보고자 한다.

페쇠는 앞에서 살펴본 제2테제를 설명하는 과정에서 담론의 이데올로기 효과인 '자명성(self-evidence)'의 신화를 벗겨내기 위한 방법으로서 "선구성(the preconstructed)"과 "절합(articulation)"이라는 두 기제를 제시한다(Pêcheux, *LSI*, 1982, pp. 107-113). 페쇠가 이 두 기제를 도입한 이유는, 한편으로 관념적 언어철학에서 발견되는 '주체와 의미의 자명성'에 대한 신화를 비판함으로써 부르주아 담론과정으로부터 역사유물론의 전망에 선 새로운 담론과정을 구축하고자 하는 데 있다. 자명성의 문제에 주목해야 하는 이유는 자명성이 이데올로기적 효과로 작용하여 주체에게 상상적 관계를 실재관계로 오인하도록 할 뿐 아니라 '무엇을 해야 하고 하지 말아야 하는지' 등 행동규범을 이끌기 때문이다. 또 다른 한편, 자명성은 언어의 투명성을 통해 특정한 이데올로기적 입장을 숨기는 효과를 지니기 때문이다. 즉 서로 다른 입장의 차이와 갈등 국면에 있는 사건들도 특정한 언어의 선택과 조합의 방식을 통해 하나의 합의를 도출하는 과정으로 수렴된다는 점에서 의미화 과정에 대한 주의를 요한다. 그러면, 선구성과 절합은 각각 어떻게 정의되고 그 특징은 무엇인가?

우선 '선구성'은 담론 외적인 개입, 즉 이데올로기적인 것들이 담론구성체 내로 개입해 들어감으로써 나타나는 기제이다. 페쇠는 이것을 '끼어듦의 효과(the embedding effect)'라고 설명하는데, 이 기제를 통해 말하는 주체는 담론 속에서 보편적인 주체(예컨대, '우리'나 '국민', '시청자' 등)로 호명된 개인에게 "현실성(reality)"을 공급한다(Pêcheux, *LSI*, 1982, p. 113). 이때, 현실성(reality)은 실재(the real)와는 구별되어야 한다. 왜냐하면, 전자가 이데올로기에 의해 상상적으로 구성되는 현실에 대한 환영적(phantasmagoric) 이미지라면, 후자인 '실재'는 이데올로기의 "외부(exterior)"로서 특정한 역사적 순간에 존재하는 경제적 · 정치적 ·

이데올로기적 관계들의 조화에 의해 규정되는 역사유물론적 양태들(historico-material modalities)이기 때문이다(Pêcheux, *LSI*, 1982, pp. 113, 183). 따라서 '선구성' 기제를 통해 전달되는 대상은 실재관계가 아니라 가상의 관계를 둘러싼 현실에 대한 이미지들이며, 이것은 이데올로기적 효과에 의해 오인되어 자명한 사실로 나타난다. 예컨대, "대량 살상무기 보유국 이라크가 자유세계를 위협하고 있기 '**때문에**', 전쟁은 불가피하다"라는 주장은 낯익은 단언(assertion)의 사례다. 여기서 밑줄 친 부분은 '단언'의 밖에서 이미 구성된 무언가 있다는 것을 보여준다(강진숙, 2006, 18쪽). 이라크는 대량 살상무기 보유국이고, 우리 세계는 자유롭다는 것이 이미 앞의 단언 속에 포함되어 있기 때문이다. 여기서 중요한 것은, 주어진 문장이나 단언 이전에 '선구성된 것'은 항상 이미 주체의 담론 속에 존재하면서, '모두가 이미 알고 있는' 자명한 진리로 간주된다. 나아가 화자는 선구성 기제를 통해 실재관계가 아닌 가상의 이미지로서 이라크에 대한 '현실성'을 제공한다. 이러한 선구성의 이데올로기 효과는 '안보', '전쟁'의 당위성에 대한 정당성과 보편적 합의를 유도하는 담론과정의 결과로서 발생한다. '선구성'의 이해를 위해 프로이트가 즐겨 쓰던 농담을 예로 들면, "여기가 바로 웰링턴 장군이 그런 말을 했던 장소인가요?", "네, 여기가 바로 그곳이지만, 그는 그 말을 결코 하지 않았는데쇼"(Pêcheux, *LSI*, 1982, p. 64n.2.). 이 긍정도 부정도 아닌 익살스러운 대답에서 선구성된 현실성 혹은 자명성이 한 순간 무너지고 만다.

이와 같이 '선구성' 기제가 "담론 외적 개입"에 의해 작용하는 것이라면, '절합'은 "담론 내적 개입"을 통해 발견되는 기제이다(Pêcheux, *LSI*, 1982, p. 113). 즉 선구성이 담론 외부에 있는 현실을 실재가 아닌 인위적 형태로 만들어 현실성 효과를 준다면, '절합'은 담론의 내재적 관계에서 단어, 문장, 명제 등을 선택하고 조합하여 새로운 의미를 구성하는 방법이다. 예컨대, 앞에서 본 단언 중에서 접속어 '~때문에'는 별개의 두 문장을 인과 관계로 연결하여 주절의 사고를 "지지하는 효과(sustaining effect)"(Pêcheux, *LSI*, 1982, p. 114)를 일으킨다. 이러한 지지효과는 담론의 맥락 속에서 '모든 사람이 알고 있는 것처럼', 혹은 '모든 사람이 알고 있듯이' 등 특정한 개별 발화주체의 입장을 보편적인 '인간'의 상황이나 판단으로 유도하는 기능을 한다. 이 경우, '절합'의 효과는 '느낌(sense)'과 '확신'의 효과를 만들어준다. 즉 호명된 주체인 '국민', '시민', '시청자' 등이 이미 알고 있다는 확신이나 '문제가 있다는' 부정적인 느낌을 제공하는 효과를 자아낸다.

요컨대, 두 가지 담론의 의미구성 방식 중 '선구성' 기제가 담론 외부의 이데올로기적 입장을 현실성 효과를 통해 생생한 사실로 전달한다면, '절합' 기제는 담론 내부의 단어, 표현, 명제 등의 선택과 조합 방식을 사용하여 느낌과 확신의 효과를 주는 기능을 수행하고 있다. 페쇠에 따르면, 이 두 기능은 담론구성체의 복합적 전체를 이루는 상호담론(interdiscourse)의 기능을 수행한다는 점에서 중요성을 지닌다. 상호담론은 담론이 발생할 수 있는 절대적 조건으로서 "주체의 담론이 가능하기 위한 필수적인 전제"(Pêcheux, *LSI*, 1982, p. 114; Woods, 1977)이기 때문이다.

(3) 호명과 담론의 주체형태(subject-form)

그러면, 담론과정에서 주체는 어떻게 생산되는가? 알튀세의 호명 테제는 담론의 주체구성 방식을 분석할 수 있게 하는 중요한 단서를 제공한다. 앞에서 알튀세의 이데올로기론에서 살펴본 바와 같이, 호명은 대주체인 신이 주체인 신도를 부르고, 나아가 호명된 신도(모세)가 다른 신도들을 부르는 일련의 연쇄적 과정을 통해 나타나는 '이중거울 구조'의 형태를 지닌다. 이러한 이중의 호명과정은 개인과 개인의 상상적 관계를 통해 어떤 사실을 자명하게 인식함으로써 이데올로기적 주체를 형성하는 기능을 한다.

알튀세는 "이데올로기와 이데올로기적 국가기구"(1970)에서 다음과 같이 두 가지 명제를 통해 "호명 테제"를 구성한다(Althusser, 1970/1991, 174쪽). 그 하나가, 이데올로기에 의한, 이데올로기 내의 실천 외에 어떤 실천도 존재하지 않는다는 명제라면, 다른 하나는 주체에 의한, 주체들을 위한 이데올로기 외에 다른 이데올로기란 없다는 명제다. 이러한 알튀세의 명제는 페쇠를 통해 새롭게 담론의 주체형태 분석을 위해 적용된다. 주체 호명 테제가 알튀세에 의해 정식화되었지만 일반적인 수준에서 설명되었기 때문이다. 이를 극복하기 위해 페쇠는 다음과 같이 두 가지 범주의 "이데올로기와 주체의 매개명제"를 제시한다(Pêcheux, *LSI*, 1982, p. 102). 페쇠가 구체화시킨 명제는 첫째, 이데올로기적 층위는 서로 다른 구체적인 이데올로기들의 복합체이며, 둘째 이데올로기는 그 속성상 주체범주를 포함하고 있다는 명제가 그것이다. 특히 주체범주는 이데올로기와 항상 함께 다니며, 모든 이데올로기의 구성범주를 가리킨다. 이와 같이 알튀세의 호명 테제를 재정리한 후 페쇠는 담론이론의 호명 테제를 다음과 같이 기획한다.

1. 담론구성체의 복합적 전체는 다양하고 서로 다른 담론구성체들의 결합이다.
2. 모든 담론은 그 속성상 담론의 주체형태(범주)를 포함하고 있다는 것이 담론의 호명 테제다.

이상의 내용들을 정리하면 다음 〈표 4-2〉와 같다.

표 4-2. 이데올로기론과 담론이론의 호명 테제 비교

구 분	제1명제	제2명제
알튀세	이데올로기에 의한, 이데올로기 내의 실천 외에 어떤 실천도 존재하지 않음	주체에 의한, 주체들을 위한 이데올로기 외에 다른 이데올로기란 없음
페쇠 1	이데올로기적 층위는 서로 다른 구체적인 이데올로기들의 복합체임	이데올로기는 그 속성상 주체범주를 포함하고 있음
페쇠 2	담론구성체의 복합적 전체는 다양하고 서로 다른 담론구성체들의 결합임	모든 담론은 그 속성상 담론의 주체형태(범주)를 포함하고 있음

위의 표에서 볼 수 있듯이, 페쇠는 담론의 호명 테제를 제시하며 담론구성체의 다양성과 차이성(제1명제), 그리고 담론의 속성으로서 주체형태와의 필연적 관계성(제2명제)을 호명 테제를 통해 제시하고 있다. 이를 통해 페쇠가 강조하는바, 담론의 주체형태는 인간 주체나 활동이 아니라 "생산관계의 재생산(reproduction)과 변혁

(transformation)에 대한 이데올로기적 조건들(the ideological conditions)"(Pêcheux, *LSI*, 1982, p. 129)을 통해 구성된다. 이 때문에 주체범주는 단일한 형태로 혹은 지배구조의 재생산에 복무하는 데 그치는 게 아니라 구조변화의 측면에서도 발생한다. 그러면, 이러한 재생산과 변혁에 대한 이데올로기적 조건들을 통해 어떠한 주체들이 형성될 수 있는가?

페쇠는 이러한 주체화 방식을 제1차 세계대전의 양상을 예로 들어 세 가지 양상으로 구분하고 있다(강진숙, 2006). 알튀세가 이미 제기했던 주체형태로서 동일시와 반동일시를 넘어서서 페쇠는 저항주체의 형태까지 적극적으로 사유하고 있기 때문이다. 우선, "동일시(identification)"를 통한 좋은 주체(good subject)형태의 구성방식이다(Pêcheux, *LSI*, 1982, pp. 156-157 참조). 이 경우는 모든 국민들을 '우리'라는 주체로 호명함으로써 "주체 곧 프랑스(subject=France)"(Pêcheux, *LSI*, 1982, p. 165)라는 동일시의 주체화 방식이 나타난다. 예컨대, 제1차 세계대전 당시 대다수 프랑스 국민들에게 주입된 동일시는 '우리는 모두 프랑스 국민이다', '우리는 전쟁 중이다'라는 형태의 언술로부터 '프랑스 병사라면 절대 후퇴하지 않는다', '최후의 일인까지'라는 언술방식으로 작동하였다. 이러한 동일시의 현실 효과는 참전의 정당성과 긴박성을 보편화시켜 '프랑스 국민이라면' 모두 참전하는 것이 당연하다는 것을 자명한 사실로 인지시킨다. 이러한 동일시 효과의 이데올로기적 입장은 '안보'와 '민족주의'에 근거한다.

두 번째로, "반동일시(counter-identification)"를 통한 주체구성 방식을 들 수 있다(Pêcheux, *LSI*, 1982, p. 157). 이것은 상상적 동일시로부터 역동일시에 이르는 주체화 과정의 중간 형태로서 일종의 '문제아'인 '나쁜 주체(bad-subject)'를 생성한다. 구체적인 태도로는 거리두기(distantiation), 의심, 질의, 도전, 모반 등을 통해 표출된다. 즉 나쁜 주체는 이데올로기적인 자명성에 대해 반대하며, 이 경우 자명성은 '전도된' 부정적 기호를 표상한다. 예컨대, 제1차 세계대전 당시의 반동일시는 도시와 농촌 피지배층의 자생적 이데올로기 작용에서 찾아볼 수 있다. 여기서 자생적 작용이란, "죽는 사람만 매일 죽는다(It is always the same people who get killed)."는 식의 언술에서 출발하여 프랑스, 독일, 러시아 등의 평화주의 운동가들의 기치를 형성했지만, 결국 지배권력이 내세운 '조국'과 '민족'이라는 이데올로기 효과, 즉 조국방위를 위한 참전의 자명성에 복종하게 된다. 페쇠가 강조하듯이, 반동일시는 저항의 가능성을 담지하고 있으나 실제로는 지배 이데올로기의 영역 안에서 서로 보완적 관계를 형성한다는 점에서 한계가 있다.

마지막으로, 페쇠가 제기한 새로운 주체형태로서 "역동일시(dis-identification)"가 작동한다(Pêcheux, *LSI*, 1982, p. 158). 동일시와 반동일시가 지배권력이나 지배 이데올로기의 영역 내로 편입될 수 있는 주체형태라면, 이 역동일시는 지배 이데올로기의 효과를 견제하고 새로운 유형의 실천을 생성한다. 그 이유는 이러한 역동일시가 대안적 방향성 속에서 새로운 담론구성체와 세계체제의 작동방식을 변화시키는 "전략적 의미"를 지니고 내포하고 있기 때문이다(강내희, 1992, 41쪽). 여기서 제기하는 새로운 정치적 실천은 '비주체적 입장 취하기'에서 나타난다. 예컨대, 최근 발생하는 여성혐오에 대한 '메갈리아'의 실천이 남성혐오 전략으로 표출되면서 반동일시적 주체들을 형성했다면, 역동일시 전략은 '남성주의' vs '여성주의'의 이원적 대립구도에서 벗어나 슬라보이 지제크(Slavoj Žižek)(한겨레신문, 2016, 2, 12)의 언급처럼 입장의 차이에 따라 여성주의의 문제틀을 세분화할 필요가 있다. 예컨대, 서구사회의 '백인 여성주의' vs '다문화 여성주의', 이슬람 지역의 '본질주의적 반여성주의' vs '소수자 관점의 여성주의' 등이 그것이다. 백인 여성주의나 이슬람 본질주의의 관점에 기초한 반여성주의는 '백인', '본질주의', '가부장제' 등 다수자의 사회적 통념과 관점에서 벗어나지 못하기 때문이다. 따라서 문제설정의 핵심적 경계선을 이동하지 않는 한 아무리 급진주의적 사고라도 특정한 역사적, 사회적 국면에서 지배 이데올로기의 효과에 편입될 수밖에 없다. 역동일시가 담론의 주체형태를 변화시키는 전략으로서 유효한 이유는 이처럼 담론의 적대성과 의미의 대립을 초래하는 문제틀을 이동하거나 변화시킬 수 있기 때문이다. 다수자가 아닌 소수자의 문제틀을 통해 사회적 사건과 미디어 현상, 그리고 국가 정책들을 해석할 필요성은 여기에서 출발한다.

3

방법론의 유형과 특징

여기서는 앞에서 탐색한 페쇠의 담론이론과 주체형태에 대한 사유를 바탕으로 커뮤니케이션과 미디어교육 영역에서 이루어진 담론연구의 선행적 사례들을 살펴보고자 한다. 이러한 논의는 체계적이지만 광범위하고 추상적인 알튀세의 이데올로기론과 정교하지만 의미론적 사전지식이 필요한 페쇠의 담론연구를 보다 구체적으로 적용할 수 있는 방법론의 모색에 기여할 것으로 기대된다.

1) 비판적 담론 분석

(1) 정의 및 이론적 배경

'비판적 담론 분석(critical discourse analysis, 이하 CDA)'은 1970년대 이후 비판적 철학과 이념, 이론이 확산되었고, 현재 다양한 이론과 방법론을 포괄하는 학파를 형성하고 있을 정도로 광범위한 담론 분석의 영역이다. CDA는 전통적인 언어학적 담론연구와 달리 사회정치론, 비판이론, 그리고 이데올로기와 유물론적 담론 분석 등 다양한 이론들을 포괄하고 이론과 방법의 지형들을 체계화하고자 한다. 여기서는 CDA의 정의를 어느 하나의 입장에 기대어 단정짓기 어려운 점을 감안하여 CDA의 차별적 특징을 제시하고자 한다.

신진욱(2011)은 CDA가 기존의 담론연구 전통과 구분되는 이유를 다음과 같이 크게 세 가지 강조점을 중심으로 구분하고 있다. 우선 CDA의 사회정치성에 기반한 거시적 분석 경향을 들 수 있다. 즉 일상생활의 면대면 상호작용에 초점을 둔 미시적 접근이 아니라 "사회정치적 담론구조 분석"에 강조점이 있는 것이다(Jung, 2006: 신진욱, 2011, 12쪽 재인용). 두 번째로, CDA는 아도르노와 하버마스의 타당성 주장이나 규범논리에 기초한 비판이론에 근거하지만, 강조점은 담론권력이 작동하는 현실적 기제와 그 사회적 기능에 대한 비판적 분석에 있다. 마지막으로, CDA는 후기구조주의 담론이론을 계승하면서도 다양한 입장 중에서 담론의 물질성과 사회환경, 행위로서의 담론, 구체적인 상황 맥락을 중시하는 경향을 나타낸다.

CDA는 어느 하나의 단일한 학문적 경계를 갖지 않고 다양한 이론틀과 방법론을 발전시켜 왔다. 특히 1991년 암스테르담에서 개최된 학술행사를 통해 판 데이크(Teun A. van Dijk), 페어클러프(Norman Fairclough), 크레스(Gunther Kress), 판 뤼벤(Theo van Leeuven), 보다크(Ruth Wodak) 등이 공동 참여하는 "CDA 네트워크"가 형성되었다(Wodak & Meyer, 2001, p. 3). 이후 판 데이크는 ≪담론과 사회(Discourse and Society)≫라는 학술지를 창간하여 20여 년 간 담론이론, 방법론 사례연구의 발전에 기여하였고 학문적 토론의 장을 확장하고 있는 추세이다(신진욱, 2011). 이러한 CDA의 이론적 배경을 보다크와 메이어(Wodak & Meyer, 2001, pp. 19-31 참조)의 분류를 통해 살펴보면, 다음 〈표 4-3〉과 같다.

표 4-3. CDA의 이론과 방법론의 유형과 특징

접근 유형	이론가	특 징
변증법적-관계론 (dialectical-relational approach)	페어클러프 등 랭카스터 그룹	비판언어학과 체계기능 언어학을 비롯한 언어학 이론과 그람시, 알튀세, 푸코 등의 비판적 사회이론의 전통을 통합
담론사 (discourse-historical approach)	보다크 등 비엔나 그룹	담론사건의 역사적·정치적 맥락에 대한 이해와 담론 분석을 통합
사회인지론 (sociocognitive approach)	판 데이크의 네덜란드 그룹	담론행위자들의 주관적 인지 세계와 담론의 인지 효과에 초점, 또한 인지적 차원이 지배와 불평등의 재생산에 어떻게 기능하는지 주목
사회행위자론 (social actors approach)	판 뤼벤 등	행위자들과 그들 간의 관계, 상호작용의 동학 분석

(2) 분석방법

CDA 학파의 담론이론에서 가장 중요한 강조점은 "언어와 언어 사용은 사회적 실천의 한 형태"(Fairclough, 1985, p. 135; 2001, p. 17: 신진욱, 2011, 15쪽 재인용)라는 것이다. 이것이 의미하는 바는 언어적인 수행적 행위로서 담론은 사회의 비언어적 영역들과 관계 맺고 있으며, "사회적으로 조건 지어진(socially conditioned) 과정"이자 동시에 "사회적 실재를 구성(socially constitutive)"하는 효과를 갖는다는 것이다(Fairclough, 2001, pp. 18-20: 신진욱, 2011, 15쪽 재인용).

이러한 맥락에서 CDA 학파는 담론 분석을 위해 중요한 구성범주들을 다음과 같이 제시하고 있다. 우선, 담론과정에 작용하는 '권력'을 분석하는 범주이다. CDA는 구체적인 사회문제에 대한 관심에서 출발하며, 특히 "담론과 권력불평등" 간의 상호 관계를 규명하는 데 비중을 둔다(신진욱, 2011, 15쪽). 담론의 "권력적 차원"은 담론 자체의 권력효과, 담론 밖의 권력과 담론 간의 관계, 그리고 담론 수준에서의 사회적 투쟁을 모두 포괄한다(Fairclough, 2001: 신진욱, 2011, 15쪽 재인용). 둘째, 담론을 통한 사회정치적 실천에서 나타나는 '행위와 투쟁' 범주이다. 비판적 담론 분석에서 담론은 구조이자 과정이며, 텍스트를 포함하지만 그것으로 환원될 수 없는 사회정치적 실천이다. 비판적 담론 분석은 담론의 내적 긴장, 상쟁하는 담론들 간의 갈등, 그리고 이를 통한 담론 질서의 역사적 변화를 규명하고자 한다. 셋째, 담론과정의 상황적 맥락과 권력효과를 중시하는 '맥락' 범주이다. 비판적 담론 분석은 텍스트의 형식적 특성과 언어적 기교를 분석하는 데 머무르지 않고, 구체적인 맥락 안에서 그것이 어떤 권력 효과를 낳는지를 주목한다. 마지막으로, 담론 형성의 사회적 · 제도적 · 구조적 환경에 초점을 둔 분석범주이다. CDA는 담론을 제도적 · 구조적 맥락으로부터 분리시켜 마치 "담론의 언어적 질서 자체가 의미를 산출하는" 것처럼 간주하는 관념론적 오류(Macdonell, 1986/1992: 신진욱, 2011, 15-16쪽 재인용)를 극복하고자 한다. 따라서 비언어적 형태의 사회구조와 사회적 갈등의 맥락 속에서 특정한 "담론의 생성 · 재생산 · 위기"에 대한 설명을 제공하는 것이 중요한 과제가 된다(van Dijk, 2008; Wodak &

Meyer, 2001: 신진욱, 2011, 16쪽 재인용).

이처럼 다양한 이론과 방법론의 유형들은 담론 분석을 권력, 사회정치적 실천, 맥락, 그리고 사회적 · 제도적 · 구조적 조건과 연관시켜 접근한다는 점에서 학문적 · 현실적 의미가 있다. 언어감옥의 한계에 머물러 있는 관념론적 언어모델이나 담론 분석에서 벗어나 담론과 실재대상 간의 관계를 상호조응하는 유물론적 접근을 꾀하고 있기 때문이다. 특히 이 CDA의 이론과 방법론에 대한 다양한 분야의 이론가들의 지속적인 체계화 작업은 담론 분석의 문제틀과 지형을 바꾸어놓을 수 있을 것으로 기대된다.

2) 뉴스담론 분석

담론 분석방법 중에서 뉴스담론은 커뮤니케이션학 분야에서 주요하게 다루어져 왔던 분석방법이다. 뉴스담론은 문자, 이미지, 시청각 영상, 디지털 코드 등 다양한 미디어와 의사소통 방식을 통해 표현된다. 특히 뉴스가 특정한 사건과 이슈, 토픽 등을 다루는 과정에서 현실(the Real)은 재구성되고 편집된다. 페쇠가 언급했듯이, 담론과정은 현실 그 자체가 아니라 '현실성(reality)'을 만들어내고, 이를 통해 특정한 이데올로기적 입장을 반영하는 사회적 행위이다. 따라서 여기서는 페쇠와 여러 비판적 담론 분석 이론가들이 견지하는 이론과 유물론적 사유에 근거해 뉴스담론의 정의와 이론적 배경을 살펴보고자 한다. 뉴스담론의 정의와 이론적 배경을 보면 다음과 같이 네 가지 분석적 관점으로 정리할 수 있다.

(1) 프레임으로서의 뉴스담론 분석

우선, 뉴스는 '현실의 재구성'이라는 프레임 분석의 관점이다. 뉴스는 현실의 사회적 · 역사적 · 문화적 조건 속에서 일상적으로 발생하는 수많은 사건과 대상들 중에서 일부분을 선택하여 해석한 것이다. 다시 말해서 뉴스는 단순한 사실들의 집합이나 사회상의 반영이 아닌 '구성된 현실(constructed reality)'(Tuchman, 1978/1995)이다. 게이 터크만(Gaye Tuchman)은 그의 저서인 〈메이킹 뉴스〉(1978/1995)에서 뉴스를 '세계를 향해 나 있는 창'이라고 규정하는 시각에서 두드러지게 나타난다. 즉 뉴스는 '창'과 같이 현실을 볼 수 있게 하는 틀인 '프레임(frame)'으로 작용하는 것이다. 여기서 도출되는 논점은, 뉴스가 현실을 어떻게 가공하여 특정한 프레임을 통해 재구성하고 있는지를 담론 분석을 통해 파악하는 데 있다. 터크만이 위의 저서에서 행하고 있듯이, 뉴스제작을 위한 작업과 뉴스제작자들의 조직 방식에 집중해서 뉴스담론의 형성 메커니즘을 분석할 수 있다.

(2) 뉴스담론의 의미생산 분석

둘째, 뉴스는 '특정한 의미를 생산한다'는 비판적 담론 분석의 관점이다. 뉴스담론에 대한 기존의 체계적인 연구들은 주로 영국의 언어학, 사회학, 문예비평 분야의 연구자들에 의해 이루어졌다. 예컨대 화워(R. Fower), 크레스(G. Kress), 하틀리(R. Hartley), 호지(R. Hodge) 등이 뉴스를 언어적 산물로 보고 심층적인 담론 분석을 통해 특정뉴스에서 이루어지는 "언어의 선택과 조합 메커니즘"을 분석하고 있다(Kress, 1985, pp. 27-42). 그들이 분석을 통해 밝히고자 하는 바는, 뉴스는 결국 사회 내의 힘의 관계나 지배의 논리를 자연스러운 것으로 보이게 하는 이데올로기적 기능을 한다는 것이다. 여기서 나아가 그들은 뉴스의 생산과정에 대한 담론 분석을 통해 기존 체제에 대한 사회적 합의와 정당성을 창출해내는 뉴스의 이데올로기적 기능들을 분석하였다.

(3) 뉴스담론의 사회적 인지작용 분석

셋째, 비판적 담론 분석과 심리학적 접근의 연계를 통한 뉴스담론 분석의 관점이다. 비판적 담론 분석의 핵심 연구자인 판 데이크는 그의 대표적 논문인 "담론 분석: 담론의 발전과 뉴스구조에의 적용(Discourse analysis: Its development and application to the structure of news)"(1983)에서 뉴스담론의 의미구조를 분석하기 위한 이론과 분석방법 등을 제시하고 있다. 이러한 접근을 위해 기존의 담론연구의 진전과정을 탐색한 후 뉴스구조, 특히 신문, 필름, 라디오 등의 미디어를 통해 나타나는 뉴스담론을 분석하고 있다. 판 데이크의 연구 초점은 뉴스의 텍스트 구조를 분석하는 데 있는데, 이 연구가 강조하는 바는, 뉴스가 단순히 사실(the facts)의 기술이 아니라 "사회의 규범과 가치에 부응하는 현실의 (재)구성((re)construction)" (van Dijk, 1983, p. 28)이라는 주장에서 알 수 있다. 특히 판 데이크는 기존의 사회학적 담론 분석을 진전시키기 위한 작업으로서 심리학적 접근을 끌어오고 있다. 이 작업은 "사회적 실천"으로서의 뉴스 생산에 사회논리적 작업의 토대를 제공할 뿐 아니라 뉴스담론의 구조를 통찰할 수 있게 한다. 뉴스담론의 조직화는 뉴스 "데이터"의 생산과 재생산, 혹은 이해의 측면에서 저널리스트와 독자들의 인지적 작용을 위한 조건이자 그 결과이기 때문이다(van Dijk, 1983, p. 29).

(4) 뉴스담론의 어휘항목 분석

마지막으로, 뉴스담론의 어휘항목들을 분석하여 특정 계급 계층들에 대한 불평등한 담론과정을 분석하는 관점이다. 뉴스담론 분석을 통해 "부정적 뉴스"와 "더 부정적인 뉴스"로 잘 알려진 글래스고우 미디어그룹의 연구 사례가 대표적이다. 글래스고우 미디어그룹에 따르면, 신문 산업의 관점에서 언론사는 전형적으로 노동자와 그들의 행동을 표현하기 위해 특정한 어휘항목들(lexical items)을 선택한다 (Glasgow University Media Group, 1980). 예컨대, '투쟁', '파괴적 행동(disruptive actions)' 등의 어휘들이 빈번히 등장한다. 이것은 고용주의 행동을 인용하기 위해 선택한 어휘들보다 더 부정적인 경향을 부각시키려는 의도에서 비롯된 것이다. 또한 할로란(Halloran) 역시 신문의 언술들은 베트남 참전 반대를 주장하는 시위자들의 캐릭터를 종종 "부정적인" 캐릭터로 표현하고 있다고 주장하였다(Halloran, 1970, p. 95). 예컨대, 훌리건, 악당(thugs), 폭력 군중(mob), 떼(horde) 등이 이 경우에 해당한다. 이러한 분석결과는 판 데이크의 사례연구를 통해서도 유사하게 나타났다(van Dijk, 1983, p. 31 참조). 암스테르담의 국영신문과 지역의 보수적 대중지를 분석한 결과, 시위자들은 주로 '훌리건', '폭도(rioters)', '폭력배(rowdies)', '악당(thugs)' 등과 동급으로 표현되었지만, 반면 경찰은 폭력적인 행동을 했음에도 불구하고 시위자들보다 더 중립적인 어휘들로 기술되었다.

이상과 같이 뉴스담론은 다양한 분석방법을 통해 연구가 진행되었음을 알 수 있다. 뉴스담론 분석은 다양한 이론과 방법론을 통해 개진되었지만, 두드러진 사례는 위에서 살펴본 네 가지 경향 속에서 발견된다. 즉 프레임 분석, 의미화과정 분석, 인지작용 분석, 그리고 어휘항목 분석 등이 대표적인 분석 경향으로서 대별할 수 있다. 이러한 뉴스담론 분석은 기본적으로 비판적 담론 분석의 입장에서 이루어졌고, 여기에 담론연구의 진전과정 속에서 심리학과 같은 다른 학문적 접근과 통합하는 시도들도 이루어져 왔다는 점에서 지속적인 학제 간 통합적 분석 방법론의 모색이 요구된다.

4

방법론의 적용 사례와 커뮤니케이션과 미디어교육 분야의 시사점

1) 뉴스담론 분석 사례

(1) 페쇠의 담론이론 적용 사례

뉴스담론 분석에서 페쇠의 유물론적 담론이론을 적용한 연구 사례는 양적으로는 많지 않지만 지속적으로 이루어지고 있다는 점, 즉 담론연구의 지속성의 측면에서 그 의미를 찾아볼 수 있다.

강진숙(2006)은 알튀세의 이데올로기론과 페쇠의 담론이론을 통합적으로 적용하여 "'교육위기' 담론의 의미와 주체구성 방식 연구: 한겨레신문과 조선일보 기사를 중심으로"를 수행하였다. 이 연구의 목적은 한국언론에 나타난 교육위기 담론의 의미구성 방식과 주체구성 방식을 분석함으로써 한국사회의 진보와 보수 언론이 갖는 대립적 입장과 이데올로기적 특성들을 드러내는 데 있다. 이러한 목적을 실현하기 위해 이론적 논의로서 페쇠의 담론이론에 근거해 두 가지 분석방법을 적용하여 진보와 보수 언론의 이데올로기적 입장의 차이들을 분석하고 있다. 분석방법은 담론의 의미화 방식인 '선구성과 절합'의 메커니즘을 분석하는 한편, 주체화 방식인 '호명' 테제를 적용해 두 신문의 상징적 적대성이 어떻게 신문사설과 논단의 담론들을 통해 생산/재생산 되는지를 분석하고 있다. 분석결과, 1999년 이후 사회적 공론장에 등장한 "교실붕괴" 담론이 서로 다른 언어체계의 선택 및 조합, 그리고 특정한 이데올로기적 입장을 통해 상이한 의미를 생산해 내고 있음을 밝혀냈다. 이 연구의 함의는 담론의 이데올로기적 작용이 구체적으로 어떻게 언어체계의 선택과 배제, 즉 선구성과 절합 기제에 의해 나타나는지, 또한 담론의 적대성, 즉 의미대립의 지점 혹은 대립의 척도를 분석하여 지배권력을 재생산하는 지배담론의 문제들을 드러낼 수 있다는 점에 있다(강진숙, 2006).

박유선(2007) 역시 "한국사회 세계화 담론의 성격변화에 대한 연구"에서 페쇠의 담론이론을 적용하여 한국사회 세계화 담론의 변화과정을 분석하고 있다. 이를 위해 이 연구는 한국사회의 세계화 과정에 있어 중요한 지점이라 할 수 있는 IMF와 FTA를 계기로 세계화 담론이 어떻게 변화했는지를 분석한다. 이와 함께 담론 성격이 변화하게 된 구체적인 이유가 무엇인가를 정치, 경제 및 이데올로기적 조건과 다양한 세력들 간의 관계 등을 통해 규명하고 있다. 이를 바탕으로 담론의 성격변화가 결과적으로 한국사회에 "어떠한 효과를 가져왔는지"를 도출하는 담론 분석과정을 수행하였다(박유선, 2007, 5쪽). 분석결과, 다음과 같은 네 가지 논점을 제시하고 있다(박유선, 2007, 76-77쪽 참조). 우선, 한국사회에서 '세계화' 담론은 추상적 수준에서 우리 삶의 구체적 지점까지 파고들고 있다는 점, 둘째, 한국사회에서 세계화 담론은 지배세력에 의해 포섭되어 왔다는 사실, 셋째, 한국사회에서 세계화 담론을 변화시킨 요인은 외부로부터 신자유주의적 세계화 공세와 한국사회에 내재되어 있는 지배 이데올로기라는 점이 그것이다. 마지막으로, 대항세력은 세력 내 내부적인 변화와 함께 언론의 효과적인 배제로 큰 영향력을 발휘할 수 없었고, 김영삼 정부 시기, 시민단체와 학계는 조직적 실천을 보이지 못했다는 IMF 국면의 실천적 한계점들을 진단하고 있다. 이러한 연구의 의의는 특정 역사적 국면의 사건들을 '세계화 담론'의 의미화 과정과 정치적 실천의 측면에서 성찰적으로 접근하여 면밀한 분석을 행하고 있다는 점에서 발견된다.

(2) 페어클러프와 판 데이크의 비판적 담론 분석 적용 사례

서덕희(2006)는 "'교실붕괴' 이후 신자유주의 교육담론의 형성과 그 저항: 홈스쿨링에 대한 담론분석을 중심으로"라는 주제로 뉴스담론을 분석하였다. 이 연구의 문제의식은 1999년 이후 TV와 신문을 통해 확산된 교실붕괴 담론이 일상적인 '교육'담론의 변화에 분기점을 형성하였고, 이를 통해 TV와 신문이 새롭게 교육관련 특집을 신설할 정도로 교육담론에 관심을 기울였다는 점에서 출발한다. 그런데, 이처럼 교육에 대한 관심이 지속되면서 공적인 교육담론 내에서 헤게모니를 획득한 것은 경제 논리에 의하여 식민화된 '신자유주의적' 교육담론이었다. 여기서 문제는 교육담론이 진전되면서 더 신속하고 높은 학력을 성취할 수 있는 교육적 대안으로 "홈스쿨링"이 표상되기 시작했다는 것이다(서덕희, 2006, 79쪽). 이러한 문제에 착안하여 TV와 신문의 교육에 관한 뉴스담론을 분석하기 위해 이 연구는 비판적 담론 분석방법을 적용하고 있다(서덕희, 2006, 81-82쪽 참조). 보다 구체적으로 살펴보면, 비트겐슈타인의 언어놀이이론과 푸코의 담론이론에 근거를 두고 분석방법을 구체화한 페어클러프의 비판적 담론 분석방법을 적용하였다. 페어클러프의 방법은 텍스트의 내적 관계와 외적 관계 분석, 그리고 이를 매개하는 담론 수준의 분석을 위해 사용되었다. 특히 내적 관계 분석은 의미론적, 문법적, 어휘적 관계 등을 중심 대상으로 했다면, 외적 관계 분석은 현실의 제도적 장과 시민사회의 실천 등을 대상으로 분석했다. 이 내외적 관계를 연결하기 위해 도입한 담론 수준의 분석은 장르, 담론들, 스타일을 통해 각각 텍스트가 권력관계에서 어떠한 행위를 수반하는지, 특정 현상을 무엇으로 표상하는지, 저자에 대한 표현방식은 어떻게 자기형성 혹은 동일시 작용을 통해 나타나는지 등을 분석하였다. 이 연구의 의의는 비판적 담론 분석 이론의 핵심 이론가인 페어클러프의 이론과 분석방법을 현실 사례에 적용하고 있으며, 특히 담론과 실재대상의 관계를 전제로 한 유물론적 담론이론의 문제의식을 견지하고 있다는 점에서 의미가 있다.

표 4-4. 담론 분석의 수준에 따라 정리한 홈스쿨링 담론 형성의 과정

시 기	홈스쿨링 담론의 형성과정	담론 분석의 수준		
		내적 관계 분석	담론 수준 분석(매개)	외적 관계 분석
1999~2000	"감옥을 탈출하라"	홈스쿨링과 제도교육을 표현하는 어휘들 간의 의미론적 대조	담론: "교실붕괴" 담론과의 상호텍스트적 관계로 의미 공간 확보	제도교육의 획일성과 억압성 vs 대안교육의 다양성과 자율성: 90년대 초부터 시작된 시민사회의 국가주의, 관료주의 비판과 연계
2001	"개인의 교육선택권" vs "공동체적 사회운동"	어휘, 위상어(register)의 활용	• 장르: 시사평론(논의, 평가의 언어 제공) • 스타일: 전문가 vs 동료운동가 • 담론: "개인의 교육선택권" vs "공동체적 사회운동" 담론으로 분화	시민운동의 전문가 · 권리중심의 자유주의 운동 vs 시민 참여중심의 공동체 운동으로의 분화
2001~2004	신자유주의적 합리성 vs 저항	어휘의 의미론적 대조	• 담론: 내용에 있어서 두 담론은 각각 효율성과 공동체성 부각 • 장르: 보도 장르에 각각 효율을 위한 처방('how to') vs 성찰을 위한 서사를 섞음(genre mixing)	효율을 목적으로 처방을 소비하는 소비자의 합리성, 즉 신자유주의적 합리성의 실현 vs 성찰적 저항

출처: 서덕희 (2006). '교실붕괴' 이후 신자유주의 교육담론의 형성과 그 저항: 홈스쿨링에 대한 담론분석을 중심으로. 〈교육사회학연구〉, 16권 1호, 98쪽에서 인용.

한편, 장혜경과 우아영(2011)은 "TV 다큐멘터리가 생성한 정신장애 담론: 구별짓기의 완성"을 주제로 페어클러프의 비판적 담론 분석방법을 적용한 TV 다큐멘터리 담론을 분석하고 있다. 이 연구에서는 일반 대중의 정신장애에 대한 지식을 제공하고 지식에 기반하여 태도를 형성하는 미디어, 특히 TV 다큐멘터리가 어떠한 담론을 제시하는지를 분석하는 데 초점이 있다. 이를 위해 설정한 연구문제는 지적장애인이 TV 다큐멘터리에서 어떻게 그려지고 있으며 그것이 생산하는 담론은 무엇인가 하는 점에 두었다(장혜경 · 우아영, 2011, 180-181쪽 참조). 이 연구에서 TV 다큐멘터리의 정의는 "사실에 기반하지만 제작자의 주관적 관점에 의해 재구성되며, 다큐멘터리는 사실의 선택과 배열을 통해 만들어진 구성물"(장혜경 ·

우아영, 2011, 182쪽)이라는 인식에 근거한다. 분석방법은 4개의 다큐멘터리를 영상, 소리, 언어적 표현으로 구분하여 분석대상으로 설정하였고, 다큐멘터리에 나타난 정신장애 담론 분석은 페어클러프(Fairclough, 1992, 1995, 2001)의 비판적 담론 분석틀에 근거하여 이루어졌다. 분석결과(장혜경 · 우아영, 2011, 188-208쪽 참조)를 살펴보면, 우선 정신장애 담론의 스토리 라인을 분석한 결과 프로그램 모두 정신장애와 관련하여 충격적이고 자극적인 사례를 보여주고 약물이나 재활을 통한 치료의 신화를 보여주었다. 둘째, 정신장애 담론 분석의 결과, TV 다큐멘터리가 생성하고 있는 정신장애 담론은 '구별짓기의 완성', 텍스트 수준에서는 정신장애인의 비정상성과 폭력성을 제시하며 그들을 구별해야 하는 이유를 나타냈다. 담론적 실천에서는 구별의 주체와 방법을 정신장애의 불가해성 때문에 주체로서의 전문가 역할과 생의학적 패러다임을 적용하는 방법 등이 발견되었다. 또한 사회적 실천 부분에서 시청자들에게 정신장애인이 전문가와 국가의 통제 하에 있어야 한다는 점을 강조하고 있음을 밝혀내었다.

마지막으로, 정미정과 백선기(2011)는 "한국신문의 영화에 관한 보도담론의 특징과 의미: 산업담론과 문화담론의 대립적 갈등을 중심으로"라는 주제로 판 데이크와 페어클러프의 비판적 담론 분석방법을 적용하여 한국영화에 대한 신문의 보도담론을 분석하고 있다. 이 연구의 초점은 두 가지 담론, 즉 영화를 산업으로 인식하는 산업담론과 문화의 영역으로 인식하는 문화담론의 갈등적 관계와 그것이 함의하는 이데올로기적 의미에 대해 논의하고 있다. 특히 이러한 담론적 갈등이 첨예하게 대립되었던 시점인 한미 FTA 협상 가운데 영화 부문에 대한 언론의 담론에 주목하였다. 분석대상으로는 조선, 동아, 경향 및 한겨레신문으로 보수 및 진보의 대표적 신문들을 선정하여 담론 분석방법을 시도하였다. 분석방법으로는 판 데이크와 페어클러프의 담론이론과 방법론에 근거한 비판적 담론 분석방법을 적용하였다. 분석결과, 한국 언론에서는 영화에 대한 산업담론이 우세하며 영화에 대한 문화담론 또는 민족담론은 상대적으로 약하게 구성되고 있음이 발견되었는데, 그 이유로서 언론이 영화를 문화적 영역으로 인식하기보다는 산업적 영역으로 인식하고 있다는 사실을 확인하였다.

(3) 푸코의 담론이론 적용 분석 사례

한편, 최근의 뉴스담론 연구로서 최은희(2014)의 "한국과 독일의 방송뉴스 담론 비교 연구: 일본 후쿠시마 원전 사고 보도에 대한 푸코적 담론질서 중심의 시론적 고찰"을 들 수 있다. 이 연구의 문제설정은 2011년 3월 11일에 발생한 후쿠시마 원전사고에 대한 한국과 독일의 방송뉴스보도의 프레임 분석을 통해 양국의 언론이 견지하고 있는 보도 프레임이 어떠한 사회적 담론을 지배적인 여론으로 끌어내는지를 규명하는 데에서 출발한다. 분석방법은 두 가지 방법이 적용되고 있는데, 한편으로 푸코의 담론이론에 근거하여 뉴스보도의 프레임 설정 과정에 사회 내부적, 외부적 요인들이 작동한다는 점에 초점을 두면서, 또 다른 한편으로는 구성주의적 입장에 근거하여 담론의 질서가 구축한 언론의 프레임이 어떻게 수용자의 현실세계를 구성하는지 파악하는 데 중점을 두고 있다. 분석결과를 보면, 2011년 3월 11일부터 3월 24일까지 2주에 걸쳐서 일본에서 발생한 일본 후쿠시마 원전사태와 관련한 한국과 독일의 텔레비전 뉴스보도의 프레임에서 한국은 후쿠시마 원전 노출 방사능 물질이 한국에 영향을 미치지 않을 것이며, 한국 원전은 안전하다는 배제 프레임(exklusive framing)과 선긋기 프레임(grenziehende framing)을 제시하고 있다(최은희, 2014). 반면, 독일은 후쿠시마 원전 사고를 교훈 삼아 독일에서도 발생할 가능성이 있는 원전 사고를 피할 수 있는 최대한의 조건인 원전 포기에 대한 시민사회 담론을 미디어 담론에 반영하고 있다. 독일 보도담론에서 원전이 안전하고 경제적이라는 프레임은 배제되고 금기시되는 담론질서를 보인다.

(4) 담론연구를 위한 이론적 연구 사례

마지막으로, 담론연구의 이론과 방법론을 이론적으로 검토하는 연구 사례를 들 수 있다. 이러한 연구로서 류웅재(2010)는 "담론 분석과 정치경제학의 조우 가능성에 대한 탐색적 연구: 커뮤니케이션 질적 연구방법론의 몇 가지 논점을 중심으로"라는 주제의 담론연구를 수행하였다. 이 연구는 구체적인 담론 분석을 행하고 있지 않지만, 비판적 담론 분석방법의 이론을 탐색하며 정치경제학적 방법론과의 통합적 연계성을 제안하고 있다. 이 연구의 초점은 질적, 비판적, 해석학적 커뮤니케이션 연구에 있어 담론 분석이 비언어적 요소, 특히 구조와 맥락, 사회적 총체성 등을 포괄하는 구조적 · 산업적 분석이나 미디어 정치경제학과 맺는 유기적 관계, 나아가 양자 간의 유사한 인식론 및 문제의식을 밝히는 작업을 통해 향후 비판 커뮤니케이션 및 미디어 문화연구의 방법론적 논의를 확장하는 작업을 시도하는 데 있다. 구체적인 이론적 논의로서 푸코의 담론이론을 포함한 비판적 담론 분석의 다양한 해석과 방법론적 전통을 탐색하고 있으며, 궁극적으로는 담론과 담론의 외부, 즉 미디어 정치경제학의 주된 관심사인 구조와 물질, 생산과 제도 등과 맺는 상호 조응관계에 대해 방법론적 탐색을 전개하고 있다. 비판적 담론 분석은 기본적으로 담론뿐 아니라 실재대상인 역사적 · 사회적 · 정치적 조건들과 국면들을 고려한 치열한 논쟁의 산물이다. 이러한 점에서 방법론의 이론적 접근과 분석방법의 성격이 다른 정치경제학적 연계가 어떠한 의미가 있는지에 대해서는 보다 면밀한 검토가 필요한 것은 사실이다. 그럼에도 불구하고 담론연구의 이론과 방법을 개발하고 질적 연구의 학문적 신뢰성을 검증할 수 있는 방법을 모색하는 차원에서 이 연구의 시도는 의미성을 지닌다.

2) 시사점 및 의의

커뮤니케이션과 미디어교육 분야에서 담론 분석은 이론과 방법론에 있어 다른 질적 연구에 비해 방대하고 복합적인 학문적 인식과 판단력, 그리고 분석능력이 요구되는 방법론이다. 덧붙여 담론 분석의 작업에는 질적 연구의 공통적인 특징인 연구자의 인고와 오랜 시간의 할애, 그리고 집중력이 요구된다. 왜냐하면, 담론연구는 단지 신문과 TV, 그리고 인터넷에 등장하는 어휘나 단어들을 분석하여 결과를 도출하는 기능적 분석방법이 아니기 때문이다. 즉 언어학과 의미론적 인식은 물론 철학, 역사학, 사회학, 문화연구, 기호학, 정신분석학, 심리학 등 다양한 이론들과 분석방법론들을 통찰할 수 있는 연구태도가 필요하기 때문이다. 하지만, 담론 분석을 수행한 선행연구들의 경우 담론 분석을 위한 정교한 이론과 방법론의 적용을 하는 경우도 있지만, 종종 단어와 어휘, 혹은 현실의 정책 이슈 등을 분석하는 기능적 접근의 사례도 발견된다. 이는 연구자의 사유와 담론을 대하는 태도의 차이에서 비롯되는 것이기도 하지만, 질적 연구의 방법론으로서 담론 분석의 이론과 방법의 체계화가 제대로 이루어지지 않은 국내 담론연구의 풍토에서 기인하는 한계점도 부정할 수 없다.

이러한 풍토를 고려할 때, 앞에서 살펴보았던 담론 분석의 다양한 이론과 방법을 어떻게 커뮤니케이션과 미디어교육 연구 분야에 적용할 것인가 하는 문제는 후속 연구의 필요성을 환기시킨다. 특히 질적 연구의 중요한 분야로서 담론 분석의 이론과 방법론에 대한 관심은 질적 연구를 수행하는 연구자들에게 중요하다. 왜냐하면, 담론 분석은 단지 언어적 체계의 선택과 조합의 메커니즘을 분석하는 것이 아니라 담론 외부의 실재대상인 '현실(the real)'이 어떻게 재구성되고 가공되어 구성된 현실이 되는지 현실의 문제로 눈을 돌리도록 하기 때문이다. 질적 연구는 사회적 현상과 사건들을 분석하는 데 그치는 영역이 아니라 변화 가능성을 모색하는 과제도 포함하는 실천의 학문적 전선이기 때문이다. 담론 분석이 연구자의 시각 변화뿐 아니라 삶의 방식을 전환시킬 수 있다는 점에서 삶이 힘들거나 무의미하게 느껴지는 연구자들의 관심을 기대해 본다.

제5장

05 근거이론 (grounded theory)

개관

근거이론은 지속적인 비교 분석을 통해 이론을 개발하기 위한 일반적 방법이다. 근거이론의 주요 이론가들인 글레이저, 스트라우스와 코빈, 차마즈 등은 각각 서로 다른 근거이론의 체계와 방법들을 구현하였다. 그것은 실증주의, 실용주의와 상징적 상호작용론, 그리고 구성주의적 사상에 기반한 근거이론의 개념과 방법의 체계화를 통해 나타났다. 근거이론은 다른 질적 연구와 유사하게 자료수집과 문헌조사 등의 방법들을 사용하지만, 다른 점은 범주구성, 코딩 분석, 이론 개발 등의 특수한 방법과 절차들을 사용한다는 점에 있다. 근거이론의 의의는 현존하지 않는 이론의 개발이나 기존 이론의 개선을 도모하는 데 있다.

근거이론의 이해를 위해 본 장에서는 근거이론의 주요한 사상인 상징적 상호작용론, 근거이론의 정의와 배경, 연구 유형 등 이론적 논의, 방법론의 유형과 특징, 그리고 적용 사례와 함의 등을 살펴보고자 한다.

토론 주제

1. 근거이론의 사상적 배경은 무엇인가?
2. 근거이론은 어떠한 이론적 체계와 특성을 지니고 있는가?
3. 근거이론의 방법론은 이론가에 따라 어떠한 차이점이 나타나는가?
4. 근거이론의 코딩 분석절차 및 방법은 어떠한 특징을 지니는가?
5. 선행연구에서 근거이론은 어떻게 적용되고 있는가?

주요 용어

상징적 상호작용론 • 구성주의 • 근거이론 • 글레이저(Glaser) • 스트라우스(Strauss) • 차마즈(Charmaz)

1

문제설정: 상징적 상호작용론

1) 사상적 배경

(1) 근거이론의 사상적 배경

근거이론의 사상적 배경은 이 방법론을 정초한 바니 G. 글레이저(Barney G. Glaser)와 안셀름 L. 스트라우스(Anselm L. Strauss), 그리고 캐티 차마즈(Kathy Charmaz)의 사상과 연관시켜 살펴볼 수 있다. 글레이저의 경우 콜롬비아 대학교에서 연구한 실증주의적 사상에 기반한 계량 방법론에 근거한다면, 스트라우스는 시카고 대학에서 습득한 실용주의와 미드의 상징적 상호작용론에 사상적 기반을 두고 있다. 하지만, 1967년 이후 글레이저와 스트라우스(Glaser & Strauss)는 공저인 〈근거이론의 발견(*The discovery of grounded theory*, 이하 발견)〉(1967)을 학계에 선보이면서 당대의 가설검증을 중심으로 한 연역적 연구논리에 의문을 품고 새로운 이론과 분석방법을 공동으로 창안하였다. 이러한 근거이론의 사상적 배경은 실증주의 사상을 비롯해 실용주의 철학자인 듀이(Dewey)와 상징적 상호작용론의 주창자인 미드(Mead), 그리고 퍼어스(Peirce)의 실용주의 사상 등에서 배태하였다. 때문에 글레이저와 스트라우스는 그들의 첫 공저인 〈발견〉에서 근거이론이 "질적 연구일 뿐 아니라 양적 연구에도"(Glaser & Strauss, 1967, pp. 17-18) 적용할 수 있는 일반적 방법론이라고 명시하였다. 하지만, 이후 글레이저(Glaser,

1978)나 스트라우스와 코빈(Strauss & Corbin, 1990; Strauss, 1987)은 각각의 저서들에서 근거이론이 질적 연구자들을 위한 것임을 명시하였다. 따라서 근거이론의 이론과 방법은 분명히 질적 연구 영역의 전통 속에서 발전되고 개선되어 왔음을 명확히 주지할 일이다. 이와 함께 정서, 가치, 개방성 등을 강조하는 차마즈(Charmaz, 2008)의 경우에도 근거이론을 구성주의적 접근을 통한 질적 연구방법으로서 규정하며 열린 해석의 패러다임을 강조하고 있다.

이러한 근거이론의 사상적 원천은 근거이론의 분석개념과 방법론 곳곳에 투영되어 있다. 근거이론의 사상적 배경을 살펴보는 것은 결국 근거이론의 핵심 이론가들의 주요 개념과 사유방식들을 이해하기 위해 필수적인 일이다. 여기서는 이 세 이론가들의 핵심 사상 중에서도 근거이론에 중요하게 작용하는 상징적 상호작용론과 구성주의를 중심으로 논의하고자 한다.

(2) 미드의 사상적 배경

상징적 상호작용론은 근거이론의 주창자인 스트라우스의 사상에 집약되어 나타나며, 글레이저나 코빈과의 공저들에서도 상호작용의 문제는 중요한 연구의 대상이자 목적으로 작용한다. 즉 상징적 상호작용주의의 시각에서 근거이론의 이론과 분석방법론을 개진하고 있다는 점이다. 여기서는 근거이론에 중요한 개념과 관점을 제공하는 미드의 상징적 상호작용론을 살펴보고자 한다.

실용주의 철학자인 조지 허버트 미드(George Herbert Mead)는 하버드 대학에서 철학을 전공하였고 시카고학파의 핵심 일원이면서 사회심리학을 주창한 사상가이다. 40여 년 간, 듀이와 함께 시카고 대학에서 후학들을 양성했던 미드의 대표적인 저서로는 그의 사후 제자들이 출간한 사회심리학 강의록인 〈정신 · 자아 · 사회〉(1934/2010)를 비롯하여 〈현재의 철학〉(1932), 〈행위의 철학〉(1938) 등의 저서들이 존재한다. 그리고 사회심리학을 보다 더 체계화한 논문인 “생리적 심리학에 대한 대응으로서의 사회심리학(Social psychology as counterpart to physiological psychology)”(1909)을 들 수 있다. 미드의 상징적 상호작용론은 단일한 사회학적 학문의 전통에서 비롯된 것이 아니라 독일과 미국의 철학적 사상과 사회과학의 복합적 산물이다(양해림, 2011). 즉 미드는 한편으로, 실용주의 철학자인 듀이와 함께 시카고학파의 사회과학적 학풍을 주도하였다면, 또 다른 한편으로는 독일 라이프치히 대학 유학시절에 접한 라이프니츠, 분트, 헤겔, 딜타이 등의 이론에 영향을 받았기 때문이다(Joas, 1988). 즉 사회과학의 이론과 경험적 연구, 그리고 변증법과 해석학을 토대로 한 철학사상을 혼융한 실용주의 사상이 생성된 것이다.

2) 주요 개념 및 사유

미드의 실용주의 철학과 상징적 상호작용론의 주요 개념들은 다음과 같이 몇 가지 개념들을 중심으로 살펴볼 수 있다. 여기서는 미드의 상징적 상호작용론에 초점을 두고 주요한 개념들을 탐색하고자 한다. 이를 위해 '사회적 제스처'와 정신 개념, '자아' 개념과 상호작용 모델, '역할이론': 놀이와 게임 등의 순서로 각각의 개념 정의와 특성들을 논의하고자 한다.

(1) '사회적 제스처'와 정신 개념

우선, 미드의 '사회적 제스처'와 정신 개념을 중심으로 사유를 살펴보자. 이 개념은 빌헬름 분트(Wilhelm Wundt)의 제스처 심리학으로부터 영향을 받은 것으로서 정신적 행위의 개념을 새롭게 제시하는 단초를 제공한다. 분트는 현실세계에 존재하는 실재대상을 반영하는 것을 사회적 제스처로서 파악한다. 즉 '사회적'이란 개인의 내부에 제한된 감정이 아니라 다른 대상과의 사회적 상호작용의 한 부분을 표현하는 행위로서 '제스처'를 의미한다. 미드가 자아의식의 출발점을 사회적 제스처에 두는 것도 이 때문이다. 제스처란 '타자의 반응에 적응하도록 하는 행위의 한 측면'으로서 자아의식을 형성하는 계기를 제공한다는 점에서 그러하다. 미드가 자신의 소논문인 "의미 있는 상징(Significant symbol)"(1922)에서 밝히고 있듯이,

의미 있는 상징은 “또 다른 개인”이며, “자아라고 명명된 것”(Mead, 1922, p. 162)이다. 왜냐하면, 누군가 “도둑이야”라고 외쳤을 때, 이 목소리의 제스처는 주변에서 듣고 있던 행인이 어떻게 행동해야 하는지를 지시하는 의미 있는 상징으로 작용하기 때문이다. 따라서 상징은 사회적 제스처나 언어를 통해 형성된 또 다른 자아의 역할을 수행하게 된다. 이러한 주장이 가능한 것은 인간이 상징이나 언어를 통해 의사소통하는 과정에서 자신을 성찰적으로 대할 수 있는 정신이 형성되기 때문이다(양해림, 2011). 이러한 미드의 사회적 제스처 개념에는 인간에 대한 존재론적 규정이 자리한다. 인간 존재는 단지 외부의 특정 상황에 반응하는 수동적 존재가 아니라 상징적 상호작용을 통해 능동적인 행위를 교류할 수 있는 능동적 행위자인 것이다. 이러한 미드의 사유는 사회적 행위로서 제스처를 파악한 분트의 철학에서 기인하며 이는 곧 개인심리학을 넘어서서 사회심리학의 사상적 전환을 가능케 하도록 하는 계기를 제공하였다(Mead, 1934/2010).

또 다른 한편, 미드의 사회적 제스처에 대한 사유는 정신에 대한 새로운 해석을 통해 정립된 것이다. 이것은 주로 데카르트의 코기토(cogito ergo sum) 논리나 다윈의 진화론에서 비롯된 정신 개념을 비판하는 관점에서 나타난다. 데카르트의 경우, 정신과 몸이 만나는 장소로 송과선(뇌의 좌두엽, 우두엽 사이의 내분비 기관)을 제시하지만, 이 송과선 역시 연장된 물리적 세계에 속할 뿐이다(하홍규, 2011). 문제는 정신을 개인의 유기체적 관점에서 바라보거나 이성이 사회를 구성한다는 관점은 불합리하다는 것이다. 왜냐하면, 정신이 개인에게 있다고 해도 “본질적으로 그것은 사회적 현상이기 때문”(Mead, 1934/2010, 218쪽)이다. 즉 정신의 사회적 본질은 개인의 유기체적 조건이나 이성이 아니라 사회적 상호작용을 가능케 하는 경험의 매트릭스 안에서 형성되는 것이다.

(2) ‘자아’ 개념과 상호작용 모델

두 번째로, ‘자아’ 개념에 대한 이원적 구분과 해석적 관점을 들 수 있다. 미드의 상징적 상호작용론에 따르면, 인간은 자아를 가진 유기체로서 이 자아를 통해 자신과 거리를 두고 성찰적으로 대할 수 있다. 즉 자아는 자아로 인해 자기 자신과 대화하고 타인을 대하듯이 자기를 대한다는 점에서 반성과정(reflexive process)인 것이다(Blumer, 1969). 자아와 관련한 미드의 관점은 자아를 이원적으로 구분하는 방식에서 발견된다. 이것은 미드의 주요한 사회심리학적 관점을 보여주는 것으로서 의식과 자아(self)의 발생과정에 대해 이해할 수 있게 한다. 구체적으로 살펴보면, 자아는 주관적 자아(I)와 객관적 자아(me)로 구분되며 이 두 자아인 I와 me는 사회적 경험을 바탕으로 서로 상호작용한다(Mead, 1934/2010). 예컨대, I는 타인의 태도에 대한 나의 반응이라면, me는 내가 스스로 선택하는 타인들의 태도이다. 즉 주체인 I는 자아를 형성하며 또 다른 나이자 객체적 대상인 me를 설정하고 반성적, 성찰적 과정에 참여하게 되는 것이다(Mead, 1934/2010). 즉 자아는 출생과 함께 나타나는 게 아니라 사회적 경험과 활동과정을 통해 형성되는 것이다. 따라서 나를 의식하고 성찰하기 위해서는 이 이중적 자아의 상호작용이 수반되어야 한다. 왜냐하면, "자아들은 다른 자아들과의 분명한 관련 속에서만 존재할 수 있고, 개인은 자기가 속한 사회적 집단의 다른 구성원들의 자아와 관련해서만 자아를 소유하기"(Mead, 1934/2010, 254쪽) 때문이다. 이러한 이중적 자아의 상호작용 관계를 도식화해서 명료하게 살펴보면 다음 〈그림 5-1〉과 같다.

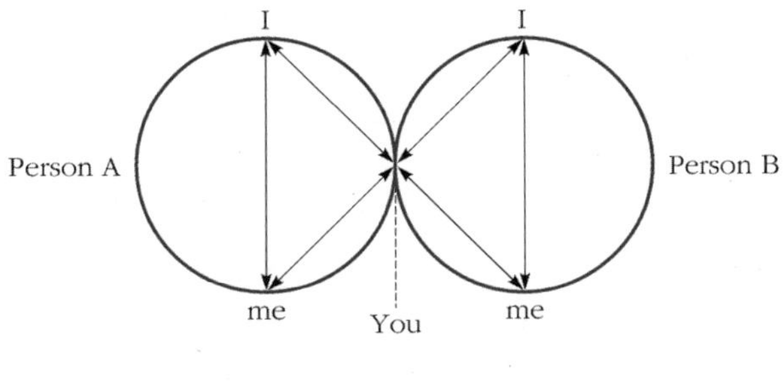

그림 5-1. 주관적 자아와 객관적 자아의 상호작용 모델

출처: 박기순 (1987). 상징적 상호작용이론의 모형정립: 2인 커뮤니케이션을 중심으로. 〈한국사회학〉, 21권, 52쪽에서 인용. 원 저작권자의 모든 권리가 보호됨.

이 〈그림 5-1〉에 대해 박기순은 다양한 성격의 설정을 통해 다음과 같이 설명하고 있다(박기순, 1987, 52-53쪽 참조). 이 그림에서 정신은 원 내부의 화살표를 가리키며 두 개의 원은 I와 me로 구성되어 있는 A라는 사람과, B라는 사람의 자아를 의미한다. 사회는 A의 자아와 B의 자아가 You라는 접점을 통해 만나는 과정으로서 이 과정은 다음과 같이 네 가지 상징적 상호작용 패턴을 나타낸다.

우선, I－You－I는 A라는 사람의 I와 B라는 사람의 I 사이의 상호작용이다. 그러나 I는 충동적이기 때문에 독특한 역할을 행한다. A와 B의 특수한 사회적 경험이 나타나고, 이 패턴은 I를 통제하는 me가 없기에 A의 I와 B의 I는 독립적 관계를 형성하게 된다.

둘째, I－You－me는 A의 I와 B의 me 사이의 상호작용을 보여준다. me는 성격상 반성적 자아를 나타낸다. A라는 사람의 I는 B의 me에 투사적 역할을 하며 B에 대하여 반의존적 관계를 형성한다.

셋째, me－You－I는 A의 me가 B의 I를 반성적으로 대하는 입장이다. 따라서 B에 대하여 의존적 관계를 형성한다.

마지막으로, me－You－me 사례에서 me는 개인이 그것으로부터 자아를 보게 되는 일반화된 타인이며 사회적 자아를 가리킨다. 따라서 이 패턴은 역할에 있어 일반성을 띠게 되고 관계는 상호의존적이다. 이 패턴은 비예측적인 I가 개입되어 있지 않은 사회적 기대나 역할에 토대를 둔 상호작용 패턴을 보여준다.

이와 같이 상징적 상호작용론에서 자아 개념은 내가 보는 주관적 자아(I)뿐만 아니라 다른 사람의 눈으로 보는 객관적 자아(me)로 구분하여 일상생활의 행위와 상호작용, 그리고 의사소통의 상황 등을 고려하고 있다. 이러한 자아 개념은 미드의 제자인 블루머(Blumer, 1969)에 의해 사회학적 측면에서 더 체계화되었다. 블루머는 자아를 해석의 과정을 통해 설명하였고 복잡한 상호작용의 양상들을 분석하기 위해 사회적 행위 개념을 구체화시켰다. 이러한 관점에서 상징적 상호작용론은 사회심리학, 사회학, 해석학의 유의미한 이론과 개념들을 새롭게 재구성하여 자아를 사회적 상호작용과 해석의 주체로서 분석할 수 있도록 하였다.

커뮤니케이션 연구에서 상징적 상호작용론이 지속적으로 적용 분석되고 있는 이유도 의사소통의 행위가 해석 과정이면서 특정한 사회적 행위들을 수반하기 때문이다. 위르겐 하버마스(Jürgen Habermas)(1981/2006)가 정의하듯이, 의사소통은 기본적으로 2인 이상의 발화자와 청자 사이의 대화적 상황을 의미하며, 의사소통의 규범은 화폐와 권력이라는 조종매체를 통해 왜곡될 수 있다는 점에서 상호작용의 행위들은 의사소통이론의 정립에도 커다란 영향을 미쳤다.

(3) '역할이론': 놀이와 게임

마지막으로 '역할이론'을 통해 나타난 상징적 상호작용론에 대해 살펴볼 수 있다. 역할(roling-taking)은 면대면 상호작용 중에서도 내면적 사고행위로서 상호작용의 실천성을 파악할 수 있는 중요한 개념이다(양해림, 2011). 미드에 따르면, 이러한 역할은 자아가 발전하는 단계를 통해 나타난다. 역할 수행이란 다른 사람의 입장에서 자기 자신을 해석하고, 중요한 타자들과의 역할을 수행하는 과정에서 자아가 형성되는 과정을 의미한다(Mead, 1934/2010). 즉 역할이론은 자아가 출현하고 발전하는 과정에서 어린이들이 부모나 친구, 혹은 교사들의 입장에서 자신을 바라보고 해석하는 과정을 가리킨다. 그러면, 자아의 발전단계는 어떻게 구성되는가?

미드는 자아의 발전단계를 의미 있는 상징들이 사용되는 초기 단계, 놀이(play) 단계, 그리고 게임(game) 단계로 구분하며 각각의 역할 행위에 대해 설명한다(Mead, 1934/2010). 우선, 의미 있는 상징을 사용한다는 것은 자신의 '목소리 제스처'가 객관적인 나나 다른 사람에게 특정한 반응을 불러일으킨다는 것을 의미한다. '공격'이라는 말은 단순히 말의 표현으로 끝나는 것이 아니라 다른 사람들, 즉 아군과 적군 모두에게 발화수반행위를 불러일으킨다는 점에서 '의미 있는 상징'이다. 즉 상징적 상호작용에서 '목소리 제스처'는 사회적 행위들을 창출하는 "신호(signal)"(Habermas, 1981/2006, 22쪽)인 것이다. 어린이들이 의미 있는 상징을 사용하기 시작하는 것도 이처럼 자신을 타자로 대하는 상황에서 이루어진다.

하지만, 이 경우에 다른 사람들의 역할을 가정할 때 나의 자아는 존재하게 되며, 다른 사람들의 태도를 지각할 때에 한해 자아가 형성된다는 점에서 초기 단계의 역할 행위로서 파악된다.

두 번째는 놀이 단계로서, 어린이들이 어머니나 아버지의 역할을 따라 하면서 자아를 형성해 간다는 것을 의미한다(Mead, 1934/2010). 놀이를 설명하기 위해 미드는 어린이들이 모여서 "인디언 놀이"를 하는 상황을 제시한다(Mead, 1969, pp. 192-193). 즉 놀이를 하는 동안 어린이들은 인디언의 역할을 수행하며 자기 자신뿐 아니라 다른 친구들의 반응도 자극하며 정체성을 발달시킨다. 이를 통해 어린이는 자극하는 인디언 역할뿐 아니라 그 자극에 대한 반응을 경험하며 놀이를 조직화할 수 있는 능력이 생기는 것이다. 또 다른 예로, 어린이가 자신에게 어떤 것을 제시하고 다시 사는 놀이 행위를 들 수 있다. 자기 자신에게 편지를 주고 배달하거나 부모나 선생님이 되어 자기 자신에게 말을 하고, 경찰이 되어 자기 자신을 체포한다. 다른 사람들에게서와 동일한 반응을 불러일으키는 자극들을 자신 안에 가지는 것이다. 이러한 놀이 과정을 통해 어린이는 반응들을 받아들이면서 전체적인 자아를 형성하게 된다. 하지만, 이 경우는 엄격한 의미에서 사회적 역할이 아니다. 왜냐하면, 하버마스가 지적하듯이 판매자, 경찰, 범죄자 등 입장을 바꾸어 가며 역할 놀이를 하는 것은 '구체적인 행동 유형'(Habermas, 1981/2006)에 불과하기 때문이다. 즉 한 집단의 구성원 모두에게 일반화된 행동 유형, 즉 규범이 아니라면 A와 B의 특수한 상황에서만 타당성을 가질 뿐이다.

마지막으로, 게임 단계는 더 고차적이고 조직화된 역할 놀이가 수행되는 과정을 가리킨다. 어린이들은 게임을 통해 통합된 인성을 얻을 뿐 아니라 집단의 운영방식에 관계하고, 집단의 행위와 관련한 그들의 반응을 조직하는 방법을 터득하게 된다(양해림, 2011). 하지만, 놀이와 경쟁적 게임의 근본적 차이는, 후자의 경우 어린이가 다른 모든 참여자들의 태도를 자신 안에 가지고 있어야 한다는 점에 있다. 즉 게임 참여자들의 조직화는 곧 그 개인의 반응을 통제하는 방식을 통해 수행되는 것이다(Mead, 1969, p. 196). 이 때문에 놀이와 게임은 양자 모두 조직화된 역할 놀이로서 자아 형성을 가능케 하는 행위이지만, 놀이와 달리 게임의 경우는 나와 너의 구체적 관계를 넘어서는 관찰자 시점을 요구한다는 점에서 차이가 나타난다. 즉 게임에 참여하는 사람들은 나와 너가 아니라 나, 너, 그 혹은 너희들, 그들 등 복수적으로 관계 맺는 체계 속에 들어서게 되고, 역으로 타자들은 "인칭, 3인칭 인물의 역할로서 '나'와 관계"(Habermas, 1981/2006, 67쪽)하게 되는 것이다. 이 과정에서 중요한 것은 상호작용의 구체적 행동이 아니라 게임의 규칙뿐 아니라 룰(rule)을 위반했을 경우에 가해지는 제재와 처벌에도 합의를 해야 한다는 점에서 놀이와 차이가 발생한다.

이상과 같이 미드의 상징적 상호작용론 중에서도 몇 가지 주요한 개념들을 살펴보았다. 이러한 미드의 사상은 미국의 사회학적 전통과 독일의 철학적, 해석학적 전통의 융합과정에서 진전된 성과를 보였다는 점에서 의미가 있다. 특히 상징적 상호작용론은 근거이론의 주요한 사상적 토대로서 여전히 영향력을 행사하고 있다는 점에서 보다 심도 깊은 연구와 탐색이 요구된다. 덧붙여 하버마스 역시 앞에서 살펴본 미드의 주요 개념들을 그의 주저인 〈의사소통행위이론 I, II〉(1981/2006)에서 논리적인 해석을 덧붙이며 의사소통의 타당성 요구와 규범들을 정초하기 위한 이론적 자원으로 활용하고 있다는 점에서 미드 이론은 매력적이고 후학들의 호기심을 자극할 만하다.

2

근거이론의 이론적 논의

1) 근거이론의 정의와 배경

(1) 근거이론의 정의 및 특징

근거이론에 대한 정의는 기본적으로 1967년에 근거이론을 처음으로 제기한 글레이저와 스트라우스(Glaser & Strauss, 1967), 그리고 이어진 스트라우스와 코빈(Strauss & Corbin, 1990, 1994, 1998)의 개념 정의를 바탕으로 각각의 이론과 방법론에 따라 다양한 의견들이 제시되었다. 이러한 근거이론의 정의를 각각의 연구 초점에 따라 분류하면 다음 몇 가지 유형으로 정리할 수 있다.

우선, 근거이론이 지속적인 비교 분석을 통해 이론을 개발하기 위한 일반적 방법이라는 견해다. 이것은 주로 스트라우스와 코빈, 그리고 글레이저 등 근거이론의 주창자들에 의해 제시된 것이다. 스트라우스와 코빈에 따르면, 근거이론은 체계적으로 자료를 수집하고 분석하는 작업을 통해 이론을 개발하는 "일반적 방법론"이다(Strauss & Corbin, 1994, p. 273). 이론은 실질적 연구와 함께 분석과 데이터 수집 사이의 지속적인 상호연계를 통해 이루어진다. 글레이저와 스트라우스가 강조하는 것처럼, 이러한 분석적 접근의 핵심적 특징은 "비교 분석의 일반적 방법"(Glaser & Strauss, 1967, p. vii)이라는 점에 있다. 따라서 이 접근은 종종 '지속적인 비교연구 방법'으로서 언급되곤 한다(Glaser & Strauss, 1965, 1967). 왜냐하면, 근거이론의 목적은 다른 질적 연구의 방법론과 달리 기존의 이론과 정책의 결과들에 대한 끊임없는 비교와 평가, 그리고 새로운 대안적 이론을 개발하는 데 초점이 있기 때문이다. 크레스웰(Creswell, 2007/2010)에 따르면, 이론의 개발은 실천을 설명하는 것을 돕거나 후속 연구를 위한 틀을 제공해줄 수 있다. 그 이유는 이론 개발이 특정한 사건들을 경험한 연구참여자들로부터 수집된 자료나 현장에서 창출된 이론에 '근거'하기 때문이다. 따라서 '근거(ground)'의 의미는 이론을 창출하게 된 증거들을 가리키는 것으로서, 근거로 사용하는 자료가 개인이나 사회의 실질적이고 현실적인 생생한 경험을 토대로 수집된다는 것을 함축하는 것이다. 글레이저와 스트라우스는 이러한 근거이론의 근거들을 두 가지 이론 범주로 구분한다(Glaser & Strauss, 1967, pp. 32-34 참조). 즉 하나가 경험 현장에서 실제로 이론을 발견하는 실질이론(substantive theory, 실체이론)이라면, 다른 하나는 추상화된 개념들을 통해 구성된 공식이론(formal theory)이 여기에 포함된다. 이를 통해 알 수 있는 것은, 이론 개발 과정은 직접 현장에 가서 경험 자료들에 근거한 "실질이론"을 찾아내는 작업이라는 점, 동시에 기존의 선행연구에서 규명한 "공식이론"과 새롭게 발견한 실질이론을 비교해 나가는 과정이라는 점이다(윤견수, 2013, 168쪽). 따라서 근거이론의 초점은 현장의 경험적 자료와 선행된 공식이론과의 지속적인 비교작업을 통해 실질이론을 개발하는 데 있다(Charmaz, 2006).

두 번째로, 근거이론이 다른 방법론을 통해 발견하기 어려운 인간 및 조직의 사회적, 심리적, 구조적 현상을 파악하기 위한 질적 연구방법론이라는 견해이다(Morse, 2001/2003, 14-23쪽; 이동성 · 김영천, 2012, 1-2쪽). 즉 근거이론은 알려진 사실이 거의 없는 사회현상이나 기존의 해석과 다른 새로운 이해를 얻기 위해서 실재적 경험들을 탐색하는 질적 연구방법론이다(이동성 · 김영천, 2012). 이와 유사한 관점에서, 슈테른과 코반은 근거이론을 유용한 질적 연구방법론으로서 평가하는데, 그 이유는 인간과 사회의 상호작용적 과정과 궤도(trajectory)에 대하여 이론적 추상화 작업을 시도함으로써 사회적 현실에 대한 "실질적 이론(substantive theory)과 공식적 이론(formal theory) 모두를 생성"할 수 있기 때문이다(Stern & Covan, 2001/2003, 14쪽). 따라서 근거이론은 이론 내부의 문제에 제한된 이론 환원론적 접근이 아니라 이론 외부의 생생한 현실의 물질적 조건과 현상들에 '근거한' 질적 연구방법론이다.

마지막으로, 근거이론은 "해석적 방법"이라는 견해이다(Stern, 1994, pp. 213-214). 슈테른에 따르면, 근거이론은 생활세계나 사람들에 대해 기술하는 현상학의 철학적 사유를 공유하는 해석적 방법이다. 현상학과 다른 점이 있다면, 그것은 현상학적 연구가 많은 개인들의 경험적 의미를 강조하는 반면, 근거이론의 초점은 해석을 단순히 기술하고 전달하는 차원에서 벗어나 사회적 과정이나 행위 양상, 그리고 상호작용 등에 대한 추상적 · 분석적 구조로서의 이론을 개발하거나 비교 분석하는 데 있다는 것이다. 이와 같이 근거이론은 연구의 초점에 따라 다양하게 정의된 질적 연구방법의 한 유형이다. 요컨대, 근거이론은 현장 경험과 이론의 지속적인 비교 분석 작업을 통해 인간 및 사회 조직의 사회적 · 심리적 · 구조적 현상을 파악하기 위한 해석적 방법이다. 즉 근거이론은 현장의 경험적 자료를 통해 수집한 실질이론을 선행연구로서의 공식이론과 비교 분석을 통해 새롭게 이론을 개발하는 데 초점을 둔 질적 연구방법이다.

그러면, 근거이론은 어떠한 특징을 지니고 있는가? 근거이론은 다음과 같이 몇 가지 측면에서 다른 질적 연구와 차이점을 지닌다(김영천, 2013, 346-349쪽 참조). 우선, 근거이론은 연구주제와 행동 패턴을 맥락적 요인과 연관시켜 코딩 분석 작업을 수행한다는 점에서 차이점을 지닌다. 근거이론의 발전과정에서 코딩 절차와 분석방법의 체계화 작업이 중요한 분야로 간주되는 이유도 바로 이러한 분석방법의 특수성에 있다. 둘째, 근거이론은 개인의 행위와 사회적 현상이 주변 조건들과의 상호작용 속에서 변화 가능한 대안들을 창출한다는 점에서 차이가 있다. 그 이유는, 다른 질적 연구방법의 경우 연구주제와 관련된 문제들을 규명하는 과정에 초점이 맞춰져 있지만, 근거이론은 연구참여자들의 행동 패턴과 기존의 선행연구결과에서 해결하지 못한 문제들을 이론이나 정책으로 개발하는 것을 궁극적인 목적으로 설정하기 때문이다. 마지막으로, 근거이론은 다른 질적 연구방법과 달리 경험의 일반적 특성을 추상화하는 작업이라는 점에서 차이가 나타난다. 즉 다른 질적 연구방법이 주로 사실의 발견이나 구체적인 기술에 초점을 두는 반면,

근거이론은 경험적 자료와 이론의 비교 분석을 통해 새로운 이론을 제시하는 추상화 작업에 집중하는 방법이다.

요컨대, 근거이론은 다른 질적 연구방법과 같이 연구목적과 연구문제에 근거해 경험적 자료와 이론들을 분석하여 연구결과들을 도출하는 귀납적 방법이라는 점에서 공통점을 지닌다. 하지만, 근거이론이 다양한 코딩 분석절차에 따라 자료들을 분석하며 연구주제에 따른 문제의 발견뿐 아니라 궁극적으로 대안적 방안들을 이론과 정책으로 도출한다는 점에서 다른 질적 연구방법과 차이점이 발견된다.

(2) 근거이론의 역사적 배경

근거이론의 이론적, 방법론적 특성을 더 잘 이해하기 위해서는 역사적 배경을 거슬러 올라가 이론의 출발점을 탐색할 것을 요한다. 근거이론의 초창기 이론들이 최근까지도 논쟁적인 맥락에서 지속적인 검토가 이루어지고 있을 뿐만 아니라 여전히 중요한 이론과 방법론의 기본틀을 제공하고 있는 까닭이다. 그러면, 근거이론은 누구에 의해 어떻게 시작되었는가?

우선, 근거이론의 출발점은 1967년에 두 명의 사회학자인 글레이저와 스트라우스(Glaser & Strauss)가 공저인 〈근거이론의 발견(*The discovery of grounded theory*)〉을 저술한 데서 비롯되었다(Glaser, 1978, 1992; Glaser & Strauss, 1967; Strauss, 1987; Strauss & Corbin, 1994, 1998). 이 두 사회학자는 서로 다른 학문적 배경 속에서 근거이론에 대한 관심을 실현시켰다. 왜냐하면, 글레이저가 콜롬비아 대학교의 학문적 전통에 따라 실증주의적 사유태도를 견지했다면, 스트라우스는 시카고 대학교의 상호작용론과 실용주의 연구자들에게 강력한 영향을 받아 "해석적 패러다임과 실용주의를 근거이론에 적용"한 연구자이기 때문이다(Strauss & Corbin, 1998, p. 9: 김영천 2013, 352쪽 재인용). 구체적으로 살펴보면, 글레이저의 연구태도(Strauss & Corbin, 1998)는 양적 방법의 혁신자로 알려진 폴 라자스펠트(Paul Lazarsfeld)와 로버트 머튼(Robert K. Merton)에 의해 영향을 받았다. 특히 자료를 식별하고 개발하는 작업과 개념들을 연관시키는 작업 간의 비교를 행할 필요성을 인식하였다. 이처럼 콜롬비아의 전통은 계발이론과 연계한 경험적 연구를 강조함으로써 글레이저의 실증주의적 사상을 형성하도록 하였다. 반면, 스트라우스의 사유에 영향을 준 사상가로는 듀이(Dewey, 1929), 미드(Mead, 1934), 휴스(Hughes, 1971), 그리고 블루머(Blumer, 1969) 등 실용주의와 상징적 상호작용론에 근거한 이론가들이다(Strauss & Corbin, 1998). 이처럼 두 사람은 매우 다른 사상적 전통에서 영향을 받았지만 긴밀하게 공동의 작업을 수행하였다. 콜롬비아와 시카고의 전통은 전문가와 비전문적인 수용자들을 대상으로 하는 제작연구를 지향하였다. 이 때문에 죽음에 대한 초창기 전공논문들(Glaser & Strauss, 1965, 1968)을 포함해 많은 근거이론에 관련된 저술들이 글레이저와 스트라우스의 협력작업으로부터 생겨났고, 비전문적 수용자와 학계 모두에게 다루어졌다.

이와 같이 서로 다른 사상적 태도를 지니고 있는 글레이저와 스트라우스가 집필한 이 저서 〈발견〉의 목적은 다음과 같이 세 가지 지향점을 통해 나타난다(Strauss & Corbin, 1994, p. 275 참조). 우선, 연구작업이 이루어지는 동안 수집된 자료들과의 상호작용을 통해 창출되고 개발된 이론들에 합리적 근거들을 제공하는 데 있다. 이러한 관점은 주로 글레이저와 스트라우스가 주장한 바로서, "이론과 경험적 연구 사이의 당혹스러운 간극을 좁히려는"(Glaser & Strauss, 1967, p. vii) 의도에서 비롯된 것이다. 이러한 근거이론의 위상은 구조기능주의를 정립한 파슨스(Parsons)나 머튼(Merton), 그리고 블라우(Blau) 등의 지배적인 기능주의와 구조주의 이론에 반대 입장을 견지하는 데 있다. 글레이저와 스트라우스는 이러한 구조기능주의의 연구경향을 "사실상 과도하게 사변적이고 연역적인"(Strauss & Corbin, 1994, p. 275) 것으로서 간주하고 있기 때문이다. 두 번째는, 근거이론의 논리와 그 특수성을 제시하려는 데 목적이 있다. 마지막으로, 근거이론의 목적은 조심스럽게 질적 연구를 정당화하는 데 있다. 왜냐하면, 1960년대에 질적 연구는 점증하는 사회학자들 사이에서 적합한 입증이 어렵다는 이유로 미미한 수준의 연구 분야로 전락했기 때문이다.

이를 위해 글레이저와 스트라우스는 처음으로 근거이론을 중심으로 한 질적 분석방법을 샌프란시스코 캘리포니아 대학교의 대학원 수업인 사회행동과학 수업

세미나에서 지속적으로 강의하였고, 많은 대학원생들이 다양한 현상들에 대해 근거이론의 방법론을 적용해 전공논문과 연구논문들을 출간하였다(Strauss & Corbin, 1994). 이러한 연구작업들은 점차 질적 연구영역에서 근거이론의 접근 방법론을 널리 각인시키는 계기가 되었다. 특히 의료 사회학자들(medical sociologists)의 경우 실제로 이러한 경향이 나타났는데, 그 이유는 처음 집필된 두 편의 전공논문의 주제가 병원에서의 죽음에 대한 것이었기 때문이다(Glaser & Strauss, 1965, 1968). 특히 글레이저와 스트라우스의 1967년 원저의 이론적 기반은 여러 저술 중에서도 그들이 공저한 〈죽어감(dying)의 인식〉(Glaser & Strauss, 1965)에 기인한다. 이러한 역사적 맥락을 참조할 때, 근거이론은 자료에 대해 사고하고 개념화하는 방식으로서, 그 이론의 창시자들뿐 아니라 다양한 현상을 연구하는 학생들도 용이하게 접근하였던 일반적인 방법론이다.

글레이저와 스트라우스는 공저인 〈발견〉에서 "근거이론의 적용"이라는 제목의 장을 통해 다음과 같이 근거이론의 적합성을 설명하고 있다.

> 실질 영역(substantive area)에서 나타나는 일상 현실(the everyday realities)에 충실한 근거이론은 다양한 자료로부터 신중하게 도출되는 방법이다. 이 방법에 의해서만 이론은 (실제로 일어나는) 실질 영역의 일상 현실에 더 밀접한 연관성을 지닐 수 있으며 현장을 다루는 데 더 잘 적용될 수 있다. (Glaser & Strauss, 1967, pp. 238-239)

이와 같이 글레이저와 스트라우스는 그 어떤 질적 연구방법보다도 일상 현실과 현장의 사건에 근접하는 근거이론의 적합성을 주요한 이론과 방법론의 특징으로서 제시하고 있다. 이러한 관점에는 근거이론의 인식론적 배경이 자리한다. 앞에서 보았듯이, 근거이론은 1900년대 초반 실용주의 이론과 상징적 상호작용론, 그리고 실증주의 이론으로부터 사상적 영향을 받았기(Strauss & Corbin, 1990, 1994, 1998; Charmaz, 2006) 때문이다. 이러한 근거이론의 사상적 배경을 정리하면 다음 〈표 5-1〉과 같다.

> 표 5-1. 근거이론의 인식론적 기반

실증주의	실용주의
과학적 방법을 전제	문제해결 접근을 사용
외적 실재를 미리 예상	실재를 유동체로 보며, 다소 막연
관찰자는 선입견이 없음을 전제	상황에 따른 구체화된 지식생산을 전제
추상적인 일반론의 발견을 전제	다양한 관점의 탐색을 전제
경험적 현상의 설명이 목표	출현한 문제를 해결하기 위한 사람들의 행동을 연구하는 것이 목표
사실과 가치를 분리	사실과 가치를 동반요소로 봄
진실을 절대적이라고 봄	진실을 조건적이라고 봄

출처: Morse et al. (2009). *Developing grounded theory: The second generation*. Walnut Greek, California: Left Coast Press. 신경림 · 김미영 · 신수진 · 강지숙 (공역) (2011). 〈근거이론의 발전: 제2세대〉. 서울: 하누리, 163쪽에서 인용.

이와 같이 글레이저와 스트라우스의 초창기 협력 작업이 이루어진 후, 근거이론은 특정한 분야에 다양하게 적용되었다(Strauss & Corbin, 1994). 예컨대, 연구분야의 특수성, 연구 목적과 초점, 연구작업 동안에 직면한 돌발사태, 연구자들의 기질과 재능 혹은 나약함 등에 대한 분석 작업이 여기에 포함된다. 이러한 맥락에서 아델레 클라케(Adele Clarke)(1990a, 1990b)와 S. 레이 스타(S. Leigh Star)(1989a)는 각각 유용한 역사적 자료들을 현장작업 및 인터뷰 자료와 연계시켰다. 왜냐하면, 그들의 연구목적은 그들이 연구했던 과학적 학문분야 내에서 역사적 기원과 역사적 연속성을 파악하는 데 있었기 때문이다. 또한 캐롤린 위너(Carolyn Wiener)(1981)는 음주 대회의 참여자 및 이슈들에 대한 근거이론의 적용 연구에서 밀도 있는 인터뷰와 컨퍼런스 관찰 등에 의해 충족된 최신 문헌들을 출간하였다.

마지막으로, 1990년대 이후 근거이론은 스트라우스와 코빈(Strauss & Corbin, 1990, 1994, 1998)의 협력 작업을 통해 발전해 왔다. 이 두 이론가는 공저인 〈질적 연구의 기초(*Basics of qualitative research*)〉(1990)와 공동의 논문인 "근거이론 방법론 개관(Grounded theory methodology: An overview)"(1994) 등의 저술을 통해 근거이론의 역사와 이론의 발전 양상, 방법론의 기법들, 방법론의 확산과 위험성, 근거이론의 사회적 · 지적 경향 등을 명징한 자료들을 통해 논의하고 있다. 특히 흥미로운 것은 스트라우스와 코빈(Strauss & Corbin, 1998, p. 7 참조)이 근거이론가의 자질로서 제시하고 있는 다음의 여섯 가지 능력에 대한 것이다(〈표 5-2〉 참조).

표 5-2. 근거이론가들에게 필요한 기본 능력들

능력 범주	특 징
성찰 능력	거리를 두고 비판적으로 상황을 분석하는 능력
인식 능력	편견에 치우친 성향을 인식하는 능력
사유 능력	추상적으로 사유하는 능력
대처 능력	유용한 비판에 유연하고 개방적으로 대처하는 능력
민감성	응답자의 말과 행동에 대한 민감성
몰입 감각	연구 과정에 대한 몰두와 헌신의 감각

스트라우스와 코빈(Strauss & Corbin, 1998)에 따르면, 근거이론이란 자료를 체계적으로 수집하고 연구절차를 통해 분석하는 것을 의미한다. 방법의 측면에서 자료수집, 분석, 그리고 다른 이론들과의 밀접한 관계 속에서 최종적으로 이론을 정립하는 것이다. 자료(data)로부터 유도되는 이론은 경험에 기초한 개념들을 수집하거나 혹은 추측을 통해서만 도출되는 이론보다 더 "현실(reality)"에 가까운 것처럼 보인다. 따라서 스트라우스와 코빈(Strauss & Corbin, 1998)이 강조하듯이, 근거이론은 자료로부터 도출된다는 점에서 통찰을 제공하고 이해를 높이며 의미 있는 행동 지침을 제시하는 방법론이다.

2) 근거이론의 연구 유형과 접근 방식별 차이

주지했듯이, 글레이저와 스트라우스의 협력 작업으로 출현한 근거이론은 스트라우스와 코빈의 작업으로 이어지면서 보다 구체적으로 다양한 연구주제와 기법 등을 개발하며 변화해 왔다. 근거이론은 기본적으로 현장에 근접한 생생한 자료의 활용과 이론 개발에 적합한 방법론이라는 점에서 긍정적으로 평가된다. 하지만, 근거이론의 발전과 적용 과정에서 글레이저와 스트라우스는 서로 이견을 표명하며 다른 입장으로 접근하게 된다. 여기서는 근거이론의 연구 유형의 차이를 규명하기 위해 우선, 글레이저와 스트라우스의 연구 유형별 차이, 스트라우스와 코빈의 연구 유형, 그리고 차마즈의 구성주의적 연구 유형 등을 논의하고자 한다.

(1) 글레이저와 스트라우스의 연구 유형별 차이

주지했듯이, 글레이저와 스트라우스의 공동작업은 다양한 분야에 근거이론의 적용을 통한 연구 성과들을 창출하였다. 하지만, 두 근거이론의 협력자는 연구의 진전 과정에서 서로 이견을 표명하면서 근거이론의 분기점들을 형성하는 계기를 제공하였다. 양자의 서로 다른 관점은 자료분석 과정, 특히 절차 이용에 관한 것에서 비롯되었다. 즉 이견의 초점은 연구자들이 자료에 대한 개입과 활동들 속에서 발견된다. 글레이저(1992)에 따르면, 스트라우스와 코빈의 방법(1990)은 단지 근거이론의 상이한 버전이 아니라 제시된 근거이론의 범주와 개념들 사이의 관계에 대한 개념 설명부터 완전히 다른 방법으로 간주된다(Walker & Myrick, 2006).

여기서 주목할 것은 언어와 과정에 대한 연구 초점의 차이가 어떻게 나타나는가이다. 글레이저와 스트라우스의 근거이론적 접근은 이론 창출의 과정에서 주로 코딩, 내용의 비교, 질문, 이론적 표집, 그리고 메모 등을 주요한 범주로 이용한다. 나아가 양자의 접근은 동일한 기초 연구과정을 고수한다. 이를테면, 자료수집, 코드화, 비교, 범주화, 이론 표본, 핵심범주의 개발, 그리고 이론 창출이 대표적인 사례이다. 문제는 이러한 언어와 절차상의 유사성이 혼란스러운 이견을 만들어내었다는 점에 있다(Walker & Myrick, 2006). 그러나 심각한 것은 그 이견이 언어나 일반적 절차 자체가 아니라 이 절차들이 어떻게 수행되는지 하는 문제 속에서 나타난다. 이 절차들은 우리가 정보를 선별할 경우 규명하고 이해해야 할

상이한 방법론적 가정들을 반영한다는 점에서 중요하다. 이러한 상황에서 글레이저(1992)는 자신의 저서를 통해 스트라우스와 코빈(1990)의 방법론들을 비교하면서 그들의 근거이론적 접근에 도전장을 내밀었다. 논쟁이 본격화되기 시작한 것은 스트라우스가 1987년의 원본에 중대한 변화를 꾀한 〈사회과학자의 질적 분석(*Qualitative analysis for social scientists*)〉(1987)에 이어 코빈과의 공저인 〈질적 연구의 기초(*Basics of qualitative research*)〉(1990) 첫판을 발간한 데서 비롯된다(김인숙, 2011). 이에 대한 반응으로서 글레이저가 몇 년 후에 〈근거이론 분석의 기초(*Basics of grounded theory analysis*)〉(1992/2014)를 발간하여 그 서문에서 스트라우스의 1987년 이후의 저술들을 비판하며 반론을 제기했기 때문이다. 그 비판의 요점은, 스트라우스와 코빈의 〈질적 연구의 기초〉가 기존의 60여 년 간 적용해왔던 근거이론의 방법론을 "새로운 것처럼 포장"하면서 왜곡하고 있고, "근거이론의 주요 개념들 대부분을 거부"하고 있다는 것이다(Glaser, 1992, pp. 3-5; 김인숙, 2011, 358쪽). 따라서 그들의 저서에서 밝히는 내용으로는 근거이론을 구현할 수 없다는 것이 글레이저의 반론이다.

여기서 흥미로운 것은 글레이저와 스트라우스의 입장 차이는 존재론적, 인식론적 측면보다는 방법론적인 시각에 기인한다는 점이다. 즉 글레이저가 고전적 근거이론을 견지했다면, 스트라우스와 코빈은 고전적 양식을 재구성하고자 했기 때문이다(Annells, 1996). 구체적인 차이를 보면, 글레이저(1978)가 이론적 표본, 이론적 코딩, 이론적 메모의 활용과 같은 범주들을 구체화하기 위해 1967년도 원저인 〈발견〉을 넘어 확장하고자 했다면, 스트라우스와 코빈(1990)은 신참 연구자들을 위한 분석적 기법과 지침을 개발하는 데 관심을 두었다는 점에서 발견된다. 이와 관련하여 글레이저와 스트라우스의 차이를 보다 구체적으로 탐색하기 위해 월커와 마이릭(Walker & Myrick, 2006)은 다음 두 가지 측면에서 양자의 근거이론적 접근 유형을 비교하며 차이를 도출해낸다. 즉 코딩 절차와 근거이론의 형성 및 그 역할에 대한 의견의 차이가 그것이다. 특히 월커와 마이릭(Walker & Myrick, 2006)은 양자의 차이를 유발한 요인으로서 코딩 절차뿐 아니라 일반적 코딩에 초점을 두고 있다. 여기서는 자료분석 과정과 방법의 비교를 통해 양자의 근거이론적 관점의 차이점을 제시하고자 한다(〈표 5-3〉 참조).

이 〈표 5-3〉은 글레이저(1978, 1992), 스트라우스와 코빈(1990, 1994, 1998), 김인숙(2011), 월커와 마이릭(Walker & Myrick, 2006), 슈테른(1994) 등의 자료를 통합적으로 검토하여 도식화한 결과로서, 구체적인 비교 기준은 월커와 마이릭(Walker & Myrick, 2006), 그리고 김인숙(2011)의 분석틀을 응용하였다.

표 5-3. 글레이저와 스트라우스 · 코빈의 근거이론 방법론 비교

구 분		글레이저	스트라우스와 코빈
연구과정	부상(출현)	자료 내 패턴으로부터의 개념, 가설의 '부상(출현)', '발견' 중시	연구되어야 할 현상을 확인하는 하나의 진술, 연구자의 개입 중시
핵심범주	과정	사건의 범주 · 속성에 대한 질문을 던지며 코딩, 비교, 분석, 메모하며 범주를 산출하는 '일반적 코딩과정' 중시	축코딩의 일부: 속성, 차원, 개념 간 관계를 코딩함과 동시에 발생함. '작용/상호작용'의 움직임 · 변화, 맥락 · 상황 변화 중시
분석과정 / 방법	코딩 (coding)	경험적 자료들을 쪼개서 개념 범주로 분리해 이론을 만드는 과정	자료분석 과정
	코딩 절차	2단계: 실체적 코딩(개방코딩, 선택코딩), 이론적 코딩	3단계: 개방코딩, 축코딩, 선택코딩
	개방코딩 (open coding)	자료를 모든 가능한 방법으로 열어 놓는 것	자료에서 개념을 확인, 개념들의 속성과 차원을 발견하는 분석과정
	축코딩 (axial coding)	없음: 선입견의 작용으로 불필요함을 주장	현상이 일어나는 조건, 상황, 사람들의 반응과 작용, 상호작용, 그 결과
	선택코딩 (selective coding)	이론적 코딩: 축코딩과 무관하며 실체적 코드들을 연결, 통합하는 과정	선택코딩: 핵심범주의 선택과정

이 도식에서 제시한 양자의 차이를 간략히 비교 서술해 보면 다음과 같다. 우선, 근거이론의 연구과정에서 제기된 '부상(출현)'은 양자의 관점의 차이를 알 수 있는 중요한 개념이다. 글레이저와 스트라우스 모두 〈발견〉(1967)에서 이론 발견의 초점이 '부상함(출현)(emergence)'에 있음을 강조한 바 있다. '출현'이란 연구자가 "인내심을 바탕으로 자료를 강제하지 않고 나타나도록" 작업하는 것을 의미한

다(Glaser, 1992, p. 4: 김인숙, 2011, 360쪽 재인용). 예컨대, 연구를 시작할 때, 실체영역에 대한 문헌읽기를 보류하고 실체영역과 무관한 문헌을 읽을 것을 권고하는 것이 초기 입장이었다면, 이후 연구자가 실질이론에 관한 문헌들을 고찰해야 함을 강조하게 된다(Glaser, 1992). 이러한 '출현' 과정이 강조되었던 이유는 근거이론이 검증이 아니라 개념과 가설을 발견하는 데 목적이 있기 때문이다. 중요한 것은 양자의 입장 차이가 여기서도 발생한다는 점에 있다. 즉 글레이저(Glaser, 1992)가 원저의 기조에 따라 자료 안에 있는 패턴으로부터 개념과 가설의 출현과 발견을 중시한다면, 스트라우스와 코빈(Strauss & Corbin, 1990, 1994, 1998)의 경우는 연구자의 선택과 개입을 강조하며 연구주제와 연구문제의 설정 과정을 "연구해야 할 현상을 확인하는 하나의 진술" 과정으로 인식하고 있다는 점에서 차이가 나타난다(김인숙, 2011, 362쪽).

두 번째로, 핵심범주의 차이로서 '과정' 개념을 어떻게 파악하는지에 대한 문제이다. 글레이저(Glaser, 1992)가 사건의 범주 · 속성에 대한 질문을 던지며 코딩, 비교, 분석, 메모하며 범주를 산출하는 '일반적 코딩과정'을 중시하고 있다면, 스트라우스와 코빈(Strauss & Corbin, 1990, 1994, 1998)은 축코딩의 일부로서 속성, 차원, 개념 간의 관계를 코딩함과 동시에 발생하며, 특히 '작용/상호작용'의 움직임과 변화, 그리고 맥락 및 상황의 변화를 주시하는 방법으로 간주된다.

마지막으로, 분석과정 및 방법의 차이로서 수집한 자료들을 어떻게 분석하고 이론으로 통합할 것인가 하는 연구작업에서도 양자의 차이가 발생한다. 글레이저(1978)가 코딩 개념을 보다 구체적으로 명시하면서 코딩 절차를 2단계, 즉 실체적 코딩(개방코딩, 선택코딩)과 이론적 코딩으로 구분하고 있다면, 스트라우스와 코빈(1998)의 경우는 3단계 코딩 절차인 개방코딩, 축코딩, 선택코딩을 근거이론의 분석모형으로 제시한다. 여기서 두드러지게 나타나는 차이점은 전자에게 코딩은 분리(실체적 코딩)와 연관 및 통합(이론적 코딩)을 고려한다면, 후자의 코딩은 분리(개방코딩), 연관 및 통합(축코딩), 선택 및 통합(선택코딩)의 과정으로 구분한다는 점에서 나타난다(Walker & Myrick, 2006). 따라서 전자의 분석모형이 개방코딩의 가능성을 확대하고 연구자의 개입을 최소화하는 입장에 근거한다면, 후자의 모형은 연구자의 역할과 개입을 명확히 분리하여 축코딩과 선택코딩의 상호연관성을 중시한 연구결과를 기대하고 있다는 점에서 분석과정 및 방법의 차이가 발견된다.

이와 같은 차이점 외에도 다양한 질적 연구 및 근거이론 연구자들이 글레이저와 스트라우스의 이견을 조명하고자 하였다. 그것은 한편으로, 근거이론 연구의 성과에 대한 평가를 기준으로 다음과 같이 다양한 입장으로 구분된다(김인숙, 2011). 글레이저와 스트라우스의 초창기 근거이론의 성과와 의도를 고수해야 한다는 원칙론적 입장(Schreiber & Stern, 2001), 글레이저와 스트라우스의 1967년도 원저인 〈발견〉의 이론적 체계를 견지하는 글레이저의 성과를 더 긍정하는 입장(Morse, 2004; Kendall, 1999; Rennie, 1998), 스트라우스의 연구에 대한 기여도를 더 높게 평가하는 입장(Denzin & Lincoln, 1994), 그리고 두 이론가의 한계와 기여를 양가적으로 평가하는 입장(Melia, 1996; Health & Cowley, 2004) 등 근거이론의 역사적 접근 방식을 어떻게 평가하고 수용하는지를 중심으로 다양한 입장으로 구분할 수 있다.

또 다른 한편으로는, 크레스웰(Creswell, 1998), 밥척(Babchuck, 1997), 그리고 멜리아(Melia, 1996) 등의 질적 연구자들은 어떻게 근거이론을 적용할 것인가 하는 문제의식에 근거해 정보 선택, 코딩 절차 및 작업 방식에 나타난 글레이저와 스트라우스의 차이점을 탐색하였다(Walker & Myrick, 2006, pp. 549-557 참조). 특히 크레스웰(Creswell, 2007/2010)은 근거이론의 창립자인 두 이론가가 의미와 절차들에 대해 이견을 보인 사실을 글레이저의 비판을 통해 제시하였다. 즉 글레이저(Glaser, 1992)는 근거이론에 대한 스트라우스의 접근이 과도하게 일방적이고 구조화되어 있다고 비판했다는 것이다. 이러한 관점을 전제로 크레스웰은 근거이론의 유형을 주로 두 가지 입장으로 대별하고 있다. 스트라우스와 코빈(Strauss & Corbin, 1990, 1998)의 체계적 절차가 그 하나라면, 다른 하나의 입장은 차마즈(Charmaz, 2005, 2006)의 구성주의적 접근이다. 이들의 입장 차이에 대해서는 다음의 논의에서 차례대로 살펴보고자 한다.

(2) 스트라우스와 코빈의 연구 유형

주지했듯이, 스트라우스와 코빈은 1990년에 본격적으로 공저인 〈질적 연구의 기초〉를 출간하여 근거이론의 한 분기점을 형성하게 된다. 특히 1990년의 초판 출간에 이어 1998년에 제2판을 낸 후 2008년에 스트라우스가 사망하자 저자명의 순서를 '코빈과 스트라우스'로 바꿔 제3판을 출간하였다(Walker & Myrick, 2006, pp. 548-549). 이러한 작업 이전에 상황을 거슬러 올라가자면(Walker & Myrick, 2006), 1978년에 글레이저가 〈발견〉(1967)의 기본 원칙에 충실한 〈이론적 민감성(*Theoretical sensitivity*)〉(1978)을 단독 저술했다면, 1987년에는 스트라우스 역시 단독 저서인 〈사회과학자들의 질적 분석(*Qualitative analysis for social scientists*)〉을 출간하여 원저의 중요한 개념들을 변형한 결과들을 선보인 바 있다. 앞에서 보았듯이, 글레이저가 스트라우스의 근거이론에 대한 이론과 방법론을 비판한 것도 이러한 일련의 저술 출판 과정을 기점으로 발생한 것이다. 여기서는 스트라우스와 코빈의 근거이론에 초점을 두고 이론적 배경과 방법론의 특징을 살펴보고자 한다.

우선, 스트라우스와 코빈의 근거이론은 질적 연구의 오랜 역사와 강력한 전통을 지닌 시카고 대학의 학문 풍토에서 비롯되었다. 특히 이러한 질적 연구 전통의 수혜자인 스트라우스는 프래그머티즘, 즉 실용주의 사상과 상징적 상호작용론을 통해 근거이론의 사상적 논리들을 진전시켰다. 근거이론에 투영된 사상적 경향은 다음과 같이 연구자들의 특정한 역할과 태도를 요구한다(Strauss & Corbin, 1998, p. 9 참조). 우선, 연구자는 실제로 진행되는 무엇인가를 발견하려면 현장(field)으로 나가야 한다. 둘째, 학문의 발전과 사회적 행동에 기초한 자료에 근거해 이론의 타당성을 밝혀야 한다. 셋째, 인간의 행동과 현상의 복잡성과 다양성을 파악해야 한다. 넷째, 사람들이 문제의 상황에 대응하여 능동적인 역할을 수행하는 행위자라는 믿음을 지녀야 한다. 다섯째, 사람들이 의미에 기반해 행동하는 것을 인식해야 한다. 여섯째, 의미는 상호작용을 통해 규정되고 재구성된다는 점을 이해해야 한다. 마지막으로, 사건들(과정)이 변화하고 진행되는 속성에 대해 민감성을 지녀야 한다는 것이 근거이론에서 요구하는 연구자의 주요한 일곱 가지 행동 지침이다.

이러한 근거이론 연구자들의 행위 규범은 스트라우스와 코빈의 근거이론의 정의와 특징에서도 발견된다. 그들(Strauss & Corbin, 1998, p. 12)에 따르면, 근거이론이란 "연구절차를 통해 체계적으로 수집되고 분석된 자료로부터" 도출되는 질적 연구방법의 한 유형이다. 즉 자료수집, 분석, 다른 이론들과의 밀접한 관계 속에서 궁극적인 이론을 창출하는 것이 이 이론의 주요 방법인 것이다. 따라서 근거이론은 자료들로부터 추출하기 때문에 앞에서 본 연구자들의 규범, 특히 통찰력과 '이론적 민감성'이 요구되는 학문분야이다.

이러한 근거이론적 접근에 대해 비판적 견해도 제시되었다. 이를테면, 스트라우스와 코빈의 근거이론방법이 "원본의 풍부한 근거이론을 지나치게 기법과 지침 중심으로 과대형식화했다"는 지적을 비롯하여, "의도하지 않았지만 자료처리 과정에서 유연성이 결여된 경직성만 낳았다"는 비판이 그것이다(Melia, 1996; Schreiber & Stern, 2001; Gary & David, 2006: 김인숙, 2011, 358쪽 재인용). 한편, 근거이론에 대한 오해를 해명하려는 연구자들의 연구도 개진되어 왔다. 로이 수다비(Roy Suddaby)는 논문 "근거이론이 아닌 무엇(What grounded theory is not)"(2006)에서 근거이론에 대한 여섯 가지 유형의 잘못된 인식들을 바로잡고자 한다. 그중에 가장 문제가 되는 것은 근거이론이 문헌을 간과한다는 오해에서 비롯된다. 이러한 오해의 가정은 근거이론이 연구자들에게 선행연구에 대한 어떤 지식도 없이 현장에 들어갈 것을 요구한다는 점에 있다. 이러한 신화에는 몇 가지 왜곡이 존재하는데, 그것들은 대개 연구자가 경험이나 지식을 회피하는 백지라는 잘못된 전제에 기초한다. 더 심각한 왜곡은 연구자가 텅 빈 마음(blank mind)뿐 아니라 주제 없이 현장에 진입해야 한다는 점에 있다. 하지만, 앞에서 살펴보았듯이 근거이론은 '텅 빈 마음'이나 '텅 빈 주제'가 아니라 주요한 개념의 '부상(출현)'을 위해 부단히 자료를 수집, 분리, 통합하는 과정을 거치며, 스트라우스의 경우에는 보다 강력한 연구자의 주제의식과 개입을 요구한다. 따라서 근거이론은 연구자의 문제의식 없이 사회적 현상과 현장의 자료에 내맡기는 무념무상의 방법론이 아니라 명료한 연구문제와 연구절차를 통해 체계적으로 접근하는 질적 연구의 한 방법이다.

(3) 차마즈의 구성주의적 연구 유형

차마즈(Charmaz, 2005, 2006)는 근거이론에 대한 구성주의적 접근을 행하고 있다. 즉 스트라우스와 코빈이 상징적 상호작용론에 근거해 체계적인 코딩 분석절차와 핵심범주를 제시하고 있다면, 차마즈는 다양한 미시적 세계들과 진실들, 특정한 세계와 관점, 행동의 복잡성을 강조하는 사회구성주의 관점에 근거한다(Creswell, 2007/2010).

이러한 사회구성주의적 근거이론은 질적 연구의 해석학적 패러다임과 연관되어 있다. 예컨대, 탄력적인 연구 지침, 연구자의 관점에 근거한 이론 개발을 중시, 각인되고 숨겨진 네트워크와 상황 맥락, 관계 내의 경험에 대한 학습, 권력, 의사소통, 기회에 대한 시각적 위계구조 형성 등이 여기에 포함된다. 특히 크레스웰(Creswell, 2007/2010)이 언급하듯이, 차마즈는 두 가지 성격의 연구방법을 병행한다. 그 하나가 근거이론의 전형적인 방법인 자료수집, 코딩 분석, 메모, 이론적 표본추출 등의 방법이라면, 또 다른 하나의 고유한 방법은 개인의 관점, 가치, 신념, 감정, 가정, 이데올로기 등을 주요한 분석개념으로 사용하고 있다는 점이다(Charmaz, 2006). 이러한 접근태도는 차마즈의 융통성 있는 연구태도에서 비롯된다. 즉 차마즈는 객관주의적 근거이론 방법이 "경험세계를 이해하는 강력한 도구이며 혁명적인 노력의 산물"이라고 긍정적으로 평가한다(Charmaz, 2000, p. 511: 이영철, 2014, 196쪽 재인용). 왜냐하면, 근거이론이 어떠한 다른 방법보다도 자료에 충실한 접근을 요구하는 방법론이기 때문이다. 따라서 차마즈는 글레이저나 스트라우스와 코빈의 이론처럼 자료의 객관성과 코딩 분석절차를 중요한 분석범주로 간주하였다. 여기서 나아가 차마즈의 융통성 있는 연구태도는 근거이론을 구성주의적 시각에서 새롭게 재정의하고 방법론의 다각화를 모색했다는 점에서 일반적인 근거이론과 차별성을 지닌다. 그러면, 차마즈의 구성주의적 접근은 근거이론의 일반적 전제와 어떠한 차이가 존재하는가? 그것은 다음과 같이 네 가지 특성을 통해 발견된다(Charmaz, 2008, pp. 402-403: 이영철, 2014, 196쪽 재인용 참조). 우선, 실재 영역은 복수성을 띠며 과정적이고 구성된 현실이다. 둘째, 연구과정은 상호작용적으로 구성되어 나타난다. 셋째, 연구참여자와 연구자의 상호관계성에 근거해 서로의 입장을 고려한다. 마지막으로, 연구자와 연구참여자는 연구과정으로 공동으로 참여하여 자료를 구성하는 역할을 한다. 따라서 연구자는 앞에서 살펴본 근거이론의 오해와 달리 '텅 빈 마음'이나 백지상태의 연구태도로 임하는 게 아니라 사전 지식과 선행연구에서 제시된 개념들을 가지고 연구한다는 점에 의미가 있다. 덧붙여 차마즈의 구성주의적 관점에 대해 글레이저는 제한적인 평가를 제기한다. 글레이저에 따르면, "그녀의 구성주의적 자료는 – 그것이 존재한다 하더라도 – 근거이론 연구의 매우, 매우 적은 원천이 될 뿐이다"(Glaser, 2002, p. 9). 즉 글레이저는 차마즈의 근거이론 분석방법은 그 방법론적 가능성을 인정하지만, 이러한 적용 가능성은 극히 제한적이라고 강조하고 있다(Glaser, 2002). 이를테면, 불치병환자에 대한 근거이론적 분석과 같이 특수한 연구주제에 한해 적용될 수 있다는 것이 글레이저의 평가이다. 이러한 평가는 차마즈의 관점뿐 아니라 근거이론에 대한 전반적인 성찰을 요하는 이유일 수 있다. 왜냐하면, 근거이론은 인간의 구체적인 행위와 사회적 현상에 근거한 자료들로부터 출발하므로 반복적이고 보편적인 구조적, 제도적 권력의 작용에 대한 분석을 연계시키기 어렵기 때문이다(Dey, 2004). 따라서 근거이론의 적용을 위해서는 그 이론과 방법론에 내재한 제한점을 엄격하게 판단하고, 이를 고려한 연구주제와 범주의 설정이 이루어져야 연구과정 전반의 시행착오를 축소시킬 수 있다.

이러한 차마즈의 구성주의 근거이론과 함께 글레이저, 스트라우스와 코빈의 근거이론의 이론 및 방법론의 차이를 다음과 같이 비교하면 다음 〈표 5-4〉와 같이 구분 가능하다.

표 5-4. 근거이론의 세 가지 흐름의 비교: 이론과 방법

구 분		글레이저	스트라우스와 코빈	구성주의 근거방법
이론적 배경	존재론	소박한 실재론, 세계는 객관적 자료로 파악 가능	사회실재론: 세계는 사회적 상호작용의 결과	구성주의 실재론, 사회적으로 구성된 복수의 실재들(multiple realities)
	인식론	경험주의, 객관주의, 귀납 논리	경험주의, 객관주의〔참여자의 의미에 주목: 귀납논리, 연역논리, (묵시적) 가설유도논리〕	상대주의, 주관주의, 해석주의, 귀납, 연역, 가설유도논리
	이론 구성	일관된 객관주의 존재론, 인식론('60 이후 과학관의 변화에 무지)	존재론과 인식론의 어그러짐(인식 못함)	일관된 구성주의 존재론, 인식론
방법, 절차		객관주의 근거방법	객관주의 근거방법(연구자의 가치를 고려)	구성주의에 입각한 근거방법
자 료		주어진 모든 자료: 객관적으로 간주	관찰과 인터뷰 자료 중심	인터뷰(공동으로 생성한 심층자료)
연구자·참여자 관계		이원론: 별개로 존재, 참여자 목소리 중시	참여자의 자료 최우선: 연구자의 주관적 연구 가치에 주목	참가자와 연구자의 가치는 의미 형성에 공동 관여임
연구대상		모든 사회현상(제도적 수준에 대한 고려 못함)	사회 속의 상호작용(제도적 수준을 별도의 논거로 도입)	사회적으로 구성되는 상호작용(제도적 수준에 대한 무관심)
이론 타당성		실재와의 적합성, 유관성: 검증거부	적합성, 행위에의 유용성: 검증가능	해석된 구성물의 유용성, 올바름

출처: 이영철 (2014). 근거이론의 근거에 대한 음미: 방법론과 방법. 〈한국정책과학학회보〉, 18권 1호, 197쪽에서 인용.

3

방법론의 유형과 특징

1) 근거이론의 연구절차

(1) 연구주제 및 연구문제 설정

근거이론에서 연구주제와 연구문제의 설정은 현장조사 이전에 선행되어야 할 중요한 연구절차다. 질적 연구의 타당성을 충족시키기 위해서는 연구자의 선입견을 최대한 배제하는 연구태도를 취해야 하기 때문이다. 하지만, 연구자가 연구자료의 선별과 분석, 그리고 연구참여자와 어느 정도의 거리를 유지해야 할 것인지는 질적 연구의 방법마다 서로 상이한 특성을 지니기 때문에 주의를 요한다. 여기서는 근거이론 연구자들의 관점들에 근거해 연구주제와 연구문제 설정을 위한 방법에 대해 살펴보고자 한다.

우선, 스트라우스와 코빈은 방법론, 방법, 코딩에 대해 다음과 같이 정의하고 있다(Strauss & Corbin, 1998, p. 3 참조). 즉 방법론이 사회적 현실을 연구하고 그것에 대해 사유하는 방식이라면, 방법은 자료를 수집하고 분석하기 위한 절차와 기법을 의미한다. 이와 함께 코딩은 자료를 분할하고 개념화하며 이론의 형태로 통합하는 분석과정을 가리킨다. 이러한 관점에서 근거이론의 연구주제와 연구문제 설정은 방법론뿐 아니라 분석방법과 코딩 과정에 영향을 미치는 연구자의 사유방식과 자료에 대한 접근태도를 결정하는 중요한 연구단계이다. 근거이론의 연구주제 설정에 있어서 앞에서 살펴본 세 가지 입장, 즉 스트라우스와 코빈, 글레이저, 그리고 차마즈는 각각 입장을 달리한다. 우선, 스트라우스와 코빈(Strauss & Corbin, 1998, pp. 36-39 참조)의 경우, 방대한 자료에서 연구자가 백지 상태로 접근하기보다 사전에 주제를 설정하고 제한할 수 있도록 개입해야 함을 강조한다. 반면, 글레이저(Glaser, 1998)는 실제 연구수행 과정에서 주요 개념이나 자료의 '부상(출현)'을 경험하는 것을 중요하게 간주하고 있다는 점에서 전자의 근거이론가들과 차이가 나타난다. 더불어 구성주의적 근거이론의 방법을 취하고 있는 차마즈(Charmaz, 2006)의 경우, 연구자와 연구참여자의 상호작용적 관계를 통해 일련의 연구과정과 결과를 새롭게 구성해나가는 작업을 중요하게 판단하면서 앞의 근거이론가들과 달리 연구자의 역할에 초점을 두고 있다. 왜냐하면, 연구자는 단지 근거이론의 분석모형을 그대로 수용하는 것이 아니라 "범주에 대해 의문을 제기"(Creswell, 2007/2010, 102쪽)하거나 지속적으로 연구참여자와의 상호작용적 관계를 형성하는 역할을 하기 때문이다.

이렇게 볼 때, 근거이론 내부에서도 연구주제와 연구문제 설정을 위한 연구자의 태도와 역할에 대해 서로 다른 입장들이 교차하는 것을 알 수 있다. 정리하면, 스트라우스와 코빈이 연구과정에 대한 연구자의 역할과 개입을 보다 '강제적으로' 요구하고 있다면, 글레이저는 연구자의 '이론적 민감성'에 기대어 중요한 자료의 '부상(출현)'을 포착하는 역할을 중시하고 있다. 차마즈의 경우는, 양자의 입장을 통합적으로 접근하면서도 연구자의 문제의식과 개인적 가치나 정서, 감정, 이데올로기의 측면에 대한 접근까지 고려하고 있다는 점에서 각각 차이가 나타남을 알 수 있다.

(2) 이론적 표본 및 문헌자료 수집

근거이론에서 이론 표본이나 문헌자료를 수집하는 과정은 다른 질적 연구방법과 마찬가지로 중요한 연구작업으로 평가된다. 글레이저에 따르면, 이론적 표본이란 "일반적 이론을 위한 자료수집 과정"(Glaser, 1978, p. 36)으로서 연구자의 자료수집, 코드화, 분석작업 등을 포함한다. 특히 연구자가 어떠한 자료를 수집할 것인지, 그리고 그의 이론을 개발하기 위해 말 그대로 '부상하는(출현하는, emerge)' 이론을 어디에서 발견할 것인지 등을 결정하는 일련의 과정을 가리킨다. 여기서 문제는 어떠한 이론과 자료형태에 접근해야 하는지 기본 원칙을 공유하는 데 있다. 그것은 자료수집에 대한 연구자의 능력과 태도에서 찾을 수 있는데, 여기서는 창의적 상호작용과 이론적 민감성의 개념이 중요하게 제기된다.

우선, 창의적 상호작용은 연구자의 자료에 대한 선별 능력과 분석력을 발현하는 연구 능력과 태도를 의미한다. 근거이론에서 연구자와 자료 사이에 어떻게 상호작용이 이루어지는지는 그 연구의 성패를 좌우할 정도로 중요하다. 즉 자료가 무엇을 반영하는지 "상상하거나 통찰하는 일 없이 근거이론의 절차/법칙(canons)을 따를 경우"(Corbin & Strauss, 1990, p. 19), 근거이론의 연구자는 제대로 된 연구결과의 결실을 얻지 못할 수 있다. 왜냐하면, 연구자와 자료 사이에서 일어나는 상호작용을 파악하기 위해서는 선행연구와 이론에 대한 선별과정이 중요하기 때문이다. 이를테면, 특정 주제에 부합하는 이론이 없는 경우 기존 문헌들의 모형들을 비판적으로 비교 분석하여 새로운 이론의 개발이 가능하다. 혹은 연구주제와 관련된 이론이 존재할 경우 기존의 이론이 갖는 한계점을 파악하여 새로운 일반적 이론의 틀을 개발하는 것이 근거이론의 이론 및 자료선별 능력에서 기인한다. 이를 위해 연구자와 자료 혹은 연구자와 이론 사이의 창의적 상호작용이 중요하게 작용하는 것이다.

한편, 창의적 상호작용성에 중요한 영향을 미치는 이론적 민감성은 근거이론가들이 공히 강조하는 자료수집 방법에 대한 연구자의 능력이다. 특히 이러한 태도는 기존의 근거이론에 대한 왜곡된 인식, 즉 근거이론이 "단순히 자료에 판에 박힌 분석기법을 적용하고 있다"(Suddaby, 2006, p. 637)는 오해에 대한 적절한 답을 제공한다. 이 때문에 이론적 민감성은 근거이론에서 중요한 연구태도를 차지하는데, 이론적 민감성(Strauss & Corbin, 1998)은 선천적 능력이 아니라 "문헌에 대한 탐구, 관련분야에 대한 전문적 식견, 개인적 경험 및 분석과정" 등(김영천, 2013, 359-360쪽)을 통해 발현되는 연구자의 중요한 자질이다. 따라서 코빈과 스트라우스는 이론적 민감성을 포함한 창의적 상호작용에 대해 다음과 같이 언급하고 있다.

> 창의성은 연구자의 분석력, 이론적 민감성(theoretical sensitivity), 그리고 작용/상호작용의 미세한 구별에 대한 감각(덧붙여 문서로 결과를 전달하는 능력)에 의존한다. 창의적인 상호작용은 또한 연구자와 자료의 관계 설정에서 나타나는 수집되거나 분석된 자료의 질에도 의존한다. 상상이 없는 분석은 기술적 감각으로 충분히 자료에 근거한다 해도 연구자의 이론적 목적에는 불충분한 근거일 뿐이다. 만일 연구자가 자료의 완전한 출처들을 끌어오지 않거나 혹은 충분히 자료수집을 행하지 않을 경우 이러한 일이 발생한다. (Corbin & Strauss, 1990, p. 19)

위에서 알 수 있듯이, 이론적 민감성은 창의적 상호작용 중에서도 연구자와 자료의 관계 설정에서 어떻게 민감하게 반응하는지 하는 연구태도와도 연관된다. 이러한 이론적 민감성을 중시하는 이유는 '수집되거나 분석된 자료의 질'에도 영향을 미치기 때문이다. 즉 연구자가 자료수집의 관행이나 판에 박힌 정형화된 분석 기법에 의존할 경우 근거이론의 자료로서 충분한 가치를 발휘하지 못하는 것이다. 근거이론의 사상적 배경이 주로 상징적 상호작용론에 근거하는 것도 이와 같은 맥락에서 알 수 있다. 즉 연구자와 자료 사이의 상호작용을 어떻게 수행하는가 하는 과제는 결국 자료수집 과정에서도 중요한 연구의 질을 가늠하게 되는 요인이 된다.

(3) 인터뷰 자료 수집 및 설문 구성

근거이론에서 인터뷰 자료 수집 방법은 다른 질적 연구방법과 유사하다. 즉 심층인터뷰(in-depth interview) 외에 포커스 그룹 인터뷰(focus group interview, FGI), 기존의 인터뷰 자료들, 일기, 비망록, 참여관찰 기록 등을 병행할 수도 있다(윤견수, 2013). 또한 이러한 자료수집의 과정은 주로 인터뷰 과정에 활용하기 위한 선행 작업의 의미를 지닌다(Creswell, 2007/2010). 이론의 모델을 개발하거나 발전시키기 위해서는 충분한 정보를 수집해야 하고, 이를 위해 20~60회에 달할 정도의 인터뷰 작업을 실행할 수도 있는 것이 근거이론의 특수성이다.

연구자가 연구참여자에게 제기하는 질문은 주로 사람들이 특정한 사회현상이나 과정을 경험하는 방법을 어떻게 이해하고 그 과정의 단계를 확인하는 데 초점이 있다(Creswell, 2007/2010, 102-103쪽). 예컨대, "그 과정은 무엇이고, 어떻게 전개되었는가?" 이것이 이슈 탐색을 위한 질문이라면, 축코딩 단계를 위한 질문들은 다음과 같이 예시된다. "그 과정에 중심적인 것은 무엇인가?" 또한 '중심현상'과 관련된 질문으로서, "그 중요한 일이나 사건이 발생하게 된 계기나 원인은 무엇인가?", '인과적 조건'의 질문은 "그 과정 동안 어떠한 행동 전략들이 채택되었는가?", 마지막으로 "그 결과 어떠한 변화가 나타났는가?" 등 결과에 대한 인터뷰 자료들을 수집하기 위한 설문 구성이 가능하다. 물론 이러한 설문 구성은 연구문제의 특수성과 연구자의 창의적 상호작용의 태도에 기초해 다양한 방식으로 변형될 수 있다.

(4) 기록 방법: 메모, 도형

근거이론은 다른 질적 연구방법에 못지않게 연구자의 기록과 메모 작업이 중요한 역할을 한다. 이 때문에 근거이론의 연구자는 분석과정에서 자신의 사고와 판단 등을 기록하거나 도식화하여 사실판단의 근거들을 코딩 분석에 대한 기술과정에서 활용할 수 있다. "근거이론에서 '메모(memo)'는 이론의 형성과 관계있는 분석의 기록을 말하며 '도형(diagram)'이란 개념과 관계된 시각적인 표시를 의미한다"(Strauss & Corbin, 1998: 김영천, 2013, 365-366쪽 재인용). 이처럼 메모와 도형은 근거이론에서 이론 개발 과정에서 중요한 기록의 역할을 수행한다. 이 메모의 대표적인 유형은 "코딩 기록, 이론적 기록, 조작적 기록" 등이 포함된다(김영천, 2013, 365-366쪽). 즉 코딩의 결과를 기록하거나, 코딩 기록 후에 분절되거나 쪼개진 자료들을 다시 이야기로 묶고 이론적인 해석을 기록하며, 연구자가 수집한 자료나 이론적 표본 등을 기록하는 방법들이 여기에 포함된다. 따라서 근거이론의 기록 방법은 다른 질적 연구방법과 같이 인터뷰, 참여관찰, 기록, 시청각 영상 등의 자료수집이 가능하지만, 궁극적으로 이론의 개발 및 발전을 목적으로 하는 연구방법의 특수성을 고려할 때 보다 방대한 자료와 정보에 대한 엄밀한 기록 방법의 사용과 응용이 요구된다. 이것은 다음에서 살펴볼 분석절차와 방법에서도 마찬가지로 적용된다.

2) 근거이론의 분석절차와 방법

근거이론의 분석절차와 방법은 글레이저와 스트라우스 · 코빈, 그리고 차마즈 등이 서로 다른 분석방법을 제시하고 있지만, 여기서는 스트라우스와 코빈의 모형을 중심으로 탐색하고자 한다. 그 이유는 크레스웰(Creswell, 2007/2010, 102쪽)이 표현한 것처럼 "차마즈의 해석적 접근이 반영성, 구조의 유연성 등 매력적 요소들이 많지만" 근거이론의 절차를 보다 간명하게 설명하기 위해서는 스트라우스와 코빈의 코딩 분석방법을 구체적으로 살펴보는 게 더 유용하다. 애초에 이 두 근거이론가들이 후속 연구자들이 보다 쉽게 이해하고 적용할 수 있는 분석방법에 주안점을 두었다는 점에서도 이러한 시도는 유의미하다. 여기서는 스트라우스와 코빈의 코딩 분석절차인 개방코딩, 축코딩, 선택코딩의 순서로 그 방법과 특징을 검토하고자 한다.

(1) 개방코딩(open coding)

스트라우스와 코빈(Strauss & Corbin, 1998)은 코딩 절차의 목적을 다음과 같이 다섯 가지로 제시한다. 우선, 이론을 시험(test)하기보다 정립하라. 둘째, 연구자에게 다량의 원자료(raw data)를 다루기 위한 분석 도구를 제공하라. 셋째, 분석자가 현상들에 대한 대안적 의미들을 고려하도록 도모하라. 넷째, 체계적이고 창의적인 태도를 동시에 지녀라. 마지막으로 이론의 소재인 개념들을 정의하고, 개발하며, 연관시켜라, 이것이 코딩 절차를 수행하는 목적인 것이다. 이러한 맥락에서 스트라우스와 코빈은 연구자들에게 다음과 같이 언급한다. "우리는 학생들이

기법 자체를 기억하기보다 분석절차의 목적을 이해하길 바란다"(Strauss & Corbin, 1998. p. 14).

그러면, 개방코딩은 어떻게 수행하는 분석절차인가? 개방코딩(open coding)은 코딩 절차의 첫 단계로서 지속적으로 자료를 비교하고 분해하여 해석하는 과정을 말한다. 개방코딩은 이론가들에게 서로 다른 관점에서 정의되는데, 글레이저의 경우 실질적 코딩의 1부라면, 스트라우스와 코빈(Strauss & Corbin, 1990)에게 개방코딩은 단지 세 단계 중 첫 번째 단계일 뿐이다. 글레이저의 경우, 개방코딩은 비교 분석의 첫 단계이다. 그것은 "모든 가능한 방식 속에서 자료를 코드화하고 (……) 자료를 개방하는"(Glaser, 1978, p. 56) 것이다. 개방코딩에서 분석가들은 한 문장 한 문장씩(line-by-line) 자료를 해석함으로써 자료 속에서 이론이 부상(출현, emerge)하도록 한다. 이 과정에서 분석가는 가능한 한 많은 방법으로 자료를 코딩하고 분석과정이 이루어지는 동안 떠오르는 개념적, 이론적 아이디어들에 대해 메모하며 기록한다. 글레이저에 따르면, 연구자는 단순하지만 엄격한 과정을 따라 작업해야 하고, 분석 자체는 "이론을 입증하고 수정하며 포화시키는 것"(Glaser, 1978, p. 60)을 의미한다. 여기서 제기된 "이론적 포화(theoretical saturation)"는 차마즈 역시 강조했던 이론 개발의 방법이다(Charmaz, 2008, p. 167). 이론적 포화란 이론 범주의 속성들을 포화시키는 것을 의미한다. 즉 연구자가 이론적 범주의 속성과 특징들을 더 이상 명료하게 할 수 없을 정도까지 더 많은 자료들을 수집할 때 발생하는 것이다. 글레이저의 방법에는 신속히 결정되거나 한 결정이나 다음 차례를 위해 미리 예상된 틀은 존재하지 않는다.

반면, 스트라우스와 코빈(1990)의 경우 개방코딩은 글레이저(1978)의 경우와 유사하나 두 가지 중요한 차이점이 존재한다(Walker & Myrick, 2006, p. 552). 우선, 스트라우스는 개방코딩을 "개념(생각, concepts)을 규정하고 자료의 속성(properties)과 차원들(dimensions)을 발견하는 분석과정"(Strauss & Corbin, 1990, p. 101)으로 정의한다. 즉 개방코딩의 핵심 과제는 범주의 속성들을 차원화하는 것이다. 예컨대, 거리(distance)의 속성은 "짧다–길다"의 차원으로 분류하는 것이다. 범주와 범주들 간의 관계들을 찾기 위해 분석가는 '속성'과 '속성의 차원(the dimensions of the properties)'이라는 개념 속에서 범주를 개발해야 한다. 여기서 속성이 범주의 특성을 뜻한다면, 차원은 연속선상에서 "속성의 위치(예 많다－적다, 높다－낮다, 길다－짧다 등)"를 가리키는 것을 말한다(박성희, 2004, 132쪽). 두 번째로, 개방코딩에서 제기되는 차이점은 "이론적 민감성"의 이슈에서 비롯된다(Walker & Myrick, 2006, p. 552). 이론적 민감성은 이론적이고 감각적인 방식 모두에서 자료를 연구하는 연구자의 능력을 의미한다(Glaser, 1978). 다시 말해서, 연구자들은 거리를 두고 자료에 대해 이론적으로, 개념적으로 생각할 능력을 지니는 한편, 이 과정에서 절차와 그들의 개입에 대해 밀접한 수준의 민감성과 이해를 동시에 유지해야 한다는 것이다. 비록 글레이저와 스트라우스 · 코빈(1990)이 이론적 민감성의 성취에 대한 중요성에 동의하는 것 같지만, 어떻게 이 목적을 성취하는가 하는 점에서는 차이가 나타난다. 글레이저가 이론적 민감성을 한 문장 한 문장씩, 비교를 거듭하며, 메모에 메모를 거듭하며 자료 속에서 출현하도록 하는 태도를 보인다면, 스트라우스와 코빈(Strauss & Corbin, 1990, 1998)의 경우는 이론적 민감성을 질문하기, 단어 분석, 문장 또는 문맥(sentences) 등을 포함하여 특정한 분석 도구를 이용함으로써 성취되는 것으로 간주한다는 점에서 차이가 있다. 즉 '이론적 민감성을 개발하기 위한 기법'(Strauss & Corbin, 1990)이 대표적인 예이다.

이러한 맥락을 고려하여 정리하자면, 개방코딩은 코딩 분석절차 중 제일 먼저 "분석적으로 자료를 분해하고(break down)" 그 분해된 자료들을 다시 "해석하는 과정"(Corbin & Strauss, 1990, p. 12)을 의미한다. 그 목적은 연구자가 자료에 반영된 현상에 대해 사유하거나 해석하는 방식을 통해 자료를 해체함으로써 새로운 통찰력(insights)을 제시하는 데 있다. 이를 위한 기법은 개방코딩의 과정에서 발전되어 왔다. 여기서 자료를 해체한다는 것은 "수집한 자료를 면밀히 검토한 후 현상에 이름을 붙이며 범주화시키는"(박성희, 2004, 132쪽) 개방코딩의 첫 분석 단계이다. 즉 범주화는 개념들을 그룹별로 나누고 명명하는 작업을 가리킨다. 이를테면, 연구자는 개방코딩에서 사건들/행동들/상호작용들을 검토한 후 유사성과 차이점을 기준으로 각각의 자료들을 비교하는 작업을 수행한다(Corbin & Strauss, 1990). 여기서 개념적으로 유사한 사건/행동/상호작용들은 범주와 하위범주 형태로 묶여 그룹으로 만들어진다. 예컨대, 연구자는 편안함을 제공하는 것으로 보이는 간호사와 환자 사이의 사건, 행동, 상호작용을 기록한다. 이 경우, 연구자는 "편안한 작업(comfort work)"(Corbin & Strauss, 1990, p. 12)으로 이름을 붙일 수 있다. 그 후 이 범주는 특정한 속성과 차원으로 분해될 수 있다. "편안한 작업"은 하위 유형으로 분해될 수 있는 유형의 속성이다. 다른 속성은 '크다－작다', '길다－짧다' 등의 기준으로 배열되어 연속성을 갖는 속성들의 위치, 곧 차원을 형성하게 된다. 따라서 개방코딩은 사회적 현상과 작용/상호작용에 관련된 자료들을 분해하고 해석하는 과정을 거쳐 범주, 속성, 차원들로 만들어내는 작업이다.

(2) 축코딩(axial coding)

축코딩은 개방코딩의 결과로 형성된 범주들이 일정한 방식으로 연결되고 관계를 형성하게 되는 단계이다. 나아가 범주를 개발하고 표시하는 작업을 수행한다. 축코딩의 분석과정을 살펴보면 다음과 같다.

우선, 중심현상의 설정이다. 중심현상은 현상들 중에서 가장 중요한 현상(Creswell, 2007/2010)으로서 앞의 개방코딩의 결과들을 연계하는 단계이다. 기본적으로 축코딩에서는 하위범주를 범주에 연결시키기 위해 "코딩 패러다임"을 사용하게 된다(Corbin & Strauss, 1990). 즉 각각의 범주들은 인과적 조건들, 맥락, 전략(작용/상호작용), 그리고 결과 등을 나타내는 코딩 패러다임에 따라 연결되는 것이다. 이 패러다임은 다른 질적 연구방법에 이용하는 도식과 다르지 않지만, 근거이론 연구에서는 더 조화롭게(concertedly) 이용된다. 예컨대, "편안한 작업"에서 연구자가 이 유형을 중심현상으로 설정했다면, 그 후 이 작업을 발생시키는 인과적 조건들, 그 작업이 수행된 맥락, 그 작업이 나타나는 전략으로서의 작용과 상호작용, 그리고 그 작업의 결과들을 도출할 수 있도록 철저히 중심현상의 근거가 되는 자료 검사를 수행해야 한다.

두 번째로, 인과적 조건(conditions) 분석이다. 인과적 조건은 현상에 영향을 미치는 조건의 범주를 의미한다(Creswell, 2007/2010). 분석과정에서 연구자는 간호사가 편안한 작업을 수행하도록 이끌었던 인과적 조건과 환자에게 취했던 조치를 고려해 기존의 경험을 도출한다(Corbin & Strauss, 1990). 연구자가 축코딩을 하는 동안 연역적으로 제시된 모든 가설들의 관계는 실질적인 자료와 반복적으로 대조하여 검증될 때까지 임시적인 것으로 고려되어야 한다. 단일한 사건은 가설을 검증하는 데 충분하지 않다. 가설 검증을 위해서는 지속적으로 자료를 재검증해야 한다.

세 번째로, 전략(strategy)은 맥락과 중재조건의 영향을 받는 작용과 상호작용(action/interaction)의 전략을 가리킨다. 여기서 맥락(context)은 중심현상을 구성하는 속성들이 어떻게 나타나는지 제시하는 것과 함께 작용과 상호작용의 전략이 수행되는 조건들을 구체적으로 나열하는 것을 의미한다(박성희, 2004). 중재조건은 전략에 영향을 미치는 협의적, 광의적 조건을 포함한다(Creswell, 2007/2010). 근거이론의 핵심인 전략은 검증을 거친 현상들 속에서 "체계적으로 폭넓은 변이를 시도"(Corbin & Strauss, 1990, p. 13)하는 것이다. 이와 관련하여 코빈과 스트라우스(1990)는 다음과 같이 앞에서 든 예시를 통해 작용과 상호작용 전략의 지속적인 변이 가능성을 강조한다. 예컨대, 암 환자가 고통을 호소하고 안정감을 요구할 때, 간호사는 그에게 진정제를 줄 뿐 아니라 쓰다듬거나 부드러운 대화 등을 통해 안정감을 제공한다. 하지만, 그 간호사가 기대했던 태도에 부응하지 않을 경우 그 가정이 반드시 잘못된 것은 아니다. 이 경우 연구자는 왜 그 간호사가 예상했던 반응을 하지 않았는지 검토해야 한다. 그 사건(incident)이 원래의 가설을 변형하는 계기가 될 수 있고, 다양한 새로운, 임시적인, 인과적 관계들을 포함하도록 수정할 수 있다. 따라서 연구자는 다양한 심층인터뷰와 기록 방법 등을 통해 작용과 상호작용의 전략들을 분석하고, 인과적 조건들을 지속적으로 변형하고 수정하는 작업들을 수행해야 한다는 것이 주요한 논점이다.

마지막으로, 결과의 도출이다. 여기서 결과란 현상과 연관된 작용과 상호작용의 전략을 통해 도출되는 것을 의미한다. 이상에서 검토한 축코딩 절차를 모형으로 구성하면 다음 〈그림 5-2〉와 같다.

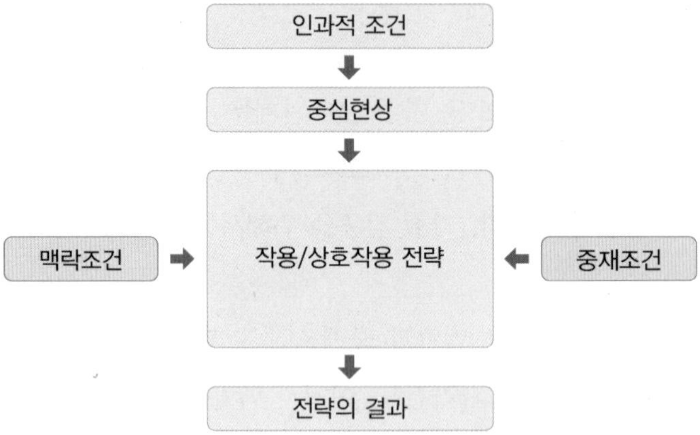

그림 5-2. 축코딩 분석절차 모형

(3) 선택코딩(selective coding)

선택코딩은 축코딩에서 도출한 전략의 결과들을 다시 해석하여 이론을 개발하는 과정이다. 즉, 크레스웰이 언급하듯이 "이야기의 줄거리"(Creswell, 2007/2010, 103쪽)를 구성하는 작업으로서 예측되는 관계를 진술하는 명제나 가설들이 구체화될 수 있는 과정이다. 선택코딩은 모든 범주들을 "핵심"범주 주변으로 연결하는 과정으로서 범주들 간의 관계와 변이에 대해 상세하게 기술하는 작업을 통해 이루어진다. 여기서는 핵심범주의 설정, 그리고 선택코딩에 대한 글레이저와 스트라우스의 견해 차이를 살펴보고자 한다.

우선 선택코딩에서 핵심범주의 설정은 중요한 작업이다. 핵심범주는 다른 모든 범주가 통합되는 중심현상을 가리키며, 이 범주가 없으면 이론도 불가능할 정도(Glaser, 1992)로 중요하다. 왜냐하면, 핵심범주는 이론을 통합시키고, 이론을 밀도 있고 포화상태로 이끄는 작업이기 때문이다(Glaser, 1978). 즉 핵심범주는

"이론을 통합하고 정교화하는 과정"(Strauss & Corbin, 1998, p. 143)이다. 코빈과 스트라우스(Corbin & Strauss, 1990, p. 14 참조)는 이 핵심범주를 구성하는 방법과 관련하여 몇 가지 질문을 제기한다. 즉, 이 연구에서 제시된 중심 개념은 무엇인지, 작용/상호작용은 어떠한 맥락과 중재 조건에서 발생한 것인지, 범주와 범주들 사이에서 파악된 변이(variation)의 특성은 어떻게 나타나는지 등의 질문이 이와 관련되는 것들이다. 이러한 질문을 바탕으로 이미 검토된 범주들 속에서 혹은 개념화 작업을 통해 출현하는 핵심범주의 분류와 명명하기는 중심현상을 설명하는 데 중요하다. 다른 범주들은 인과적 조건, 작용/상호작용의 전략, 혹은 결과들과 같은 핵심범주와 항상 연관시키도록 한다. 다이어그램을 통해 범주들의 통합관계들을 표현할 수도 있다.

또 다른 한편, 선택코딩에 대한 글레이저(Glaser, 1978)와 스트라우스 · 코빈(Strauss & Corbin, 1990)의 방법은 서로 차이가 나타난다. 월커와 마이릭(Walker & Myrick, 2006)이 양자의 차이점을 비교한 의견을 살펴보면 다음과 같다. 우선 글레이저의 방법이 실체적 코딩(substantive coding)에서 쪼개고 선택하는 작업을 거친 후 이론적 코딩에서 관계하고 통합된다면, 스트라우스와 코빈의 방법은 개방코딩에서 쪼개고, 축코딩에서 관계하고 통합되며, 선택코딩에서 선택되고 통합된다. 결국 이론적 코딩과 선택적 코딩에서 차이가 발생하는 것을 알 수 있다. 두 번째로, 글레이저는 두 가지 코딩, 즉 실체적 코딩과 이론적 코딩에서 그의 방법을 조명하며 이론화 작업에 집중하고 있다. 하지만, 스트라우스와 코빈의 경우는 이론적 분류작업에 대해 거의 언급하지 않고, 각각의 코딩 단계를 세 가지 유형으로 통합하고 분리하는 길이(length)의 메모 방법에 초점을 둔다. 즉 스트라우스는 메모 방법을 분석에 기여하는 것으로 평가하지만, 정작 이론적 분류 절차를 개발하거나 설명하는 작업은 거의 수행하지 않는다는 점에서 한계점이 제기된다. 마지막으로, 조건 매트릭스에 대한 견해 차이가 나타난다. 스트라우스와 코빈(Strauss & Corbin, 1994)이 조건 매트릭스를 직접적으로 선택적 코딩에 연관시키고 있지 않지만, 조건 매트릭스는 축코딩에서도 이용될 수 있도록 했다. 매트릭스는 코딩 패러다임의 연장으로서 단지 연구대상인 현상들과 연관된 조건들과 결과들에 초점을 둔다. 이에 대해 글레이저(Glaser, 1992)는, 이러한 매트릭스가 자료를 보는 방식을 너무 상세하고 선입견이 개입하도록 강요한다고 비판하고 있다.

이제까지 살펴본 근거이론의 연구절차와 분석과정을 도식화하면 다음 〈그림 5-3〉과 같다.

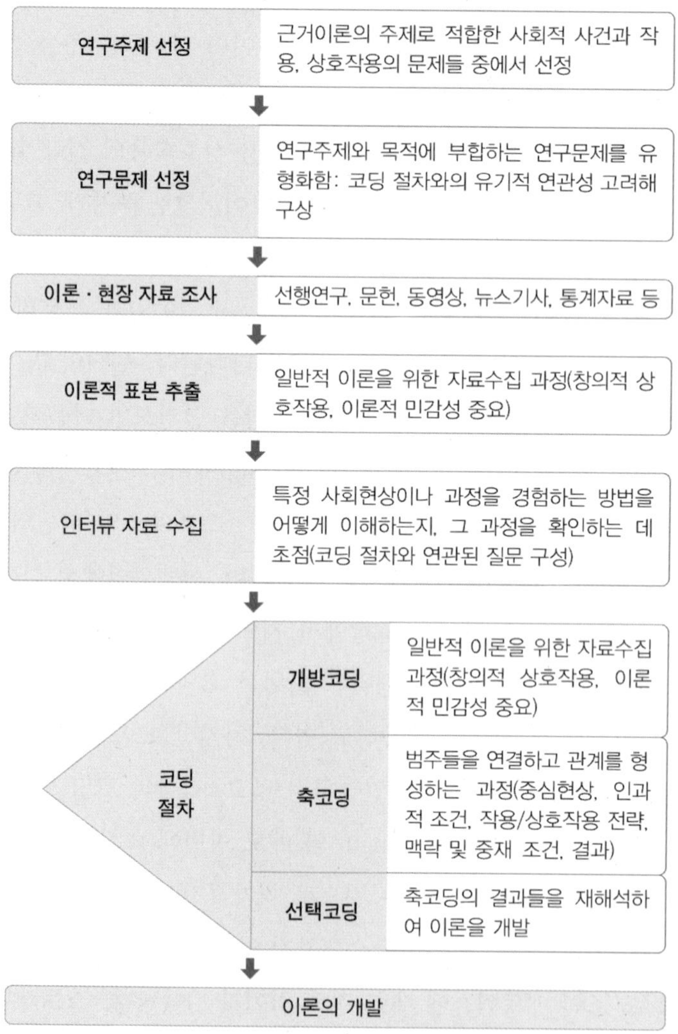

그림 5-3. 근거이론의 연구절차와 분석과정

4

방법론의 적용 사례와 커뮤니케이션과 미디어교육 분야의 시사점

1) 근거이론 적용 사례

(1) 주제 유형

근거이론을 적용한 국내 선행연구들의 주제 유형은 크게 세 가지 측면으로 구분된다. 우선, 사회적 문제를 중심으로 한 주제 유형이다. 연구주제에 드러난 주제어를 중심으로 정리하면, 그것은 크게 폭력, 중독, 노년생활 등 세 가지 범주로 구분되었다. 근거이론은 기본적으로 사람들이 특정한 문제나 현상을 어떻게 경험하는지를 연구의 초점으로 삼기 때문에 이러한 주제 설정이 가능하다. 각각의 연구주제들을 살펴보면, 우선, 폭력의 범주에는 학교폭력과 성폭력에 대한 근거이론적 접근이 이루어졌다. 예컨대, 강소영(2012)은 "학교폭력에 대한 근거이론의 접근: 폭력적 교실문화 현상을 중심으로", 문선아, 김봉근, 그리고 강진숙(2015)은 "성폭력 범죄 보도 태도에 대한 근거 이론적 연구: 언론사 사회부 기자들과의 질적 심층인터뷰를 중심으로"를 수행하였다. 둘째, 중독의 범주에는 인터넷 게임중독과 휴대전화 중독에 대한 근거이론적 분석이 선행되었다. 예컨대, 윤호순, 경수영, 이은영, 그리고 이현교(2012)의 경우 "인터넷게임중독 청소년의 회복과정에 관한 연구: 혼란과 몸부림에서 벗어나기"를 통해 근거이론적 분석을 행하였고, 윤혜정과 권경인(2011)은 "휴대전화 중독 청소년들의 특성 및 중독과정 촉진요인"

에 대해 동일한 분석방법을 적용하였다. 마지막으로, 노년생활과 관련해 경제교육과 쪽방지역의 저소득층 노인에 대한 근거이론적 분석이 이루어졌다. 최영준(2015)이 "베이비붐 세대의 노후준비와 경제교육에 대한 질적 연구: 근거이론적 접근으로"를 통해 노인세대의 사회문제에 접근했다면, 정여주와 김정득(2013)은 "쪽방지역에 거주하는 남성 노인의 삶의 과정에 대한 근거이론 접근"을 통해 경제구조적 조건과 노년생활에 대한 분석을 실시하였다.

두 번째로, 적응과 수용 중심의 교육 현상에 대한 근거이론적 접근이다. 이것은 주로 다문화가정 청소년, 수업참여 기피 현상, 그리고 유치원교사의 수용 행위를 중심으로 연구가 이루어진 사례이다. 예컨대, 박선웅과 우현정(2013)의 "다문화가정 청소년의 한국인 되기: 중도입국 학생의 적응에 대한 근거이론 접근", 성열관과 이형빈(2014)이 분석한 "'수업시간에 자는 중학생' 연구: 수업참여 기피 현상에 대한 근거이론", 또한 이연승, 임수진, 그리고 최진령(2015)의 "유치원 교사의 R-러닝 수용과정에 대한 근거이론적 접근" 등을 들 수 있다.

마지막으로, 미디어와 팬덤 현상 관련 주제 유형이다. 예컨대, 정재민(2010)은 "청소년 팬덤 현상에 대한 근거 이론적 접근"을 통해 청소년의 팬덤 현상을 분석하고 있고, 손승혜(2013)는 "디지털 네트워크 시대의 초국가적 온라인 팬덤: 2PM 팬포럼 Wild2Day 회원 인터뷰의 근거이론적 분석"을 수행하였다. 또한 임종섭과 김명준(2015)의 경우 "근거이론방법의 고찰과 언론학 연구에 주는 함의: 보수신문과 진보신문의 탈북자 기획기사 분석을 중심으로"라는 주제로 근거이론방법에 대한 다양한 검토와 분석을 실시하였다. 덧붙여 임영호와 김정아(2011)의 경우는, "프리랜서 방송 진행자의 직업 현실인식과 대응전략: 근거이론에 의한 분석"을 실시하여 미디어 환경과 프리랜서 방송 진행자의 인식을 통해 대응전략을 도출하고 있다.

요컨대, 근거이론의 주제 유형은 사회적 문제, 적응과 수용 행위, 그리고 미디어와 팬덤 현상을 중심으로 선정되었다. 이러한 주제 유형은 곧 이론 개발의 목적을 규정하는데, 문제해결 전략, 적응 및 수용 전략, 미디어 현상 관련 행위 전략 등 작용/상호작용의 결과들은 최종 코딩작업(이론코딩, 선택코딩)을 통해 이론으로 출현하게 된다.

(2) 코딩 분석 유형

그러면, 앞에서 살펴본 선행연구들은 어떠한 근거이론의 분석방법을 사용하고 있는가? 이러한 문제를 규명하기 위해 각각의 연구들을 탐색한 결과, 임종섭과 김명준(2015)의 구성주의적 분석방법 외에는 대부분 스트라우스와 코빈의 코딩 분석모형을 적용하고 있는 것으로 나타났다. 특히 분석방법뿐 아니라 분석과정에 대한 표현과 설명 방식도 유사한 현상을 나타냈다. 즉 스트라우스와 코빈의 코딩 분석절차인 '개방코딩 ⇨ 축코딩 ⇨ 선택코딩'의 흐름으로 코딩 분석모형을 적용하고 있고, 특히 축코딩 과정에서 요구되는 '인과적 조건, 맥락 및 중재 조건, 작용/상호작용의 전략, 결과' 등에 대한 방법론에 대한 설명이 주를 이루는 것으로 나타났다. 이러한 분석모형의 적용이 갖는 장점은 연구자의 적극적인 개입과 판단에 따라 자료들을 선별하고 제한하는 과정이 강조된다는 점에서 스트라우스와 코빈의 의도를 반영할 수 있다. 이 경우 분석과정이 보다 명료하고 인과조건에 따른 중심현상의 설정이나 맥락조건, 중재조건과 연관된 작용/상호작용의 전략, 그리고 그 결과들을 도출하는 분석과정이 하나의 통합적 연관성을 보여준다는 점에서 단기적 작업을 통한 문제해결 방법으로서 유용하다.

앞에서 살펴본 국내 근거이론 적용 선행연구 사례와 코딩 분석방법 사례를 정리하면 다음 〈표 5-5〉, 〈표 5-6〉과 같다.

표 5-5. 국내 근거이론 적용 선행연구 사례

주제 유형	연구자	연구주제	근거이론 방법
(A) 사회문제	강소영 (2012)	학교폭력에 대한 근거이론의 접근: 폭력적 교실 문화 현상을 중심으로	Strauss & Corbin
	문선아 · 김봉근 · 강진숙 (2015)	성폭력 범죄 보도 태도에 대한 근거 이론적 연구: 언론사 사회부 기자들과의 질적 심층인터뷰를 중심으로	Strauss & Corbin
	윤호순 · 경수영 · 이은영 · 이현교 (2012)	인터넷게임중독 청소년의 회복과정에 관한 연구: 혼란과 몸부림에서 벗어나기	Strauss & Corbin
	윤혜정 · 권경인 (2011)	휴대전화 중독 청소년들의 특성 및 중독과정 촉진요인	Strauss & Corbin
	최영준 (2015)	베이비붐 세대의 노후준비와 경제교육에 대한 질적 연구: 근거이론적 접근으로	Strauss & Corbin
	정여주 · 김정득 (2013)	쪽방지역에 거주하는 남성 노인의 삶의 과정에 대한 근거이론 접근	Strauss & Corbin
(B) 적응 · 수용 행위	박선웅 · 우현정 (2013)	다문화가정 청소년의 한국인 되기: 중도입국 학생의 적응에 대한 근거이론 접근	Strauss & Corbin
	성열관 · 이형빈 (2014)	'수업시간에 자는 중학생' 연구: 수업참여 기피 현상에 대한 근거이론	Strauss & Corbin
	이연승 · 임수진 · 최진령 (2015)	유치원 교사의 R-러닝 수용과정에 대한 근거이론적 접근	Strauss & Corbin
(C) 미디어/ 팬덤 현상	정재민 (2010)	청소년 팬덤 현상에 대한 근거 이론적 접근	Strauss & Corbin
	손승혜 (2013)	디지털 네트워크 시대의 초국가적 온라인 팬덤: 2PM 팬포럼 Wild2Day 회원 인터뷰의 근거이론적 분석	Strauss & Corbin
	임종섭 · 김명준 (2015)	근거이론방법의 고찰과 언론학 연구에 주는 함의: 보수신문과 진보신문의 탈북자 기획기사 분석을 중심으로	구성주의 (Charmaz, 1996, 2006, 2008, 2012; Mills, Bonner, & Francis, 2006; Renni, 2006)
	임영호 · 김정아 (2011)	프리랜서 방송 진행자의 직업 현실인식과 대응 전략: 근거이론에 의한 분석	Strauss & Corbin

> 표 5-6. 국내 근거이론의 코딩 분석방법 사례

유형	연구자	개방코딩 (개념/하위/상위범주 수)	축코딩	선택코딩
(A)	강소영 (2012)	48 / 15 / 7	• 인과조건: 인성교육의 부재(낮은 자기 통제력, 가정의 부정적 기능, 교권의 무력화) • 중심현상: 폭력적 교실문화 • 맥락조건: 권력행위에 적응 • 중재조건: 폭력의 심각성 인지 • 작용/상호작용 전략: 상담 치료, 가벼운 체벌, 경찰의 개입	관계진술: 가설적 관계와 근거자료 대조, 도출
	문선아 · 김봉근 · 강진숙 (2015)	52 / 15 / 8	• 인과조건: 언론 환경, 기자교육, 기자 개인의 문제 • 중심현상: 성폭력 범죄보도 선정주의 • 맥락조건: 자본/권력 작용 • 중재조건: 기자의 윤리의식 • 작용/상호작용 전략: 기자의 내외적 갈등 • 결과: 기자, 뉴스 이용자 미디어교육 실시, 기자 인권교육, 실효성 있는 기자교육	핵심범주: 중심현상과 전략, 결과 관계의 통합 진술
	윤호순 · 경수영 · 이은영 · 이현교 (2012)	237 / 41 / 12	• 인과조건: 바닥치기, 안개너머 눈뜨임 • 중심현상: 혼란과 몸부림 • 맥락조건: 어두운 현실, 즐거운 게임 • 중재조건: 주변의 도움을 받음, 벗어나기, 자기결단 • 작용/상호작용 전략: 자기마음 다스리기, 현실 관계 이해, 성취 • 결과: 일상의 행복 찾기, 자기 계발	핵심범주: 가설관계 대조, 중심현상에서 결과 도출 과정 검토(회복과정 4유형)
	윤혜정 · 권경인 (2011)	54 / 24 / 17	• 인과조건: 관계적, 정서적, 지각 특성 • 중심현상: 휴대전화 중독 • 맥락조건: 중독단계 논의에 함축 • 중재조건: 중독단계 논의에 함축 • 작용/상호작용 전략: 몰두단계, 잠재적 중독단계, 고위험 중독단계 • 결과: 대인 관계 능력 프로그램, 가족 상담, 부정적 감정 처리, 또래 관계 능력 향상	핵심범주: 메모, 현장노트, 도표를 활용한 이야기 윤곽 설정
	최영준 (2015)	30 / 13 / 10	• 인과조건: 부정적 경제전망, 경제에 대한 무관심 • 중심현상: 노후 걱정 • 맥락조건: 가족 걱정, 노후 대책 미비 • 중재조건: 경제에 대한 관심, 노후에 대한 긍정적 시각, 긍정적인 개인경제 전망 • 작용/상호작용 전략: 노후 준비하기 • 결과: 노후 대책	핵심범주: 경제교육을 통한 노후 준비(실천형/인식형)
	정여주 · 김정득 (2013)	27 / 151 / 11	• 인과조건: 절망적 위기 • 중심현상: 단절된 지역에서 홀로 살아가기 • 맥락조건: 희망 없는 상황, 연명해감 • 중재조건: 도움의 손길들, 지역 이웃과 정이 듦 • 작용/상호작용 전략: 긍정적 생각, 고통 속에 살아가기 • 결과: 벗어나고 싶음, 인생살이가 그런 것, 앞날에 대한 염려	핵심범주: 삶의 굴곡을 거치며 고립된 곳에서 살아가기(포기형, 만족형, 노력형)

유형	연구자	개방코딩 (개념/하위/상위범주 수)	축코딩	선택코딩
(B)	박선웅 · 우현정 (2013)	127 / 35 / 22	• 인과조건: 한국으로의 이주 • 중심현상: 소외감 • 맥락조건: 입국시기, 가족 내 상호작용, 사회문화적 편견, 모국과의 관계, 다문화정책의 지원 • 중재조건: 개인 내적 자원, 사회적 지지, 다문화적 특성에 관한 인식, 사회적 인정 경험 • 작용/상호작용 전략: 회피하기, 터트리기, 인내하기, 차이 없애기, 관계의 벽 허물기, 꿈을 향해 노력하기, 부각하기 • 결과: 이주를 발전의 기회로 봄, 겉돌음, 특별한 존재감을 가짐, 막막함	핵심범주: 사회문화적 현실 수용, 한국인 정체성 형성 과정(4가지 한국인 정체성 유형)
	성열관 · 이형빈 (2014)	패러다임 모형 변형 적용 (참여기피 원인, 중심현상, 수업유형, 대응전략, 결과)	• 참여기피 원인: 수업 내 · 외적, 심리적 원인 • 중심현상: 수업참여 기피(멍하고 있기, 선택적 참여, 탈주하기) • 맥락조건: (수업 유형) 강의 일변도, 높은 난도, 빠른 진도 • 협력과 상호작용 • 결과: 지는 게임의 남은 시간 버티기, 자책과 만회의 악순환, (소극적) 참여	극복을 위한 시사점: 협력과 상호작용, 교육경험 다양화, 과제 참여, 소속감 증대
	이연승 · 임수진 · 최진령 (2015)	128 / 30 / 12	• 인과조건: 내 · 외적 요인에 의한 수용 • 중심현상: R-러닝 수용에 확신 없음 • 맥락조건: R-러닝에 대한 이해 부족, 업무환경의 어려움, 로봇활용시스템의 한계, R-러닝을 준비할 시간 부족, 오작동, 잦은 고장 등 시스템의 한계 • 중재조건: R-러닝만이 가능한 교육적 가능성, 잘하고 싶은 마음 • 작용/상호작용 전략: 협력관계의 구축, R-러닝에 대한 지식과 기능 학습 노력, R-러닝에 대한 태도 재고, R-러닝교사 연수, 동아리 · 인터넷 카페 등 가입, R-러닝 관련 자료나 콘텐츠 재구성 • 결과: 수업상황에 적합하게 적용하기 위한 여러 시도(교사들은 R-러닝 실행을 위해 사전 준비, 콘텐츠 활용, 유아가 직접 활용할 수 있는 기회 마련)	핵심범주: R-러닝 수용을 위한 노력 (갈등형, 순응형, 반성형)

유형	연구자	개방코딩 (개념/하위/상위범주 수)	축코딩	선택코딩
(C)	정재민 (2010)	74 / 31 / 13	• 인과조건: 대중매체, 친구의 권유, 호감이 생김 • 중심현상: 스타를 향한 일방적 사랑, 헌신적인 노력 • 맥락조건: 부모의 반대와 자극받음 • 중재조건: 다음 만남에의 기대, 후회 • 작용/상호작용 전략: 적극적 행동, 닮고 싶음, 항상 스타를 만날 수 있음 • 결과: 행복함, 중독됨	핵심범주: 사랑 그리고 세상의 중심에서 스타를 외치기(4단계 설정)
	손승혜 (2013)	? / 25 / 13	• 인과조건: 소개받기, 발견하기, 확장하기 • 중심현상: 적극적 탐구자, 상징적 단짝 친구, 확장된 공동체 • 맥락, 매개조건: 문화적 콘텍스트 인식, 팬덤의 의미 인식 • 작용/상호작용 전략: 비판적 평가, 수용적 전략 • 결과: 개인적/심리적 만족, 문화적 다양성에 대한 태도 변화, 문화적 기여에 대한 자부심	핵심범주: 현실 밖에서 함께 놀면서 성장하며 지켜주기, 초국가적으로 확장된 문화 공동체로서의 다양성 즐기기
	임종섭 · 김명준 (2015)	구성주의적 분석 (Charmaz) • 선행 가설 없음 ⇨ 코드, 범주 추출 • 분석일지 • 이론 표집 • 문헌고찰	• 보수신문의 탈북자 문제 범주: 조선 105건, 중앙 28건 분석. 6개 최상위 범주 도출(남한정착, 탈북자 처벌, 탈북과정, 가교, 일탈행위, 한국거부감) • 진보신문의 탈북자 문제 범주: 한겨레 32건, 경향 15건 분석. 공통범주 9개 도출〔사회적응문제(중앙에도 등장), 탈북자 차별(4개 신문 공통), 생활고(중앙, 경향), 무국적자, 희망, 인권침해(중앙), 한국 거부감(4개 신문 공통), 가정해체, 탈북과정(4개 신문 공통)〕	이론코딩: 문헌 고찰
	임영호 · 김정아 (2011)	103 / 44 / 18	• 인과조건: 강한 동기와 준비과정 거쳐 입문 • 중심현상: 개인주의, 양면성, 전문성, 배타성, 나르시시즘 • 맥락조건: 고용요건의 열악함, 지역방송 시장에서의 제약, 상향이동의 가능성, 방송업종의 신화화 • 중재조건: 전통적 젠더관, 경제적 부양에 대한 부담, 미래경력의 가능성 • 작용/상호작용 전략: 현실의 합리화, 비판적 환경 인식, 장기적 커리어 관리, 부업 병행, 대안 커리어 준비 • 결과: 다양한 직업 경로	핵심범주: 중심범주의 추출, 다른 여러 범주 간의 관계 설정(5가지 유형)

그럼에도 불구하고, 스트라우스와 코빈의 분석모형 적용과 관련하여 두 가지 측면의 성찰적 과제가 제기된다. 그것은 우선, 실용주의와 상호작용론에 근거한 스트라우스와 코빈의 접근 외에도 실증주의적 접근을 행하고 있는 글레이저의 분석방법, 그리고 차마즈 등의 구성주의적 분석방법 등에 대한 다차원적 이론검토가 전제되고 있는가 하는 점이다. 임종섭과 김명준(2015)이 제기하듯이, 국내 근거이론을 적용한 선행연구들의 대부분이 스트라우스와 코빈의 분석모형을 적용하면서 다른 근거이론의 체계와 쟁점들에 대해서는 간과하고 있는 게 아닐지 성찰할 시점이다. 학술지의 경우 제한된 분량에서 근거이론의 지형을 쟁점화하고 논의하기에는 한계가 있는 것은 사실이다. 하지만, 점차 근거이론 방법을 적용한 선행연구가 증가하고 있는 상황에서 커뮤니케이션 연구분야에서도 이론의 쟁점과 사상적 지형들을 성찰하는 후속 연구들이 전개된다면 더 풍부한 근거이론의 분석방법들이 모색될 수 있을 것이다.

또 다른 한편, 이론의 개발을 위해 양적으로 충분한 이론적 표본의 추출이 되었는지, 범주들 간의 변이들을 어떻게 발견하고 가설을 기각하고 새롭게 갱신했는지, 핵심범주에 다른 범주들을 어떻게 연관시켰고 어떠한 질문들을 설정하여 코딩 패러다임의 결과들을 도출했는지, 그리고 선택코딩을 통해 어떻게 궁극적으로 이론의 추상화 작업을 수행했는지 등에 대한 보다 구체적인 기록 및 기술방법의 모색은 후속 작업을 통해 수행되길 기대하는 일이다.

2) 커뮤니케이션과 미디어교육 분야의 시사점 및 의의

(1) 이론적 시사점

근거이론은 다른 질적 연구방법과 유사한 방법들을 공유하고 있지만, 이론의 개발을 목적으로 한다는 점에서 차이가 나타난다. 주지했듯이, 근거이론에서 이론의 개발은 단일한 사건이나 현상이 아니라 방대한 건수들을 지속적으로 비교하며 분해한 후 다시 쪼개진 자료들을 연관시켜 통합하는 해석과정을 통해 이루어진다. 물론 글레이저의 경우는 스트라우스와 코빈의 경우와 달리 더 지난하고 복잡한 쪼갬과 통합의 과정들을 지속적으로 수행한다는 점에서 차이가 나타난다. 중요한 것은 커뮤니케이션과 미디어교육 분야에서 어떻게 질적 연구방법으로서 근거이론을 적용하여 사회적 문제와 적응 및 수용 현상, 그리고 미디어와 문화 현상들에 대한 적극적인 대응전략들을 수립할 것인가 하는 문제들이다. 다른 질적 연구방법의 경우, 문제의 진단과 해석까지 분석결과를 제한할 수 있다면, 근거이론은 그 해결방법까지 이론의 개발을 통해 도출해내는 방법이기 때문이다. 다만, 스트라우스와 코빈의 방법론을 적용하는 방법뿐 아니라 다른 근거이론의 분석방법에 대한 이론적 논의와 담론화가 이루어질 때 질적 연구의 위상을 입증할 수 있을 것이다.

(2) 실천적 시사점

근거이론의 실천적 시사점은 다양한 미디어 현상과 주체들의 행동들을 분석하여 실천적인 대응전략을 모색할 수 있다는 점이다. 특히 앞의 선행연구에서 볼 수 있듯이 학교폭력이나 미디어 중독현상, 고령화 사회의 노년의 삶과 경제적 불평등 현상, 이용자들의 팬덤 현상, 그리고 미디어 이용과 적응 행위들에 대한 근거이론적 행위전략을 도출하는 데 시사하는 바가 크다. 특히 미디어교육적 대응전략을 모색하여 학교 미디어교육과 시민사회 미디어교육의 중심현상들을 발견하고 계층별, 세대별, 젠더별 미디어교육의 실행 방안들을 도출하는 데 기여한다는 점에서 근거이론의 실천적 시사점을 발견할 수 있다.

제6장

06 현상학 연구 (phenomenological study)

개관

현상학 연구는 후설의 초월론적 현상학을 토대로 다양한 철학적 · 사회학적 · 교육학적 접근을 통해 이론과 방법론의 체계화가 이루어졌다. 특히 후설의 현상학은 질적 연구의 현상학적 이론과 방법론을 형성하는 중요한 역할을 하였다. 현상학 연구를 통한 질적 연구의 목적은 다양한 개인의 살아있는 체험 그 자체로 돌아가 의식의 지향성을 찾아내고, 다시 추상적인 수준에서 의미의 본질을 발견하는 데 있다. 이러한 현상학적 접근은 생활세계에서 인간이 당연하고 자명하게 여기는 신념과 확신을 성찰할 수 있는 계기를 제공한다는 점에 의의가 있다.

여기서는 후설의 현상학적 이념과 주요 개념들을 살펴보고, 이를 바탕으로 질적 연구의 전통 속에 있는 현상학적 연구 유형들을 이론과 방법론 중심으로 탐색하고자 한다.

토론 주제

1. 현상학 연구의 목적과 이념은 무엇인가?
2. 현상학 연구의 이론 유형은 어떻게 구분되는가?
3. 현상학적 질적 연구의 유형은 각각 어떠한 차이와 특징을 지니는가?
4. 현상학적 질적 연구의 분석절차는 연구자별로 어떻게 차이가 나타나는가?
5. 국내 현상학적 질적 연구의 경향은 어떠한 특징을 지니는가?

주요 용어

후설 • 현상학 • 판단중지 • 현상학적 환원 • 지오르지(Giorgi) • 판 마넨(van Manen) • 무스타카스(Moustakas)

1
문제설정

1) 후설의 초월론적(선험적) 현상학

에드문트 후설(Edmund Husserl)의 현상학은 '엄밀한 학(strenge Wissenschaft)'이라는 위상을 지닌다. 이러한 현상학의 이념은 1907년도에 괴텡엔 대학에서 후설이 강의한 내용을 수록한 〈현상학의 이념(*Die Idee der Phänomenologie*)〉(1911)에서 피력된다. '엄밀한 학'이란 "가능한 모든 편견을 제거하여, 자기 스스로 자율적으로 형성되어 절대적으로 자기 책임을 지는 인식 비판"(Husserl, 1911/1988, 141쪽)을 의미한다.

하지만, 이러한 엄밀성이 실증주의나 경험주의적 자연과학의 목표인 '객관성' 혹은 '정확성'을 가리키는 것은 아니다. 오히려 그것은 기존의 선이해를 바탕으로 한 선입견과 자명한 것으로 주어진 전제들을 벗어나고자 하는 후설 현상학의 이념이다. 이러한 맥락에서 후설의 현상학적 연구는 보편적 이성을 통해 모든 학문이 타당할 수 있는 조건과 근원으로 되돌아가 문제를 제기하고 자기 책임에 근거한 이론과 실천을 정초하려는 '엄밀한 학'으로서의 '제1철학(Erste Philosophie)', '초월론적(선험) 철학(Transzendentalphilosphie)'이다(Husserl, 1936/2003). 이러한 후설의 현상학은 학문의 위기에 대한 문제의식에서 그 사유의 발전 계기를 찾을 수 있다.

우선, 후설은 초월론적 현상학을 정립하는 과정에서 학문의 위기에 대한 문제를 제기하며, 과학에 의해 탈색된 철학적 위상의 회복을 과제로 내세운다. 후설은 1935년 11월에 두 차례에 걸쳐 프라하 철학협회의 초청 강의에 응하며, 유럽학문의 위기와 선험 철학에 대한 문제의식을 설파하였다. 이러한 그의 강의는 1936년 ≪철학(Philosophia)≫ 창간호에 게재되었고, 국내에서도 〈유럽학문의 위기와 선험적 현상학〉(1936/2003)이란 저서로 출간되었다. 후설이 언급하는 학문의 위기란, 진정한 학문의 과제와 방법론을 형성하는 방식에 문제를 제기하면서 피력된 것이다. 즉 학문이 삶의 의미를 상실하고 모든 것을 사실학으로 환원하려는 실증주의의 문제가 그것이다. 이러한 후설의 위기 인식은 철학이 경험과학에 빠지기 이전, 곧 지혜의 사랑을 추구한 고대 그리스의 철학적 사유로 돌아가야 한다는 은유를 통해 확인된다. 학문들이 객관적으로 확증 가능한 것만을 참이라 간주한다면, "이성은 무의미하고 선행은 재앙으로"(Goethe, *Faust 1부*, 1976행: Husserl, 1936/2003, 66쪽 재인용) 당연히 인식될 수 있기 때문이다. 세계와 인간의 현존은 이 '확증 가능한', 즉 자명하게 여겨지는 상황 속에서 어떠한 의미를 지닐 수 있는가? 이러한 후설의 문제의식은 19세기 말부터 시작된 실증과학의 '번영'과 인간의식의 상실에 대한 비판적 관점에 기인한 것이다. 제1철학의 이념이었던 이성이 사실 증명의 도구로 전락하고, 인간의 주관적 의견은 비과학적인 것이 되는 상황에서 후설은 '유럽학문의 위기와 선험 철학'을 강변하며 현상학을 집대성한다.

2) 후설의 현상학 이념과 개념들

우선, 후설의 현상학은 전제가 없는 철학을 지향한다. "무전제성의 원리"에 의해 정초된 현상학은 어떤 철학 이론이나 과학적인 업적을 철학적 사유의 출발점으로 삼지 않기 때문이다(강진숙 · 장지훈 · 최종민, 2009, 15쪽). 나아가 우리의 의식 밖에 객관적인 사물 세계가 존재한다는 가장 일반적인 생각도 배제한다. 대신 중요하게 부각되는 것은 인간의 의식 속에 주어져 있는 '사태 그 자체로(Zu den

Sachen selbst)' 돌아가 '본질적인 불변 구조 혹은 경험의 본질적인 의미를 탐색'하는 것이다(Creswell, 1998/2005). 슈피겔베르크(Spiegelberg)는 이러한 후설의 사유를 "주관성의 바로 그 심장부에 객관성을 세우는 것"(Crotty, 1996/2001, 35쪽)이라고 평가한다. 즉 사실주의나 객관성을 모두 부정하거나 비판하는 것이 아니라 오히려 경험이 이루어지는 상황과 관계맥락 그 자체로 돌아가 인간의 주관성을 파악하고자 하는 것이 후설의 현상학적 의도인 것이다. 이러한 '사태 그 자체로' 돌아가라는 후설의 언명은 코켈만스(Kockelmans, 1999/2000)가 부연하고 있듯이, 철학에서 불충분한 설명이나 부정확한 토대 위에 전제된 모든 원칙들과 개념들, 그리고 독단적인 사고방식들과 편견들을 버리고 오직 사물들 그 자체에 의해 사유되어야 함을 의미한다. 이른바 '사실성의 철학'이라는 현상학에 대한 명칭은 이러한 기본 이념에 근거한다.

두 번째로, 후설의 현상학에서 중요한 것은 의식(consciousness)의 지향성(intentionality)이다. 후설의 지향성 개념은 비엔나 대학의 은사인 프란츠 브렌타노(Franz Brentano)로부터 체득한 것이다. 후설은 브렌타노의 영향에 대해 다음과 같이 언급한다. "나의 모든 발전은 프란츠 브렌타노의 자극, 즉 정신의 기본적인 성격으로서 지향성을 포함했던 그의 심리학에서 결정된 것이었다"(Crotty, 1996/2001, 43쪽). 이러한 지향성 개념은 심리적 작용과 행동의 지향이라는 이중적 특성을 지닌다(강진숙 · 장지훈 · 최종민, 2009). 우선, 심리적 작용의 측면에서 인간의 의식은 항상 '그 무엇에 관한 의식(Bewußtsein von etwas)'으로 나타난다. 다른 한편, 행동의 지향이라는 측면에서 지향적 대상은 심리적, 경험적 의식 내에 있는 상이나 관념이 아니다. 지향하는 대상은 우리의 의식 속에 비친 무의식이나 관념이 아니라 의식이 대상과 관계를 가지게 되는 전체적인 지평을 의미한다. 전직 천주교 신부였던 브렌타노는 스콜라철학으로부터 이 지향성 개념을 이끌어냈는데, 스콜라철학은 기본적으로 아리스토텔레스의 철학에서 시작되어 중세의 토마스 아퀴나스(Thomas Aquinas)에 의해 채택되고 형성된 것이다. 브렌타노의 지향성에 대한 사유의 단초는 모든 정신적 현상들이 그 자체 내에 대상으로서의 어떤 것(something)을 포함하고 있지만, 그 방법에 있어서 서로 다른 차이가 존재한다는 인식에 근거한다(Crotty, 1996/2001). 예컨대, 어떤 정신 현상은 표상 속에서 드러나고 판단 속에서 확인되거나 부인되며, 사랑 속에서 사랑 받고, 증오 속에서 증오되며, 욕망 속에서 갈구된다. 이처럼 지향성은 대상을 향한 방향성으로서 존재 내부에서 일어나는 의식의 흐름을 보여준다. 하지만, 브렌타노는 '내부 존재'에 대한 사유를 발전시키지 못하고 '대상을 향한 방향성'에 사유의 진전을 멈춘 반면, 후설은 사태 그 자체 속에서 존재의 의식이 어떻게 구성되고 체험적 행위를 통해 나타나는지 보다 구체적으로 현상학적 사유와 방법을 통해 접근한다는 점에서 차이가 나타난다.

마지막으로, 아무 전제도 없는 '엄밀한 학'으로서의 철학을 세우고 지향성을 유지하기 위해서는 '현상학적 판단중지(Epoche)' 및 환원(Reduction)의 방법을 사용해야 한다. 현상학적 판단중지는 확신과 신념을 의문시하지 않는 자연적 태도에 대한 거리두기나 변경을 뜻한다. 즉 판단중지로 번역되는 고대 그리스어인 에포케란 '실재 존재에 대한 가정으로부터의 자유'(Husserl, 1911/1988)를 의미한다. 생활세계의 자명한 타당성을 '괄호치기(bracketing)'하여 그에 대한 일체의 선입견을 차단하고 경험 그 자체로 돌아가는 것이 바로 판단중지 개념의 핵심이다(강진숙 · 장유정, 2012). 따라서 현상학은 주어진 현상의 발생과 구성 과정의 근원적 원리들을 탐구하는 질적 연구의 한 방법이다. 이러한 현상학적 판단중지 방법이 필요한 이유는 주체와 대상의 관계에서 지향적 관계의 정체를 올바르게 파악하기 위함이다. 즉 믿음에 대한 일체의 판단을 유보하는 것이 현상학적 판단중지의 방법이며, 이를 통해 개시되는 다양한 유형의 지향성에 우리의 시선을 집중하는 과정이 현상학적 환원이다(이남인, 2005). 그러면, 현상학적 환원이란 어떠한 의미를 지니는가? 후설이 강조하는 현상학적 태도는 신념과 확신이 작용하는 자연적 태도로부터 의식현상으로 관심을 돌리고, 다시 의식현상의 개별적 사실로부터 보편적 본질로 이끄는 현상학적 환원의 태도로 이행할 것을 요구한다. 이러한 현상학적 환원은 '직관적(eidetic) 환원'으로 표현되기도 한다. 환원을 통해 사실의 세계에서 '본질(Eidos) 직관'의 세계로 나아간다는 점에서 그러하다. 왜냐하면, 후설의 관심(Crotty, 1996/2001)은 개별적 현상에 있는 것이 아니라 궁극적으로 본질들을 향해 있기 때문이다. 하지만, 이러한 관점에 대한 비판적 반론도 존재한다. 크로티에 따르면, 후설의 '본질' 직관에 대한 사유는 "지식과 실재에 대한 복잡한 접근 방식이 간단하고 단순하게 된 점"(Crotty, 1996/2001, 69쪽)에서 매우 관념론적이다. 물론 후설 역시 자신의 사유를 〈데카르트적 성찰〉(1931/1993)에서 '초월적 관념론'이라고 피력하고 있는 것은 사실이다. 후설의 현상학은 비록 메를로 퐁티(Merleau-Ponty) 등 초월론을 비판하는 입장의 현상학 연구자들까지도 그의 이론을 차용하고 있는 상황(Crotty, 1996/2001)이지만, 연구자의 상상과 통찰력을 어떻게 현상학적 연구를 통해 구현할 것인가 하는 점에서 본질 혹은 본질 직관에 대해 더 많은 논의가 필요한 것은 사실이다.

후설의 현상학에 대해 더 많은 논의를 할애할 수 없기 때문에 여기서 멈추고자 한다. 하지만, 후설의 현상학이 질적 연구에서 어떠한 연구방법론 속에서 적용되고 있는지에 대해서는 뒤의 논의에서 구체적으로 살펴보고자 한다.

2
현상학 연구의 이론적 논의

1) 질적 연구로서의 현상학

(1) 현상학적 연구의 정의와 목적

현상학적 연구는 질적 연구의 중요한 방법으로서 심리학, 간호학, 사회과학, 교육학 등 여러 학문 영역에서 다양한 사회현상을 분석하기 위해 적용되고 있다. 이러한 적용 사례들은 두 가지 경향을 통해 나타나는데, 한편으로 질적 연구방법의 여러 유형들 중의 하나로 포함시키는 접근 방식이 있다면, 또 다른 한편으로는 질적 연구방법으로서 현상학적 접근의 이론과 분석방법들을 체계화하려는 시도들 속에서 발견된다. 질적 연구방법으로서 현상학적 적용분야와 이론가들을 정리하면 다음 〈표 6-1〉과 같다.

표 6-1. 질적 연구방법으로서의 현상학 적용 분야와 이론가

학문 분야	현상학 유형	이론가
심리학	• 경험적 현상학 연구 • 초월적 현상학 연구	• 무스타카스(Moustakas, 1994) • 슬라이프와 윌리엄스(Slife & Williams, 1995) • 콜라지(Colaizzi, 1978) • 지오르지(Giorgi, 1970, 1985, 1994, 2009) • 판 캄(van Kaam, 1966)
간호학(사회학)	현상학	• 문홀과 오일러(Munhall & Oiler, 1986) • 스트라우스와 코빈(Strauss & Corbin, 1990) • 모스(Morse, 1994)
사회과학	현상학	덴진과 링컨(Denzin & Lincoln, 1994)
교육학	해석학적 현상학	판 마넨(van Manen, 1990, 1994, 1997)

그러면, 질적 연구방법으로서 현상학적 연구는 어떻게 정의되는가? 크레스웰(Creswell, 2007/2010)에 따르면, 현상학적 연구(phenomenological research)는 하나의 개념이나 현상(the phenomenon)에 대한 여러 개인들의 생생한 체험들(lived experiences)을 통해 본질적 의미들을 분석해내는 것을 의미한다. 이 때문에 현상학적 접근에 적합한 연구참여자는 특정한 현상을 공통으로 경험한 사람들을 중심으로 의도적 표집이나 눈덩이 표집을 통해 선정할 수 있다. 현상학적 연구의 기본적인 목적은 특정한 사회적 현상에 대한 개인의 경험들을 "사물의 자연적 특성을 포착"(van Manen, 1990, p. 177)할 수 있도록 생생하게 기술하고 범주 구성 작업을 통해 의미의 본질적 특성들을 규명하는 데 있다. 예컨대, 사회적 현상으로서 외로움, 분노, 추모, 애도, 공포, 불면증, 트라우마, 버려짐, 폭력 등 뉴스 기사에서 등장하는 다양한 정서와 신체적 경험들을 들 수 있다. 현상학적 질적 연구가 주로 심리학과 사회과학 분야에서 이론과 방법론의 체계화가 이루어진 것도 이와 같은 맥락에서 이해할 수 있다. 왜냐하면, 후설의 지향성 개념에는 심리적 작용과 행동의 지향이라는 이중적 특성을 지니기 때문이다. 우선, 심리적 작용의 측면에서 인간의 의식은 항상 '그 무엇에 관한 의식(Bewußtsein von etwas)'으로 나타난다. 다른 한편, "행동의 지향"은 인간의 심리적, 경험적 의식 내에 있는 두뇌의 관념이나 이미지가 아니라 사람과 사물들과의 생생한 체험 속에서 나타나는 것이다(강진숙 · 장지훈 · 최종민, 2009, 15쪽). 따라서 현상학적 접근은 선입견을 배제하고 상호주관성 속에서 여러 사람들이 경험한 사실들의 의미들을 규명하는 데 초점을 둔다.

(2) 현상학적 접근의 오해와 문제점

현상학적 연구가 질적 연구에 적용되는 과정에서 여러 가지 오해와 문제점이 제기되었다. 우선, 현상학적 질적 연구에 대한 오해의 경향은 다음과 같이 세 가지 측면에서 살펴볼 수 있다(김영천, 2013, 89-143쪽; 유혜령, 2013, 5-31쪽 참조). 먼저, 현상학을 체험에 대한 철학으로 규정하는 오해의 시각이다. 이 관점은 현상학적 질적 연구를 체험에 대한 철학적 논의를 전개하거나 사변철학의 한 유형으로 간주하는 데서 기인한다. 하지만, 현상학은 관념 속에서 연상하는 이미지나 체험 그 자체가 아니라 생생한 체험들을 통해 발견되는 의미의 본질에 접근하는 방법이다. 물론 그 방법은 이론가의 관점과 태도에 따라 다양한 이론체계와 방법 및 절차들을 통해 구체화된다.

둘째, 현상학적 질적 연구가 주관적 의식만을 다룬다는 오해의 시각이다. 이처럼 현상학이 주관적 관점에 의존한다는 오해는 현상학뿐 아니라 질적 연구에 대한 오해의 연장에서 비롯된 것이다. 현상학을 비롯한 질적 연구는 주관적 연구, 즉 사회적 통념 속에서 '자의성', '편견', '개인적 의견' 등으로 해석되는 연구가 아니라 연구참여자의 '주관성'에 근거하는 접근 방식이다. 특히 현상학적 접근은 개인과 개인의 사회적 관계와 체험 속에서 형성된 '상호주관성'에 초점을 두고, 더 이상 분해할 수 없는 의미의 본질적 기저를 도출하는 데 의의가 있다. 즉 현상학적 질적 연구는 주관성 속에서 공통적인 본질적 의미를 찾고자 하기 때문에 '상호주관성'의 측면에서 접근해 의식의 지향성과 현상의 본질을 추구한다.

마지막으로, 현상학적 질적 연구는 '연구기법'을 적용해 엄격하게 정형화된 모형을 적용해야 하는 분석방법이라는 오해의 시각이다. 이러한 시각에는 수정이 필요하다. 왜냐하면, 현상학적 분석방법은 다양한 절차 모형들과 쟁점들을 통해 발전해왔기 때문에 연구주제와 목적에 부합하는 방법들을 선별할 수 있을 뿐 아니라 "연구자의 통찰에 따라 재조정, 변형, 통합, 또는 창안될 수 있기"(유혜령, 2013, 9쪽) 때문이다.

요컨대, 현상학은 체험에 대한 관념적 이미지나 주관적 의식이 아니라 '생활세계'에서 체험하는 의식의 지향성들을 추출하는 방법이다. 이를 위해 한 개인이 아니라 여러 연구참여자들이 체험한 '사태 그 자체'로 다가가며, 이를 통해 상호주관성에 근거한 의식의 본질적 의미들을 발견해내는 데 초점이 있다. 즉 이미 선이해된 체험이 아니라 실제 현장에서 '있는 그대로' 지각하고 체험한 현상을 찾아내 범주화하고 그 현상의 본질적 의미들을 찾아내는 것이다.

다음으로, 현상학적 질적 연구의 적용 사례에서 나타나는 문제점은 배상식(2014, 83-109쪽 참조)이 비판한 몇 가지 경향을 통해 정리된다. 이러한 비판은 현상학적 질적 연구의 사상적 근거와 연구논리에 대한 이해의 중요성을 강조하기 위해 제기된 것이다. 그것은 우선, 현상학 적용 연구에서 다양한 이론적, 사상적 지형의 차이점들을 간파하지 못하는 경향에 대한 비판이다. 그 이유는 연구자들의 이론적 논의 전개에서 현상학의 철학적 계보를 형성하는 후설, 하이데거, 퐁티 등의 이론적 차이에 대한 충분한 설명이 이루어지지 않고 있기 때문이다. 예컨대, 후설에게 현상은 의식의 지향성을 통한 '의식의 현상'이라면, 하이데거의 현상은 존재자와 존재론적으로 구분되는 '존재의 현상'을 의미하며, 퐁티의 현상은 신체를 통해 체험되는 '지각의 현상'을 가리킨다. 하지만, 현상학적 질적 연구의 경향에서 이러한 현상학의 이론과 사상의 차이점들을 규명하는 이론적 논의들이 치밀하게 이루어지지 않는다면, 현상학 모형의 기계적 적용을 넘어설 수 없다는 점에서 유념할 일이다.

또 다른 한편, 현상학과 해석학의 차이에 대한 이해가 제대로 이루어지고 있는지 성찰할 필요가 있다. 이 두 학문의 접근은 모두 철학적 방법론이라는 유사성을 지니지만, 현상학이 주체의 의식에 의해서 경험된 대상의 의미를 밝히는 반면, 해석학은 보편적인 언어를 통해 언어를 활용하는 사람이 어떠한 의미를 전달하고자 하는지를 분석한다는 점에서 차이가 발견된다(배상식, 2014). 특히 현상학적 접근에서 중요한 것은 선입견이나 일반적인 사회적 통념을 '괄호치기'하는 데 있다면, 해석학은 그러한 선이해 또한 해석의 대상이 된다.

이와 같이 현상학적 질적 연구를 위해서는 체험의 역동성과 상호주관성에 대한 현상학적 개념 정의를 면밀하게 파악할 필요가 있고 현상학의 다양한 이론적 지형들의 차이점과 특이성을 체득할 것이 요구된다. 이를 통해 어떠한 현상학을 연구하여 이론적 자원으로 채택하고 질적 연구의 현상학적 분석방법과 절합할 것인지 연구자의 문헌연구와 사전 검토 작업이 이루어질 때 신뢰성 있는 질적 연구의 결과에 도달할 수 있다. 이러한 문제의식을 고려하여 다음에는 현상학적 접근 유형과 차이점들을 살펴보고자 한다.

2) 현상학적 연구의 이론 유형

현상학적 연구방법에는 두드러진 학파를 형성하고 있는 두 가지 유형과 일상생활의 현상학적 접근을 시도하고 있는 나머지 한 유형이 존재한다. 그것은 직관적(eidetic)/기술적(descriptive) 현상학, 해석학적(hermeneutic, interpretive) 현상학, 그리고 사회적 현상학을 가리킨다. 이들 세 유형의 현상학적 방법론들은 이론과 분석방법의 체계화를 꾀하며 다양한 연구작업들을 전개해 왔다. 직관적 해석학과 해석학적 현상학의 방법론, 그리고 사회적 현상학의 방법에서 발견되는 차이점은 특정한 기법을 적용하는 방법이 아니라 적용되는 연구방법의 목적과 과제에서 비롯된다. 여기서는 현상학적 접근 유형의 차이점들을 이해하기 위해 각각의 방법론의 목적과 과제를 중심으로 살펴보고자 한다.

(1) 직관적/기술적 현상학

우선, 직관적 현상학은 인간의 체험에는 "본질적인 구조가 존재한다"는 가정에 근거하는 접근 유형이다(Cohen & Omery, 1994, p. 147). 이러한 구조는 체험을 구성하는 것이다. 즉 각각의 독특한 체험은 특정한 행동 패턴을 만드는 두드러진 구조들을 통해 구성되는 것이다. 이러한 구조들이 의식 속에서 나타날 때, 이 구조들은 연구참여자들의 체험들이 지닌 의미들을 발견할 수 있게 한다. 이러한 직관적 현상학의 목적은 연구참여자들의 관점으로부터 그 체험의 의미를 기술하는 데에 있다. 즉 연구참여자들의 세계관에 근거해 체험의 의미들을 기술하고, 본질적인 의미의 구조들을 찾아내는 것이다. 연구자들은 그들의 선이해나 가정(presuppositions)을 '괄호치기'하고 연구참여자들이 진술했던 체험들을 반영하는 과정을 통해 체험의 본질적 구조들을 직관적으로 파악하여 기술한다. 그러나 이러한 직관적 기술은 단지 체험에 대한 개인적, 주관적 관점이나 의미 해석에 그치는 것이 아니라 직관적으로 파악한 의미의 기술을 의미한다. 즉 특정한 개인의 체험이라면 어떠한 것이든지 체험에 대한 근본적이고 본질적인 의미들을 발견할 수 있는 것이다. 이러한 체험의 의미에 대한 직관적 기술은 오직 환원(reduction)을 통해서만 이루어질 수 있다. 환원이란 현상의 본질 그 자체를 파악하기 위해 자연계 혹은 해석의 세계까지도 따로 떼어놓는 과정을 의미한다. 이와 관련하여 크레스웰(Creswell, 2007/2010)은 현상학을 '무전제의 학문'으로 규정하며, 현상학적 접근은 실재적인 것, 즉 자연적 태도에 대한 모든 판단을 유보하는 것이라고 설명하고 있다. 환원은 일반적인 기술과정에서 개입하게 되는 전제조건, 선입견, 그리고 편견 등을 없애고 단순히 체험을 조사하는 과정이다. 이러한 환원 작업의 수행을 위해 현상학적 연구에서는 다양한 기법들이 발전되어 왔다. 이러한 기법들 중에서도 가장 일반적인 방법은 자료수집과 분석을 수행하기 전에 전제된 가정(assumption)을 찾아내고 절합하는 것이다.

(2) 해석학적 현상학

두 번째로, 해석학은 존재론적 테제들을 견지하는 연구방법이다. 그 테제란 생생한 체험 그 자체가 본질적으로 "해석적 과정에 존재한다"는 관점을 의미한다(Cohen & Omery, 1994, p. 148). 현상학적 과제는 '존재론적 자기 해석(self-interpretation)'(Burch, 1989)을 명백히 하는 데 있다. 해석학적 현상학(hermeneutische Phänomenologie)을 정초한 하이데거는 '해석학' 개념을 존재론적으로, 곧 존재의 의미를 규명하기 위해 사용한다. 즉 해석학은 "자기 고유한 현존재를 그의 존재 성격에 있어서 이 현존재 자체에 접근하게 하고 알려주며, 현존재가 억압되는 자기소외로 되돌아가는 과제를 갖는다"(Heidegger, *GA*, 1975: 김영한, 2009, 176쪽 재인용). 해석학에서 현존재가 자기 자신에 대하여 이해하는 가능성이 형성되는 것은 이러한 맥락에서 성립한다. 즉 해석학은 자기에 대한 이해와 비판에서 출발한다. "해석학은 파괴라는 길에서만 그 과제를 수행한다"(Heidegger, *GA* LXIII, p. 105: 김영한, 2009, 177쪽 재인용). 현존재는 완벽한 자아가 아니라 "이 세계 안에서 얽매여 자기 오해나 자기 오류에 사로잡혀 있는"(김영한, 2009, 177쪽) 존재이기 때문이다. 해석학에서 비판적인 태도를 중시하는 것도 이러한 맥락에 기인한다.

이러한 맥락에서 해석학적 현상학은 이해와 가능성을 해석의 결과로서 도출해 내는 분석과정을 수행한다. 즉 해석학적 연구방법론은 체계적으로 존재의 의미에 대한 해석 작업을 수행하는 방법인 것이다(Bolton, 1987). 이러한 작업 과정에서 중요하게 제기되는 것이 문화적 규범이다. 왜냐하면, 해석학적 접근을 통한 구조분석(constitutive analysis)은 의식 속의 현상 형태를 관찰하는 게 아니라 해석(Auslegung) 속에서 나타나는 전경(前景)의 구조(figure-structure)를 연구하는 데 있기 때문이다(Spiegelberg, 1982). 즉 하이데거의 해석학적 현상학은 후설과 같은 직관적(형상적) 의식분석(eidetische Bewusstseinsanalyse)이 아니라 사실적인 삶의 기술이고 사실성의 현상학이다(김영한, 2009). 따라서 하이데거는 보여지는 것에 대한 단순한 파악이 아니라 은폐된 구조를 드러내는 데 천착한다(이정복, 1994). 이를 위해 필요한 것이 역사적 접근을 통해 의미를 현존재의 의미를 해석하는 데 있다(Langan, 1970). 해석학적 조사 과정에서 주체 개념은 맥락과 함께 의미를 획득하게 된다. 개념적 의미는 그 의미에 선행하고 항상 넘어서는 세계 속에 있는 사물들과의 연관 맥락 내에 위치한다. 하이데거가 그의 주저인 〈존재와 시간(*Sein und Zeit*)〉에서 제시한 "세계 내 존재(In-der Welt-sein, being-in-the world)"(Heidegger, 1927/2011)의 개념은 현존재가 근원적으로 사물들과의 연관성을 벗어날 수 없다는 인식을 전제로 한다. 따라서 해석학적 방법은 의미를 해석함에 있어서 명료하고 체계적인 이해에 초점을 둔다. 왜냐하면, 해석은 사물들과의 맥락 속에서 발생하는 것을 이해하는 것이고, 의미의 해석은 "명료하고 체계적인" 이해를 통해 이루어지기 때문이다(Cohen & Omery, 1994, p. 149). 예컨대, 우리가 듣거나 '단순히 보는 것(schlichtes Sehen)'(Heidegger, 1927/2011)도 의미를 해석하는 행위이다. 그저 보더라도 '강물', '사람', '나무'라고 부르고 구분하는 사물들이 이미 나의 이해 체계와 연관되어 있기 때문이다. 하지만, 해석학적 연구방법의 현행 진술로부터 놓치고 있는 것은 존재의 의미이다. 그 목적은 존재를 이해하는 것에 있는 게 아니라 존재의 '퇴락한(Verfallen)' 세계를 이해하는 데 있다. 인식론적 문제나 과학을 향한 변화 속에서 현대 해석학 연구자들은 하이데거의 존재론적 현상학에서 이동하였다. 그들은 해석학적 방법에서 중요한 과제인 존재의 의미에 대한 철학적 탐구를 포기했기 때문이다. 이러한 점을 고려할 때, 단지 해석학적 방법론의 체계화를 위한 과제는 정교한 분석모형뿐 아니라 그에 타당한 철학적인 존재의 의미에 대한 관심을 요한다.

(3) 사회적 현상학

마지막으로, 현상학적 접근의 이론유형으로서 알프레드 슈츠(Alfred Schutz)의 사회적 현상학(social phenomenolgy)을 들 수 있다(Holstein & Gubrium, 1994, pp. 262-264 참조). 슈츠(Schutz, 1962, 1964, 1967, 1970)는 후설의 관심을 사회구성원들이 일상생활의 세계를 구성하거나 재구성하는 방식에 적용하였다. 현상학적 민속방법론, 그리고 구조주의 이론과 경험적 연구 등에 영향을 미친 슈츠의 사회적 현상학이 초점을 두는 것은 의식의 구조적 속성과 상호작용에 있다. 슈츠(Schutz, 1964)가 주장하는바, 사회과학의 초점은 생활세계, 즉 모든 사람들이 당연한 것으로 여기는 경험적 세계가 사회구성원들에 의해 생산되고 경험되는 방식을 파악하는 데에 있다. "주관적 관점(subjective point of view)의 안전장치가 보증하는 것은, 사회적 현실세계가 과학적 관측자(scientific observer)에 의해 구성된 허구적인 존재하지 않는 세계에 의해 대체되지 않을 것이라는 점이다"(Schutz, 1964, p. 8). 이러한 관점에서 주관성(subjectivity)은 사회적 대상들을 의미 있게 만들 방법을 다루는 과학적 관측자로서 중요하다. 여기서 제기되는 문제는 경험의 주체와 대상을 어떻게 연관시킬 것인지, 그리고 주관성의 관측자와 분리된 '사물들(things)'로서의 대상에 어떠한 영향을 미칠 것인지 하는 것이다. 이것은 '자연적 태도(natural attitude)'(Schutz, 1970)의 경험적 가정으로부터 도출된 급진적 논점이다. 그러면, 자연적 태도란 무엇을 의미하는가? 원칙적으로 '저기에(out there)' 있는 세계를 취하는 일상생활의 '자연적 태도'는 지각이나 해석의 행위로부터 분리되고 구별된다. 자연적 태도에서 가정하는 것은, 사람들이 지금 존재하기 이전에도 생활세계가 존재했고 사후에도 여전히 존속할 것이라는 '확신'과 '믿음'의 논리에서 비롯된다. 슈츠의 의도는 생활세계를 괄호치기(bracketing)함으로써 자연적 태도 내에서 취하는 사회적 행위를 연구하는 데 있다(Holstein & Gubrium, 1994). 즉 당연한 것으로 여기는 태도를 떼어놓는 것이다. 사물과 사건들의 속성과 본질에 대한 존재론적 판단을 중지할 때 자명성의 유혹에 빠지는 자연적 태도에서 벗어나 현상학적 태도로의 변화가 가능하기 때문이다(유혜령, 2015). 이 경우, 연구자가 초점을 두는 것은 생활세계의 구성원들이 실재인 양 오인할 수 있는 형태가 어떻게 해석을 통해 자명한 것으로 생산되는가 하는 점에 있다. 중요한 문제는 생활세계의 구성원들이 근거 없는 '신념'과 '행위'에 의문을 제기하지 않고 당연한 것으로 간주하는 "상식"과 "자연적 생활양식"의 생산과 재생산 방식에 있다(Garfinkel, 1996: 김광기, 2005, 52쪽 재인용).

슈츠(Schutz, 1970)가 주장하는 생활세계의 주관성에 대한 입장은 사회적 형태들을 '객관화(objectify)' 하기 위해 사회구성원들이 이용하는 상식과 실천의 논리를 검토하는 것을 지향하는 데 있다. 이러한 상식과 실천의 논리는 사회적인 것을 구성하고 범주화하는 다양한 방법들을 통해 나타난다. 예컨대, 이미지, 이론, 아이디어, 가치, 그리고 사고방식(attitude) 등은 경험 영역에 적용되면서 의미들을 창출하는 사회적인 것들의 대표적 사례다. 특히 "지식의 창고(stock of knowledge)"(Holstein & Gubrium, 1994, p. 263)는 사람들이 경험을 해석하고 다른 사람들의 의도와 동기를 이해하며, 상호주관적인 이해를 획득하고 행동들을 조화시키는 자원이다. 여기서 문제는 지식이 서로 절합하고 연결되면서 '당연하다고 여기는' 전형적인 방식을 만들어낸다는 점에 있다. 슈츠(Schutz, 1970)가 강조하듯이, 인간의 의식이 불가피하게 전형화될 경우 이를 가능케 하는 중심 매체는 언어다. 이것은 언어의 이용과 경험 대상 사이의 관계와 관련된 사회적 생활의 현상학을 위한 방법론적 지향점을 제공한다.

결국 슈츠가 지적하듯이, 자명한 것으로 간주되는 언어의 이용과 전형화 방식은 생활세계의 중요성을 환기시킨다. 슈츠의 사회적 현상학이 목적하는 바는, "자연적 태도 속에 유지되고 있는 자명한 것처럼 보이는 현실성(the reality)"의 기본

구조를 기술(descriptions)함으로써 "인간의 행위와 사고를 해석하고 설명하는" (Schutz & Luckmann, 1974, p. 3) 데 있다. 이러한 작업은 일상의 주관적 의미와 경험에 초점을 두면서 일상생활의 세계에서 대상과 경험이 어떻게 의미 있게 구성되고 소통되는지 해명하는 데 초점을 두었다.

이상과 같은 슈츠의 사회적 현상학은 현대 사회학의 거장들로서 평가되는 다양한 사회학자들과 방법론의 정립에 영향을 미쳤다. 예컨대, 가핑켈(Garfinkel, 1952, 1967)의 민속방법론(ethnomethodology)은 슈츠의 이론과 사상에 많은 빚을 지고 있다. 특히 슈츠의 이론은 사회적 실천을 형성하는 관심과 "현상학적 민감성(phenomenological sensibility)"(Maynard & Clayman, 1991)의 연계 작업을 통해 질서와 명령(order)의 원리를 분석할 수 있도록 하는 데 기여하였다. 특히 민속방법론의 견지에서 슈츠의 사상은 발전적으로 적용되는데, 그것은 "사회적 사실(social facts)"의 세계가 사회구성원들의 해석 작업을 통해 완성된다는 주장이다(Garfinkel, 1967; Holstein & Gubrium, 1994, p. 264). 즉 해석 작업은 슈츠의 사유처럼 행위자가 일상생활의 환경을 생산하고 조직하는 것을 통해 이루어지는 활동인 것이다.

3) 현상학적 질적 연구의 유형

현상학적 질적 연구의 유형은 이론가마다 서로 다른 분류와 설명을 통해 제시되어 왔다. 크레스웰의 경우, 현상학의 유형은 크게 두 가지 접근으로 나누는데, 경험적 · 초월론적 · 심리적 현상학이 그 하나의 축을 형성한다면, 다른 하나의 축은 해석학적 현상학을 통해 대별된다. 전자의 경우 후설의 현상학을 이론적 배경으로 채택한 질적 연구의 유형으로서 무스타카스(Moustakas)가 포함된다. 후자인 해석학적 현상학은 하이데거의 현상학에 토대를 둔 접근 유형으로서 판 마넨(van Manen) 등이 포함된다. 하지만, 이러한 구분은 현상학적 질적 연구의 유형을 이원적으로 분리함으로써 이론적 관점의 차이들을 파악하기가 어렵다.

이러한 이유로, 여기서는 코헨과 오메리(Cohen & Omery, 1994)의 세 가지 학파 구분에 따른 현상학적 질적 연구의 유형과 크레스웰의 부가적 설명 중에서 경험적 · 초월론적 연구 유형을 통합하여 총 네 가지 연구 유형으로 구분하고자 한다. 코헨과 오메리는 사회과학 분야에서 큰 지형을 이루고 있는 세 가지 현상학적 연구의 전통을 제시하고 있다. 이러한 현상학의 목적은 현상에 대한 근본적인 지식을 획득하는 데 있다. 세 가지 현상학적 연구의 전통이 지향하는 목적을 중심으로 구분하면, 직관적(eidetic, 형상적) 구조 분석을 꾀하는 후설과 듀케인 학파의 현상학적 연구, 은폐된 의미를 드러내는 현상 해석에 중점을 둔 하이데거 학파의 해석학적 현상학 연구, 그리고 이러한 목적들이 혼융되어 있는 네덜란드 학파의 현상학 연구 유형이 그것이다. 이 각각의 연구 유형을 살펴보는 이유는 다음에 살펴보게 될 현상학적 방법론의 구체적인 이해를 도모하기 위함이다. 이러한 세 가지 연구 유형에 덧붙여 코헨과 오메리가 누락하고 있는 무스타카스를 중심으로 한 경험적 · 초월론적 현상학 연구 유형을 포함해 총 네 가지 연구 유형을 살펴보고자 한다.

(1) 듀케인 학파(Duquesne school)

미국의 피츠버그 소재 듀케인 대학에서 형성된 '듀케인 학파'의 현상학적 질적 연구는 주지했듯이 직관적 구조 혹은 형상적 구조를 분석하고 기술하는 데 목적이 있다. 이 학파에 포함되는 대표적인 현상학적 질적 연구자들은 지오르지(Giorgi), 콜라지(Colaizzi), 피셔(Fischer), 그리고 판 캄(van Kaam) 등으로서 사회과학 분야의 연구에서 빈번하게 인용되는 이론가들이다(Cohen & Omery, 1994). 이러한 듀케인 학파의 범주는 피츠버그 지역의 듀케인 대학에서 초창기부터 연구했던 사람들로 구성된 것이 아니라는 점에서 대략적인 구분으로 이해하는 게 좋다. 아드리안 판 캄(Adrian van Kaam)은 1962년에 듀케인 대학의 심리학과에서 진행한 박사 과정 프로그램을 설립하였다. 이 학과에서 판 캄과 다른 연구자들은

'실존 현상학적 심리학(existential-phenomenological psychology)'(Giorgi, Fischer, & von Eckartsberg, 1971)을 토대로 그들의 연구를 진행하였다.

(2) 네덜란드 학파(Dutch school)

네덜란드 현상학파는 네덜란드 중부의 주 명칭이면서 동시에 학교 명칭을 붙여 '위트레흐트 학파(Utrecht school)'로도 불린다. 현상학적 교육학 운동을 통해 형성된 이 위트레흐트 학파에는 랑에벨드(Langeveld), 뷔테데이크(Buitedijk), 그리고 린쇼텐(Linschoten) 등과 같은 학자들의 현상학이 중심을 이루고 있다(Cohen & Omery, 1994). 이 연구자들은 사회과학에 현상학을 적용하여 발전시켰다. 특히 배릿과 동료들(Barritt et al., 1983, 1984)뿐 아니라 판 마넨(van Manen, 1990) 등은 네덜란드의 현상학과 연구에 이용하는 방법을 명확히 설명하여 현상학 연구자들에게 도움을 주는 저술들을 집필하였다. 그들의 연구작업은 사회과학 연구자들에 의해 활용되고 있다.

이 중에서도 막스 판 마넨(Max van Manen)의 이론과 방법론은 국내 현상학적 질적 연구분야에서 빈번히 적용되고 있다. 판 마넨의 경우, 학문적 배경은 네덜란드와 독일, 캐나다 전역에 걸쳐 형성되어 있다. 그 이유는 판 마넨이 네덜란드의 현상학적 교육학뿐 아니라 1960년대의 정신과학적, 해석학적 교육학이 활발히 전개된 독일의 인간학적 교육학, 그리고 캐나다 알베르타(Alberta) 대학의 교수로 재직하며 일군 북미의 교육현상학의 연구 풍토에 기반해 해석학과 현상학적 접근을 행하고 있기 때문이다(유혜령, 2015). 따라서 판 마넨의 현상학적 연구는 단지 기법이나 방법의 문제가 아니라 철학에 기반한 교육학이며 연구방법론인 것이다. 즉 판 마넨(van Manen, 1997)의 '해석학적 현상학'은 현상을 드러내는 데서 나아가 본질적 의미와 가치를 분석하는 연구방법론으로 평가된다.

이러한 측면에서 네덜란드 현상학과 듀케인 전통의 차이점을 살펴보면, 듀케인 연구자들이 직관적(eidetic, 형상적) 기술에 초점을 둔다면, 네덜란드 학파들의 현상학적 접근은 현상학의 기술적, 해석적 방법을 혼용한다는 점에서 발견된다

(Cohen & Omery, 1994). 그러나 개별 연구자들과 학파 차원에서는 철학을 적용하였고 연구의 방법과 형식의 다양성을 추구하였으며 그 결과 원래의 기술(description)이 함축하는 것보다 더 다양하고 많은 방법들을 응용할 수 있었다.

(3) 하이데거 해석학파(Heideggerian hermeneutics)

하이데거 해석학파로 불리는 해석학적 현상학의 접근 유형은 1980년대에 디켈만, 알렌, 그리고 태너(Diekelmann, Allen, & Tanner, 1989) 등에 의해 이루어졌다(Cohen & Omery, 1994). 이러한 해석학적 접근은 하이데거의 현상학(Heidegger, 1962)에 이론적, 사상적 토대를 두고 있으며, 언제나 자명하게 공유되는 관행과 상식을 드러내고 해석하는 데 연구의 초점을 두고 있다.

(4) 경험적 · 초월론적 현상학 연구

경험적 · 초월론적 현상학은 국내 질적 연구방법으로도 빈번히 적용되고 있는 무스타카스(Moustakas, 1994)를 중심으로 한 심리학적 현상학을 가리킨다(Creswell, 2007/2010). 이러한 접근은 연구자의 해석 행위보다 연구참여자의 경험에 대한 기술에 더 초점을 두는 방법을 취한다. 무스타카스의 경우에서 알 수 있듯이, 이 연구의 사상적, 방법론적 근거는 두 가지 연구경향에서 비롯된다. 한편으로, 사상적 근거는 후설의 '판단중지(epoche)' 혹은 괄호치기에서 비롯된 것이다(Creswell, 2007/2010). 즉 연구자의 선입견을 괄호치기하고 연구참여자의 경험을 중심으로 '초월론적' 연구태도를 견지함으로써 "모든 것이 처음인 것처럼 신선하게 인지"(Moustakas, 1994, p. 34)될 수 있도록 접근하는 것이다. 또 다른 한편, 방법론적 근거는 앞에서 살펴본 듀케인 학파의 연구성과들로부터 차용되었다. 예컨대, 듀케인 학파의 지오르지(Giorgi, 1985)와 판 캄(van Kaam, 1966), 그리고 콜라지(Colaizzi, 1978) 등이 제시한 자료분석 절차를 응용하는 경향이 여기에 포함된다. 하지만, 무스타카스의 경험적 · 초월론적 현상학은 단지 듀케인 학파의 방법과 분석절차를 차용한 기법이 아니라 후설의 현상학적 사상과 철학을 발전시키고자 한다는 점에서 현상학적 질적 연구방법에 기여하는 바가 크다.

이상에서 살펴보았듯이 현상학적 질적 연구는 후설, 하이데거, 슈츠 등의 철학적 사상을 바탕으로 다양한 학문적 지류와 구체적인 방법론의 체계들을 형성하고 있다. 다음에는 현상학적 질적 연구 중에서도 빈번히 사용되는 분석방법들과 절차, 그 특징 등을 살펴보고자 한다.

3 방법론의 유형과 특징

1) 현상학적 연구의 연구절차

(1) 연구주제 및 연구문제 설정

현상학적 연구에서 어떻게 연구주제와 연구문제를 설정할 것인지 하는 물음은 다른 질적 연구방법의 연구절차와 다음과 같은 측면에서 차별화된다. 우선, 연구의 목적에서 차이가 발생한다. 현상학적 연구의 목적은 특정한 사회적 현상에 대한 경험들이 어떠한 본질적 의미를 갖고 있는지 분석하는 데 있다. 즉 근거이론의 경우 동일한 현상에 접근한다고 해도 궁극적으로 이론의 개발을 연구목적에 둔다면, 현상학적 접근은 이론의 개발이 아니라 연구참여자가 체험한 의식의 '지향성'을 발견하고 그 의미들을 기술하거나 혹은 해석한다는 점에서 차이가 나타난다. 이러한 맥락에서 현상학적 연구의 주제 및 연구문제 설정은 다음과 같은 현상학적 개념들을 고려하여 이루어져야 한다.

우선, 연구주제는 과거 이래 현재까지 사회적 현상으로서 공유된 경험들을 발견하는 과정을 통해 설정 가능하다. 이를 위해 다음과 같이 세 가지 연구태도를 견지할 것을 권한다. 먼저, 연구자의 관심분야에 부합하는지 여부가 중요하다. 즉 연구자 스스로 자신의 삶의 맥락과 연관하여 어떠한 현상에 관심과 흥미가 있는지를 파악하고 자료 검색을 통해 특정한 현상을 탐색하도록 한다. 사회적으로 아무리 중요한 경험 현상을 주제로 잡는다 해도 연구자 스스로 관심과 흥미가 없을 경우 기각의 대상이 된다. 예컨대, 현상과 관련된 주제어들을 탐색하여 사회적 경험들과 연관시키는 작업을 수행한다. '분노'의 주제어와 관련해 '사회적으로 어떠한 현상에 사람들이 분노했고, 나는 어떻게 느꼈는지', 혹은 '혐오' 현상과 관련해 '온라인 공간에서 여성과 남성은 어떻게 호명되고 혐오의 대상이 되었는가?' 등의 문제의식을 통해 연구주제를 도출할 수 있다. 무스타카스(Moustakas, 1994)와 같이 선행연구의 다양한 '현상' 목록들을 체계적으로 정리하여 연구자의 관심 분야와 방법론에 적합한 주제를 선정하거나 새롭게 발굴하는 것도 한 방법이다.

둘째, 연구주제는 특정한 경험 현상에 대해 연구자가 어떠한 문제의식을 갖는지 성찰하고, 사회문화적이고 학문적인 맥락 속에서 중요성을 지니는 것을 선정하도록 한다(유혜령, 2015). 앞에서 연구자의 관심과 흥미에 부합하는 경험 현상들을 다수 선정했다면, 그중에서 다시 사회문화적, 학문적 맥락에서 의미 있는 접근이 가능한 주제들을 세분화한다. 이를 위해서는 현상학적 질적 연구의 선행 사례들을 다양한 방법으로 자료를 조사하고, 커뮤니케이션과 미디어교육 연구 분야뿐 아니라 심리학, 간호학, 교육학, 행정학, 문화연구 등 학제적 접근이 요구된다.

마지막으로, 앞의 연구주제 탐색 과정에서 발견된 주제들을 목록화하여 연구자 자신의 믿음의 자명성과 연관시켜 선별하는 연구태도를 취하도록 한다. 현상학적 연구에서 중요한 것은 연구자의 특정 현상과 경험에 대한 선이해를 판단중지하는 작업에 있다. 즉 연구자의 삶의 맥락에서 지각되는 선입견과 편견, 특정 현상과 의미에 대한 확신과 가치 판단의 태도들에 대한 성찰이 요구된다. 요컨대, 연구의 전 과정에 걸쳐 현상학적 판단중지와 환원의 연구태도를 지속적, 반복적으로 견지하여(유혜령, 2015) '자연적 태도'에서 '현상학적 민감성(Maynard & Clayman, 1991)'으로 태도를 변이할 수 있게 한다.

이상의 연구주제 선정과 연구태도를 바탕으로 연구문제를 설정한다. 연구문제는 연구목적 및 연구방법을 고려하여 큰 질문항목에서 3~4개의 문항을 기획하고, 각각의 큰 질문항목 속에 연구참여자와의 인터뷰를 대비한 세부 질문항목들을 2~3가지씩 세분화하여 배치한다. 연구문제의 설정은 최대한 연구자의 경험에 대한 선입견과 사회적 통념을 판단중지하는 과정을 통해 반복적으로 검증절차를 거쳐 최종 확정하도록 한다.

(2) 문헌자료 수집

현상학적 연구에서 문헌자료 수집은 연구참여자와의 질적 인터뷰 방법의 보조적 기능을 한다. 현상학적 연구는 특정 현상에 대한 연구참여자의 경험 자료를 수집하여 '사태 그 자체로' 돌아가는 접근 방법이기 때문이다. 여기서 사태 자체는 사람들이 실제 상황에서 다양한 현상을 통해 살아가고 있는 일상생활 세계로 돌아가는 것을 의미한다(강명선 · 양성은, 2011). 즉 문헌자료 수집은 일상생활에서 접하는 모든 종류의 자료가 해당될 수 있으며, 특히 현장의 경험적 자료를 뒷받침하기 위해서는 특정한 에피소드가 많이 포함되도록 하는 것이 중요하다(유혜령, 2015). 연구참여자의 에피소드는 생활세계에서 경험하는 생생한 현장의 목소리와 해석을 포함하고 있다는 점에서 중요한 자료이기 때문이다. 이와 같은 다양한 형태의 경험 자료들과 해석 자료들을 수집함으로써 연구자는 주제 현상의 본질적 측면에 대한 다양한 이미지를 상상적으로 "종합, 해체, 또는 연결, 발전"시킬 수 있게 된다(유혜령, 2015, 13쪽). 판 마넨(van Manen, 1990)에 따르면, 녹취 자료, 공식적 반응 기록, 연극, 영화, 시, 소설과 같이 간접적으로 경험하는 이야기들도 자료수집의 대상이 된다. 또한 폴킹호른(Polkinghorne, 1989) 역시 연구의 맥락 밖에서 이루어진 경험에 대한 묘사, 즉 소설가, 시인, 화가, 무용가가 묘사한 정보도 포함시켰다. 이와 같이 문헌자료 수집은 광의적 측면에서 선행연구와 저술뿐 아니라 보다 역동적인 현상학적 분석을 위해 기록문서, 관찰일지, 그리고 예술작품 등도 포함시킬 수 있다.

(3) 인터뷰 자료 수집 및 설문 구성

현상학적 연구방법에서 연구참여자와의 라포 형성과 인터뷰 자료 수집은 중요한 연구절차 중의 하나이다. 질적 연구에서 인터뷰는 주로 초점집단인터뷰(focus group interview, FGI)나 면대면 심층인터뷰(in-depth interview)를 통해 진행되는데, 현상학적 인터뷰 역시 이 두 방법을 혼용해서 사용할 수 있다. 중요한 것은 연구참여자가 특정한 사회현상에 대한 공통의 경험들을 이해하고 있는지 여부를 사전에 파악하고 선정해야 한다는 점이다(Creswell, 2007/2010). 왜냐하면, 현상학은 생활세계에서 개인들이 특정한 현상을 어떠한 의식의 지향성 속에서 경험했고, 그 근원적 의미는 어떠한 맥락에서 나타나는지를 분석하는 데 초점이 있기 때문이다. 특히 해석학적 현상학의 방법을 적용할 경우에는 의미의 도출에서 나아가 해석 작업을 수행해야 한다는 점에서 인터뷰 자료 수집의 단계는 보다 신뢰성 있는 사전 · 사후 작업이 요구된다. 설문구성 방법의 경우, 현상, 경험, 맥락, 이해 등의 주제어들을 중심으로 연구문제와의 유기적인 연계성을 고려하여 설정한다. 크레스웰(Creswell, 2007/2010)은 인터뷰 설문 구성의 두 가지 유형을 제시하는데, 그것은 연구참여자가 '현상에 대하여 무엇을 경험하였는지', 그리고 '현상을 경험하는 데 영향을 준 맥락이나 상황은 무엇이었는지' 광범위하게 질문을 제기할 것을 강조한다. 물론 이러한 설문 구성은 개방형 설문 구성의 형태로서 연구참여자의 자유로운 진술을 원할 때 적용할 수 있다. 하지만, FGI를 통한 다(多)면접을 실시할 경우에는 반구조화 혹은 반개방형 설문 구성을 통해 연구자들의 생생한 체험과 에피소드를 녹취할 수 있도록 다각도의 방법을 고려한다. 다만, 연구자의 사회적 통념이나 선입견이 개입되지 않도록 '판단중지' 및 '괄호치기'하는 인터뷰 태도가 지속적으로 요구된다. 현상학적 연구의 신뢰성 검증을 위해 중요한 것이 바로 이러한 연구자의 '엄밀한 학'으로서의 현상학적 태도에 있다는 점은 주지할 일이다. 덧붙여 연구참여자와의 인터뷰를 실시하기 전에 다른 질적 연구와 동일하게 '연구참여자의 연구참여동의서'를 요청하여 연구참여자에게 협조를 구하도록 한다.

(4) 기록 방법

현상학적 연구의 기록 방법은 다른 질적 연구방법과 유사하다. 인터뷰 과정의 기록은 소형 마이크나 음향 마이크를 사용하거나 경우에 따라 시청각 영상 카메라를 사용할 수도 있다. 하지만, 연구참여자의 사전 동의 없이 불법적으로 카메라 촬영을 실시하지 않도록 한다. 연구자는 노트를 준비하여 연구참여자들과의 대화에서 중요한 사항들을 기록하며 시간 조절을 위한 타이머를 작동시킬 수 있다.

2) 현상학적 연구의 분석절차와 방법

현상학적 연구의 방법론은 방법의 다양성에서 구분된다. 즉 연구참여자(study participants), 연구문제, 자료수집, 심층 분석, 그리고 이론 개발 등과 같은 방법의 다양성을 기축으로 현상학적 연구방법론이 제대로 적용되었는지 평가할 수 있다(Ray, 1994). 여기서는 앞에서 살펴본 다양한 현상학적 연구의 접근 방법들 중에서도 빈번히 적용되는 이론가의 방법론을 중심으로 탐색하고자 한다. 이를 통해 연구자는 선택한 주제와 연구문제에 부합하는 방법론을 선정하여 현상학적 분석을 수행할 수 있다. 이를 위해 다음에는 지오르지의 방법론을 비롯하여 판 마넨, 그리고 무스타카스의 현상학적 방법론을 구체적으로 검토한다.

(1) 지오르지의 방법론: '과학적 현상학'

① 현상학적 방법론의 초점

지오르지의 현상학적 방법론은 연구참여자의 기술에 대한 심층적 분석을 통해 생생한 체험의 본질적인 의미를 규명하는 데 초점을 둔다. 실험심리학자인 지오르지는 초기에는 자연과학에 기초한 양적 연구를 수행했다면, 점차 '인문과학(human science)'에 대한 관심으로 전환하기 시작하였다. 인간의 경험을 연구하기 위해서는 '의식을 지닌 존재'에 대한 인문과학의 역할이 중요하게 인식되었기 때문이다(이현주, 2005). 이러한 인식의 전환은 지오르지의 현상학적 방법인 '과학적 현상학'을 정립하는 데 중요한 단초를 제공하였다. 이와 관련하여 지오르지가 강조하는바, 현상학적 방법론은 "과학자가 자신의 연구에 대해 이 관점이 명백한지 아니면 암묵적(implicit)인지 검토하거나 적용하는 인간과 세계에 대한 근본적 관점"(Giorgi, 1970, p. 126)에 초점을 둔다.

그러면, 지오르지의 현상학은 어떠한 사유들로 구성되어 있는가? 주요한 개념들을 중심으로 지오르지의 현상학적 사유들을 살펴보면, 다음과 같이 세 가지 측면에서 살펴볼 수 있다(Giorgi, 1985/2004; 이현주, 2005 참조). 그것은 우선, 인간의 의식(consciousness)과 직관(intuition) 개념을 중심으로 나타난다. 즉 의식이 모든 현상이나 지식에 접근하기 위한 핵심적인 미디어라면, 직관은 의식에 대한 현존(presence)으로서 의식의 행위자로서 구체화된 것을 의미한다. 둘째, 현상의 경험은 의식의 '지향성(intentionality)'을 토대로 형성된다는 사유이다. 여기서 현상은 '의식 속에 그 자체로 존재하는 것'을 의미한다. 즉 현상학에서 중요한 '사태 그 자체'로 돌아가라는 후설의 관점이 투영된 지오르지의 입장을 알 수 있다. 이러한 현상의 경험은 기술(description) 작업을 통해서 인식 가능하며, 이것은 후설의 기술적 현상학에 토대를 둔 철학적 인식이 반영된 관점이다. 이러한 현상은 개인들이 대상을 지향하는 의식 속에서 체험된다는 점에서 개인과 대상의 관계성을 분석하는 데 유의미하다. 마지막으로, 기술적 현상학 혹은 초월론적 현상학의 목적은 의미의 본질(essence)을 규명하는 데 있다. 개인들의 다양한 경험을 분석하며 그 기저에는 의미의 본질이 내재해 있다는 점에서 이 본질에 대한 사유는 현상학적 분석에서 중요한 위상을 차지한다. 현상학에서 '자유변경법(method of free imaginative variation)'을 통한 연구자의 태도가 중요한 이유도 여기에서 비롯된다. 연구자가 의미의 본질에 제대로 접근하기 위해서는 판단중지나 괄호치기뿐만 아니라 자유로운 창의적 사고를 통해 현상학적 태도를 견지할 필요가 있기 때문이다.

이와 같이 지오르지의 현상학적 사유처럼 연구자가 자신의 현상학적 태도를 명백히 수립하여 연구작업을 수행하는 이유는 연구의 자의성과 시행착오를 미연에 방지하기 위함이다. 이를 고려할 때, 연구자가 연구주제에 적합한 방법론을 선별하고 신중하게 적용하는 작업은 연구의 결과와 질적 수준을 좌우한다. 왜냐하면, 각각의 방법론이 지닌 철학적 전통과 방법론의 체계를 철저하게 숙지하지 않고 그대로 분석과정에 적용할 경우, 단순한 기법의 적용 수준을 넘어서기 어렵고 시행착오를 겪을 수밖에 없기 때문이다. 이러한 점에서 지오르지가 강조한 연구자의 인간과 세계에 대한 관점에 대한 성찰은 현상학적 연구방법에서도 중요한 연구태도를 의미한다. 지오르지(Giorgi, 1985/2004)의 방법은 상황적 · 구조적 진술에서 연구참여자 개개인의 독특성을 상술할 수 있고, 연구참여자들의 경험들을 일반적 · 구조적 진술을 통해 종합적으로 분석할 수 있다는 점에서 다른 방법론과 차이점이 나타난다. 이러한 차이를 고려하여 지오르지의 분석절차를 구체적으로 탐색하고자 한다.

② 분석절차

지오르지의 현상학적 분석방법은 다음과 같은 절차를 통해 수행된다(Giorgi, 1985/2004, 22-31쪽 참조). 이것은 연구자가 문헌자료와 인터뷰 자료를 수집한 후 진행하는 연구작업으로서 4단계(Giorgi, 1985)와 5단계(Giorgi, 1975) 분석절차로 구분해서 살펴볼 수 있다. 우선, 4단계 분석절차를 도식화해서 정리하면 다음 〈그림 6-1〉과 같다.

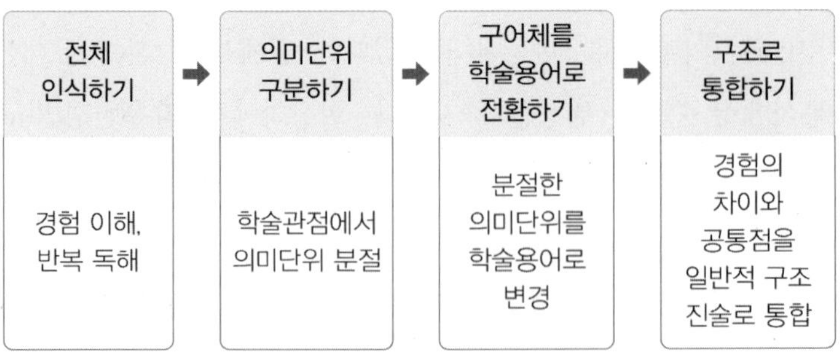

그림 6-1. 지오르지(Giorgi)의 4단계 분석절차

위의 〈그림 6-1〉을 구체적으로 설명하자면, 우선 '전체 인식하기'는 연구참여자와의 질적 인터뷰 결과 수집한 진술 자료들을 분석하는 첫 번째 단계이다. 연구참여자와의 인터뷰 과정을 연상하며 생생한 체험을 전체적으로 이해한다. 이를 위해 반복해서 여러 차례 진술문을 읽고 낱낱의 경험들을 총괄적으로 파악한다. 이러한 전체 인식의 작업은 두 번째 단계를 위한 준비 과정으로서 전체적인 경험의 지형들을 이해하는 데 집중한다.

두 번째 단계는 '의미단위 구분하기' 작업이다. 이것은 연구자의 학술적인 관점에 근거해 파악한 경험의 진술 자료들을 의미단위로 나누는 과정이다. 연구참여자들이 경험한 현상들을 주시하여 현상학적 태도에 입각해 각각의 진술들을 의미단위로 분절한다. 의미단위를 분절하기 위해서는 진술문에 나타난 경험과 경험의 이행 기점에 주목한다. 즉 어떠한 상황과 맥락 속에서 현상에 대한 경험이 변이하고 있는지 그 차이점을 면밀히 검토하고 발견하는 게 관건이다.

세 번째 단계는 앞에서 구분한 의미단위들 중에서 구어체로 된 진술 표현들을 학술적 용어로 전환하는 작업이다. 지오르지에 따르면, 학술적 용어로의 전환은 곧 "반성과 상상의 변형"(Giorgi, 1985/2004, 29쪽) 과정으로서 구체적인 용어와 표현들을 검토하여 일반적인 범주를 구성하는 작업을 수행하게 된다. 단, 학술적 용어로 모두 전환하기 어려운 상황일 경우 "현상학적 관점에 따라 개발된 상식적인 표현"(Giorgi, 1985/2004, 31쪽)인 일상 언어로 대체할 수도 있다. 앞의 단계와 달리 이 단계의 작업에서 연구자는 앞에서 살펴본 현상학적 연구태도를 발현하여 범주화하는 작업을 수행하도록 한다. 주지했듯이, 현상학적 태도는 선이해나 선입견과 같은 사회적 통념들을 판단중지하거나 괄호치기하는 작업을 통해 연구과정 전체에서 지속되어야 한다.

마지막으로, '구조로 통합하기'를 수행하는 연구단계이다. 여기서는 앞에서 수행한 구어체를 학술적 용어로 전환했던 낱낱의 범주들을 연결하고 일반적인 구조로 통합하는 작업을 수행한다. 이를 위해 연구참여자들의 다양하고 고유한 경험의 차이점들을 전제하고, 이를 토대로 각각의 경험들을 창출한 공통의 경험 구조를 발견하여 일반적인 구조 진술로 통합한다. 이러한 작업 과정에서 궁극적으로 특정한 현상의 본질적 의미들을 발견하고 기술한다.

한편, 5단계 분석절차는 다음 〈그림 6-2〉와 같이 도식화할 수 있다.

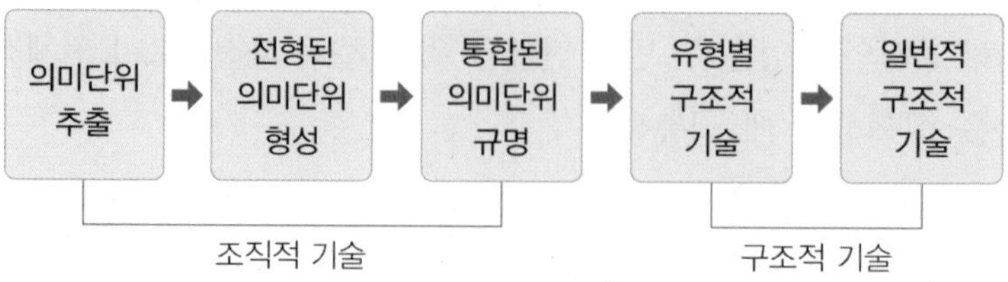

그림 6-2. 지오르지(Giorgi)의 5단계 분석절차

위에서 볼 수 있듯이, 지오르지의 5단계 분석절차는 크게 조직적 기술과정과 구조적 기술과정으로 양분되어 세부적인 분석절차들을 수행하게 된다. 이러한 분석절차를 차례대로 살펴보면 다음과 같다(강진숙 · 김도희 · 노창희 외, 2007, 55쪽 참조). 조직적 기술의 측면에서 우선, '의미단위 추출'을 수행한다. 이 작업은 연구참여자가 진술한 기술(native description)을 바탕으로 의미단위(meaning unit)를 만들어내는 과정이다. 두 번째로, 앞의 단계에서 추출한 의미단위를 바탕으로 연구참여자의 관점에서 연구자의 관점으로 전형된 의미단위를 찾아내어 기술한다. 세 번째로, 전형된 의미단위들을 통합하여 통합된 의미단위를 규명함으로써 범주화시킨다. 이러한 조직적 기술과정이 완료되면 두 번째 과정인 구조적 기술과정으로 이행한다. 즉 전체적으로 볼 때 네 번째 단계로서 통합된 의미단위를 바탕으로 하여 파악된 경험의 의미인 유형별 구조적 기술(situated structural description)을 구성한다. 마지막으로 상황적 구조적 진술을 통해 전체 대상자의 관점에서 파악된 경험의 의미인 일반적 구조적 기술(general structural description)을 수행한다. 요컨대, 지오르지의 5단계 분석절차는 '전체를 인식하여 의미단위를 추출하고 ⇨ 추출된 의미단위를 전형된 의미단위로 형성하며 ⇨ 의미단위를 통합하는 조직적 기술 단계를 거쳐 ⇨ 통합된 의미단위들을 구조로 기술하며 ⇨ 전체 연구참여자들의 일반적 · 구조적 상황을 기술하는 구조적 기술 단계를 수행하는 분석방법'이다.

(2) 판 마넨의 방법론: '기술 · 해석학적 현상학'

① 현상학적 방법론의 초점

판 마넨이 정립한 현상학은 현상의 체험 그 자체로 다가가 의미의 본질과 가치를 해석하는 연구방법론이다. 판 마넨은 자신의 주저인 〈살아있는 체험 연구(*Researching lived experience*)〉(1990)에서 현상학의 목적을 철학적 지혜를 통해 교육적 실천을 행하는 데 있다고 강조하였다. 즉 판 마넨(van Manen, 1997)의 현상학적 방법론은 단지 현상학 연구에서 사용하는 기법이나 방법을 발전시킨 것이 아니라 철학적 사유를 토대로 한 교육학이며 연구방법론인 것이다. 이러한 맥락에서 판 마넨은 현상학적 연구와 해석학적 방법론을 유기적으로 통합해 "해석학적 현상학(Hermeneutic Phenomenology)"(van Manen, 1990, p. 8)이라고 부르는 현상학적 방법을 정립한다. 여기서 언급하고 있는 '해석학적' 접근은 하이데거의 해석학적 현상학을 그대로 수용하는 것이 아니라 자신의 방법론을 정립하기 위해 현상학적 전통과 해석학적 전통을 포괄하고자 하는 의도에서 비롯된 명명이다(이남인, 2014). 이처럼 통합적 접근을 행하는 이유는, 철학적 지혜를 실천하기 위해서는 생활세계의 현상과 체험들을 반성적 태도로 분석하는 것을 넘어서서 '이해할 수 있는' 해석 작업(van Manen, 1994)이 중요하기 때문이다. 따라서 판 마넨의 현상학적 연구 유형은 엄밀히 말해서 '해석학적 현상학'이라기보다 기술(description)과 해석의 통합적 접근인 '기술 · 해석학적(descriptive hermeneutic) 현상학'이라고 표현하는 게 타당하다.

여기서는 판 마넨이 현상학적 연구에서 주요하게 다루고 있는 핵심 개념들을 중심으로 '기술 · 해석학적 현상학'의 정의를 탐색하고자 한다(van Manen, 1990, pp. 9-13 참조). 우선, 현상학은 "살아있는 체험(lived experience)에 대한 연구"(van Manen, 1990, p. 9)로서 '존재론적 지향'에 기반한다. 체험은 경험의 특수한 유형으로서 우리가 겪고 인식하는 대로의 경험이다(김영천, 2013). 체험의 가장 기본적인 형식은 일상생활에서 경험하는 반성 이전의 의식으로서, 일순간에 표출되는 현상에서는 즉각적으로 발견하기 어렵지만, 반성의 태도를 통해 통찰할 수 있다. 즉 판 마넨(van Manen, 1990/1994)에 따르면, 체험이란 항상 지나간 어떤 것에 대한 것이며, 이러한 체험은 현상학적 연구의 출발점이자 종착점을 나타낸다. 따라서 판 마넨은 현상학적 연구를 "[연구자의] 존재와 존재변화의 교육과정(curriculum of being and becoming)"(van Manen, 1994, p. 2)이라고 정의한다. 즉 연구자가 교육현상과 사태에 접근하여 "교육자로서의 깊은 관심"(van Manen, 1994, p. 16)과 존재론적 지향을 통해 성찰적 태도와 사유능력을 향상시켜 나가는 과정이 주요한 현상학적 태도인 것이다.

두 번째로, 현상학적 접근은 현존재의 의식(consciousness)으로서 현상을 설명하는 방법이다. 판 마넨(van Manen, 1990)은 교육학 분야에서 현상학적 접근을 통해 다양한 교육적 현상에 대한 체험의 의미와 실존적 의미를 심층적으로 분석하고 해석 결과들을 도출하도록 한다. 이 과정에서 '이해의 철학하기'는 문서 형식의 이해를 넘어서서 언어의 사용이나 경험 등의 광범위한 텍스트까지도 망라하는 실천행위이다(이지영, 2011). 판 마넨(van Manen, 1994)에 따르면, 경험적 텍스트를 작성하는 작업도 현상학적 해석의 일환으로서 의미가 있기 때문이다.

세 번째로, 판 마넨의 현상학은 경험적 현상에 대한 해석을 통해 본질적 의미를 밝히는 작업이다(van Manen, 1990, 1994). 이 경우 본질은 후설의 현상학적 전통을 따르는 기술적 현상학과 달리 경험적 현상의 의미 구조를 파악하기 위한 철학적 접근이자 교육학적 접근의 통합적 성격을 지닌다. 즉 기술적 현상학이 경험적 현상의 본질적 의미 구조를 분석하는 데 초점을 둔다면, 판 마넨의 기술·해석학적 현상학은 '생생한 체험'의 세계에서 나타나는 현상에 대한 기술 그 자체가 해석이며 현상학의 '본질'로서 인식한다. 이러한 해석 행위로서의 기술은 현상학적 글쓰기를 통해 언제나 다른 실천으로 변이될 수 있다.

네 번째로, 현상학은 사유의 세심한 실천이며 인간 존재의 의미를 탐색하는 작업이다. 판 마넨(van Manen, 1990)에게 중요한 현상학적 관심은 부모, 교사, 교육자, 심리학자, 아동 보호전문가, 혹은 학교 관리자 등 다양한 일상의 실천적 관심들에 대한 연구를 실현하는 데 있다. 또한 이러한 현상학적 접근은 우리가 더 완전하게 존재할 수 있도록 인간성(human nature)을 획득하는 데 목적이 있다. 즉 세계 내 존재의 의미를 규정하는 사회문화적, 역사적 전통을 고려하여 남성, 여성, 어린이로서 세계 내에 존재한다는 것이 어떠한 의미인지를 분석하는 것이다.

마지막으로, 현상학은 시작(詩作) 활동(poetizing activity)이다. 여기서 시를 쓰는 행위란, 단순히 시의 운문을 만드는 시 작업이 아니라 본래의 체험을 사유하며 보다 근원적 감각(primal sense) 속에서 이야기하는 것을 의미한다. 즉 현상학은 "시(poetry)가 아니라 시를 쓰는 연구작업(poetizing project)"(van Manen, 1990, p. 13)인 것이다. 이러한 판 마넨의 사유는 현상학적 글쓰기에 대한 강조에서도 나타난다. 그의 현상학에서 중요하게 강조되는 시를 만드는 실천행위가 현상학적 글쓰기이기 때문이다(van Manen, 1990, pp. 127-132; 2011). 현상학적 글쓰기는 탐구의 결과를 보고하는 방식이 아니라 기술 과정을 통해 현상의 본질을 표현하는 실천 작업이다. 이러한 글쓰기의 본질이란 그 어떤 "대상들을 바로 그러그러한 의미를 지닌 대상들로 존재할 수 있게 해주는 어떤 것"이며 현상학적 질적 연구에서는 이러한 본질적 의미들을 문장 혹은 절의 형태로 기술하는 과정이 필요하다(정상원 · 김영천, 2014, 13쪽). 즉, 현상학적 체험의 의미를 드러내는 주제 진술은 현상에 대한 의식과 체험 자체에 얽혀 있는 주제들을 규명하고 개념화하는 작업을 통해 의미를 기술하는 작업을 훨씬 더 풍부하게 만들어준다. 이러한 현상학적 글쓰기를 위해서 고려해야 할 글쓰기 기법(van Manen, 1997, pp. 351-364 참조)으로서 현상에 대한 생생한 공감대 형성을 위한 구체적인 묘사, 깨달음을 위한 성찰의 계기 제공, 강조법의 사용, 그리고 대화체의 활용 등을 들 수 있다.

② 분석절차

판 마넨(van Manen, 1994)의 현상학적 방법론은 다음과 같은 분석절차를 통해 수행된다. 우선, '경험의 본성으로 돌아가기' 과정을 먼저 들 수 있다. 즉 우리 모두의 진지한 관심을 불러일으키고 우리를 세계로 내보내는 현상으로 돌아간다. 판 마넨(van Manen, 1997)은 경험의 구성요소를 시간성, 공간성, 관계성, 신체성의 축을 중심으로 설정하여 분석방법론으로 제시한다(최홍석 · 고재천, 2014). 이 네 가지 구성요소는, 인간이 특정한 현상 속에서 공간, 시간, 인간관계, 그리고 신체들을 체험하는 것들을 의미한다.

두 번째로, '개인적 체험을 기술한 자료를 수집하기'의 과정이다. 이 경우, 체험을 개념화하기보다는 실제로 겪은 그대로를 탐구하는 게 관건이다. 이를 위해 필요한 자료수집의 유형(이지영, 2011)은, 개인적 경험에 대한 직접적 기술, 타인으로부터 얻는 경험적 기술을 들 수 있다. 예컨대, 프로토콜 기록, 인터뷰, 참여관찰 등을 통해 가능하다. 또한 어원탐구나 일지, 전기, 문학, 예술, 현상학적 문헌 등 간접적인 경험 자료들을 수집하는 작업을 병행할 수 있다.

세 번째로, '현상을 나타내는 본질적 주제에 관해 반성하기' 과정을 수행한다. 이를 위해 경험의 본질적 의미구조를 탐구하고, 주제 분석을 통해 의미를 추구하며, 우연적 주제와 본질적 주제를 구별짓기하여 서로 상이한 주제에 대한 반성적 태도로 분석한다.

마지막으로, '현상을 기술하기'이다. 즉 앞에서 수행한 연구과정을 바탕으로 현상학적 글쓰기를 실천한다. 이를 위해 글쓰기와 수정작업을 병행하여 현상을 기술하고, 현상이나 문제에 대해 강력한 지향적인 글쓰기 작업을 실행한다. 덧붙여 부분과 전체를 고려함으로써 연구작업의 균형성을 충족시키는 것이 관건이다. 이 마지막 과정에서 중요한 것이 '해석적 기술'이다. 판 마넨(van Manen, 1990/1994)에 따르면, 현상학적 텍스트가 '기술'인 이유는 어떤 것을 가리키거나 자신을 스스로 드러내게끔 하기 때문이고, '해석적'인 이유는 표현된 의미와 대상 사이를 중재한다는 점에 기인한다(김기석 · 심선애 · 정형원, 2015). 따라서 해석적 기술 방법의 고유한 특성을 고려하여 독창적인 글쓰기를 실천하는 것이 중요하다.

이상에서 살펴본 판 마넨의 해석학적 분석절차를 도식화하면 다음 〈그림 6-3〉과 같다.

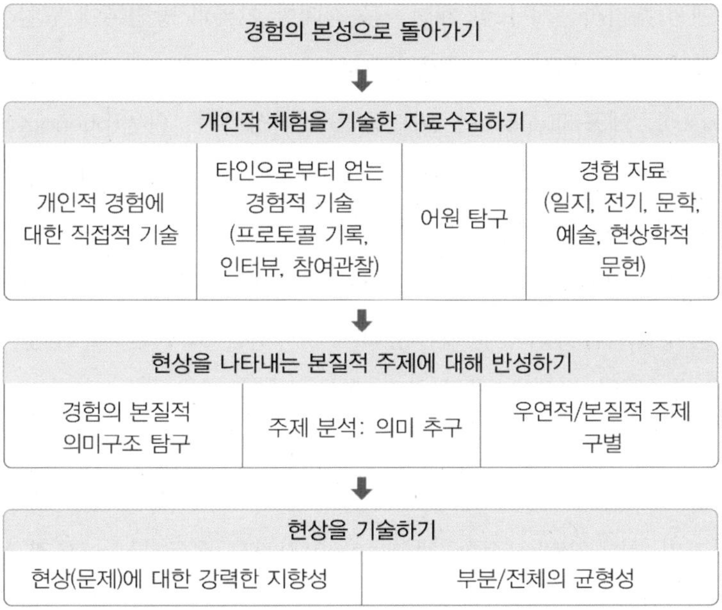

그림 6-3. 판 마넨(van Manen)의 해석학적 분석절차

(3) 무스타카스의 방법론

① 현상학적 방법론의 초점

클락 무스타카스(Clark Moustakas)의 현상학적 방법론은 주로 그의 주저인 〈현상학적 연구방법(*Phenomenological research methods*)〉(1994)에서 현상학적 분석절차와 방법론을 제시하고 있다. 이 저서에서 무스타카스는 현상학적 연구의 철학적, 이론적 가정들을 전체 논의 중 절반 이상의 분량으로 집중적으로 논의한 후 자신의 현상학적 분석절차와 사례들을 제시하고 있다. 이러한 접근은 질적 연구의 문제점들, 즉 현상학적 분석을 위한 기법의 차용 수준에 머문 연구경향들을 성찰하고 현상학의 철학적 물음들에 접근할 수 있는 계기를 제공하고 있다는 점에서 의미가 있다.

무스타카스의 접근이 "초월론적 현상학"(Creswell, 2007/2010, 93-94쪽)이라고 명명되는 이유도 이러한 사유방식과 무관하지 않다. 무스타카스의 현상학은 후설의 현상학에서 제기하는 주요한 개념들을 최대한 이론과 방법론에 도입하여 적용하는 태도를 취하기 때문이다. 예컨대, 지향성(intentionality), 노에마(noema), 노에시스(noesis), 에포케(epoche, 판단중지), 현상학적 환원(phenomenological reduction), 이미지 변형(imaginative variation) 등의 현상학적 개념들이 여기에 포함된다. 이러한 사유 방식은 뒤에서 살펴볼 무스타카스의 분석절차와 방법론을 형성하는 주요한 철학적, 이론적 자원으로 활용된다는 점에 유의할 일이다. 무스타카스의 분석 모델을 연구논문에 적용하기 위해서는 보다 철저한 현상학의 철학적 사유와 개념들의 이해가 선행 학습되어야 하기 때문이다.

이러한 연구태도를 견지할 때, 연구자는 무스타카스의 두 가지 현상학적 태도들을 이해할 수 있다(Moustakas, 1994, pp. 84-101). 즉 후설이 강조했던 '사태 그 자체'로 다가가 '처음처럼 신선한' 체험들을 인지하고 접근하는 이론적 성찰의 연구태도가 그 하나라면, 다른 하나는 지오르지, 판 캄, 콜라지 등 듀케인 학파의 학문적 우산 속에서 형성된 분석방법들을 자신의 방식대로 응용하여 새롭게 재구성하는 질적 연구자의 방법론에 대한 연구태도가 그것이다. 이러한 연구태도들은 기본적으로 인문과학적 관점을 견지하며 현상과 체험의 본질적 의미 구조에 접근하려는 실천적 관심에서 비롯된 것이다.

② 연구절차

그러면, 무스타카스는 어떠한 방법론을 통해 현상학적 접근을 체계화하고자 하는가? 이러한 물음을 규명하기 위해 여기서는 무스타카스의 연구절차와 분석절차를 중심으로 살펴보고자 한다. 우선, 무스타카스는 연구절차를 총 일곱 가지 사항으로 정리하여 제시하고 있다. 이러한 연구절차를 수행하는 목적은, 현상학적 탐구를 증명할 수 있는 "과학적 근거들을 도출함"(Moustakas, 1994, p. 103)에 있다. 이를 위해 연구자는 조직되고 훈련된, 그리고 체계적인 연구의 조건을 충족시킬 수 있는 방법과 절차들을 수립하고 실행해야 한다. 크레스웰 역시 자신의 저서에서 이 연구절차들에 기반해 현상학적 연구절차들을 설명하고 있다. 그 이유는 무스타카스의 접근이 "자료분석 절차의 체계적인 단계와 조직적 기술, 그리고 구조적 기술을 조합하기 위한 지침을 포함하고 있기 때문"(Creswell, 2007/2010, 95쪽)이다. 무스타카스의 연구절차(Moustakas, 1994, pp. 103-104)를 구체적으로 살펴보면 다음과 같다.

1. 사회적 의미들(social meanings and significance)뿐 아니라 자서전적 의미들과 가치들에 기인한 토픽과 질문들을 발견하기
2. 전문적인 연구자료를 포괄적으로 검토하고 평가하기
3. 적합한 공동연구자를 선정하기 위한 규준을 설정하기
4. 공동연구자들에게 연구의 특성과 목적에 대해 설명하고 연구윤리를 준수하도록 동의 절차를 개진하기. 여기에는 정보제공 동의서의 획득, 비밀보장, 그리고 책임연구자와 공동연구자의 책임성을 명시하는 내용을 포함한다.
5. 인터뷰 과정을 안내할 수 있도록 질문과 주제들을 개발하기
6. 괄호치기한(bracketed) 토픽과 질문에 초점을 두고 장시간 면대면 인터뷰를 진행하고 녹취하기. 인터뷰 결과를 고려해 후속 인터뷰도 필요할 수 있다.
7. 마지막으로, 개별적인 조직적 기술과 구조적 기술, 조합된 조직적 기술, 조합된 구조적 기술, 그리고 조직적이고 구조적인 의미와 본질의 통합 등을 개진할 수 있는 유용한 자료를 조직하고 분석하기

이상에서 살펴본 연구절차는 연구를 위한 사전 준비, 자료수집, 자료의 조직화, 그리고 자료분석 방법의 차원에서 구성된 절차이다. 연구방법은 신중하고 엄밀하게 질서 있고 규칙적인 작업을 수행하는 체계적인 방식을 제공한다(Moustakas, 1994). 앞에서 살펴본 연구절차를 도식화하면 다음 〈그림 6-4〉와 같다.

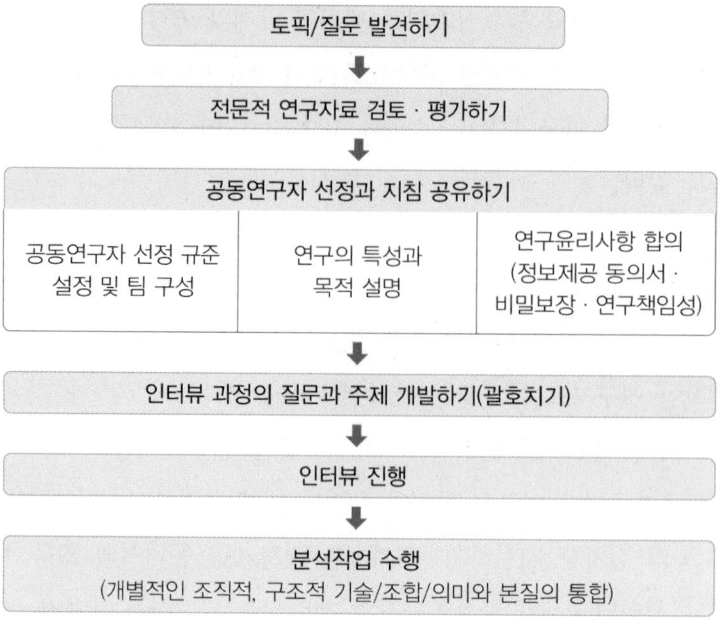

그림 6-4. 무스타카스(Moustakas)의 현상학적 연구절차

③ 분석절차

무스타카스의 분석절차는 판 캄(van Kaam)의 현상학적 분석절차의 변형(변형 분석방법 1)과 스티빅−콜라지−킨(Stevick−Colaizzi−Keen)의 분석절차의 변형(변형 분석방법 2) 등 두 가지 주요한 분석방법의 용례들로 구분된다. 여기서는 이 두 가지 현상학적 변형 분석방법(1, 2)의 유형과 특징을 살펴보고자 한다.

우선, 판 캄의 분석절차 변형 방법(1)은 다음과 같은 일곱 가지 주요 작업 과정을 통해 실행될 수 있다. 판 캄(van Kaam, 1966)은 현상학적 체험 연구를 명시적으로 발전시킨 최초의 연구자로서, 그의 연구 초점은 '타인으로부터 이해를 받는 느낌'을 현상학적 접근을 통해 분석하는 데 있다(이남인, 2014). 이를 위해 '주관주의적' 접근으로 흘러가지 않도록 주관적 선입견을 극복하기 위한 자료수집과 분석절차를 정립하였다. 자료수집 절차는 연구참여자를 올바로 선정하기 위한 자격 조건을 중심으로 구성된다(이남인, 2014, 28쪽 참조). 예컨대, 해당 언어로 자신의 체험을 잘 표현할 수 있는 능력, 수줍어하지 않고 자신의 체험을 표현할 수 있는 능력, 다양한 체험들이 존재한다는 사실을 인지하고, 그러한 체험들을 표현할 수 있는 능력, 연구 현안으로 제시된 체험을 표현할 수 있는 능력, 자신의 체험에 대한 관심 능력, 마지막으로 자신이 체험한 것을 차분하게 기술할 수 있는 능력 등이 연구참여자의 올바른 자격조건에 해당한다. 이와 함께 판 캄(van Kaam, 1966)이 제시한 분석절차는 총 6단계로서 분류된다. '작업 및 목록 만들기 ⇨ 압축적인 표현들을 찾아내기 ⇨ 부적절한 표현을 제거하기 ⇨ 가설적 정의를 확보하기 ⇨ 가설적 정의를 검증하기 ⇨ 최종적 정의를 확정하기' 등 여섯 가지 분석단계가 그것이다.

이러한 현상학적 체험연구를 개진한 판 캄의 분석절차는 무스타카스의 변형 방법을 통해 다음과 같이 변화된다. 이 변형 방법의 주요 내용은 연구참여자들의 인터뷰 진술에 대한 완성된 전사 자료를 분석하는 절차로 구성되어 있다(Moustakas, 1994, pp. 120-121 참조). 이러한 분석절차를 구체적으로 제시하면 다음과 같다.

1. **목록 작성과 1차 그룹 만들기**: 체험 관련 모든 표현들을 목록으로 작성한다.
2. **환원하기와 제거하기**(reduction and elimination): 불변의 구성요소(invariant constituents)를 결정하기. 다음 두 가지 요구사항에 맞게 각각의 표현들을 검토한다.
   1) 각각의 표현들이 체험을 이해하기 위해 필수적이고 충분한 체험의 순간들을 포함하고 있는가?
   2) 각각의 표현들을 추상화하고 표시할 수 있는가? 만일 그렇다면 그것은 체험의 지평이다. 위의 요구사항에 부합하지 않는 표현들은 제거한다. 중복되고, 반복되고, 모호한 표현들도 역시 제거하거나 더 정확한 기술적 용어들로 표현한다. 남아 있는 지평들은 변함없는 체험의 구성요소이다.
3. **불변의 구성요소들을 서로 묶고 주제화하기**: 주제의 표시와 관련된 체험의 불변 구성요소들을 묶는다. 이렇게 묶고 표시한 구성요소들은 체험의 핵심주제이다.
4. **확증하기**: 요청한 대로 불변의 구성요소와 주제를 최종 확인한다. 불변의 구성요소와 그에 수반된 주제를 연구참여자의 완성된 기록과 대조하여 검토한다.

1) 완성된 전사자료(transcription)에서 그것들은 명확하게 표현되고 있는가?

2) 만약 명확하게 표현되지 않았다면 그 구성요소와 주제들은 기록과 모순되지 않는가?

3) 만약 명확히 표현되지 않거나 적합하지 않다면, 그 구성요소와 주제들은 공동연구자의 체험과 관련이 없으며 삭제되어야 한다.

5. 관계있고 유효한 불변의 구성요소와 주제를 이용하여 각각의 공동연구자들의 진술을 체험에 대한 개별적이고 조직된 기술로 구성한다. 여기에 전사된 인터뷰 자료들의 축어적 사례(verbatim example)들을 포함시킨다.
6. 개별적으로 조직화된 기술과 이미지 변이(imaginative variation) 작업에 기초하여 공동연구자들의 체험에 대한 개별적이고 구조적인 기술을 구성한다.
7. 불변의 구성요소와 주제들을 통합하여, 각각의 연구참여자들에 대한 체험의 의미와 본질에 대한 조직적-구조적 기술을 구성한다.

이것을 '무스타카스의 분석방법(1): 판 캄 분석의 변형'으로 명시하고 도식화하면 다음 〈그림 6-5〉와 같다.

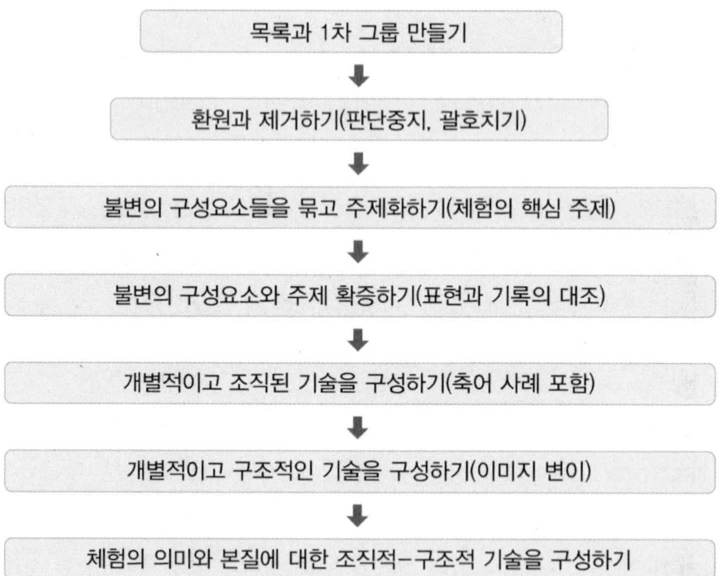

그림 6-5. 무스타카스의 분석방법(1): 판 캄 분석의 변형

또 다른 한편, 무스타카스의 두 번째 변형 방법으로서 스티빅－콜라지－킨 분석절차의 변형 방법(2)가 그것이다. 이 방법은 스티빅(1971), 콜라지(1973), 킨(1975)이 각각의 현상학적 분석절차에서 제시했던 것들을 무스타카스가 재구성한 접근방법이다(Moustakas, 1994, pp. 121-122 참조). 이것을 정리하면 아래와 같다.

1. 현상학적 접근을 통해 현상에 대한 자기 고유한 체험을 총체적으로 기술하기
2. 자신의 체험에 대한 축어적 전사자료(verbatim transcript)에 대해 다음과 같은 단계들을 수행하기
   1) 체험의 기술들이 갖는 의미를 고려하여 개별 진술들을 살펴보기
   2) 관련된 모든 진술들을 기록하기
   3) 반복되지 않고 중복되지 않는 진술들을 목록으로 만들기. 이것들은 불변의 지평이거나 체험의 의미단위들이다.
   4) 그 불변의 의미단위들을 관련짓고 묶어서 주제로 만들기
   5) 불변의 의미단위들과 주제를 통합하여 경험의 조직된 기술로 만들기. 여기에 축어 사례들을 포함시키기
   6) 자기 고유의 조직된 기술에 대해 성찰하기. 이미지 변이를 통해 자신의 체험 구조에 대한 기술을 구성하기
   7) 자신의 체험에 대한 의미와 본질을 나타내는 조직적－구조적인 기술을 구성하기
3. 각각의 공동연구자들의 체험에 대한 축어적 전사자료에 대해 2.에서 제시한 1)에서 7)단계까지의 작업을 수행하기
4. 모든 공동연구자들의 체험에 대한 개별적인 조직적－구조적 기술로부터 체험의 의미와 본질에 대한 조합된 조직적－구조적인 기술을 구성하기. 개별적인 조직적－구조적인 기술들을 통합하여 전체적으로 그 그룹을 재현하는 체험에 대한 보편적 기술(universal description)을 만들기

이상에서 살펴본 '무스타카스의 분석방법(2): 스티빅－콜라지－킨 분석의 변형'을 도식화하면 다음 〈그림 6-6〉과 같다.

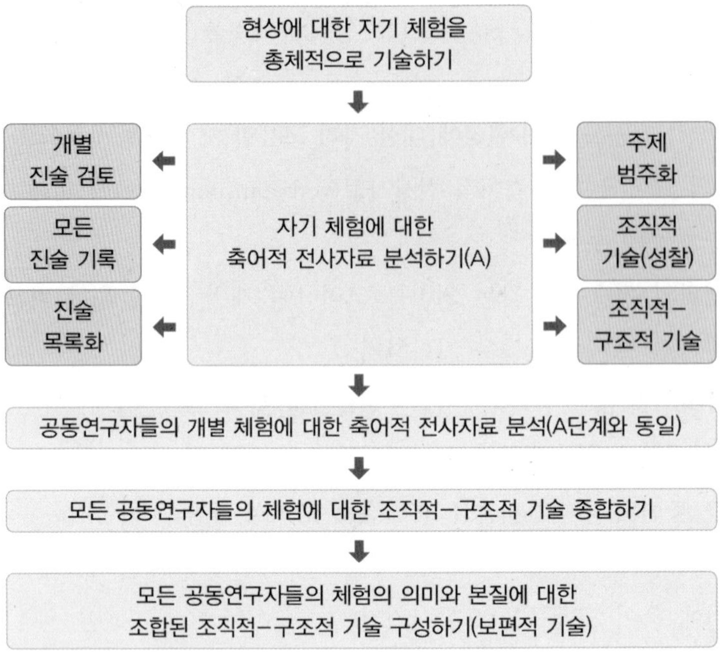

그림 6-6. 무스타카스의 분석방법(2): 스티빅－콜라지－킨 분석의 변형

무스타카스의 현상학적 분석의 변형 방법들(1, 2)은 기본적으로 현상학적 분석의 목적을 공통적으로 보여준다. 즉 현상에 대한 체험의 의미와 본질을 통합적으로 기술함으로써 '사태 그 자체'로 돌아가 우리가 겪은 그대로의 세계를 통찰력 있게 성찰하는 데 있다. 무스타카스가 현상학적 연구의 주요한 사유 방법들을 구체적으로 상술하는 것도 이와 같은 맥락에서 이해할 수 있다. 즉 '에포케(판단중지) ⇨ 현상학적 환원 ⇨ 이미지의 변이 ⇨ 의미와 본질의 통합적 진술 도출' 등의 방법론적 흐름을 명시하는 작업이 여기에 포함된다. 이러한 방법론의 철학적 주요 개념과 사유방식은 실질적인 연구절차 및 분석절차를 구성하는 데 토대를 제공한다. 무스타카스가 이러한 연구의 철학적·이론적 토대를 구축하는 데 심혈을 기울이는 이유는 현상학적 질적 연구의 이유와 목적에 대한 환기에 있다. 즉 후설의 기술적 · 초월론적 현상학, 하이데거의 해석학적 현상학, 그리고 심리학과 교육학적 현상학의 다양한 연구 유형들이 현재 어떠한 사상적 연계성을 통해 세분화되어 왔는지, 그리고 단순 기법과 모형의 적용을 넘어서서 현상학의 의미와 본질 탐색을 위한 분석이 제대로 이루어지고 있는지 등에 대한 문제의식을 환기할 필요가 있기 때문이다. 이러한 점을 고려하여 다음 장에서는 국내 현상학적 질적 연구의 방법론이 어떻게 적용되고 있는지 대략적으로 살펴보고자 한다.

4

방법론의 적용 사례와 커뮤니케이션과 미디어교육 분야의 시사점

여기서 탐색하고자 하는 국내 현상학적 방법론의 적용 사례 분석은 질적 수준의 평가나 본격적인 내용 분석을 시도하려는 의도가 아니다. 이를 위해서는 보다 신뢰성 있는 또 다른 분석방법론의 적용과 분석절차의 엄밀한 설계가 필요하기 때문이다. 다만, 여기서는 현상학적 질적 연구방법론의 이해를 도모하기 위한 목적으로 국내 학술논문들의 현상학적 적용방법을 살펴보고자 한다.

1) 현상학 방법론의 적용 사례

(1) 주제 유형: 현상의 범례들

국내 현상학적 방법론의 적용 사례에서 주제 유형은 교육, 미디어/문화, 그리고 젠더의 유형을 중심으로 살펴보았다. 여기서 다루어진 현상의 범례들을 보면, 교육적 주제 유형에서는 모바일 SNS 이용, 장기실종아동 부모의 경험, 학교운영위원회 심의경험 등이 주요한 현상으로 다루어졌다. 또한 미디어/문화의 주제 유형에서는 원격현전 경험, 집회 참여 경험, 온라인 게임 현상, 스마트폰 과몰입 경험, 사이버공간 경험, 인터넷 중독 경험, 페이스북 이용 경험 등 미디어 이용 경험을 중심으로 분석되었다. 마지막으로, 젠더의 주제 유형에서는 낙태 경험, 청소년양육미혼모의 부모됨의 경험, 시간체험 현상, 가정폭력 피해여성의 사회적 배제 경험 등이 주요한 현상과 문제에 대한 경험의 자료로서 연구되었음을 알 수 있다.

한편, 각각의 현상에 대한 체험의 의미들을 분석하기 위해 다양한 현상학적 연구방법이 적용되었다. 국내 현상학 방법론의 적용 사례는 주로 무스타카스와 지오르지의 현상학적 방법론이 사용된 반면, 판 마넨이나 콜라지의 방법론은 미미하게 적용된 것으로 나타났다. 특히 교육, 미디어/문화, 젠더와 관련한 현상학 연구에서 슈츠의 사회적 현상학이나 판 캄 등의 현상학적 접근은 학위논문이나 이론적 연구의 경향을 제외하고는 두드러지게 나타나지 않았다.

이와 관련하여 몇 가지 연구경향을 정리하면 다음과 같다. 우선, 무스타카스나 지오르지의 현상학적 적용방법의 용이성에 기인한 것으로 파악된다. 왜냐하면, 이 두 이론가들은 자료수집 및 분석절차에 대해 세심한 접근뿐 아니라 분석 사례들을 통해 예시하는 연구태도를 보이고 있기 때문이다. 반면, 판 마넨의 분석절차는 앞의 두 이론가들에 비해 상대적으로 자유로운 방법론을 허용한다는 점에서 보다 많은 훈련과 숙련이 필요한 접근 방법이라는 점에서 차이가 발견된다.

두 번째로, 국내 질적 연구의 선행 사례를 볼 때, 현상학적 질적 연구에 대한 인식은 아직까지 철학적·이론적 연구보다는 자료분석과 분석절차를 중심으로 한 방법론에 대한 관심과 비중이 더 큰 것으로 파악된다. 요컨대, 현상학적 적용 사례를 살펴볼 때 현상학적 분석방법의 적용에 쏠림현상이 나타나는 반면, 이론적 논의는 이남인(2005, 2013, 2014), 유혜령(2013, 2015), 주형일(2008), 정상원과 김영천(2014) 등 소수의 이론적 접근 사례를 통해 집약되어 나타난다. 이것은 다른 질적 연구방법의 사례에 비해 현상학적 질적 연구의 이론적 논쟁과 담론화가 이루어진 학문적 풍토를 반영하는 것으로 파악된다. 특히 인간과학 혹은 인문과학의 중요성을 강조하는 현상학적 질적 연구는 경제적 실리성을 기준으로 학제 개편을 시도하는 한국 사회의 교육적 현실 속에서 안타깝게도 그 담론화의 속도가 더딜 수밖에 없다. 그럼에도 불구하고, 이론과 방법론의 통합적 접근과 균형성을 꾀하기 위해서는 현상학적 방법의 적용뿐 아니라 이론적 논의와 연구의 활성화를 통해 현상학적 민감성을 실현하는 공론장의 기회가 확장되어야 한다.

마지막으로, 현상학적 질적 연구자들의 이름에 대한 표준적 표기방식을 정립하는 과제도 중요하게 제기된다. 대부분의 논문들에서 이론가들의 명칭이 각기 다른 방식으로 표기되고 있다는 점에 대한 검토뿐 아니라 네덜란드 학파의 이름들을 어떻게 표기할 것인지 등의 문제도 사회적 논의를 요한다.

표 6-2. 국내 현상학 방법론의 적용 사례

주제 유형	연구자	연구주제	분석방법
(A) 교육	최홍석 · 고재천 (2014)	초등학교 고학년 학생의 모바일 SNS를 이용한 의사소통에 대한 현상학적 연구	판 마넨 (van Manen, 1997)
	김진숙 (2013)	장기실종아동 부모의 경험에 대한 현상학적 연구	판 마넨 (van Manen, 1990)
	한민석 (2013)	공립 초등학교 학교운영위원회 심의과정에 대한 이해: 서울특별시 소재 A초등학교를 중심으로	무스타카스 (Moustakas, 1994)
(B) 미디어/문화	강진숙 · 장유정 (2012)	스마트폰 이용자들의 원격현전 경험에 대한 현상학적 연구: 비릴리오의 속도론과 '감각의 마비'를 중심으로	지오르지 (Giorgi, 2003)
	강진숙 · 장지훈 · 최종민(2009)	2008 촛불집회 참여 경험에 대한 현상학적 연구: 대학생 참여자 및 1인 미디어 이용자를 중심으로	무스타카스 (Moustakas, 1994)
	김기석 · 심선애 · 정형원(2015)	온라인게임 연구를 위한 현상학적 연구의 논리와 방법	판 마넨 (van Manen, 1990)
	김동만 · 이철현 (2015)	초등학생의 스마트폰 과몰입 경험에 대한 현상학적 접근	지오르지 (Giorgi, 2004)
	고기숙 · 이면재 · 김영은(2012)	대학생의 스마트폰 중독적 사용경험 연구	콜라지 (Colaizzi, 1978)
	이지영 (2011)	초기 청소년의 인터넷 게임을 통한 사이버공간 경험	지오르지 (Giorgi, 2000)
	정윤태 · 박소영 · 서용석(2014)	청소년의 인터넷 중독 경험에 관한 연구	지오르지 (Giorgi, 1985)의 4단계 분석
	최용주 · 유성신 (2015)	대학생들의 페이스북 이용 경험에 관한 현상학적 연구: 자아표현과 기업의 마케팅 커뮤니케이션에 대한 의미를 중심으로	무스타카스 (Moustakas, 1994)
(C) 젠더	강명선 · 양성은 (2011)	여성의 낙태경험에 관한 현상학적 연구	지오르지 (Giorgi, 1985)의 4단계 분석
	남미애 · 홍봉선 (2011)	청소년양육미혼모의 부모됨의 경험과 의미: 시간체험에 관한 현상학적 연구	판 마넨 (van Manen, 1990)
	이희연 · 박태정 (2010)	가정폭력 피해여성의 사회적 배제 경험에 대한 현상학적 연구	지오르지 (Giorgi, 1985)

(2) 분석방법의 유형

분석방법의 유형을 살펴보면, 다음과 같이 몇 가지 특징이 발견된다. 우선, 단일한 분석방법을 적용하고 있다는 점이다. 즉 현상학적 연구 유형에서 살펴보았던 다양한 분석방법 중에서 어느 하나의 이론가를 선택하여 분석절차를 적용하는 경향이 두드러지게 나타났다. 예컨대, 무스타카스나 지오르지 분석방법의 경우 다른 현상학적 분석방법과 연계하기보다 단일한 접근 방법으로 적용되었다.

두 번째로, 현상학적 글쓰기에 대한 고민의 흔적들이 드러난다는 점이다. 다른 질적 연구방법에 비해 현상학적 접근은 연구자의 학문적 관점과 연구태도가 잘 반영되는 경향이 나타난다. 그 이유는 현상학적 글쓰기는 현상과 문제에 대한 체험의 의미들을 어떻게 기술할 것인가 하는 문제에 초점을 두기 때문이다. 즉, 현상학적 분석이 '시작(詩作) 활동'이거나 자유변경법에 의해 창의적인 사고와 글쓰기를 강조하는 것은 현상학적 글쓰기에서 중요한 방법론의 하나이다. 국내 선행연구 사례에서도 이러한 현상학적 글쓰기에 대한 고민이 단어의 선택과 표현방식이나 연구참여자의 전사자료들을 축약어로 만드는 과정에서 고민의 흔적이 강하게 나타났음을 알 수 있었다. 현상학적 글쓰기에 대한 방법론적 모색이 중요한 이유도 이러한 연구자들의 관심과 고민에 기인한다.

마지막으로, 연구방법의 논의에서 분석절차에 대한 명확한 제시가 필요하다. 이론가와 분석절차를 제시하고 있지만, 그 방법을 어떻게 적용했고 생략된 방법은 어떠한 내용인지 연구자의 관점이 명확히 드러나지 않는 경우가 종종 발견된다. 학술논문의 제한된 분량을 전제할 때, 현상학적 분석방법의 적용 과정에 대해 상술하기는 현실적으로 어려운 일이다. 그럼에도 기본적으로 연구방법에 기술해야 할 내용들은 철저한 검토가 필요하다. 특히 현상학적 방법의 주요 개념인 에포케나 괄호치기, 체험과 의식의 지향성, 현상학적 글쓰기 등에 대한 이론적 논의나 방법의 기술을 통해 간명하게 제시하는 현상학적 민감성을 기대해 본다.

표 6-3. 분석방법의 유형과 특징

주제 유형	연구자	분석방법	세부 구성범주 및 분석절차
(A) 교육	최홍석 · 고재천 (2014)	판 마넨 (van Manen, 1997)	시간성, 공간성, 관계성, 신체성
	김진숙 (2013)	판 마넨 (van Manen, 1990)	1) 본질적 주제분석(19개 하위범주, 7개 본질적 주제), 2) 해석학적 글쓰기
	한민석 (2013)	무스타카스 (Moustakas, 1994)	1) 연구참여자의 개인적 경험 기술, 2) 의미 있는 진술, 3) 의미단위, 4) 텍스트에 근거한 기술과 구조적 기술
(B) 미디어/문화	강진숙 · 장유정 (2012)	지오르지 (Giorgi, 2003)	• 조직적 기술: 1) 의미단위 추출, 2) 전형된 의미단위 형성, 3) 통합된 의미단위 규명 • 구조적 기술: 4) 유형별 구조적 기술, 5) 일반적 구조적 기술
	강진숙 · 장지훈 · 최종민(2009)	무스타카스 (Moustakas, 1994)	1) 의미단위의 목록화, 2) 경험의 조직적 기술, 3) 주제의 구조적 기술, 4) 전반적 기술
	김기석 · 심선애 · 정형원(2015)	판 마넨 (van Manen, 1990)	1) 연구설계, 2) 연구참여자 선정, 3) 윤리적 고려, 4) 자료수집, 5) 자료분석, 6) 해석학적 현상학 반성, 7) 해석학적 현상학 글쓰기
	김동만 · 이철현 (2015)	지오르지 (Giorgi, 2004)	1) 전체적으로 인식(축어록), 2) 의미단위 구분, 3) 학술적인 용어로 전환, 4) 도출된 구성요소를 구조적으로 통합
	고기숙 · 이면재 · 김영은(2012)	콜라지 (Colaizzi, 1978)	1) 의미 있는 진술, 2) 일반적 · 학문적 개념으로 명명, 3) 추상화하여 주제로 묶기, 4) 주제 군으로 묶기, 5) 포괄적 기술로 본질적 구조와 의미 찾기
	이지영 (2011)	지오르지 (Giorgi, 2000)	1) 현상에 대한 인식을 위해 기술 숙고, 2) 심리학적 관점으로부터 본래의 의미단위 구분, 3) 주제와 중심의미 확인, 4) 유사한 의미를 묶어 구성요소 도출, 5) 구성요소 간의 관계에 초점, 6) 합성해 일반적 구조 분석
	정윤태 · 박소영 · 서용석(2014)	지오르지 (Giorgi, 1985)의 4단계 분석	1) 전체 인식, 2) 의미단위 구별, 3) 일상표현을 학문적 용어로 전환, 4) 전환된 의미단위들을 구조로 통합
	최용주 · 유성신 (2015)	무스타카스 (Moustakas, 1994)	1) 의미 있는 진술 목록, 2) 경험한 현상을 조직적 기술, 3) 구조적 기술, 4) 경험의 의미와 본질에 대한 총망라한 기술
(C) 젠더	강명선 · 양성은 (2011)	지오르지 (Giorgi, 1985)의 4단계 분석	1) 전체 느낌 파악(반복 읽기), 2) 의미단위 구분, 3) 심리학적 의미를 연구자의 언어로 표현, 4) 변형된 의미단위를 통합해 핵심주제 도출
	남미애 · 홍봉선 (2011)	판 마넨 (van Manen, 1990)	1) 의미 추출: 괄호치기, 직관적 글읽기 및 묘사, 2) 시간성, 공간성, 관계성, 신체성 분석(시간체험만 제시), 3) 선이해와 편견 제거, 4) 본질적 주제 파악, 반성, 경험의 의미 규명
	이희연 · 박태정 (2010)	지오르지 (Giorgi, 1985)	1) 자료의 정확성 확인(반복 읽기), 2) 괄호치기, 3) 일관성 얻기, 4) 적용성

2) 커뮤니케이션과 미디어교육 분야의 시사점

(1) 학문적 시사점

현상학적 질적 연구는 커뮤니케이션과 미디어교육 분야에 학문적 시사점을 제공한다. 그것은 우선, 다양한 미디어 현상과 이용자 경험에 대한 기술을 통해 미디어와 인간 사회의 본질적 의미들을 파악할 수 있게 한다. 특히 미디어와 문화 현상이 개인에게 어떠한 체험들을 통해 기억, 상상, 지각하도록(강진숙 · 장유정, 2012) 하는지 구체적인 분석절차를 통해 기술하고 해석할 수 있다는 점에서 학술적 의미가 있다. 둘째, 일상생활에서 디지털 기술의 빠른 속도와 감각의 마비 현상에 대한 현상학적 접근이 가능하다. 강진숙과 장유정(2012)의 선행연구에서 분석되었듯이, 스마트폰 이용자들의 원격현전 경험에 대한 현상학적 분석은 긍정적 측면에서 스마트폰 기반의 개인 블로그나 소셜 미디어의 이용을 통해 아마추어 사회비평의 가능성이 확장된 반면, 중독현상이나 원격현전 체험으로 인한 감각의 마비와 불안 등 부정적 의미들도 발견되었다. 이처럼 현상학적 접근은 현상과 문제에 대한 체험의 의미들을 다각도로 기술하고 해석할 수 있다는 점에서 커뮤니케이션과 미디어교육 분야의 현상과 체험들에 대한 분석적 함의를 지닌다. 마지막으로, 사회적 통념에 기반한 선이해나 선입견을 최대한 배제하는 판단중지의 현상학적 연구태도는 질적 연구에 대한 오해들을 불식시킬 수 있는 중요한 측면이다. 특히 현상학적 분석절차와 해석방법에 대한 다양한 학파의 형성과 이론의 체계화는 후속 연구자들에게 매력적인 작업의 묘미를 제공한다.

(2) 실천적 시사점

근거이론의 목적이 사회적 현상과 문제에 대한 이론의 개발에 있다면, 현상학적 연구는 현상에 대한 체험의 의미와 본질을 도출하는 데 있다. 즉 '문제가 되는' 현상을 개인이 어떠한 사회적 맥락과 관계 속에서 체험하였는지, 그 '사태 그 자체'로 간다는 것은 인식과 관념이 아닌 현실의 문제에 가까이 가는 실천적 행위이다. 현상학적 연구를 '사실성의 학문'이라고 명명하는 이유도 반성되기 이전의 사실과 상황들을 대면하여 그 의미들을 반성적 태도로 기술하기 때문이다. 이 과정에서 선행연구를 통해 제시되었던 다양한 문제적 현상들이 연구주제로 선정되고 분석된 것이다. 물론 현상학적 질적 연구의 결과가 완벽하거나 실천적 함의가 두드러진다고 단언하기는 어렵다. 특히 국내 질적 연구 풍토에서 현상학적 방법은 더 많은 관심과 논의가 필요하다는 점에서 더욱 그러하다. 다만, 미디어교육의 측면에서 판 마넨이 강조했던 교육자의 역할이나 교육적 실천의 관심을 현실화하는 과정에서 현상학적 사유는 시사점을 제공한다.

(3) 방법론적 시사점

현상학적 연구방법은 그 어느 분석방법보다도 이론과 분석방법의 균형성이 중요한 분야이다. 왜냐하면, 현상학적 연구는 토픽과 현상에 대한 질문을 제기하고, 직관을 통해 사실성의 근거들을 수집하며, 반성적 태도를 통해 삶의 체험과 실존적 의미에 대한 근원적 물음을 제기하는 방법론이기 때문이다. 슈츠가 지적했듯이, '당연하다고 여기는' 신념과 확신이 어떻게 만들어지는지 판단중지와 괄호치기를 하는 과정에서 확인된다. 괄호치기는 무의식 속에서 체득된 신념과 선입견을 괄호 안에 넣고 거리를 두는 행위인 것이다.

앞에서 살펴보았듯이, 무스타카스가 현상학적 방법론의 주요 개념들을 설명하면서 가장 먼저 제시한 것이 '에포케', 즉 판단중지의 작업이었다. 이를 통해 선개념, 선지식, 선이해 등에 대한 자명한 확신을 배제하고 연구참여자의 체험과 의식 그 자체에 다가갈 수 있도록 한 것이다. 분노, 애도, 희열, 근육질 등 동시대의 다양한 현상들을 분석하기 위해서는 '살아있는 체험'들을 체계적으로 분석할 수 있는 방법론이 요구된다. 현상학적 질적 연구의 방법론은 개인과 개인의 관계들을 확장하고 대화의 장으로 견인할 수 있는 접근 방법이라는 점에서 함의를 지닌다.

제7장

07 문화기술지 연구 (ethnography study)

개관

문화기술지 연구는 문화인류학을 토대로 이론과 방법론의 체계가 정립되었고, 현재 다양한 학문분야에서 질적 연구방법론의 한 유형으로서 다루어지고 있다. 특히 보애스와 말리노프스키의 초창기 연구 사례는 문화기술지 연구의 체계적 정립을 꾀하는 데 단초를 제공하였다. 문화기술지란 '사회적 생활에 대한 일상의 기록'으로서 특정 지역의 사회갈등, 문화생산, 실천행위의 현장을 기록하고 분석하는 질적 연구방법론이다. 그 목적은 현지인의 관점에서 상호 관계하고 외부자의 관점에서 다른 삶의 방식을 이해함으로써 인간과 지역사회의 심층성과 복잡성을 드러내는 데 있다. 특히 문화기술지는 문화의 공유집단뿐 아니라 문화생산과 갈등의 현장, 그리고 사회적 소수자와 타자들에 대한 관심을 지향해야 한다. 여기서는 문화기술지 연구의 다양한 이론과 방법론의 체계들을 살펴보고, 국내 문화기술지 연구의 경향과 시사점들을 규명하고자 한다.

토론 주제

1. 문화기술지는 어떻게 정의되며 그 연구의 배경은 무엇인가?
2. 문화기술지의 연구 유형은 어떻게 구분되는가?
3. 문화기술지의 방법론 유형과 그 특징은 어떠한가?
4. 국내 문화기술지 연구의 주제와 방법은 어떠한 특징을 지니는가?
5. 문화기술지 방법론은 어떠한 학문적, 실천적, 방법론적 시사점을 지니는가?

주요 용어

문화기술지 • 문화인류학 • 스프레들리(Spradley) • 카스펙켄(Carspecken) • 기어츠(Geertz) • 성찰적 사진 인터뷰

1

문화기술지 연구의 이론적 논의

1) 문화기술지 연구의 정의와 배경

(1) 문화기술지 연구의 정의와 목적

문화기술지 연구는 1920년대 초에 인류학자들에 의해 본격적으로 제기된 이래 다양하게 정의되고 질적 연구의 한 방법론으로서 정립되어 왔다. 문화기술지의 영문 표기인 'ethnography'는 'ethno(민족, 종족, 인종)'와 'graphy(기록, 기술)'가 합성된 조어로서 인류학에서는 보통 '민속지학'으로 표현되지만, 질적 연구의 여러 저술들에서 '문화기술지'로 지칭된다. 본서에서는 '문화기술지'로 표현하여 정의와 배경을 살펴보고자 한다.

우선, 문화기술지에 대한 정의가 어떻게 이루어지는지 주요 이론가들을 중심으로 살펴보고자 한다. 초창기 연구자인 말리노프스키(Malinowski, 1922)는 문화기술지를 '사회적 생활에 대한 일상의 기록'이라고 정의하며, 그 목적을 현지인의 세계관을 인식하기 위해 현지인의 삶과 관계하고 그 관점을 취하는 것에 두었다. 이러한 말리노프스키의 관점은 트로브리안드 제도(Trobriand Islands)의 섬 주민들이 경험하는 일상적인 사회생활을 기록하는 데 초점을 둔 사회 · 문화인류학적 연구작업에서 비롯된 것이다. 그 이후 문화기술지의 방법론을 체계화한 스프레들리(Spradley, 1979, 1980)는 문화기술지를 '문화를 기술하는 작업'이라고 정의하며, 현지인의 관점에서 다른 삶의 방식을 이해하는 것에 그 목적을 두었다. 즉 문화기술지의 초점은 다른 사람들을 연구하는 것이 아니라 오히려 '배우는 것'에 있다는 것이 스프레들리의 관점이다. 아가(Agar, 1980)는 문화기술지를 독특하게 '과정이면서도 동시에 생산물로서의 책(book)'으로 정의하며, 이 연구의 초점을 '약간의 역사, 다양한 (물질적, 생물학적, 사회적) 환경들에 대한 것, 집단의 사건과 신념을 상술하는 것'에 두고 있다. 특히 문화기술지 연구에 대한 아가(Agar, 1980, p. 13)의 강조점은, "과학이 없다면 우리는 신뢰성을 상실할 것이고, 인간성이 없다면 우리는 다른 사람들에 대한 이해력을 상실할 것"이라는 주장에서 확인할 수 있다.

한편, 베르너와 쇠플(Werner & Schoepfle, 1987a, 1987b)은 '민속(ethno, folk) 집단에 대한 전체 혹은 부분적 기술'로 규정하며 연구 기법뿐 아니라 조사 결과를 용어로 기술하는 것에 초점을 두고 있다. 또한 윌콕스(Wilcox, 1982)는 '문화기술의 학'으로 정의하며, 그 목적을 "주체들의 행동, 신념, 태도, 가치, 그리고 이를 구성하는 문화적인 요소들을 종합적으로 기술, 이해하려는 시도"라고 설명하고 있다(이정선, 1998, 191쪽). 한편, 최근의 문화기술지 연구자들 중에서 뮤케(Muecke, 1994)는 문화기술지를 '환경 속에서 반복적으로 현저하게 의례를 수용하는 방법, 세계에 대한 상식을 구성하는 신념과 관습에 대한 기술'로 정의하고 있다. 그 목적은 특정 지역의 환경에서 인간 사회의 심층성과 복잡성을 드러내는 것에 있다. 앳킨슨과 해머슬리(Atkinson & Hammersley, 1994)는 '특정한 사회현상의 속성을 탐구하는 것'으로 정의하고 있고, 이 연구의 초점은 참여관찰을 통해 인간 행동의 의미와 기능을 해석하기 위한 조사 분석 작업에 두고 있다. 마지막으로, 국내 문화기술지 연구자로서 '민족지학'으로 명명하며 다양한 문화생산과 실천 현장을 분석하고 있는 이기형(2011)은 명시적으로 문화기술지를 정의하지 않고 있지만, 이 연구의 핵심범주를 방법론, 이론적 논의와 숙고, 현장 개입 및 실천 등을 포함시켜야 한다고 강조한다. 특히 이 연구의 지향점을 문화생산과 갈등의 현장, 사회적 소수자와 변방에 대한 관심에 두어야 함을 지적하고 있다.

이러한 문화기술지의 정의를 정리하면 다음 〈표 7-1〉과 같다.

표 7-1. 문화기술지 연구에 대한 다양한 정의와 목적

연구자	정 의	연구목적과 초점
말리노프스키 (Malinowski, 1922)	사회적 생활에 대한 일상의 기록	현지인의 세계관을 인식하기 위해 현지인의 삶과 관계하고 그 관점을 취하는 것
스프레들리 (Spradley, 1979, 1980)	문화를 기술하는 작업	현지인(native)의 관점에서 다른 삶의 방식을 이해하는 것
아가 (Agar, 1980)	과정이자 생산물로서의 책(book)	약간의 역사, 다양한 (물질적, 생물학적, 사회적) 환경들에 대한 것, 집단의 사건과 신념을 상술하는 것
베르너 · 쇠플 (Werner & Schoepfle, 1987a, 1987b)	민속(ethno) 집단에 대한 전체 혹은 부분적 기술	연구 기법, 조사 결과를 용어로 기술하는 것
윌콕스 (Wilcox, 1982)	문화기술의 학	주체들의 행동, 신념, 태도, 가치, 그리고 이를 구성하는 문화적인 요소들을 종합적으로 기술, 이해하려는 시도
뮤케 (Muecke, 1994)	환경 속에서 반복적으로 현저하게 의례를 수용하는 방법, 세계에 대한 상식을 구성하는 신념과 관습에 대한 기술	지역 환경에서 인간 사회의 심층성과 복잡성을 드러내는 것
앳킨슨 · 해머슬리 (Atkinson & Hammersley, 1994)	특정한 사회현상의 속성을 탐구하는 것	참여관찰을 통해 인간 행동의 의미와 기능을 해석하기 위한 조사 분석
이기형 (2011)	'민족지학', 방법론, 이론적 논의와 숙고, 현장 개입 및 실천 포함	문화생산과 갈등의 현장, 사회적 소수자와 변방에 대한 관심

요컨대, 문화기술지란 '사회적 생활에 대한 일상의 기록'으로서 특정 지역의 사회갈등, 문화생산, 실천행위의 현장을 기록하고 분석하는 질적 연구방법론이다. 그 목적은 현지인의 관점에서 상호 관계하고 외부자의 관점에서 다른 삶의 방식을 이해함으로써 인간과 지역사회의 심층성과 복잡성을 드러내는 데 있다. 특히 문화기술지는 문화의 공유집단뿐 아니라 문화생산과 갈등의 현장, 그리고 사회적 소수자와 타자들에 대한 관심을 지향해야 한다.

(2) 문화기술지 연구의 배경

문화기술지 연구의 배경은 그 기원과 영향력의 측면에서 문화인류학, 간호학, 문화연구 등에서 탐색할 수 있다. 이에 대해 보다 구체적으로 살펴보면 다음과 같다. 우선, 문화인류학의 측면에서 볼 때 문화기술지 연구의 기원은 초창기의 역사적 기원으로 거슬러 올라간다. 휴스(Hughes, 1992)는 고전적인 문화기술지가 유래한 두 가지 초창기 문화인류학의 기원을 규명하고 있다. 예컨대, 브로니슬라프 말리노프스키(Bronislaw Malinowski)의 모험가 이야기를 다룬 〈서태평양의 항해자들(*Argonauts of the Western Pacific*)〉(1922)과 프란츠 보애스(Franz Boas)의 〈콰키우틀족의 문화기술지(*Kwakiutl ethnography*)〉(1966)가 대표적인 문화기술지의 두 가지 시원적 작품이다. 주지했듯이, 말리노프스키의 현장조사(Malinowski, 1922)는 파푸아뉴기니에 속하는 트로브리안드 제도에서 수행되었고, 그의 주요 관심사는 섬 주민들의 일상적인 사회생활에 있었다. 요컨대, 보애스와 말리노프스키는 현대 문화인류학의 정립에 핵심적 역할을 수행한 문화기술지 연구자들로서 문화인류학을 특정한 유형의 과학으로 간주하는 입장을 지닌다. 이와 함께 앳킨슨과 해머슬리(Atkinson & Hammersley, 1994)는 역사적 검토와 논의가 필요한 문화기술지의 기원에 대해 언급하고 있다. 그 기원은 18세기와 19세기 독일 철학자(Hammersley, 1989)의 사례에서부터 심지어 고대 헤로도토스(Herodotus)의 작품(Wax, 1971)까지 거슬러 올라간다. 비록 특정한 문화기술지의 스타일과 실체들은 20세기 현상들을 통해 나타나지만, 이러한 사례를 통해 문화기술지의 초창기 역사를 조명할 수 있다(Atkinson & Hammersley, 1994)는 점은 주시할 일이다. 또한 1871년 에드워드 타일러(Edward Tylor)의 〈원시문화(*Primitive culture*)〉는 "문화에 대한 과학적 연구"로서 문화인류학적 측면에서 접근한 19세기의 문화기술지 연구로서 간주된다(Shimahara, 1988, p. 77). 여기서 문화는 "지식, 신념, 예술, 도덕, 법, 관습, 사회구성원들에 의해 획득된 잠재적 사고와 습관을 포함하는 복합적 전체"(Tylor, 1871, p. 1)로서, 그 목적은 인간의 사고와 행위에서 나타나는 규칙을 포착하는 데 있다. 이러한 초창기 역사적 사례들은 비서구 사회와 일치하는 서구의 관심과 다양한 동기들이 연관되어 형성되었기 때문이다. 이에 대해서는 문화기술지의 기원에 대한 후속 연구와 역사적 접근을 통해 좀 더 풍부한 논의가 이루어질 일이다.

두 번째로, 간호학계의 문화기술지 연구경향에서 그 영향력을 찾는 관점이다. 베르너와 쇠플(Werner & Schoepfle, 1987a) 같은 인류학자들의 수가 증가하고 부족민들의 수가 감소했을 때, 문화기술지 연구자들은 기술하기(description)에 적합한 사회적 단위(social units)를 발견했다. 돌봄의 학문적 제도화과정의 사례가 그것이다. 즉 문화기술지의 이론적, 방법론적 기여는 간호 · 의료업계를 포함하여 숙련된 문화기술지 연구자들에 의해 다양한 자연적 환경에 적용되었다는 점에 있다(Boyle, 1994). 1960년대에는 간호직이 학계로 옮겨졌기에 간호학과의 많은 간호사들이 문화인류학 박사과정에 참여했고 간호업무에 대한 문화기술지 적용을 권장했다(Boyle, 1994). 실제로 문화기술지 연구방법에 대한 자료들이 현재까지도 간호 · 의료학계의 학술논문을 통해 다수 발견된다는 점에서 이러한 문화기술지의 배경은 유의미하다.

마지막으로, 문화연구의 측면에서 문화기술지의 영향력을 중시하는 관점이다. 이러한 입장은 기본적으로 문화기술지가 언제나 문화 개념을 중심으로 수행된다는 점을 강조한다. 문화기술지의 가정은 문화가 집단의 구성원들 사이에서 학습되고 공유된다는 점, 또한 기술되고 이해될 수 있다는 점에 있다(Morse, 1992)는 것이다. 물론 문화에 대한 정의는 다양하고 문화기술지의 이론적 지향점은 어떻게 그녀나 그가 사람들이 말하고 행동하는지를 분석하고 추론하는 데 있다. 문화기술지 연구자들은 문화 개념을 통해 사람들이 말하는 것을 넘어서서 문화의 의미체계를 이해할 수 있도록 한다.

이상에서 살펴보았듯이, 문화기술지의 기원과 배경은 다양한 학문분야와 연구영역에서 단서를 찾을 수 있다. 그중에서도 여기서는 문화인류학적 기원, 간호학연구, 그리고 문화연구의 측면을 중심으로 문화기술지의 기원과 배경에 대해 탐색하였다. 이를 바탕으로 다음에서는 문화기술지 연구의 접근 유형에 대해 논의하고자 한다. 이러한 논의는 이후 문화기술지 방법론을 이해하는 데 도움을 줄 것으로 기대한다.

2) 과정주의 문화기술지의 연구 유형

문화기술지 연구의 접근 유형은 연구자들마다 서로 다른 입장을 나타내고 있다. 여기서는 다양한 접근 유형 중에서도 세 가지 관점에서 문화기술지의 연구 유형을 탐색하고자 한다. 베르너와 쇠플의 사회적 과정에 초점을 둔 과정주의 문화기술지 분류와 뮤케의 문화인류학적 분류, 그리고 비판적 문화기술지를 살펴보고자 한다. 이 밖에도 다양한 유형의 문화기술지 연구 유형이 논의되고 있지만, 여기서는 대표적인 연구 사례를 중심으로 제시하고자 한다.

우선, 베르너와 쇠플(Werner & Schoepfle, 1987a)은 과정주의 문화기술지(processual ethnography)에 근거하여 다음과 같이 네 가지 문화기술지 연구 유형을 분류하고 있다. 즉 총체적, 부분적, 횡단적, 그리고 민족사적 문화기술지가 여기에 포함된다. 이러한 네 가지 분류 방식에 대해 보일(Boyle, 1994)도 전적으로 수용하고 있다. 그에 따르면 "과정주의 문화기술지"는 사회적 과정의 몇몇 측면들을 기술하는 문화기술지를 의미하며 사회적 과정은 기능적, 공시적으로 기술될 수 있다(Boyle, 1994, p. 170). 예컨대, 어떻게 문화나 사회체계의 부분들이 제한된 기간 내에 상호관계하고 역사적 전례에서 벗어나게 되는지를 분석하는 것이다. 또는 사회적 과정을 민족사 기술처럼 통시적으로 설명할 수도 있는데, 민족사 기술(ethnohistorical accout)은 "역사적 사건들의 결과로서 현재 사건들이나 사회적 과정들을 기술하는 것"(Boyle, 1994, p. 170)을 의미한다. 여기서는 보일(Boyle, 1994, pp. 171-174 참조)의 설명을 바탕으로 과정주의 문화기술지의 연구 유형들을 살펴보고자 한다. 과정주의 문화기술지의 관점에서 각각의 연구 유형들을 도식화하면 다음 〈그림 7-1〉과 같다.

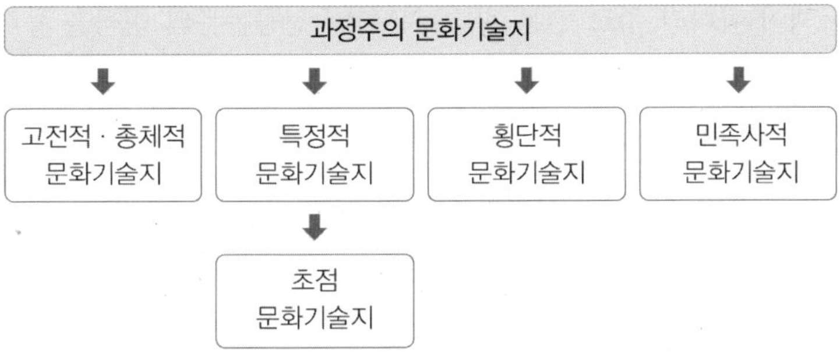

그림 7-1. 과정주의 문화기술지의 연구 유형

(1) 고전적 · 총체적 문화기술지(classical or holistic ethnography)

고전적 · 총체적 문화기술지는 문화인류학자들에 의해 고려된 연구 유형으로서 고전적 문화기술지의 특징을 잘 보여준다(Boyle, 1994). 해켈(Haekel, 1970)에 따르면, 총체적 문화기술지는 전체 사회집단에 초점을 맞추는 연구로서 그 성과물은 책이나 전공논문의 형태로 출간하는 것을 기본으로 한다. 이 연구 유형의 목적은 전체 문화체계를 기술하는 데 있다. 문화기술지 연구자들은 문화 영역을 넘어서서 어떻게 패턴처럼 정적으로 그리고 상호작용의 과정처럼 역동적으로 균형 있게 작동하는지 분석한다. 앞에서 언급했던, 보애스(Boas, 1966)의 〈콰키우틀족의 문화기술지〉와 말리노프스키(Malinowski, 1961)의 〈트로브리안드 섬 주민들 연구〉 등은 문화인류학에서 전통적인 연구 사례들이다. 이러한 문화기술지 연구들을 수용했던 대부분의 초창기 문화인류학자들은 이들의 문화기술지 범주를 따랐다. 만일 헬스나 힐링이 언급되었다면, 그것들은 주로 초자연적인 것, 요술, 마법 또는 종교 의식을 기술할 때 포함되었다.

(2) 특정적 문화기술지(particularistic ethnography)

특정적 문화기술지는 전체 문화에 대한 분석이 아니라 사회적 단위나 분리 가능한 인간 집단에 적용하는 연구방법이다(Werner & Schoepfle, 1987a). 이 방법의 저술은 책이 아니라 주로 전문 학술논문이나 전공논문의 형식을 통해 이루어진다. 베르너와 쇠플(Werner & Schoepfle, 1987a)에 따르면, 이러한 특정적 문화기술지에는 주로 학교 환경에 문화기술지를 적용한 월콧(Wolcott, 1973)의 연구나 카우딜(Caudill, 1958)의 정신병원 문화기술지, 그리고 저메인(Germain, 1979)의 암 병동(cancer unit) 문화기술지 등의 대표적인 연구 사례들이 포함된다. 이 연구 유형에서 15명 미만 정도의 소규모 집단에 대한 문화기술지는 "마이크로문화기술지"(Werner & Schoepfle, 1987a)라고 부른다. 특히 이 연구 유형에 포함되는 '초점 문화기술지(focused ethnography)'는 간호학에서 정립된 토픽 중심의 소규모 집단 문화기술지를 기술하는 데 이용되고 있다(Morse, 1991a). 예컨대, 병원 간호사에 대한 문화기술지나 환자들의 부양집단 혹은 요양원 등의 문화기술지 등이 여기에 포함된다.

(3) 횡단적 문화기술지(cross-sectional ethnography)

횡단적 문화기술지는 총체적 문화기술지에서도 나타나지만, 그 초점은 실제로 완전히 다른 측면이 있다. 베르너와 쇠플(Werner & Schoepfle, 1987a)이 설명하는 바에 따르면, 이러한 연구 유형의 대표적인 사례는 스프레들리(Spradley, 1970)의 〈만취는 당신의 책임: 도시 노숙자 문화기술지(*You owe yourself a drunk: An ethnography of urban nomads*)〉를 들 수 있다. 스프레들리는 노숙자를 연구참여자로 설정하였는데, 그 이유는 그들이 잘 다듬어진 용어들로 통합된 문화를 지니고 있기 때문이다. 스프레들리의 연구는 상호작용적인 관계에서 노숙자 집단을 연구한 것이 아니라 모든 노숙자들에 대한 횡단적 연구를 행한 것이다(Werner & Schoepfle, 1987a). 또 다른 예는 고프만(Goffman, 1961)의 망명에 대한 사회학적 연구로서 사회제도에 대한 횡단적 접근을 행하고 있다.

(4) 민족사적 문화기술지(ethnohistorical ethnography)

민족사적 문화기술지는 주로 허구로 문화기술지의 현재를 기술하는 방식으로서 문화기술지 전체적으로 동사의 현재 시제가 사용된다(Boyle, 1994). 문화기술지를 구성하는 이 용법은 모든 기술된 사건들이 마치 동시에 발생한 것처럼 여겨지도록 한다. 베르너와 쇠플(Werner & Schoepfle, 1987a)이 설명하고 있듯이, 대다수의 문화기술지가 이러한 동시적 문화기술의 형태를 따르는 반면, 그 밖의 다른 방법들은 보다 더 민족사적 형식을 취하고 있다. 민족사적 문화기술지는 과거 역사적 사건들의 결과로서 현재의 문화적 현실을 기술한다. 보일(Boyle, 1994)에 따르면, 간호 현상을 연구하기 위해 민족사적 접근을 이용하는 사례 중에서 특이하고 창의적인 접근은 빌라루엘과 오티즈 드 몬텔라노(Villarruel & Ortiz de Montellano, 1992)의 논문인 "문화와 고통: 중앙아메리카인의 관점(Culture and pain: A Mesoamerican perspective)"을 들 수 있다. 그들은 아즈텍과 마야 문명에 대한 1차, 2차 자료들을 조사하여 고대 중앙아메리카 내에서 나타났던 고통의 경험에 대한 믿음들(beliefs)을 탐구하였다. 이 두 연구자들(Villarruel & Ortiz de Montellano, 1992)이 언급하고 있듯이, 이 방법은 통시적 혹은 역사적인 자료들을 이용하거나 문화 · 사회적 현상들의 더 완전한 이해를 제공하기 위하여 기존의 자료들에서 유래한 공시적 혹은 이론적 추상화 전략을 결합하고 있다. 이 연구는 멕시코계 미국인의 고통과 연관된 의미, 표현, 그리고 돌봄에 대한 역사적 이해를 제공한다(Boyle, 1994)는 점에서 의미가 있다.

3) 문화인류학적 문화기술지의 연구 유형

문화인류학 분야에서 문화기술지는 하나의 방법이 아닌 생산물(product)이다. 물론 정보의 수집과 과정을 체계화하는 방법은 존재하지만 연구자들이 차용해야 할 별도의 필수적인 문화기술지 프로토콜은 존재하지 않으며 정보를 문화기술지로 질서정연하게 변형시킬 필요도 없기 때문이다(Muecke, 1994). 실제로 가장 우수한 문화기술지는 최소한의 노트로 기술되었다. 예컨대, 에드먼드 리치(Edmund Leach)의 1954년도 전통적 연구인 〈버마 고산지대의 정치 체계(*Political systems of highland Burma*)〉(1954/2016)는 현장에서의 급작스러운 손실로 인해 현장노트 없이 기술되었다. 문화기술지의 출발은 경험적 현실에서 "무엇이 존재하는가"의 문제로부터 시작하며 장기간의 참여관찰을 통해 지역적 의미들을 학습하고 분석한다(George & Spindler, 1970; Spradley, 1980). "무엇이 존재하는가"의 물음과 관련된 것은 시, 미디어, 구술녹취록 등 문서화된 텍스트를 포함하여 다양한 형태의 정보들일 수 있다. 예컨대, 지도, 필름, 도면, 시각적 재현들을 비롯해 구술 암송, 음악 등이 그것이다. 문화기술지 연구자들은 시각적 사실들을 넘어서는 자료 형태들과 사람들의 삶에 사실들을 연관시켜 경험적 연계성을 규정하는 다양한 자료들을 수집한다(Bruyn, 1966, pp. 174-197). 대부분의 문화인류학자들에 따르면, "문화기술지는 평생의 과업(a lifelong endeavor)"(Aamodt, 1991, p. 41)으로서 정의되며, 다음 두 가지 메시지를 전달하는 데 목적을 둔다. 즉 그 하나가 차이점에도 불구하고 우리 모두 인간이라는 점이라면, 다른 하나는 인간 능력의 범위가 광범위하고 인간의 사회적 다양성은 이 지구상의 삶의 유지에 필수적이라는 점이다. 이러한 도덕적 범주는 좋은 문화기술지를 인식하기 위한 하나의 척도를 제시한다. 즉 문화기술지는 '내가 아닌(Not Me)' 혹은 '타자(The Other)'로 인식하는 누군가에 대해 더 잘 이해할 수 있도록 하는 수단이어야 한다.

이러한 문화인류학적 관점에서 뮤케(Muecke, 1994)는 베르너와 쇠플의 문화기술지 분류방식에 대해 인정하면서도 단일한 표준 형태는 존재하지 않는다는 점을 강조하고 있다. 그에 따르면, 문화기술지를 평가하는 기준은 문화기술지 형태의 증식과 궤를 같이하지 않기 때문이다. 이러한 시각에서 뮤케는 네 가지 주요한 학파들의 문화기술지를 탐색하고 있다. 그것은 고전적, 체계적, 해석적, 그리고 비판적 문화기술지 등을 중심으로 이루어진다.

(1) 고전적 문화기술지(classical ethnography)

현재 고전적 문화기술지로 언급되고 있는 것은 원래 구조기능주의적 접근에서 비롯된 것이다(Muecke, 1994). 앞에서 살펴본 총체적 기술에 해당하는 이 연구 유형은 연구자의 집단에 대한 장기간 참여관찰을 통해 수행되는 구획된 집단에 초점을 둔다. 여기서 구획의 기준은 사회적, 지리적, 언어적으로 경계가 있는 집단을 중심으로 적용된다.

고전적 문화기술지의 목적은 사람들과 관련된 자료의 구성(material constructions)과 관점을 총체적으로 기술하는 데 있다. 사람들이 연구한 것은 공동의 문화를 공유하는 것에 대한 가정이다. 기술 방법은 날것의 "사실(facts)"을 더 단순하고 보편적인 용어와 범주로 재구성하는 것이다(Muecke, 1994, p. 191). 예컨대, 친척관계, 무역체계, 그리고 의례 등이 대표적인 예이다. 고전적 문화기술지는 연구자가 선정한 활동에 직접 참여하면서 관찰하고 기록하며 공동체의 일원들과 함께 거주하는 장기 체류과정을 통해 생산된다. 고전적 문화기술지 연구자는 일반적으로 보다 밀도 있고 핵심적인 인터뷰를 실시하기 위한 집단으로부터 한 명이나 소수의 사람들을 선택한다. 이러한 핵심 정보제공자들은 문화기술지 연구자와 문화기술지의 연구결과에 보다 높은 영향력을 행사한다. 다른 정보제공자들의 목소리는 핵심 정보제공자의 권위에 포섭되는 경향이 있기 때문이다. 이러한 고전적 문화기술지에서 매우 중요한 것은 연구자의 신뢰성이다. 객관성을 획득하기 위해 연구자의 주관성을 의도적으로 텍스트에서 보류한다고 해도, 연구참여자들과의 관련 정도는 연구자로서 신뢰 가능한 중요한 비공식적 지표이기 때문이다. 이러한 유형의 문화기술지 사례로서 마가렛 클락(Margaret Clark)의 〈멕시코계 미국인 문화에서의 헬스: 공동체 연구(*Health in the Mexican-American culture: A community study*)〉(1959), 캐롤 저메인(Carol Germain)의 〈암 병동: 문화기술지(*The cancer unit: An ethnography*)〉(1979), 그리고 콜린 턴불(Colin Turnbull)의 〈숲의 사람들: 콩고의 피그미족 연구(*The forest people: A study of the Pygmies of the Congo*)〉(1961), 그리고 1960년대와 1970년대 초에 Holt, Rinehart & Winston 출판사에서 출간된 조지와 루이제 스핀들러(George & Spindler)의 〈문화인류학자이기: 11개국에서의 현장조사(*Being an anthropologist: Fieldwork in eleven countries*)〉(1970)와 같은 문화인류학적 사례연구들이 고전적 문화기술지에 포함된다.

(2) 체계적 문화기술지(systematic ethnography)

"새로운 문화기술지"로 불리는 체계적 문화기술지는 1960년대 인지 인류학자(cognitive anthropologists)로 알려진 민족의미론 연구자들(ethnosemanticists)에 의해 개발된 연구 유형이다(Muecke, 1994, p. 188). 체계적인 문화기술지의 목적은 사람들과 사회적 상호작용, 감정들, 그리고 자료들을 기술하기보다 문화 구조를 규명하는 데 있다. 이 학파는 고전적 문화기술지에 대해 지나치게 전체적이고 비체계적이라는 이유로 비판적 관점을 표명한다. 반면, 우수하고 체계적인 문화기술지는 연구참여자가 자신의 지식을 조직하는 특유의 방식에 적합한 지식의 틀(schema)을 제공한다. 이러한 관점에서 정보제공자의 지식에 대한 충성도(fidelity)는 가장 중요한 평가 척도로 작용한다. 현지 지식을 표현하는 이미지는 매우 명확해서 "인상파의 그림이 아니라 오히려 사진"(Werner & Schoepfle, 1987a, p. 23)을 제작하는 것과 같기 때문이다. 기어츠(Geertz, 1973b, p. 11)에 따르면, 체계적 문화기술지의 목적은 "현지인의 관점"을 규명하여 특정 집단의 구성원으로서 사람들의 태도를 형성하는 "인지 지도"를 학습하며, (신체적 외양은 제외하고) 현지인에게 통용될 수 있는 "문화기술지의 알고리즘(an ethnographic algorithm)"을 발전시키는 데 있다. 이러한 목적은 엄격한 의미론적 분석을 통해 성취될 수 있는데, 여기에는 1차 자료로서 토착어 분류법(folk taxonomies of words)과 용어의 대조표 및 네이밍 단위 등이 포함된다.

이러한 체계적 문화기술지의 대표적인 연구 사례에는 1960년대에서부터 1980년대까지 진행된 질적으로 우수하게 평가되는 선행연구들이 포함된다(Boyle, 1994). 이를테면, 찰스 프레이크(Charles Frake)의 "(필리핀 남부) 민다나오섬 수바눈족의 질병 진단(The diagnosis of disease among the Subanun of Mindanao)"(1961), 호라

시오 파브레가(Horacio Fabrega)와 다니엘 실버(Daniel Silver)의 〈(중미지역의) 시나칸탄족의 질병과 샤머니즘적 치료: 민족의료 분석(*Illness and shamanistic curing in Zinacantan: An ethnomedical analysis*)〉(1973), 그리고 제임스 스프레들리(James Spradley)의 〈만취는 당신의 책임: 도시 노숙자 문화기술지(*You owe yourself a drunk: An ethnography of urban nomads*)〉(1970) 등의 선행연구가 대표적인 사례이다. 이외 제임스 스프레들리(Spradley)의 〈문화기술지 인터뷰(*The ethnographic interview*)〉(1979), 오스왈드 베르너(Oswald Werner)와 마크 쇠플(Mark Schoepfle)의 〈체계적 현장조사: 문화기술지 분석과 자료 관리(*Systematic fieldwork: Ethnographic analysis and data management*)〉(1987a)와 〈체계적 현장조사: 문화기술지와 인터뷰의 기초(*Systematic fieldwork: Foundations of ethnography and interviewing*)〉(1987b), 그리고 데이비드 페터맨(David Fetterman)의 〈문화기술지: 단계 밟기(*Ethnography: Step by step*)〉(1989) 등이 체계적 문화기술지의 방법론과 방법에 대한 대표적인 저술들이다.

(3) 해석적 문화기술지(hermeneutic/interpretive ethnography)

해석적 문화기술지는 클리포드 기어츠(Clifford Geertz)와 같은 베버주의자들에 의해 시도된 연구 유형이다. 기어츠는 좋은 문화기술지의 표준을 "두껍게 기술하기(thick description)"의 사유에서 찾고 있다(Muecke, 1994, p. 188). 해석적 문화기술지의 초점은 사회적 상호작용의 상황들을 관찰하고 그 의미들을 규명하는 데 있다. 이러한 연구 유형은 막스 베버(Max Weber)의 지적 영향을 받고 있는 접근으로서, 문화기술지는 본질적으로 방법론적이기보다는 분석적, 해석적이라는 관점에 근거한다(Wolcott, 1980). 이러한 학파는 민족과학자들을 비판하는데, 그 이유는 사람들의 마음속에서 문화를 찾고, 심리학을 개인 차원으로 축소시키며, 그들의 기술(description)이 실제로 어떤 사람들을 고려한 것인지 아니면 단지 관찰자의 추측에 불과한 것인지 규정하기 어렵다는 점에 기인한다.

이러한 해석적 문화기술지 학파에 따르면, 좋은 문화기술지는 인간의 태도에 대해 "두껍게 기술하기(thick description)"를 행하며, 사회적 맥락 속에서 태도에 각인된 무수한 추론과 함축적 의미들을 분석함으로써 독자들을 견인한다 (Muecke, 1994, p. 193). 문화 분석으로서 문화기술지는 "실체가 없는 풍경을 세밀히 나타내고 의미의 대륙을 발견하는 것이 아니라, 의미들을 추리하고, 추리한 것을 평가하며, 더 나은 추리로부터 결론을 도출하는 것이다"(Geertz, 1973b, p. 20). 이러한 연구를 위해서는 분석적으로 훌륭한 두꺼운 기술과 함께 더 높은 수준의 분석력을 요한다. "어떤 것을 이해하기 위해 모든 것을 알아야 할 필요는 없기 때문이다"(Geertz, 1973b, p. 20). 따라서 양질의 문화기술지는 '우리를 이방인의 삶에 닿도록 이끄는 학문적 상상력'에 의해 평가할 수 있다.

해석적 문화기술지의 연구 사례로서 1960, 1970년대의 저술들을 들 수 있다. 예컨대, 메리 더글러스(Mary Douglas)의 〈청결과 위험: 오염과 터부 개념의 분석(*Purity and danger: An analysis of the concepts of pollution and taboo*)〉(1966)과 〈자연의 상징들: 우주론 탐사(*Natural symbols: Explorations in cosmology*)〉(1970), 클리포드 기어츠(Clifford Geertz)의 〈문화의 해석(*The interpretation of cultures*)〉(1973/2009), 그리고 빅터 터너(Victor Turner)의 〈은뎀부 부족 의례의 계시와 점술(*Revelation and divination in Ndembu ritual*)〉(1975) 등이 대표적인 해석적 문화기술지의 사례들이다.

(4) 비판적 문화기술지(critical ethnography)

마지막으로, 비판적 문화기술지는 포스트모더니즘과 페미니즘의 사유를 반영하는 연구 유형이다. 또한 그 뒤를 이어 강단 문화인류학, 간호, 공공의료, 사회사업과 같은 공동체 지향 의료학(health science) 분야에서 이 연구 유형이 적용되었다 (Muecke, 1994). 비판적 문화기술지 연구자들에 따르면, 문화기술지는 공동의 저자들인 연구자와 정보제공자 간의 상호작용에 의해 창출된 창작물이면서 동시에 공저자들의 고유한 시간과 문화의 산물이다. 이러한 관점에서 "발견된 문화가 '저기에(out there)' 있다"(Muecke, 1994, p. 194)는 고전적 문화기술지와 민족과학

(ethnoscience)의 가정과 거리를 두고 있다. 왜냐하면, 비판적 문화기술지 연구자들은 문화기술지가 완전히 해석적이기 때문에 각각의 문화기술지 연구는 서로 다른 의미들을 창출하며, 따라서 어떤 해석은 연구된 문화에 대해 "오직 하나의 가능한 독해"일 뿐인 것이다(Noblit & Hare, 1988, p. 14). 이러한 관점에서 비판적 문화기술지는 전임자인 해석적 문화기술지의 입장에 대해 비판적 입장을 취하는데, 그 이유는 문화를 생동감 있게 하고 변화시키는 반대의 목소리들을 배제하기 때문이다(Muecke, 1994).

비판적 문화기술지 연구자들의 신념에 따르면, 문화기술지는 필경사의 태도, 가치, 인식을 반영하는 주관적인 연구 분야다. 연구자의 역동적인 상호 간의 영향력과 연구 현장은 "성찰성(reflexivity)"에 의해 조명된다(Muecke, 1994, p. 194). 우수한 문화기술지는 성찰성의 속성을 잘 표현하는 것이다. 비판적 문화기술지 연구자들이 고려하는 것은, 해석적 문화기술지의 총체적 문화가 아니라 오직 특정한 계기와 맥락을 재현하는 이미지, 즉 인상파 콜라주를 제시하는 데 있다. 한편, 이러한 비판적 문화기술지는 노동자계급과 사회적 소수자들의 사회적 불평등을 개선하기 위한 질적 연구방법론으로서 평가된다(황철형 · 이용학, 2013). 일반적으로 문화기술지가 사회적 집단의 문화나 가치, 행동, 믿음에 대한 의미 및 행위를 탐색하는 것이라면, 비판적 문화기술지는 계급과 인종, 젠더, 성적 취향, 장애에 대한 불공정함과 부정의에 대한 윤리적 책임에 기초해 긍정적인 사회 변화를 지향한다는 점에서 차이가 발견된다(Brown & Dobrin, 2004; Carspecken, 1996; Hammersley, 1992; Madison, 2005; 황철형 · 이용학, 2013).

이와 같은 비판적 문화기술지에는 두 가지 학문적 경향이 발견된다. 즉 포스트모더니즘과 페미니즘 연구가 두드러진 이론 조류이다. 뮤케(Muecke, 1994)는 이 두 이론 조류에 대해 조심스럽게 접근하며 양자의 차이를 비교하여 설명하고 있다. 포스트모더니즘 문화기술지는 기본적으로 기술 형태인 수사법과 연관된 접근이다. 이러한 조류의 연구자들은 창조적 과정으로서 문화기술지의 쓰기와 읽기 모두를 고려한다. 예컨대, 마조리 쇼스탁(Marjorie Shostak)의 개척자적인 저술인 〈니사: 한 쿵족 여인의 삶과 말들(*Nisa: The life and words of a !Kung woman*)〉

(1981)은 이러한 경향을 대변한다(Clifford & Marcus, 1986). 이와 함께 '새로운 문화기술지'인 로나 로데스(Lorna Rhodes)의 〈침대 비우기: 정신과 응급실의 작업(*Emptying beds: The work of an emergency psychiatric unit*)〉(1991)을 들 수 있다. 한편, 페미니즘 문화기술지의 지향점은 정보제공자의 활동을 최소화하고 대신 특권이 거의 없는 사회집단을 억압하는 권력을 드러내는 데 있다. 이와 관련된 대표적인 연구 사례로서 울프(Wolf)의 〈세 번 들었던 이야기: 페미니즘, 포스트모더니즘, 문화기술지의 책임성(*A thrice-told tale: Feminism, postmodernism and ethnographic responsibility*)〉(1992)을 들 수 있다. 울프는 그녀의 저서에서 다음과 같이 문화기술지 작업에 대한 경험을 피력한다.

> 이 책은 내가 약 30여 년 전 타이완 북쪽의 작은 마을에서 썼던 단편 이야기 파일을 발견한 데서부터 시작된다. 나는 이야기를 썼던 것을 잊고 있었지만, 그 당시의 내 일기와 현장노트를 찾은 후, 이야기를 이끄는 그 사건들이 대부분 달갑지 않은 세세한 일들을 연상케 하였다. 이를테면, 소리, 냄새, 시각적 이미지, 그리고 감정적인 상태들을 떠올리게 한 것이다. 특히 다양하게 쓰인 기록들을 읽고 또 읽으면서 놀라웠던 것은 현장노트, 일기들, 그리고 짧은 이야기들이 당시 일어난 일들에 대해 상당히 다른 버전들로 재현하고 있다는 점이다. (Wolf, 1992, p. 2)

울프의 언급처럼, 문화기술지는 현장노트, 일기, 사건 등을 바탕으로 이야기들을 기술하는 질적 연구의 중요한 한 방법이다. 특히 울프와 같이 페미니즘의 관점에 근거해 비판적 문화기술지를 기술하는 사례에서 중요한 것은 여성, 장애인, 어린이와 노인, 성적 소수자 등 사회적 소수자의 경험과 사회적 불평등의 구조를 상호 연관적으로 분석하고 성찰하는 데에 있다. 울프 역시 "아내, 문화인류학자의 보조자로서" 처음 현장을 방문했지만(Wolf, 1992, pp. 2-3), 문화기술지의 조사 과정에서 타자가 아닌 공동체의 일원으로서 책임감을 절감하게 된 경험들을 기술하고 있다는 점에서 의미가 있다. 여기에 덧붙여 또 다른 중요한 비판적 문화기술지 연구로서 카스펙켄(Carspecken)의 〈교육 연구에서의 비판적 문화기술지(*Critical ethnography in educational research*)〉(1996)를 들 수 있다. 이러한 카스펙켄의 이론과 방법론은 이후 간호 연구 분야에서 방법론적 논의와 분석을 통해 적용된다. 예컨대, 카스펙켄의 5단계 연구방법론을 간호학 방법론의 논의에 적용한 〈카스펙켄의 5단계 비판적 질적 연구방법: 간호 연구에의 적용(*Carspecken's five-stage critical qualitative research method: An application to nursing research*)〉(Hardcastle, User, & Holmes, 2006), 그리고 〈간호 연구에서 카스펙켄의 비판적 문화기술지 적용(*Using Carspecken's critical ethnography in nursing research*)〉(Smyth & Holmes, 2005) 등이 카스펙켄의 방법론을 적용한 비판적 문화기술지 연구 사례다.

이상에서 살펴본 문화인류학적 문화기술지의 연구 유형을 정리하면 다음 〈표 7-2〉와 같다.

표 7-2. 문화인류학적 문화기술지의 연구 유형

유 형	연구자	저술 제목
고전적 문화기술지	클락 (Clark, 1959)	〈멕시코계 미국인 문화에서의 헬스: 공동체 연구(*Health in the Mexican-American culture: A community study*)〉
	저메인 (Germain, 1979)	〈암 병동: 문화기술지(*The cancer unit: An ethnography*)〉
	턴불 (Turnbull, 1961)	〈숲의 사람들: 콩고의 피그미족 연구(*The forest people: A study of the Pygmies of the Congo*)〉
	조지 · 스핀들러 (George & Spindler, 1970)	〈문화인류학자이기: 11개국에서의 현장조사(*Being an anthropologist: Fieldwork in eleven countries*)〉
체계적 문화기술지	프레이크 (Frake, 1961)	"(필리핀 남부) 민다나오섬 수바눈족의 질병 진단(The diagnosis of disease among the Subanun of Mindanao)"
	파브레가 · 실버 (Fabrega & Silver, 1973)	〈(중미지역의) 시나칸탄족의 질병과 샤머니즘적 치료: 민족 의료 분석(*Illness and shamanistic curing in Zinacantan: An ethnomedical analysis*)〉
	스프레들리 (Spradley, 1970)	〈만취는 당신의 책임: 도시 노숙자 문화기술지(*You owe yourself a drunk: An ethnography of urban nomads*)〉
	스프레들리 (Spradley, 1979)	〈문화기술지 인터뷰(*The ethnographic interview*)〉

유 형	연구자	저술 제목
체계적 문화기술지	베르너 · 쇠플 (Werner & Schoepfle, 1987a, 1987b)	• 〈체계적 현장조사: 문화기술지 분석과 자료 관리 (*Systematic fieldwork: Ethnographic analysis and data management*)〉(1987a) • 〈체계적 현장조사: 문화기술지와 인터뷰의 기초 (*Systematic fieldwork: Foundations of ethnography and interviewing*)〉(1987b)
	페터맨 (Fetterman, 1989)	〈문화기술지: 단계 밟기(*Ethnography: Step by step*)〉
해석적 문화기술지	더글러스 (Douglas, 1966)	〈청결과 위험: 오염과 터부 개념의 분석(*Purity and danger: An analysis of the concepts of pollution and taboo*)〉
	더글러스 (Douglas, 1970)	〈자연의 상징들: 우주론 탐사(*Natural symbols: Explorations in cosmology*)〉
	기어츠 (Geertz, 1973)	〈문화의 해석(*The interpretation of cultures*)〉
	터너 (Turner, 1975)	〈은뎀부 부족 의례의 계시와 점술(*Revelation and divination in Ndembu ritual*)〉
비판적 문화기술지	쇼스탁 (Shostak, 1981)	〈니사: 한 쿵족 여인의 삶과 말들(*Nisa: The life and words of a !Kung woman*)〉
	로데스 (Rhodes, 1991)	〈침대 비우기: 정신과 응급실의 작업(*Emptying beds: The work of an emergency psychiatric unit*)〉
	울프 (Wolf, 1992)	〈세 번 들었던 이야기: 페미니즘, 포스트모더니즘, 문화기술지의 책임성(*A thrice-told tale: Feminism, postmodernism and ethnographic responsibility*)〉
	카스펙켄 (Carspecken, 1996)	〈교육 연구에서의 비판적 문화기술지(*Critical ethnography in educational research*)〉
	하드캐슬 외 (Hardcastle et al., 2006)	〈카스펙켄의 5단계 비판적 질적 연구방법: 간호 연구에의 적용(*Carspecken's five-stage critical qualitative research method: An application to nursing research*)〉
	스미스 · 홈스 (Smyth & Holmes, 2005)	〈간호 연구에서 카스펙켄의 비판적 문화기술지 적용(*Using Carspecken's critical ethnography in nursing research*)〉

2
방법론의 유형과 특징

1) 횡단적 · 체계적 문화기술지 방법론: 스프레들리의 방법론

(1) 정의 및 이론적 배경

주지했듯이, 스프레들리(Spradley)는 횡단적 혹은 체계적 문화기술지 방법론을 적용한 연구자이다. 그에 따르면, 문화기술지란 문화인류학의 질을 증명하는 현지 조사를 통해 문화를 기술하는 작업이다. 즉 문화기술지 연구자들에게 중요한 것은 페루의 정글 마을이나 뉴욕의 거리 어디든지 삶의 영역으로 가서 "현지 조사를 하는(fieldwork)"(Spradley, 1980, p. 3) 방법을 적용하는 것이다. 왜냐하면, 문화기술지의 목적은 현지인의 관점에서 다른 삶의 방식을 이해하는 데 있기 때문이다. 이것이 곧 다음과 같은 현지 경험들을 의미한다. 예컨대, 활동 참여, 질문하기, 낯선 음식 먹기, 새로운 언어 배우기, 축제 구경, 현장노트 기록, 옷 세탁, 고향에 편지 보내기, 혈통 찾기, 놀이 관찰, 정보제공자 인터뷰 등이 현지 조사를 위한 대표적인 실천 방법이다.

이러한 문화기술지 연구를 위해 필요한 것이 윤리 원칙을 숙지하고 준수하는 것이다. 그것은 우선, 정보제공자를 고려해야 한다는 점이다. 1971년경 미국의 문화인류학회는 상반되는 선택에 직면했을 때 지켜야 할 윤리 규범으로서 문화인류학자를 위한 "전문직의 책임 원리(Principles of Professional Responsibility)"를 채택하였다(Spradley, 1980, p. 20). 이 원리는 문화인류학자가 세계 도처의 특정한 조사 상황이나 연구참여자들과의 밀접한 관계 속에서 직면하게 되는 전문직의 특수한 상황을 고려하고 다양하고 복잡한 관계에 수반되는 문제들을 자각해야 한다는 인식에 근거한다. 특히 연구자들이 자신의 교육, 언어, 학생들, 스폰서, 주제, 정부, 그리고 현지조사를 행하기 위해 선정된 개인 및 집단들과 관계하는 상황에서 상반되는 선택의 기로에 놓였을 때 어떻게 윤리적으로 대처해야 하는지 지침을 제공한다는 점에 이 책임원리의 의미가 있다. 이에 대해 스프레들리(Spradley, 1980)는 다음과 같이 여섯 가지 윤리 원칙을 제시하여 문화기술지 연구의 의미를 환기시키고 있다.

1. 정보제공자를 가장 우선적으로 고려해야 한다.
2. 정보제공자의 권리, 관심, 민감성(sensitivities)을 보호해야 한다.
3. 연구목적을 정보제공자에게 명확하게 전달해야 한다.
4. 정보제공자의 프라이버시를 보호해야 한다.
5. 사익을 위해 정보제공자를 이용(exploitation)해서는 안 된다.
6. 연구결과를 정보제공자에게 알려주어야 한다.

(2) 분석방법

스프레들리(Spradley, 1980)는 문화기술지의 연구방법을 총 12단계로 설정하여 구체적인 방법을 제시하고 있다. 이러한 연구절차는 초심자도 문화기술지 방법을 적용할 수 있도록 세밀한 설명과 예시를 바탕으로 전개된다. 뒤에서 살펴보게 될 국내 문화기술지 방법론의 적용 사례에서도 스프레들리의 12단계 연구방법이 빈번하게 적용되는 이유도 분석의 용이함을 넘어서서 구체적이고 명확한 분석체계를 활용할 수 있는 이점에서 기인한다.

이러한 스프레들리의 12단계 연구절차를 구체적으로 살펴보면, 우선 사회적 상황을 파악하는 단계이다. 모든 사회적 상황은 세 가지 주요 범주들에 의해 구성된다. 즉 장소, 행위자, 그리고 활동이 그것이다. 연구자는 참여관찰을 하는 과정에서 어떤 장소에 자신을 위치시킨다. 연구자는 어떤 부류의 행위자들을 관찰하는 동시에 활동에 직접 참여하여 관찰하고 관계를 형성하도록 한다. 이러한 세 가지 범주는 사회적 상황에 대한 사회 문화적 의미를 소모시키는 게 아니라 그것들을 이해하기 위한 출발점으로서 제공된다. 중요하고 단일한 사회적 상황에 초점을 둠으로써 연구자는 문화기술지 연구작업을 단순화하게 된다. 이것은 다음의 〈그림 7-2〉처럼 사회적 상황을 고려하는 데 도움을 준다(Spradley, 1980, p. 40 참조).

그림 7-2. 스프레들리의 사회적 상황의 세 범주

출처: Spradley, J. P. (1980). *Participant observation*. New York, NY: Holt, Rinehart & Winston, 40쪽에서 인용. 원 저작권자의 모든 권리가 보호됨.

두 번째 단계는 참여관찰(participant observation)을 수행하는 작업이다. 참여관찰은 새롭게 직면한 사회적 상황에서 사람들의 행위와 관계하는 일이다(Spradley, 1980). 만일 연구자가 익숙하지 않은 사회적 상황을 선택할 경우, 참여관찰을 통해 천천히 다른 사람들의 삶과 문화를 배움으로써 이방인의 느낌을 해소하고 점차 친숙한 사회적 상황의 참여자 일반이 된다. 이를테면, 해군의 삶과 문화, 성적 소수자의 사랑과 문화, 특정 부족의 관습과 문화, 섬마을 주민의 생활과 문화 등은 연구자에 따라 참여관찰이 필요한 낯선 상황일 수 있다. 이 경우 참여관찰이 필요한 이유는 낯선 상황에서 연구자가 스스로 이방인처럼 느끼거나 행위에 대한 관행적 규율을 알 수 없기 때문이다. 따라서 참여관찰을 통해 자연스럽게 익숙하고 친밀한 상황으로 만들어가는 작업은 문화기술지의 과정에서 중요한 역할을 수행한다.

> 표 7-3. 스프레들리의 참여 유형

관여도 (degree of involvement)	참여 유형 (type of participation)	사 례
높음 ↑	완전 참여	버스 · 택시 기사, 바, 경찰서, 해양경비대 사관학교 참여
↕	능동 참여	제한된 사냥, 여행 기록
↕	보통 참여	내부자와 외부자의 역할 병행(핀볼 게임의 관중과 배회자의 이중 역할)
↓ 낮음	수동 참여	발레 수업, 법정, 병원 육아실의 간호사와 유아들 관찰(방관자, 관객, 배회자)
무관함	비참여	TV 시청(축구경기, 각종 게임방송), 어린이 카툰, 상업광고, 뉴스 관찰

스프레들리(Spradley, 1980, pp. 58-62)가 설명하고 있는 참여관찰에 있어서의 참여 유형과 그 사례들을 정리하면 위의 〈표 7-3〉과 같다. 구체적으로 살펴보면, 우선 '비참여' 방법은 직접적인 관계가 없이도 관찰 가능하다는 점에서 가장 낮은 수준의 관여도를 나타낸다. 예컨대, TV 시청 중에서도 솝 오퍼(Bean, 1976)나 축구경기, 각종 게임방송 시청, 어린이 카툰이나 상업광고, 뉴스 관찰 등이 여기에 포함된다. 둘째, '수동 참여'는 낮은 수준의 관여도를 나타내며, 발레 수업(Hall, 1976), 법정(Spradley, 1970), 병원 육아실의 간호사와 유아들을 참여관찰하는 사례에 적용될 수 있다. 이 경우 연구자는 방관자, 관객, 배회자 등 수동적 참여 태도를 취하게 된다. 셋째, '보통 참여'는 관여도 역시 중간 수준으로 유지되며 내부자와 외부자의 역할을 병행하는 방법을 통해 나타난다. 핀볼 게임(Sanders, 1973)이나 스포츠 경기, 게임에 대한 문화기술지 사례에서 연구자는 관중과 배회자의 이중 역할을 수행한다. 넷째, '능동 참여'는 다른 참여관찰에 비해 더 높은 관여도를 나타내며, 단지 허락을 얻는 게 아니라 전반적으로 행위자의 문화적 역할을 배우는 행위를 의미한다. 능동 참여는 관찰로 시작되지만 문화기술지 연구자가 사람들을 성숙하게 하는 지식으로서 연구참여자의 태도를 배우고자 한다는 점에서 다른 참여 유형과 차이가 발견된다. 하지만, 능동 참여의 유형은 그 어느 경우

보다 제한적으로 적용된다(Nelson, 1969). 왜냐하면, 연구자가 이누이트인의 바다표범 사냥, 병원 심장수술, 발레리나의 춤 등에 능동적으로 참여하기에는 극도의 전문적인 영역이기 때문이다. 즉 제한된 범위의 사냥이나 여행 기록 등이 적합하다. 능동 참여의 방법은 연구자의 사회적 조건과 역량을 고려하여 실현 가능하고 제한된 영역에 적용되어야 하기 때문이다. 마지막으로, '완전 참여'는 가장 높은 관여도를 나타내는 관찰 방법으로서 직접 연구참여자의 역할을 수행하며 문화기술지 분석을 수행하는 경우이다. 예컨대, 네쉬(Nash, 1975)와 같이 버스 기사의 직업에 전면적으로 참여하여 버스 운행규칙을 배우고 일상적인 활동 과정에서 체계적인 관찰을 시도한 참여관찰의 사례가 대표적이다. 또한 리머(Riemer, 1977)는 문화인류학과 사회학 분야에서 활용된 전면적 참여연구의 사례로서 택시 운행, 바, 경찰서, 그리고 해양경비대사관학교(미국) 참여 기반 문화기술지 등을 제시한 바 있다.

세 번째 단계는 문화기술지를 기록하는 방법에 관한 것이다. 스프레들리(Spradley, 1980)에 따르면, 문화기술지 기록 방법 중에서 중요한 것은 서면으로 현장노트를 기록하고 구성하는 데에 있다. 연구자가 보고 들은 것을 쓰기 시작하는 순간 자동적으로 언어로 기호화된다. 이처럼 현장노트에서 사용되는 언어는 장기간의 연구절차를 기록하고 증명한다는 점에서 중요하다. 왜냐하면, 현장노트는 현지인의 용어로 채워지며 일반적인 언어의 사용과 구별되기 때문이다. 이와 관련하여 스프레들리(Spradley, 1980, p. 65 참조)는 문화기술지의 기록을 위해 중요하게 다루어져야 하는 다섯 가지 유형의 언어 유형들을 다음과 같이 제시하고 있다. 예컨대, 일상생활의 상황에서 이용되는 일반적인 언어를 기록하는 조사자의 현지 언어, 전문직 문화인류학자로서 배운 사회과학의 언어, 치료센터에서 비공식적 대화나 인터뷰가 이루어지는 동안 기록하는 부랑자의 언어, 변호사나 법원 서기, 그리고 판사 등이 했던 심리절차와 판결에 관련된 법정 언어 등이 대표적이다. 그리고 마지막으로 세 가지 문화적 상황들로 구분될 수 있는 알코올 치료센터의 언어를 들 수 있다. 예컨대, 사회사업(환자), 법의 집행(수감자), 그리고 신원불명의 알코올 중독자(알코올 중독자) 등의 언어의 변이가 두드러진 사례이다.

네 번째로, 기술 관찰을 수행하는 단계를 들 수 있다. 기술 관찰은 연구자가 사회적 상황을 조사하고 가능한 한 많은 기록을 시도할 경우에 이용된다. 이것은 어떤 특정한 의문을 품지 않은 채 과정 속에서 활동하고 일반적으로 "무엇이 여기에서 진행되고 있는지"(Spradley, 1980, p. 73)에 대해 질문하는 것을 의미한다. 스프레들리(Spradley, 1980)에 따르면, 이러한 기술 관찰의 유형은 총 두 가지로 구분되는데, 즉 대규모 여행인 그랜드투어(grand tour) 관찰과 소규모 여행으로 번역되는 미니투어(mini-tour) 관찰이 그것이다. '그랜드투어' 관찰은 집, 비즈니스 장소 혹은 학교 주변으로 우리를 이끄는 일반적 경험으로부터 비롯된 것이다. 하지만, 문화기술지의 측면에서 그랜드투어 관찰은 이러한 모든 경험의 측면뿐 아니라 공간적 배치도 포함한다. 이에 따라 그랜드투어 관찰은 다음 〈표 7-4〉와 같이 사회적 상황의 세 가지 범주와 함께 총 아홉 가지 주요 구성범주를 통해 진행할 수 있다(Spradley, 1980, p. 78 참조). 즉 공간, 행위자, 활동, 대상, 행위, 사건, 시간, 목적, 그리고 감정 등은 그랜드투어의 주요한 구성범주이다.

표 7-4. 그랜드투어 관찰의 주요 구성범주

범 주	특 징
공 간	물리적 장소나 그 외 장소들
행위자	관계자들
활 동	사람들이 행하는 일련의 관련 행동들
대 상	현존하는 물리적 대상들
행 위	사람들이 행하는 개별 행위들
사 건	사람들이 수행하는 일련의 관련 활동들
시 간	오랜 시간 연속적으로 일어나는 순서
목 적	성취하고자 하는 것들
감 정	감정을 느끼고 표현하는 것

한편, 미니투어 관찰은 더 미세한 경험의 측면들을 관찰하기 위해 사용되는 방법이다. 즉 모든 참여관찰이 큰 방들에 대한 그랜드투어 관찰을 통해 시작되지만, 이 과정에서 더 작은 방들로 들어가기 위한 문들을 개방해 놓고 소규모 여행 관찰이 이루어지는 것이다. 예컨대, 장소, 행위, 사건, 감정 등은 무엇인지, 대상, 시간, 목적 등을 상세하게 기술할 수 있는지, 그리고 사람, 활동 등에 대해 이야기할 수 있는지 등의 기술을 위한 미시적 관찰이 여기에 해당한다.

다섯 번째 단계는 영역 분석을 수행하는 과정이다. 스프레들리(Spradley, 1980)에 따르면, 문화와 사회적 상황 개념에는 중요한 차이점이 존재한다. 즉 사회적 상황이 특별한 장소에서 사람들이 수행하는 태도의 흐름을 가리킨다면, 문화는 사람들이 배우거나 창조했던 태도, 인공물, 그리고 지식의 패턴들을 의미한다. 사회적 상황이 연구자가 참여관찰할 수 있는 것이라면, 문화는 사람들이 대상, 장소, 활동들에 부여한 의미를 조직화하는 것이다. 예컨대, '도서관의 사회적 상황'에 대한 문화적 의미는 "장소: 도서관, 행위자: 학생들, 활동: 학습, 대상: 의자, 책상, 책 등, 목표: 중간시험 준비"(Spradely, 1980, p. 87)로 기술할 수 있다. 문화적 영역은 더 세분화된 범주들을 포함하는 문화적 의미의 범주이다. 이러한 범주에는 다음 세 가지 영역이 포함되는데, 우선 민속(민간) 영역(folk domains)은 모든 용어들이 사회적 상황에서 사람들이 사용했던 언어로부터 유래할 때 나타난다. 예컨대, 문화기술지 연구 중에서 글라이더 조종사에 대한 연구(Rbyski, 1974)는 비행, 글라이더, 조종 등의 유형을 포함하는 민속 영역에 대한 분석을 시도한 사례다. 또한 혼합 영역(mixed domains)은 적합한 분석적 용어들을 선택하여 영역을 완성하고자 할 때 사용된다. 노스롭(Northrop, 1978)은 '육상선수(runner)'의 상황에 대한 참여관찰과 장시간 경주 참여를 통해 혼합 영역을 개발, 분석하였다. 마지막으로, 분석 영역(analytic domains)은 문화적 태도를 구성하는 패턴이 출현하고 그 태도에 대한 민간용어들을 발견할 수 없을 때 사용한다(Spradley, 1980). 왜냐하면, 다수의 문화적 의미들이 관습적으로 남아 있는 상황에서 연구자는 사람들이 행동하고 말하는 것, 그리고 제작하고 이용하는 인공물들로부터 추론, 분석해야 하기 때문이다.

여섯 번째 단계는 초점 관찰(focused observations)을 수행한다. 스프레들리(Spradley, 1980, pp. 105-106 참조)에 따르면, 문화기술지의 초점을 선택하는 기준은 다음과 같다. 즉 개인적 관심, 정보제공자의 제안, 이론적 관심, 문화기술지의 전략, 영역의 조직화 등을 기준으로 선택된다. 초점 관찰은 문화기술지 질문의 두 번째 유형인 "구조적 질문(structural question)"(Spradley, 1980, p. 107)에 토대를 둔다. 구조적 질문은 내포적 용어(included term)가 아닌 외연적 용어(cover term)을 지닌 영역에 의미론적 관계를 이용해 구성하는 것이다. 예컨대, '쇼핑 단계'라는 외연적 용어로 표현되는 영역에는 '쇼핑의 모든 단계는 무엇인가?'라는 구조적 질문이, '목격자의 유형'에는 '목격자의 모든 유형은 무엇인가?', 그리고 '목격자를 재촉하는 방법'에는 '목격자를 재촉하는 모든 방법은 무엇인가?' 등의 구조적 질문이 구성될 수 있다.

일곱 번째 단계는 "분류 분석(taxonomic analysis)"을 수행하는 과정이다(Spradley, 1980, p. 112). 분류 분석은 단일한 의미론적 관계들을 토대로 범주들을 조직하는 분류법(taxonomy)을 이용하여 문화 영역에 대한 심층적 분석을 꾀하는 방법이다. 이러한 분류법은 민간 용어, 분석적 용어, 또는 혼합 용어들을 통해 구성될 수 있다. 슈거맨(Sugarman, 1974)은 마약 재활요법 공동체에 대한 연구에서 서로 다른 활동들을 관찰하여 소위 '제재의 종류(kinds of sanctions)'라고 불리는 문화 영역들을 분류하였다. 여기서는 상벌을 기준으로 서로 다른 제재조치들이 관찰 분석되었다. 예컨대, 긍정적 제재에는 특권 부여의 형태로서 옷과 개인 물품을 소유하기, 구레나룻 기르기, 외출하기, 독서하기 등이 여기에 포함된다. 반면, 부정적 제재로서 경고, 이발, 표시 달기, 상징물 휴대, 그리고 체발하기 등이 분류법을 적용한 분석결과이다. 스프레들리(Spradley, 1980, pp. 116-121 참조)가 제안하는 분류 분석은 다음과 같이 일정한 연구절차를 통해 수행된다. 우선, 1단계는 분류 분석을 위한 영역을 선택하기, 2단계는 동일한 의미론적 관계에 기초한 유사성을 찾아내기, 3단계는 추가적으로 포함된 용어들을 찾아내기, 4단계는 연구자가 분석 중인 영역을 부분 집합으로 포함시킬 수 있는 더 크고 포괄적인 영역들을 찾아내기, 5단계는 임시 분류법을 구성하기, 6단계는 분석결과를 검토하기 위해 초점 관찰을 사용하기, 마지막으로 7단계는 완전한 분류법을 구성하기 등이 분류 분석의 일곱 가지 절차이다. 이상의 분류 분석 절차를 정리하면 다음 〈표 7-5〉와 같다.

표 7-5. 분류 분석의 7단계

단 계	분석방법
1	분류 분석을 위한 영역을 선택하기
2	동일한 의미론적 관계에 기초한 유사성을 찾아내기
3	추가적으로 포함된 용어들을 찾아내기
4	연구자가 분석 중인 영역을 부분 집합으로 포함시킬 수 있는 더 크고 포괄적인 영역들을 찾아내기
5	임시 분류법을 구성하기
6	분석결과를 검토하기 위해 초점 관찰을 사용하기
7	완전한 분류법을 구성하기

여덟 번째 단계는 선택 관찰(selected observations)을 수행하는 과정이다. 선택 관찰은 대조 질문들(contrast questions)을 통해 이루어진다. 스프레들리(Spradley, 1980, pp. 125-126)는 이러한 대조 질문들을 크게 세 가지 유형으로 분류하는데, 이원적(dyadic) 대조 질문, 삼원적(triadic) 대조 질문, 카드 분류형(card-sorting) 대조 질문 등이 여기에 포함된다. 이원적 대조 질문의 경우, 한 영역의 두 구성원들에게 다음과 같은 질문을 제기하게 되는데, "어떻게 이 두 가지 상황(things)이 다른가?"하는 물음이 그것이다. 삼원적 대조 질문은 세 가지 용어들이나 범주들을 동시에 이용하는 방법으로서 유사점과 다른 점을 동시에 발견하기 위해 제기된다. 예컨대, 총 세 가지 중에서 "어떤 두 가지가 대부분의 경우에 유사하지만 세 번째 것과 다른가?"하는 질문이 여기에 해당한다. 카드 분류 대조 질문은 문화 영역에 있는 서로 다른 많은 용어들을 동시에 다룰 때 가능한 방법으로서, 그 효과는 차이점뿐 아니라 유사점을 발견할 수 있다는 점에 있다. 예컨대, 지불을 요

구함(싸구려 여인숙, 하숙집, 심야 극장, 호텔), 지불을 요구하지 않음(묘지, 모래집, 벽돌 가마, 잡초지대), 돈 외의 다른 요구들(미션 변경, 양동이) 등으로 작은 카드에 기입하여 파일들로 분류하는 방법이 있다.

아홉 번째 단계는 구성요소 분석(componential analysis) 과정이다. 구성요소 분석은 문화 범주들과 연관된 의미의 구성요소들이나 속성들을 체계적으로 발견하는 방법이다. 연구자가 영역의 구성원들 사이에서 대조적인 것들을 발견하는 경우, 이 대조들은 의미의 구성요소들이나 속성들로서 간주된다. 즉 구성요소 분석은 "사람들이 문화 범주에 부여했던 의미단위들"(Spradley, 1980, p. 131)을 탐색하는 작업이다. 이 작업은 다음과 같이 8단계 절차를 통해 수행될 수 있다(Spradley, 1980, pp. 133-139 참조). 1단계는 분석을 위한 영역 선택하기, 2단계는 이전에 발견된 모든 대조점들을 목록으로 작성하기, 3단계는 대조의 범주들을 도표로 정리하기 위한 패러다임 작업표(paradigm worksheet)를 준비하기, 4단계는 두 개의 가치를 지닌 대조의 범주들을 규정하기, 5단계는 복합적 가치를 지닌 것들을 대조의 범주에 연관시켜 통합하기, 6단계는 누락된 속성들을 위해 대조 질문을 준비하기, 7단계는 누락된 정보를 발견하기 위해 선택 관찰을 수행하기, 완전한 패러다임을 준비하기 등 총 여덟 가지 분석과정이 여기에 포함된다.

열 번째 단계는 문화적 주제(cultural themes)를 개발하는 과정이다. '문화적 주제'는 문화인류학자인 모리스 오플러(Morris Opler)(1945)가 아파치족 문화의 일반적 특징을 기술하기 위해 처음으로 사회과학 분야에 도입한 개념이다(Spradley, 1980). 오플러에 따르면, 문화적 주제란 "사회 내에서 관습적으로 입증되거나 공개적으로 장려된 가정이나 입장, 명시적이거나 함축적인, 그리고 일반적으로 통제된 태도이거나 고무된 활동"(Opler, 1945, p. 198)으로 정의된다. 스프레들리는 보편적인 주제와 관련하여 다음과 같이 여섯 가지 주제범주를 제시한다(Spradley, 1980, pp. 152-153 참조). 즉 사회적 갈등, 문화적 모순, 사회적 통제의 비공식적 기법, 일반적(impersonal) 사회관계의 관리, 지위의 획득과 유지, 문제해결 등이 보편적인 문화적 주제에 포함된다.

열한 번째 단계는 문화적 목록(cultural inventory)을 작성하는 과정이다. 문화적 목록을 작성하는 가장 용이한 방식은 종이나 마분지 등을 이용해 관련 목록들을 기록하는 것이다. 왜냐하면, 하나의 커다란 종이에 모든 것을 기록할 경우, 연구자는 "보다 신속히" 기록된 사항들을 숙지할 수 있기 때문이다(Spradley, 1980, p. 156). 예컨대, 문화 영역의 목록 작성, 분석 영역의 목록 작성, 약도(sketch maps) 수집, 주제 목록 작성, 사례(examples) 목록 작성 등을 들 수 있다.

마지막으로, 열두 번째 단계는 문화기술지를 기술하는 과정이다. 스프레들리는 문화기술지의 기술 절차를 다음과 같이 9단계로 구분하여 제안하고 있다(Spradley, 1980, pp. 168-171 참조). 1단계는 수용자를 선정하기이다. 2단계는 논제(thesis)를 선정하기, 3단계는 토픽의 목록을 작성하고 윤곽(outline)을 창출하기, 4단계는 각 섹션(section)의 대략적 초안을 작성하기, 5단계는 윤곽을 수정하고 부제를 만들기, 6단계는 정제되지 않은 초안을 편집하기, 7단계는 서문과 결론을 작성하기, 8단계는 사례에 대한 원고를 다시 읽기, 마지막으로, 9단계는 최종 초안을 작성하기 등의 절차가 문화기술지를 기술하는 전체 과정에 포함된다. 스프레들리에 따르면, 이러한 문화기술지의 기술 절차는 일종의 "해석(translation) 과정"(Spradley, 1980, p. 171)을 보여준다. 문화기술지의 기술 작업은 천천히 터득하게 되는 기법일 뿐 아니라 한 사람으로부터 다른 사람들에게 연구절차를 통해 변형된 것을 선보이는 과정이기도 하기 때문이다.

이상에서 살펴본 스프레들리의 12단계 문화기술지 연구절차를 정리하면 다음 〈표 7-6〉과 같다. 스프레들리의 문화기술지 분석방법론은 문화기술지 연구방법론 중에서도 용이한 접근이 가능하다. 왜냐하면, 그의 방법론은 문화기술지에서 가장 중요한 참여관찰 방법의 다양한 유형들과 분석절차, 그리고 기술 방법 등에 대해 상세한 설명과 도식화 사례들을 통해 명료하게 제시되고 있기 때문이다. 특히 연구가 진행될수록 관찰대상의 범위가 좁혀지고 심층적인 분석이 가능하기 때문에 연구자의 이해의 범위를 넓힐 수 있는 방법론(이정선 · 최영순, 2001)이라는 점에서 의미가 있다. 따라서 이 방법론은 문화기술지 연구자들의 길잡이 역할을 할 수 있을 것으로 파악된다.

> 표 7-6. 스프레들리의 12단계 문화기술지 연구절차

단계	방법	특징
1	사회적 상황 파악	장소에 자리하기, 행위자 관찰, 활동 참여관찰 및 관계 형성
2	참여관찰 수행	완전 참여, 능동 참여, 보통 참여, 수동 참여, 비참여 방법 선별
3	문화기술지 기록	현지 언어, 사회과학의 언어, 부랑자의 언어, 법정 언어, 알코올 치료센터의 언어 등으로 변형 기록
4	기술 관찰	"무엇이 여기에서 진행되고 있는가?"를 질문, 두 가지 관찰방법(그랜드투어/미니투어 관찰)
5	영역 분석	세 가지 문화 영역: 민속(민간) 영역, 혼합 영역, 분석 영역
6	초점 관찰 (focused observations)	• 기준점: 개인적 관심, 정보제공자의 제안, 이론적 관심, 문화기술지 전략, 영역의 조직화 등 • 구조적 질문 구성: "모든 단계", "모든 유형", "모든 방법" 등 질문
7	분류 분석	민간 용어, 분석 용어, 혼합 용어 등을 통해 분류법 이용
8	선택 관찰	대조 질문 사용: 이원적, 삼원적, 카드 분류형
9	구성요소 분석	문화 범주의 의미단위 탐색
10	문화적 주제 개발	6가지 주제범주: 사회적 갈등, 문화적 모순, 사회적 통제의 비공식적 기법, 일반적 사회관계의 관리, 지위 획득과 유지, 문제해결 등
11	문화적 목록 작성	문화 영역과 분석 영역의 목록 작성, 약도 수집, 주제 목록 작성, 사례 목록 작성 등
12	문화기술지 기술	9단계 기술 절차: 수용자 선정, 논제 선정, 토픽 목록 작성, 초안 작성, 윤곽 수정 및 부제 선정, 초안 편집, 서문 · 결론 작성, 사례 원고 재독, 최종 초안 작성

2) 비판적 문화기술지 방법론: 카스펙켄의 5단계 연구 모델

(1) 정의 및 이론적 배경

앞에서 살펴보았듯이, 비판적 문화기술지의 주요한 이론적 배경은 포스트모더니즘과 페미니즘 사상에 근거하며, 문화인류학, 간호학, 공공의료, 사회사업 등과

같은 공동체 의료학 분야 등에서 적용되고 있다. 비판적 문화기술지 연구자들은 문화기술지 방법론을 연구자와 정보제공자 간의 상호작용에 의해 창출된 창작물이면서 동시에 공저자들의 고유한 시간과 문화의 산물로서 간주한다. 여기서는 비판적 문화기술지 연구의 대표적인 학자인 카스펙켄의 주요 개념과 방법론을 탐색하고자 한다.

카스펙켄의 비판적 문화기술지 연구의 이론적 배경은 윌리엄 제임스, 존 듀이, 그리고 조지 허버트 미드(G. H. Mead) 등 미국의 프래그머티즘 철학자들의 전통에 기반하고 있다. 특히 그는 진리의 재현 이론에 근거한 인식론보다는 행위 차원에서 구성되는 의미를 탐색하는 데 초점을 둔다. 여기서 강조되는 것은 가치의 중요성뿐 아니라 이해의 핵심 자원이 비판적 자기반성(self-reflection)을 통한 관찰에 있다는 사실이다(Smyth & Holmes, 2005). 그러나 카스펙켄은 여기서 나아가 사회적 관계에서의 권력의 중심성에 대한 비판이론가들의 설명에 의존한다. 그에 따르면, 비판적 문화기술지는 권력관계와 연관되며 "권력의 왜곡을 감소시키는"(Carspecken, 1996, p. 90) 절차를 제공하는데, 이를 위해 우선 객관적인 요구를, 그리고 다음 단계에서는 주관적이고 규범적인 가치평가를 요구한다. 여기서 전자가 사례가 무엇인지 하는 점과 관련된다면, 후자는 어떠한 사례가 있어야 하는지를 고려하는 것이다. 이러한 맥락에서 카스펙켄은 다음과 같이 네 가지 연관 개념들을 제시한다(Smyth & Holmes, 2005, p. 67). "현장(sites)", "세팅(settings)", "지역(locals)", 그리고 "사회체계(social systems)" 등 네 가지 용어가 대표적인 예이다. 구체적으로 살펴보면, '현장'은 "지리적으로 그리고 일시적으로 구획된(delimited both geographically and temporally)"(Carspecken, 1996, p. 34) 것을 의미한다. 이것은 느슨한 개념으로서 연구자가 규정할 수 있다. 예컨대, 특정 병동, 관련 병동의 집단, 혹은 병원 등이 그것이다. '세팅'은 지리적 경계가 있거나 직접적으로 관찰할 수 없는 것이다. 즉 "행위자가 다른 유형의 상호작용으로 변화하길 원하고 다른 행위자들이 변화에 동의할 때"(Carspecken, 1996, p. 35) 세팅이 이루어진다. '지역'은 "사회 현장의 주변 지대(areas)에서 발생하는 패턴화된 활동들"

(Carspecken, 1996, p. 38)로서 정의된다. 마지막으로, '사회체계'는 "사회 전역에 매우 광범위하게 분포된 행동에 대한 외부적, 내부적 영향의 결과"(Carspecken, 1996, p. 38)를 의미한다. 사회 통합과 체계 통합은 주요한 사회체계의 특징이다. 이러한 네 가지 개념들은 사회체계와 사회생활을 이해하고 분석하기 위한 틀(Smyth & Holmes, 2005)이며 '토대－상부구조', '문화'모델과 '문화적 순환'모델을 포함하는 초창기 이론 모델을 비판적으로 검토하여 제시된 것이다.

이를 통해 카스펙켄은 문화 재생산의 모델을 발전시켰는데, 이 모델의 핵심적 논점을 정리하면 다음과 같다. 우선, 사회는 단일한 총체가 아니라 교차하는 요인들의 복합체이다. 둘째, 단일한 사회체계가 아닌 많은 체계의 관계들은 사회적 현장과 집단들 사이의 다양한 계급들(degrees)을 통합한다. 마지막으로, 행위자는 의지대로 행동하며 그들의 행위들은 일련의 체계 관계들(system relations)에 의해 규정된다는 것이다. 이러한 카스펙켄의 관점은 비판적 문화기술지 분석방법에도 투영되어 나타난다.

(2) 분석방법

카스펙켄(Carspecken, 1996)은 비판적 문화기술지 분석방법으로서 5단계 모델을 개발하였다. 여기서 기록 관찰, 코딩, 인터뷰 계획, 그리고 인터뷰 반응 등을 수행하기 위한 지침이 제공된다. 카스펙켄의 비판적 문화기술지 5단계 방법은 다음과 같은 내용을 포함한다(Smyth & Holmes, 2005, pp. 68-73 참조).

우선, 제1단계는 초기 기록을 작성하는 과정이다. 다른 질적 연구처럼 이 단계는 현장에서 외부자적 관점으로 수동적 관찰을 수행하며 그 관찰 결과를 기록하는 작업을 실시한다. 여기서 카스펙켄이 환기시키는 것은, 다양한 관찰 계획을 수립할 때에만 초기 기록에 영향을 미치는 편견들(Smyth & Holmes, 2005)을 중지시킬 수 있다는 점이다. 이러한 관점에서 1단계의 외부자적 관찰은 다음과 같은 내용들을 포함한다. 먼저, 우선성을 요하는 관찰 방법을 이용하는 것으로서 5분 동안 개인들을 관찰하기 시작한 후 태도를 범주화한다. 둘째, 두껍게 기술하기

(thick description) 방법을 통해 초기 집중 관찰을 문서화한다. 셋째, 1회당 2시간 이상 관찰하지 않는다. 넷째, 새로운 정보가 입수되지 않는 한 하나의 관찰 단계를 지속한다. 마지막으로, 메타 커뮤니케이션에 대한 정보를 수집하여 축약어 옆에 나란히 기술한다. 예컨대, 자세(posture), 얼굴 표정, 목소리 톤 등이 여기에 포함된다.

제2단계는 사전 재구성 분석과정이다. 이 단계는 1단계에서 수행된 관찰로부터 의미들을 재구성하는 작업으로 시작된다. 1단계가 관찰 영역과 연관되었다면, 2단계에서는 주관적이고 규범적인 영역을 탐색하는 과정이다. 카스펙켄은 연구 전체에 사용될 기법을 제공하면서 분석의 시작과 코딩을 위한 명료한 구조를 제시한다. 이 단계에서 초심자들은 많은 배움의 기회를 제공받게 되는데, 그 이유는 다양한 질적 자료의 관리와 해석을 수행할 수 있는 기법들을 채택하기 때문이다. 나아가 카스펙켄은 이 단계에 '의미의 장(meaning fields)', '실용적 층위(pragmatic horizons)', '층위 분석(horizon analysis)', '전경(foregrounding)', '배경(backgrounding)' 등을 포함하는 전문 용어들을 도입한다. 이러한 용어의 이론적 배경에는 하버마스(Habermas, 1981, 1987)의 비판이론 중에서도 커뮤니케이션 행위이론의 영향과 직접적으로 언급하고 있지 않지만 '층위의 통합'을 중요한 역할로 제시하고 있다는 점에서 가다머의 해석학 이론의 영향이 포착된다.

제3단계는 대화 자료의 생성과정이다. 이 단계는 전적으로 행위자의 세계나 주관적 영역(subjective realm)과 연관되며, "연구자와 연구참여자 사이의 대화를 통해 대화 자료를 생성하는"(Carspecken, 1996, p. 154) 작업을 수행한다. 여기서 대화 방법은 인터뷰나 집단 토론을 통해 진행될 수 있고, 연구자는 대화를 조성하지만 주도하지 않는다. 이 과정에서 인터뷰 진행자는 대화 자료를 제작하는 데 매우 중요한 역할을 하게 되며, 인터뷰 진행자의 반응 유형은 다음과 같이 구분된다. 즉 부드러운 대화 조성, 낮은/중간/높은 추론의 재진술(paraphrasing), 주도하지 않는 진행, 그리고 적극적인 청취 등이 대표적인 유형들이다.

제4단계는 체계의 관계들을 기술하는 과정이다. 앞의 세 단계에서 카스펙켄이 특정한 사회 현장이나 문화집단에 초점을 두었다면, 이 4단계의 목적은 영역과 영역 혹은 집단과 집단 사이의 체계 관계들을 발견하는 데 있다. 카스펙켄에 따르면, 앞의 세 단계에서 강조하고 있는 것이 사회적 통합, 즉 "면대면 상호작용을 통한 현장에서의 행위 조정(coordination)"이라면, 4단계와 5단계에서는 체계 통합, 즉 "공간과 시간으로 분리된 사회적 현장들 사이의 행위 조정"(Giddens, 1979; Carspecken, 1996, p. 190)에 초점을 두고 있다. 이러한 연구방법에 근거한 카스펙켄(Carspecken)의 비판적 문화기술지는 "사회적이고 구조적인 억압으로부터의 편견과 억압 상황을 잘 드러내는 연구방법"으로서 의미가 있다(황철형 · 이용학, 2013, 57쪽). 체계 통합은 초기 기록에서 행한 두껍게 기술하기보다 현장일지를 작성하고 분석하는 원리로서 의미를 재구성하기 위해 사용된다. 여기서 연구자가 제기하는 질문은 문화 주제의 기원이 무엇인지, 그리고 이와 관련하여 어디에서 현지조사를 시작해야 하는지에 대한 것이다.

마지막으로, 제5단계는 연구결과로서 체계의 관계들을 설명하는 과정이다. 이 단계의 목적은 일반적 사회이론과 관련하여 결과를 도출하는 데 있다(Carspecken, 1996). 즉 사회이론에 근거해 앞의 4단계를 거쳐 이 단계에서 발견했던 것을 설명하며 동시에 거시 사회학 이론 자체를 수정하고 이의를 제기하며 재규정하기 위함이다. 이러한 거시적 수준의 사회이론은 연구결과를 분석하는 데 이용될 수 있다. 카스펙켄에 따르면, 이 단계에서 연구자는 분석을 행하는 어떤 특별한 방법이 없이도 창의적 태도를 견지할 수 있다. 거시 사회학 이론은 결과에 '적합한' 것으로 선택되었기 때문이다. 즉 '적합하다(good fit)'는 것은 "어떠한 문화적 주제가 환경 조건들을 잘 추적하고 있다는 점, 그리고 이 조건들이 경제적, 정치적으로 설명되었다는 점을 의미"(Carspecken, 1996, p. 203)한다. 이러한 과정을 통해 연구자는 최종보고서에서 인터뷰와 관찰 자료를 참조하여 문화적 재구성의 정당성을 입증해야 한다.

이상에서 살펴본 카스펙켄의 비판적 문화기술지가 지향하는 목적은 행위와 연구자들 내에서 변화를 견인하고 개인적 성장을 도모하는 데 있다. 카스펙켄의 비판적 문화기술지를 위한 5단계 분석절차를 정리하면 다음 〈그림 7-3〉과 같다.

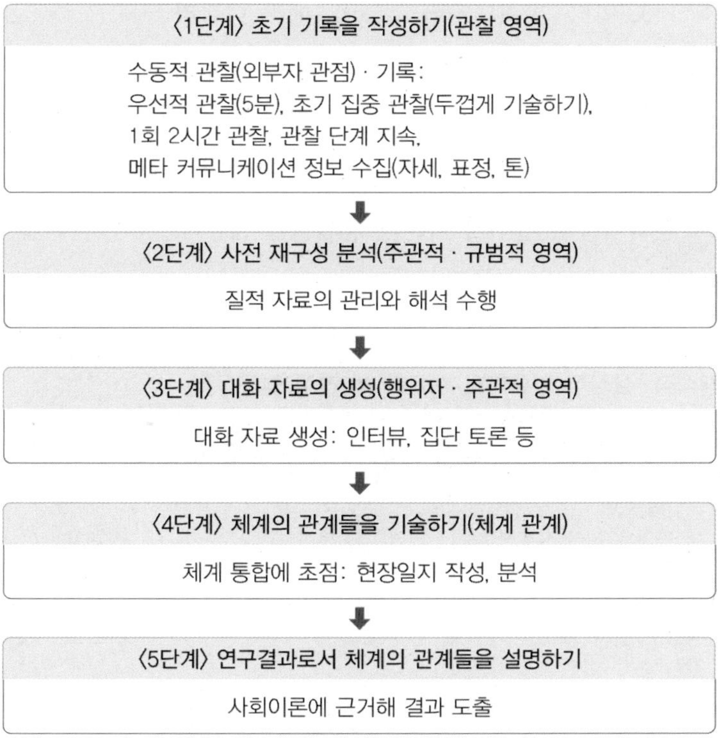

그림 7-3. 카스펙켄의 비판적 문화기술지 5단계 분석절차

3) 해석적 · 상징적 문화기술지 방법론: 기어츠의 '두껍게 기술하기'

해석적 · 상징적 문화기술지 연구는 문화를 핵심적인 상징이나 의례들을 통해 해독할 수 있는 고유하고 독자적인 의미 체계로 보는 문화기술지 방법론이다. 이러한 접근의 초점은 고유한 의미 체계를 활용해 개인적 경험의 의미들이 구성된다는 점에 있다(김영천, 2013). 즉 행위자가 상징과 의미의 체계를 통해 어떻게 능동적으로 경험의 의미들을 구성하고 문화적 실천을 꾀하는지 분석하는 데에 초점을 두는 접근 방법이다.

이러한 연구방법을 적용, 발전시키는 대표적인 연구자로서 클리포드 기어츠

(Clifford Geertz), 빅터 터너(Victor Turner), 메리 더글라스(Mary Douglas) 등을 들 수 있다. 이 중에서도 기어츠는 국내 질적 연구에서도 잘 알려진 '두껍게 기술하기(thick description)'의 문화기술지 연구자로서 막스 베버의 이해사회학에 근거한 해석학적 접근 방법을 주장하고 있다. 기어츠와 더불어 해석적 · 상징적 인류학을 통해 문화기술지 연구의 이론과 방법론을 제공하는 세 가지 접근 유형들을 정리하면 다음 〈표 7-7〉과 같다.

표 7-7. 해석적 · 상징적 인류학의 주요한 세 가지 접근

구 분	클리포드 기어츠 (Clifford Geertz)	빅터 터너 (Victor Turner)	메리 더글라스 (Mary Douglas)
특 징	• 문화를 의미 구조로 정의하며 인간 자신이 표출한 의미의 그물망으로 파악 • 막스 베버의 이해사회학의 영향을 받아 해석적 과학 주장	• 상징을 기본단위로 하는 의례에 대한 심층적 연구 • 의례 과정에 대한 이해로서 상징체계와 사회적 역동성 간의 연관성 연구	일상적이고 평범한 '더러움'이라는 사물에서 상징체계 전체를 효과적으로 파악
핵심 개념	'두껍게 기술하기(심층기술)': 핵심적 상징연구에서 그 사회의 의미구조를 기술하기 위한 방법	• 사회적 드라마: 사회의 역동적 과정을 이해하기 위한 핵심개념 • 리미널리티: 사회적 과정에서 나타나는 과도기의 독특한 국면을 설명 • 코뮤니타스: 과도기 국면에서 나타나는 독특한 사회관계의 특성에 대한 개념	순수와 오염: 인간문화와 사회질서의 가장 기초적인 이항적 분류체계

출처: 김영천 (2013). 〈질적연구방법론 2: Methods〉. 파주: 아카데미프레스. 32쪽에서 인용. 원 저작권자의 모든 권리가 보호됨.

여기서 알 수 있듯이, 기어츠는 사회구성원들이 역사적으로 상징을 매개로 하여 전승하는 의미의 구조를 문화로서 정의한다. 그에 따르면, 상징은 사람들이 소통하고 태도와 지식을 발전시키는 수단이라면, 문화는 상징체계에 축적된 의미와 개념들의 체계로서 간주된다(김창준, 2009). 기어츠는 자신의 주저인 〈문화의 해석(*The interpretation of cultures*)〉(1973/2009)에서 '두껍게 기술하기'를 다음과 같이 네 가지로 제시하고 있다.

두껍게 기술하기란 우선, 해석적이며, 둘째 그 해석의 대상은 사회적 대화의 흐름이며, 셋째 해석이란 그러한 대화가 소멸되지 않도록 그중에서도 '말해진 부분'을 찾아내어 해독 가능한 형태로 규정하는 것을 의미한다. 그리고 마지막으로, 이러한 기술이 이루어지는 문화기술지는 미시적인 특성을 지닌다. (Geertz, 1973/2009, 35쪽)

이러한 관점에서 기어츠의 방법은 문화의 의미구조를 심층적으로 기술하기 위한 방법으로서 과학적 묘사에서 사용되는 현상 기술(thin description)과 차이가 나타난다. 즉 객관적 관찰을 토대로 하는 현상 기술은 원주민의 문화적 행위를 이해하거나 낯선 문화의 경험적 의미를 해석하는 데 적합하지 않다(김창준, 2009). 왜냐하면, 문화적 영역의 상징적 행위에는 현상적으로 이해하기 어려운 다양한 의미 체계들이 내재해 있기 때문이다.

이상에서 살펴보았듯이, 문화기술지 방법론은 횡단적 · 체계적 문화기술지, 비판적 문화기술지, 그리고 해석적 · 상징적 문화기술지 방법론 등 다양한 유형으로 구분되며 서로 다른 이론과 방법론에 근거하고 있음을 알 수 있다. 특히 문화기술지 방법론은 '민속지학'으로 표현되기도 하는 초창기 문화인류학적 연구방법으로부터 발전하여 문화연구와 젠더 연구 등의 영역으로까지 적용되어 왔다는 점에서 사회적 소수자의 삶과 이야기에 대한 보다 세분화된 방법론의 개발과 적용이 요구된다.

3

방법론의 적용 사례와 커뮤니케이션과 미디어교육 분야의 시사점

여기서 제시하는 국내 문화기술지 방법론의 적용 사례들은 질적 수준의 평가나 본격적인 내용 분석을 시도하려는 예시가 아니다. 이를 위해서는 보다 신뢰성 있는 분석방법론의 체계적 적용이 필요하기 때문이다. 따라서 여기서는 문화기술지 적용방법의 이해를 위해 국내 학술논문들의 문화기술지 적용 사례들을 탐색하는 수준에서 검토하고자 한다.

1) 문화기술지 연구 사례

(1) 주제 유형

국내 문화기술지 방법론을 적용한 질적 연구의 사례에서 주제 유형은 교육/복지, 미디어/문화, 그리고 젠더의 유형을 중심으로 탐색하였다. 각각의 주제 유형을 세부적으로 살펴보면, 교육/복지의 주제 유형에는 초등학교 고학년 학급의 집단 따돌림 현상, 청소년쉼터에서의 가출청소년과 쉼터종사자들의 생활, 학생 청소년의 아르바이트 경험, 국제결혼 남성의 부부되기, 난민 가정의 문화 정체성 등이 문화기술지 방법론을 통해 분석되었다.

또한 미디어/문화의 주제 유형에는 초등학생들의 인터넷 활용 실태, 텔레비전 다큐멘터리 프로그램의 생산과정, 텔레비전 코미디 프로그램의 생산과정, 네티즌의 아바타 소비에서의 자기고양 정서경험, 문화예술 프로그램 생산자, 정보화마을, '강북' 청소년들의 일상생활 문화와 계급 정체성 형성 등이 대표적인 문화기술지 분석 사례이다. 마지막으로, 젠더의 주제 유형에는 조모의 손자녀 양육에 관한 문화기술지 분석 사례가 포함된다.

한편, 이러한 문화기술지 분석 사례들은 다양한 분석방법론이 적용되기보다는 주로 스프레들리의 자료수집 및 분석방법론이 이용된 것으로 나타났다. 물론 보다 엄밀한 분석체계와 내용분석 방법을 적용할 경우 더욱더 다양한 문화기술지 방법론의 활용이 포착될 수 있지만, 일단 세 가지 분야의 주제 유형에 제한시켜 파악할 경우 스프레들리의 방법론 적용이 두드러진 경향으로 나타났다. 보다 구체적으로 검토하면, 교육/복지 분야의 5편 논문에서 이러한 방법론의 적용 사례가 나타났다. 하지만, 미디어/문화의 경우 보다 다양한 이론가의 방법론이 적용되었는데, 총 7편의 논문들 중에서도 1편을 제외하고는 각각 월콧(Wolcott, 1994), 마샬과 로스만(Marshall & Rossman, 1999), 링컨과 구바(Lincoln & Guba, 1985), 그리고 스프레들리(Spradley, 1979, 1980)의 방법론이 골고루 사용되었다. 다른 1편은 이상규와 홍석경(2014)의 논문에 적용된 것으로서 기존의 문화기술지 방법론을 수정하여 '성찰적 사진 인터뷰(reflexive photography interview) 방법(Banks, 2001; Prosser & Schwartz, 1998)'을 적용한 사례이다. 이러한 방법론은 구술 인터뷰나 언어적 제약이 있는 연구참여자들을 위한 질적 연구방법으로서 다음의 경우에 적용할 수 있다. 예컨대, "어린이, 청소년, 외국인, 이주민, 저학력자, 기타 소외자 등 언어를 통한 공적 의사표현이 자유롭지 못한 연구참여자들과의 인터뷰 과정에서 주로 이용된다"(Banks, 2001; Prosser & Schwartz, 1998: 이상규 · 홍석경, 2014, 103쪽 재인용). 즉 사회적 소수자와 디지털 정보격차가 나타나는 소외계층을 연구참여자로 선정할 경우 이러한 문화기술지 분석방법의 변형인 '성찰적 사진 인터뷰' 방법을 사용하는 것도 유의미하다. 마지막으로, 젠더 연구 분야에서는 스프레들리(Spradley, 1980)의 방법론이 적용된 논문을 발견할 수 있었다.

이상에서 살펴본 국내 문화기술지 방법론의 적용 사례를 정리하면 다음 〈표 7-8〉과 같다.

표 7-8. 국내 문화기술지 방법론의 적용 사례

주제 유형	연구자	연구주제	분석방법
(A) 교육/복지	이정선 · 최영순 (2001)	초등학교 고학년 학급에서 나타나는 집단 따돌림 현상에 관한 문화기술적 연구	스프레들리 (Spradley, 1980)
	현온강 · 이홍숙 (2001)	청소년쉼터에서의 가출청소년과 쉼터종사자들의 생활에 대한 문화 기술적 연구	스프레들리 (Spradley, 1980)
	김정현 (2009)	학생 청소년의 아르바이트 경험에 대한 문화기술지	스프레들리 (Spradley, 1979)
	김민경 (2009)	국제결혼 남성의 부부되기에 대한 문화기술지	스프레들리 (Spradley, 1979)
	박진숙 · 전혜정 (2009)	난민 가정의 문화 정체성에 대한 문화기술지적 사례연구	스프레들리 (Spradley, 1980)
(B) 미디어/문화	조영남 · 박성호 (2003)	초등학생들의 인터넷 활용 실태에 관한 문화기술 연구	월콧 (Wolcott, 1994)
	이오현 (2005)	텔레비전 다큐멘터리 프로그램의 생산과정에 대한 민속지학적 연구: KBS 〈인물현대사〉의 인물선정과정을 중심으로	마샬 · 로스만 (Marshall & Rossman, 1999)
	이오현 (2007)	텔레비전 코미디 프로그램의 생산과정에 대한 민속지학적 연구: KBS 〈개그콘서트〉 생산의 제한요인을 중심으로	마샬 · 로스만 (Marshall & Rossman, 1999)
	송현주 · 윤정혜 (2007)	네티즌의 아바타 소비에서의 자기고양 정서경험: 민속지적 면접을 이용하여	스프레들리 (Spradley, 1979); 링컨 · 구바 (Lincoln & Guba, 1985)
	강진숙 · 이광우 (2012)	문화예술 프로그램 생산자에 대한 문화기술지 연구: EBS 〈문화공감〉 제작진을 중심으로	월콧 (Wolcott, 1994)
	황희영 · 김종호 (2013)	정보화마을에 대한 문화기술지 연구: 경상북도 정보화마을의 두 사례를 중심으로	스프레들리 (Spradley, 1980)
	이상규 · 홍석경 (2014)	'강북' 청소년들의 일상생활 문화와 계급 정체성 형성에 대한 영상방법론적 연구	성찰적 사진 인터뷰 방법(Banks, 2001; Prosser & Schwartz, 1998)
(C) 젠더	장혜경 · 손현미 · 임정현(2009)	조모의 손자녀 양육에 관한 문화기술지: 다중의 경계 밖에 가족 만들기	스프레들리 (Spradley, 1980)

(2) 분석방법의 유형

국내 문화기술지 분석방법의 유형을 검토한 결과 다음과 같이 몇 가지 특징들을 발견할 수 있었다. 우선, 스프레들리의 문화기술지 분석방법을 적용한 연구 사례들의 경우 '12단계 발전적 분석모형'이 주로 사용된 것으로 나타났다. 특히 자료분석 방법으로서 5단계의 영역 분석, 7단계의 분류 분석, 9단계의 구성요소 분석, 그리고 10단계의 문화적 주제 개발 등의 분석방법이 활용되었다. 다만, 차이가 있다면 일부 연구들(김정현, 2009; 김민경, 2009)에서는 영역 분석과 분류 분석을 주로 적용하는 한편 다른 분석절차는 생략하거나 부분적으로 적용하고 있다는 점이다. 그 밖에도 월콧(Wolcott, 1994)의 연구절차인 기술(description), 분석(analysis), 해석(interpretation) 등의 방법을 적용하여 문화기술지의 '두꺼운 기술' 방법을 구현하고자 하는 시도들도 존재하였다.

두 번째로, 참여관찰 방법에 대한 다양한 적용이 두드러지게 나타났다. 이러한 경향은 두 가지 접근 방식으로 구분할 수 있는데, 하나가 주로 스프레들리의 참여관찰 방법들을 적용하고 있는 경우라면, 다른 하나의 경향은 마샬과 로스만(Marshall & Rossman, 1999)이나 질적 연구의 일반적인 참여관찰 방법을 적용하고 있는 사례들이다. 특히 전자의 경우, 5단계 참여관찰 방법(완전, 능동, 보통, 수동, 비참여)에 근거해 참여 정도를 변주하거나 내부자와 외부자의 관점을 병행하는 등 다양한 관찰 방법들을 사용하고 있음을 알 수 있다.

마지막으로, 영상자료나 노트 활용을 통한 다양한 자료수집과 인터뷰 방법이 시도된 것으로 나타났다. 스프레들리의 자료조사 방법을 적용한 경우, 4종류의 현지조사 노트(압축 설명, 확장 설명, 현지조사 일지, 분석과 해석 노트) 방법 중 일부를 선택하여 면담 및 관찰준비용 메모장, 면담기록 및 기록노트, 현지조사 일지를 자료로 활용하였다. 이와 함께 영상분석방법론의 일환으로 시도된 '성찰적 사진 인터뷰(reflexive photography interview) 방법'에서는 2회의 면담과정을 통해 연구참여자들의 능동적인 사진촬영과 면담 참여를 견인하고 있다. 즉 1차

면담의 경우, 연구참여자들에게 사진 촬영목록을 작성하고 전달하도록 요구하였고, 2차 면담에서는 연구참여자들이 준비한 사진을 보며 사진 내용, 등장인물, 촬영 시점, 선별 이유, 사진 이미지와 생산·선택 과정 등에 대한 질문과 대화를 실시하였다. 이러한 자료수집과 인터뷰 방법은 연구참여자들의 능동적 참여를 견인할 뿐 아니라 인터뷰 상황에서 발생하는 언어적 의사소통의 한계를 보완할 수 있다는 점에서 유의미한 방법으로 판단된다.

이상에서 살펴본 국내 문화기술지 방법론의 분석방법 유형을 정리하면 다음 〈표 7-9〉와 같다.

표 7-9. 국내 문화기술지 방법론의 분석방법 유형

주제 유형	연구자	분석방법	세부 구성범주 및 분석절차
(A) 교육/복지	이정선·최영순 (2001)	스프레들리 (Spradley, 1980)	12단계 발전적 연구절차
	현온강·이홍숙 (2001)	스프레들리 (Spradley, 1980)	• 5단계 참여관찰 방법(완전, 능동, 보통, 수동, 비참여)에 근거해 수동 관찰에서 점차 참여 정도를 높임 • 4종류의 현지조사 노트(압축 설명, 확장 설명, 현지조사 일지, 분석과 해석 노트) 중 일부 선택: 면담 및 관찰준비용 메모장, 면담기록 및 기록노트, 현지조사 일지
	김정현 (2009)	스프레들리 (Spradley, 1979)	• 순환적 자료 분석방법: 문화기술지 면접을 통한 영역 분석 ⇨ 구조적 질문을 통한 분류 분석 ⇨ 대조적 질문을 통한 성분 분석 ⇨ 문화적 주제를 발견하기 • 2가지 분석방법 적용: 영역 분석, 분류 분석
	김민경 (2009)	스프레들리 (Spradley, 1979)	순환적 자료 분석방법 중 일부 선택: 영역 분석, 분류 분석 기법 주로 사용(일부 성분 분석, 최종 주제 분석)
	박진숙·전혜정 (2009)	스프레들리 (Spradley, 1980)	• 내부자, 외부자의 시각 병행 • 활동일지, 활동계획안, 평가자료, 회의록, 방문일지, 상담일지 등 참여관찰 기록 이용 • 전사자료, 면담 후 소감 메모 활용

주제·유형	연구자	분석방법	세부 구성범주 및 분석절차
(B) 미디어/문화	조영남 · 박성호 (2003)	월콧 (Wolcott, 1994)	질적 연구의 기술, 분석, 해석의 초점 분석
	이오현 (2005)	마샬 · 로스만 (Marshall & Rossman, 1999)	• 참여관찰: 사무실, 촬영장소, 편집실, 회의실 등에서 관찰 기록 • 심층면접: PD 8명 대상, 개별면접 • 분석방법: 1) 자료 정리, 친숙해지기, 2) 범주, 주제, 유형 만들기, 3) 자료 코딩, 4) 초기의 이해 · 해석 점검, 5) 대안적 해석 · 설명, 6) 보고서 작성
	이오현 (2007)	마샬 · 로스만 (Marshall & Rossman, 1999)	• 참여관찰: 생산과정에 개입하는 힘과 상호관계 파악(연습실, 공개홀, 분장실) • 심층면접: 총 8명의 연구참여자(PD 2명, 작가 2명, 연기자 4명) • 분석방법: 다큐멘터리 분석 논문과 동일
	송현주 · 윤정혜 (2007)	스프레들리 (Spradley, 1979), 링컨 · 구바 (Lincoln & Guba, 1985)	• 순환적 자료 분석 중 선택: 영역 분석, 구조 분석, 구성요소 분석 • 정보제공자: 주제와 연관, 관여, 시간 여유, 비분석적인 기준 적용
	강진숙 · 이광우 (2012)	월콧 (Wolcott, 1994)	두꺼운 기술 방법 사용: 기술(description), 분석(analysis), 해석(interpretation)
	황희영 · 김종호 (2013)	스프레들리 (Spradley, 1980)	• 참여관찰: 2회 회의 참여, 홈페이지 관찰, 내·외부자 관점 병행 • 관찰지 작성, 분석에 활용
	이상규 · 홍석경 (2014)	뱅크스 (Banks, 2001), 프로서 · 슈바르츠 (Prosser & Schwartz, 1998)	• 성찰적 사진 인터뷰(reflexive photography interview) 방법 • 1차 면담: 사진 촬영목록 작성, 전달(목록별로 1장 이상씩 준비) • 2차 면담: 준비된 사진을 보며 인터뷰(사진 내용, 등장인물, 촬영 시점, 선별 이유, 사진 이미지와 생산 · 선택 과정 질문)
(C) 젠더	장혜경 · 손현미 · 임정현 (2009)	스프레들리 (Spradley, 1980)	• 자료 활용: 면접, 생활현장 관찰자료, 문서자료 • 면접 방법: 생애사 내러티브 면접 • 분석방법: 영역 분석, 분류 분석, 문화적 주제 발견

2) 커뮤니케이션과 미디어교육 분야의 시사점

(1) 학문적 시사점

그러면, 문화기술지 연구는 커뮤니케이션과 미디어교육 분야에 어떠한 학문적 시사점을 제공하는가? 이것은 다음과 같이 크게 세 가지 측면에서 살펴볼 수 있다. 우선, TV나 미디어 프로그램의 이용자뿐 아니라 생산자 분석을 통해 미디어 환경과 생산 및 수용의 관계를 생생하게 접근할 수 있다는 점에서 의미가 있다. 왜냐하면, 질적 연구 중에서도 특히 문화기술지는 문화 · 사회의 현장과 행위자 관계를 조명하는 것을 중요시하는 방법론이기 때문이다. 이를 통해 학계와 미디어/문화의 생산 현장을 잇는 허브이자 일반인들의 일상생활과 행위를 조명할 수 있다는 점에서 문화기술지의 학문적 시사점이 발견된다. 이와 관련하여 국내 미디어와 문화연구의 문화기술지 연구경향에는 지속적으로 지각 변동이 나타나고 있다. 이기형(2009)에 따르면, 국내의 미디어 연구 영역에서 '민속지학'의 적용은 과거의 경우 주로 수용자 연구와 팬덤 연구에 집중되면서 분석 텍스트를 특정 드라마나 영화로 상정하는 경향이 있었다면, 점차 문화생산의 현장, 도시 공간, 지하철 등으로 텍스트의 영역을 확장하였다. 이를 통해 미디어 중심의 시각에서 벗어나 점차 일상생활에 대한 비판적 관점과 지리학적 상상력을 문화연구 작업에 접합시키는 새로운 시도들이 모색되었다는 점에서 문화기술지의 커뮤니케이션학적 시사점을 유추할 수 있다.

두 번째로, 미디어교육의 측면에서 문화기술지 방법론은 미디어교육 현장의 교수자와 학습자 사이의 관계와 행위들, 그리고 학교 미디어교육의 다양한 문화 활동과 현상들을 분석하는 데 유의미한 접근이다. 최근에 학교와 시민사회에서 미디어교육과 미디어 리터러시(literacy) 수업이 다양한 방식으로 이루어지고 있지만, 현장에서 행위자들이 어떻게 상호작용하고 있는지, 그리고 현장의 문제점은 무엇인지 학문적 체계에 근거한 접근이 제대로 이루어지고 있지 않기 때문이다. 문화기술지의 다양한 참여관찰 방법과 분석방법들을 활용할 때, 미디어교육 연구의 엄밀하고 미시적인 영역에 대한 접근이 가능할 것으로 판단된다. 특히 어린이, 결혼이주여성, 장애인 등 언어적 의사소통의 제한이 있는 사회적 소수자들의 경우 사진과 영상자료를 활용한 자발적인 문화기술지 방법을 적용하여 두꺼운 기술의 방법들을 구현할 수 있다는 점에서 학문적 시사점을 가늠해볼 수 있다.

(2) 실천적 시사점

문화기술지 방법론의 실천적 시사점은 문화공유집단의 행위들에 대한 관심뿐 아니라 사회적 문제를 생산하는 현장에 접근할 수 있다는 점에서 나타난다. 즉 한편으로 문화공유집단의 사례로서 팬덤 문화 집단이나 성적 소수자 집단, 혹은 미디어 · 문화 · 예술 창작자와 이용자들의 문화적 생산과 소비의 행위들을 참여관찰할 수 있다면, 또 다른 한편으로는 사회적 현상과 문제들에 접근하여 보다 구체적으로 현장의 행위자들과 관계할 수 있다는 점에서 실천적 시사점이 목도된다. 앞에서 살펴본 국내 문화기술지 사례에서도 볼 수 있듯이 교육과 복지 차원의 사회적 현상과 문제점들을 다룸으로써 문제해결의 방안들을 모색할 수 있다. 예컨대, 학교 학급의 집단 따돌림 현상이나 가출청소년과 쉼터종사자들의 생활, 청소년의 아르바이트 경험, 국제결혼 남성의 부부되기, 그리고 난민 가정의 문화정체성 등의 주제들은 협소한 텍스트분석을 넘어서서 광의적 측면에서 사회적 문제의 현장에 근접해서 문제의 원인과 해결 방안들을 모색하는 실천적 함의를 지니고 있다.

이러한 맥락에서 문화기술지 방법론의 커뮤니케이션과 미디어교육 분야의 적용 방향은 미디어 내부를 넘어서서 사회적 현장으로 확장할 것이 요구된다. 즉 이기형(2009)이 제언하듯이, 주제 선정에 있어 미디어의 좁은 프레임을 넘어서서 사회적으로 긴요한 개입과 연구가 요구되는 새로운 주제 영역들에 진입하거나 과감한 도전이 필요한 것이다. 문화기술지는 미디어자료와 문헌을 분석대상으로 선정하는 다른 질적 연구와 달리 “타인의 체험, 관점, 기억들을 종종 목소리로 만난다”(이기형, 2009, 32쪽)는 점에서 도전하기에도 매력적인 분야이기 때문이다. 따라서 실천적 측면에서 연구자들이 우선적으로 고려해야 할 것은, 사회와 문화 현장의 행위자들과 상호작용하기 위해 어떠한 주제들을 선정해야 할 것인지를 사회적 문제의식과 관심에 입각해 성찰적으로 접근해야 한다는 점이다. 이를 통해 현장의 문제들을 자신의 관점과 연계하여 다층적인 관찰노트를 기록하고 분석자료로서 활용하는 것도 한 방법이다.

(3) 방법론적 시사점

주지했듯이 문화기술지 연구는 다양한 학문적 관점과 방법론의 체계들을 통해 여러 가지 연구 유형으로 분류된다. 특히 방법론을 중심으로 살펴본 결과, 두드러진 이론체계와 연구절차를 제시하고 있는 연구 유형은 다음 세 가지 사례에서 포착된다. 즉 횡단적 · 체계적 문화기술지 방법론으로서 스프레들리(Spradley)의 방법론, 비판적 문화기술지 방법론으로서 카스펙켄의 5단계 연구 모델, 그리고 해석적 · 상징적 문화기술지 방법론의 대표적 이론가인 기어츠(Geertz)의 '두껍게 기술하기' 등은 문화기술지 방법론의 확장을 위하여 국내 질적 연구자들의 관심과 활용이 요구된다. 특히 국내 문화기술지 연구의 중심 경향은 방법론의 적용이 다양하기보다 스프레들리의 12단계 분석모형에 치중해 있거나 일반적인 질적 연구방법을 적용하고 있다는 점에서 보다 다양하고 체계적인 문화기술지 방법론의 검토를 요한다.

앞에서 살펴보았듯이, 사회적 소수자의 능동적 참여를 꾀할 수 있는 '성찰적 사진 인터뷰' 방법과 문화기술지의 다양한 참여관찰 방법, 그리고 현장노트의 기록과 활용의 다각화를 꾀하는 방안을 모색하는 것도 방법론의 개발을 위한 대안이 될 수 있다. 중요한 것은 문화기술지 방법론을 적용할 때, 이 연구의 목적이 무엇인지 그리고 누구를 위해, 어떠한 관점으로 연구참여자들과 상호 관계할 것인지에 대한 심도 깊은 고민이 선행되어야 한다는 점이다. 스프레들리(Spradley, 1980)가 언급했듯이, 낯선 현장과 연구참여자들에 다가가더라도 문화기술지는 초기 수동적 관찰, 즉 외부자적 관점의 관찰을 통해 충분히 방법론의 적용이 가능하다. 하지만, 연구자의 인문학적 소양과 지식이 빈약할 경우 사람들의 행위를 이해하는 데는 제한적일 수밖에 없다. 따라서 문화기술지뿐 아니라 질적 연구방법을 적용하고자 하는 연구자들은 '직업으로서의 학문'을 염두에 두고 문화인류학, 정신분석학, 심리학, 사회이론, 철학 등의 기본적 학문분야에 대한 일상적인 다독 습관과 사유 활동에 유념할 것을 요한다.

제8장

08 사례연구 (case study)

개관

사례연구는 문화인류학, 사회학, 심리학, 교육학 등 다양한 학문분야에서 이론적 전통과 역사적 배경을 지니고 있는 질적 연구의 한 방법론이다. 1920년대와 1930년대 시카고학파의 사회학자들에 의해 일탈현상과 생애담에 관한 사례연구가 전개된 이래 현재까지 다양한 접근 방법론으로 세분화되어 왔다. 이 때문에 사례연구의 정의와 유형, 방법론에 대한 논의는 이론가의 관점에 따라 상이한 방식으로 전개되고 있다. 사례연구의 의의는 개인과 공동체, 관계와 프로젝트 등 다양한 구체적 · 추상적 사례들을 선정하여 단일 사례나 다중 사례의 독특성과 쟁점들을 분석함으로써 현실적인 문제해결을 위한 대안적 관점을 모색하는 데 있다.

이러한 점을 고려하여 본 장에서는 사례연구의 방법론에서 핵심적인 사항들인 사례연구의 정의와 배경 및 범주, 방법론의 유형과 특징, 그리고 사례연구 방법론의 적용 사례에 나타난 주제 유형과 분석방법들을 검토한다.

토론 주제

1. 사례연구의 정의, 배경, 범주는 어떠한가?
2. 스테이크(Stake)의 방법론은 어떠한 특징을 지니고 있는가?
3. 인(Yin)의 방법론은 어떠한 특징을 지니고 있는가?
4. 사례연구의 연구설계는 어떻게 구성되는가?
5. 국내 사례연구는 어떠한 사례 유형과 분석방법을 사용하고 있는가?

주요 용어

사례연구 • 스테이크(Stake) • 인(Yin) • 연구설계 • 프로토콜 • 브롬리(Bromley) • 메리엄(Merriam)

1

사례연구의 이론적 논의

1) 사례연구의 정의, 배경, 범주

(1) 사례연구의 정의

사례연구는 이론가의 고유한 접근 방식에 따라 다양하게 정의되고 있다. 특히 1980년대의 대표적인 사례연구자들로서 브롬리(Bromley, 1986), 스테이크(Stake, 1988, 1994), 인(Yin, 1984, 2009), 그리고 메리엄(Merriam, 1988, 2009) 등을 들 수 있다. 이 연구자들은 사례연구를 질적 연구의 주요한 방법론으로서 간주하며 여러 저술들을 통해 이론적 체계와 방법들을 정립하고자 하였다. 각각의 관점에서 어떻게 이론적 정의와 방법론의 특성을 설명하고 있는지 구체적으로 살펴보면 다음과 같다.

우선, 영국 리버풀 대학의 노인 심리학자인 데니스 바실 브롬리(Denis Basil Bromley)는 〈심리학과 관련 분야의 사례연구 방법(*The case-study method in psychology and related disciplines*)〉(1986)에서 심리학적 사례연구의 이론과 방법론을 체계적으로 제시하고 있다. 브롬리에 따르면, 사례 개념은 '떨어지다', '일어나다'를 뜻하는 동사 'cadere'에서 비롯된 것으로서 발생한 사건, 상태(state), 혹은 상황(condition) 등을 의미한다. 이러한 의미에서 사례연구는 특정한 실재(entity)를 기술하고 분석하는 것을 가리킨다. 예컨대, 대상, 사람, 사건, 상태, 상황(condition), 과정 등이 이러한 실재의 유형에 포함된다. 각각의 실재들은 비록 주변 환경의 맥락 내에서 존재하고 기능하지만, 주로 제한적인 경계를 지닌 자연적 사건들이다. 또한 이 실재들은 맥락과 관련하여 단기간 존재한다. 이러한 관점에서 나아가 브롬리(Bromley, 1986)는 심리학적 사례연구를, 가장 유용한 증거들에 기초해 일생의 에피소드를 과학적으로 재구성하고 해석하는 것으로서 정의한다.

두 번째로, 일리노이 대학의 교육학과 교수를 역임한 교육학자인 로버트 스테이크(Robert E. Stake)는 자신의 논문인 "사회조사에서의 사례연구 방법(The case study method in social inquiry)"(1978), "사례연구(Case studies)"(1994) 등과 주저인 〈질적 사례연구(*The art of case study research*)〉(1995/2000)를 통해 사례연구의 정의와 유형, 그리고 방법론을 설명하고 있다. 스테이크(Stake, 1978)가 주장하는바, 질적 연구 분야에서 사례연구가 선호되는 이유는 수용자의 경험과 인식론적으로 조화를 이루는 방법론이기 때문이다. 즉 수용자들의 대부분이 직접적이고 다양한 경험을 통해 자신의 이해에 도달한다는 점에서 사례연구는 유용성을 지니는 것이다. 이것은 스테이크가 '사례'를 정의하는 관점에서도 확인된다. 스테이크(Stake, 1994)에 따르면, 사례는 사람들의 일상생활과 경험 영역에서 찾아볼 수 있는 경계가 있고 특이성을 지닌 통합된 체계이다. 예컨대, 사례는 어린이나 초등학교의 교실 혹은 유년기 상황(condition)을 연구하기 위해 전문가가 동원한 연구대상이나 참여자일 수도 있다. 또한 사회과학과 복지 사업에서 사례는 목적이거나 심지어 자기 자신(self)을 포함할 수 있다. 하지만, 관례상 모든 것이 사례가 되지 않을 수 있다는 점에서 경계성(boundedness)을 지닌다. 어떤 어린이나 의사가 사례일 수 있지만, 의사 업무는 사례가 되기에는 경계가 있는 특이성(specificity)이 결여되어 있기 때문이다. 루이스 스미스(Louis Smith)도 강조했듯이, 사례는 '경계가 있는 체계(bounded system)'인 것이다(Smith, 1978). 따라서 사례연구는 질적 연구의 주요한 방법으로서 특정한 경계를 지닌 통합된 체계에 접근하는 과정이다. 즉 사례연구는 사례에 대한 연구 과정이면서 동시에 결과인 것이다(Stake, 1994). 이러한 맥락에서 스테이크는 복합적인 사례보다 사람들의 경험과 인식을 집중적으로 파악할 수 있는 단일한 사례연구에 초점을 두고 있다.

세 번째로, 매사추세츠 공과대학(MIT)에서 인지과학 박사학위를 수위한 로버트 인(Robert K. Yin)은 사례연구 방법론을 적용한 많은 연구 프로젝트와 저술활동을 하고 있는 대표적인 사례연구 전문가로서 평가된다. 인(Yin, 2003/2005, 2009)이 정의한 바에 따르면 사례연구는 사회과학 연구의 한 방법으로서 실험, 조사, 역사 그리고 경제적, 인식론적 연구에 제한되지 않는 접근 방식이다. 인(Yin, 2009)은 사례연구에 대한 보다 명확한 정의를 위해 두 가지 측면, 즉 사례연구의 범위(scope)와 기술적 정의(technical definition)에 따라 다음과 같이 구체적인 설명을 제시하고 있다. 첫째, 사례연구의 범위에서 볼 때 사례연구는 실생활의 맥락(real-life context) 내에서 그리고 심층적(in-depth)으로 당대의 현상을 연구하는 것이다. 이와 동시에 사례연구는 현상과 맥락 사이의 경계들이 명백히 드러나지 않는 경우에 적용될 수 있다. 둘째, 기술적 정의를 고려할 때 기준점(data points)보다 더 많은 관심의 변수가 존재하고 기술적으로 독특한 상황을 다루는 경우, 혹은 삼각측정법으로 검증해야 하는 자료와 함께 다양한 자료원에 의존하여 새로운 결과를 도출할 경우, 마지막으로 자료수집과 분석을 위한 이론적 명제를 먼저 개발할 필요가 있을 경우 등이 기술적 특성에 따른 사례연구의 정의이다.

네 번째로, 미국 조지아 주립대학교의 성인교육 및 평생교육과 교수로서 활동한 샤란 B. 메리엄(Sharan B. Merriam)은 질적 연구방법을 총 여섯 가지로 분류하고 있다(2009). 즉 질적 사례연구, 비판적 질적 연구, 내러티브 분석, 현상학, 문화기술지, 그리고 근거이론이 여기에 포함된다. 이 중에서 질적 사례연구는 "경계 체계의 심층 분석(in-depth analysis of bounded system)"(Merriam, 2009, pp. 38, 43)을 행하는 방법이다. 즉 질적 사례연구는 경계가 있는 체계를 심층적으로 기술하고 분석하는 방법인 것이다.

다섯 번째로, 해리 월콧(Harry F. Wolcott)은 고전적 사례연구인 〈교장실 안의 그 사람(*The man in the principal's office: An ethnography*)〉(1973)과 〈질적 연구 작성하기(*Writing up qualitative research*)〉(1990), 〈질적 자료를 변형하기(*Transforming qualitative data*)〉(1994) 등의 저술들을 통해 질적 연구의 글쓰기, 분석, 해석 방법을 비롯하여 자료 활용 및 변형 방법 등을 제시하고 있다. 특히

월콧(Wolcott, 1973)의 고전적 연구는 학생, 프로그램, 개혁, 교사, 정책에 대한 다양한 사례연구들을 통해 교육 현장의 경험과 상황들을 이해할 수 있도록 하였다(Merriam, 1998/2005). 월콧은 사례연구를 전략이나 방법이 아니라 "현장 중심 연구에 대한 하나의 최종 결과"(Wolcott, 1992, p. 36)로서 정의하고 있다. 이러한 시각은 참여관찰을 통한 현장 연구를 강조하는 월콧(Wolcott, 1990)의 방법론적 사유에 기인한다. 질적 연구에서 중요한 것은 일상적이고 평범한 내용에 기반한 현장의 자료들을 어떻게 체계화하고 분석할 것인지를 판단하고 실천하는 데 있기 때문이다.

마지막으로, 미국 네브라스카-링컨 대학의 교육학자로 재직 중인 존 크레스웰(John W. Creswell)은 양적 연구로부터 질적 연구로 이행하여 응용연구 방법론에 중심을 둔 저술활동을 전개하였다. 크레스웰은 〈질적 연구방법론: 다섯 가지 접근〉(2007/2010)을 통해 내러티브 연구, 현상학적 연구, 근거이론 연구, 문화기술지 연구, 그리고 사례연구 등 다섯 가지 유형으로 질적 연구방법론을 구분하여 각각의 이론적 접근과 방법론의 특성들을 설명하고 있다. 크레스웰에 따르면, 사례연구는 연구자가 "하나의 경계 체계(a case)나 다양한 경계 체계들(cases)을 연구하는"(Creswell, 2007, p. 73) 질적 연구방법이다. 이를 위해 연구자는 다양한 정보와 관련된 심층적 자료들(관찰자료, 인터뷰 자료, 시청각 자료, 문헌, 보고서)을 수집하고, 사례들을 기술하며 각각의 사례 관련 주제들을 기록한다. 크레스웰(Creswell, 2007/2010)에 따르면, 이러한 사례연구의 기술방식에서 이론 채택 여부는 가변적이다. 예컨대, '총기소지자 사례(Asmussen & Creswell, 1995)' 연구의 경우, 자료수집과 분석작업의 전후 관계에 따라 이론의 채택 방법은 다르게 나타난다. 즉 자료수집과 분석 이전에는 특정한 이론적 전제를 두지 않았다면, 그 이후 '연구 후 이론(theory-after)' 관점을 전개하여 분석 후 이론 모델을 형성하고 비교 작업을 수행한 연구 사례가 그것이다.

이상에서 살펴본 사례연구의 정의와 초점을 정리하면 다음 〈표 8-1〉과 같다.

표 8-1. 사례연구의 제 정의와 초점

연구자	정 의	초 점
브롬리 (Bromley, 1986)	특정한 실재를 기술하고 분석하는 것	대상, 사람, 사건, 상태, 상황, 과정
스테이크 (Stake, 1994)	사람들의 일상생활과 경험 영역에서 찾을 수 있는 경계와 특이성을 지닌 통합된 체계	단일한 사례의 특수성
인 (Yin, 2003/2005, 2009)	실험, 조사, 역사 그리고 경제적, 인식론적 연구에 제한되지 않는 접근	사례연구의 범위, 기술적 정의, 이론적 명제 개발
메리엄 (Merriam, 2009)	경계 체계의 심층 분석	경계가 있는 체계
월콧 (Wolcott, 1992)	현장 중심 연구에 대한 하나의 최종 결과	참여관찰을 통한 현장 연구
크레스웰 (Creswell, 2007)	하나의 경계 체계(a case)나 다양한 경계 체계들(cases)을 연구하는 질적 연구방법	다양한 정보와 심층 자료

이와 관련하여 사례연구에서 다루고 있는 주제는 다음 〈그림 8-1〉과 같이 구체적인 주제와 추상적인 주제로 구분된다(Yin, 2009). 연구자는 사례연구를 수행하기 위해 어떠한 사례를 선정할 것인지 고려해야 하며, 이를 위해 연구주제는 연구목적과 분석단위 등을 고려하여 연구설계 과정에서 면밀한 검토와 선별이 요구된다.

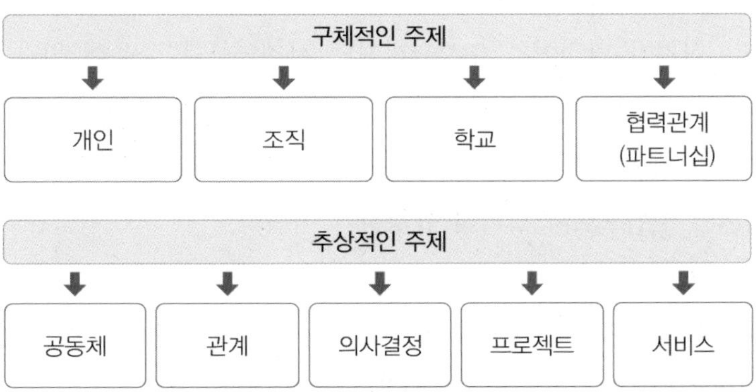

그림 8-1. 사례연구의 주제 유형

요컨대, 사례연구란 구체적이거나 추상적인 사례들 중에서 사례 규모와 연구 의도에 부합하는 사례(들)를 선정하여 경계가 있는 체계로서 사례의 독특한 특이성이나 여러 사례들의 체계와 상호연관성을 이해하고 쟁점을 규명하는 질적 연구 방법이다. 물론 이러한 사례연구는 사례 개념만큼이나 연구참여자의 범주 및 주제 설정 등과 관련하여 논쟁의 여지가 있고 '연구(study)'의 범위는 모호성을 지니는 것도 사실이다(Kemmis, 1980). 그럼에도 불구하고, 사례연구는 경계가 있는 통합된 체계로서 개인이나 집단의 특정성을 파악하고 집중적으로 연구한다는 점에서 동시대의 경험과 인식들을 파악하는 데 유의미성을 지닌다.

(2) 사례연구의 배경

그러면, 사례연구는 어떠한 역사적 배경과 이론적 전통을 바탕으로 현재까지 연구의 진전이 이루어지고 있는가? 현대의 사례연구는 문화인류학, 사회학, 그리고 심리학의 이론적 전통에서 비롯되었다. 이를테면, 1920년대와 1930년대 시카고 학파의 사회학자들에 의해 일탈현상과 관련된 생애담(life-stories)의 사례로서 이용되었다(Bromley, 1986). 또한 토마스와 즈나니에키(Thomas & Znaniecki)는 공저인 〈유럽과 미국의 폴란드 농민(*The Polish peasant in Europe and America*)〉(1918~1920)을 통해 기념비적 사례연구를 수행하였다. 뿐만 아니라 법조인, 의사, 사회과학자, 심지어 탐정이나 수사관까지도 사례연구를 응용해 왔다(Merriam, 2009). 그러나 이러한 경우들에는 사례연구가 '과학적 연구방법'(Bromley, 1986)이나 '질적 연구방법론의 관점'(Merriam, 2009)에서 인식되고 발전되지 않았다는 점에서 방법론의 시원으로서 명확히 규정하기 어렵다.

메리엄(Merriam, 2009)에 따르면, 사례연구가 본격적으로 질적 연구방법론으로서 조명되기 시작한 것은 1960년대와 1970년대의 실험 설계와 조사 방법의 다양성을 위한 연구방법을 기술하는 저술들을 통해서 이루어졌다. 이 저술들은 각 장의 마지막 부분에 '사례연구'라는 제목으로 현상들에 대한 심층 기술적 연구(in-depth descriptive study)를 제시하는 방식으로 접근하였다(Merriam, 2009). 이후 1980년대에 들어와 사례연구는 보다 더 독립적이고 체계적인 질적 연구의 한 방법론으로서 다루어졌다. 그 대표적인 연구자들로서 스테이크(Stake, 1988), 인(Yin, 1984), 그리고 메리엄(Merriam, 1988) 등을 들 수 있다. 메리엄(Merriam, 2009)이 강조하듯이, 사례연구는 양적 분석과 역사적 자료들을 포함할 수 있지만, 사례연구는 질적 연구의 형식으로서 조명되어야 한다. 그 이유는 질적 사례연구가 질적 연구의 형식(form)을 공유하기 때문이다. 즉 질적 연구는 자료수집과 분석의 중요한 수단으로서 의미와 이해를 탐색하고 귀납적 연구를 수행하며 풍부한 기술의 결과들을 만들어낸다는 점에서 사례연구의 방법과 유사하다. 이 때문에 사례연구는 질적 연구방법론의 중요한 구성범주로서 포함되었고, 사례연구의 방법론 역시 질적 연구의 방법론과 연계해 논의되어 왔다.

이러한 맥락에서 사례연구의 특수성을 이해하기 위해서는 질적 연구방법으로서 어떠한 특수성을 지니고 있는지 구체적으로 살펴볼 필요가 있다. 이를 위해 사례연구에 어떠한 구성범주들이 포함되고 그 특성은 무엇인지 검토하고자 한다.

(3) 사례연구의 범주

사례연구의 범주는 질적 연구자들의 관점에 따라 서로 다른 특징들을 나타내고 있다. 여기서는 대표적인 사례연구의 범주들을 중심으로 살펴보고자 한다.

우선, 브롬리(Bromley, 1986, pp. 24-25 참조)는 심리학적 사례연구의 측면에서 다음과 같이 여섯 가지 기본 원리들(basic rules)을 제시하고 있다. 우선, 가장 중요한 원리는 연구자(investigator)가 사람과 삶, 그리고 환경들을 진실하게 보고해야 하며 세세한 일에도 명확해야 한다. 둘째, 사례연구의 목적과 대상이 명확히 기술되어야 한다. 사례연구는 기획된 의도에 따라 그 내용과 조직이 다양하게 나타나기 때문이다. 셋째, 사례연구는 기술된 목적과 대상이 수행되었던 범위를 평가해야 한다. 이 원리의 초점은 연관된 모든 심리학적, 환경적 요인들을 조사할 수 없다는 점에 있다. 이를테면, 사람의 태도를 이해하거나 혹은 만족스럽게 개념화할 수 없다는 것이다. 넷째, 연구자가 심층적인 정서의 의미에 대한 에피소드를 다룰 경우, 꽤 오랫동안 가깝고도 어려운 대인 관계를 설정하고 관리하는 데 숙련된 사람에 의해서만 수행되어야 한다. 다섯째, 사례연구의 초점은 '생태학적 맥락(ecological context)'에서 '사람' 그 자체가 아니라 '특정한 상황에 처한' 사람에 맞추어져야 한다. 즉 사례연구는 사람의 물리적, 사회적, 그리고 상징적 환경 속에 존재하는 대상들, 사람들, 그리고 사건들에 대해 세밀하게 기술되어야 한다. 이것은 맥락의 고려를 강조하는 브롬리(Bromley, 1986)의 관점에 기인한다. 즉 결론이 다른 맥락에 적용될 수 있는지 여부를 결정해야 하고, 단선적인 인과 관계가 아니라 복잡한 상호작용의 과정이 중요하며, 현장 내의 연구를 중시하는 입장(Lincoln & Guba, 1985)에 근거한다. 마지막으로, 사례연구는 이야기로서 인간적 흥미를 잃지 않고 직접적이고 객관적인 방식으로 매우 명백한 언어로 기술되어야 한다. 이를 위해 연구자는 변호사가 법정에서 의뢰인의 사례를 제시하는 것과 달리 개인의 관점을 제시해야 한다. 이것은 높은 수준의 증거와 주장을 고려하는 공감(sympathy), 상상, 그리고 책임을 통해 수행될 수 있다.

한편, 하인즈 외(Hinds, Chaves, & Cypess, 1992; 신경림 · 조명옥 · 양진향 외, 2004, 451쪽 참조)는 사례연구의 초점이 네 가지 층위, 즉 즉시적, 특정적, 일반적, 그리고 메타 맥락에 맞추어져야 함을 강조하고 있다. 구체적으로 살펴보면, 우선 즉시적 맥락(immediate context)이 현재, 지금, 여기 등의 층위로 구성되는 것이라면, 특정 맥락(specific context)은 과거와 현상의 주요 국면을 통합하는 특수한 개인적 관점을 의미한다. 또한 일반적 맥락(general context)은 한 개인의 인용으로 이루어진 일반적 생의 틀을 가리키며, 이 경우 상황은 전후관계를 통해 해석된다. 마지막으로, 메타 맥락(metacontext)은 공유하는 사회적 태도 등의 사회적 구조물을 의미한다.

이상에서 살펴본 사례연구의 초점에 대한 질적 연구자들의 관점들을 정리하면 다음 〈표 8-2〉와 같다.

표 8-2. 사례연구의 초점에 대한 관점들

연구자	연구 초점	특 징
브롬리 (Bromley, 1986)	맥락과 기술: 6가지 기본 원리	① 사람 · 삶 · 환경의 진실한 보고
		② 연구목적 · 대상기술
		③ 사례범위 평가
		④ 숙련성
		⑤ 생태학적 맥락
		⑥ 인간적 흥미와 명백한 기술
하인즈 외 (Hinds, Chaves, & Cypess, 1992)	4가지 층위 고려	① 즉시적 맥락(immediate context): 현재, 지금, 여기 등의 층위로 구성
		② 특정 맥락(specific context): 과거와 현상의 주요 국면을 통합하는 특수한 개인적 관점
		③ 일반적 맥락(general context): 한 개인의 인용으로 이루어진 일반적 생의 틀
		④ 메타 맥락(metacontext): 공유하는 사회적 태도 등의 사회적 구조물

2) 사례연구의 유형

사례연구는 연구자의 이론적 접근과 방법론에 따라 각각 다른 유형들로 구분된다. 여기서는 대표적인 사례연구자들의 유형 분류방식을 토대로 사례연구의 유형별 특징과 방법 등을 살펴보고자 한다.

우선, 스테이크(Stake, 1994, 1995/2000)는 사례연구의 유형을 본질적 사례연구, 도구적 사례연구, 그리고 집합적 사례연구로 구분하고 있고, 이러한 분류방식에 대해 크레스웰(2007/2010) 역시 전적으로 수용하는 태도를 취하고 있다. 각각의 특징을 살펴보면, 우선 본질적 사례연구는 사회적으로 이슈가 되거나 세간의 관심의 대상이 되고 있는 특정 사례를 더 구체적으로 파악하고 분석하기 위해 이용된다. 또한 도구적 사례연구는 특정한 이슈나 문제를 규명하기 위해 일종의 예시로서 사례연구를 적용하는 경우에 적합하다. 마지막으로, 집합적 사례연구는 많은 사례들을 동시에 연구하여 각각의 개별 사례들 간의 공통된 특징들, 특히 현상, 인구, 일반적 상황 등을 분석하는 데 이용된다.

두 번째로, 교육학적 측면에서 사례연구의 방법론을 제시하고 있는 메리엄(Merriam, 1998/2005, 2009)은 세 가지 연구 유형, 즉 서술적(descriptive) 사례연구, 해석적(interpretative) 사례연구, 그리고 평가적(evaluative) 사례연구로 구분하고 있다. 우선 서술적 사례연구는 연구의 주제와 현상을 설명하기 위해 적용되며 그 내용은 이론적이며 서술적 방식으로 구성된다. 이 때문에 기존의 가설이나 일반화와 연관된 논의를 전개시키기보다 새로운 현상을 분석하고 연구대상을 기술하는 데 초점을 둔다. 해석적 사례연구는 풍부한 서술과 함께 이론적 가정에 대한 설명, 지지, 도전을 위해 수행한다. 이를 위해 다른 서술적 사례연구보다 더 자료를 분석하고 추상화하며 범주화하는 데까지 나아간다. 마지막으로, 평가적 사례연구는 최종 결과물을 도출하기 위해 서술을 비롯하여 해석과 판단을 개입시키는 방법이다. 이러한 연구방법론의 핵심은 종합적으로 판단할 수 있는, 사례의 명백한 근거들을 발견하는 데 있다.

세 번째로, 인(Yin, 2003/2005, 2009)은 사례연구의 유형을 두 가지 측면으로 대별하여 세분화한다. 이 중 하나는 사례 규모를 기준으로 단일 사례(single-case) 연구와 다중 사례(multiple-case) 연구로 구분하는 것이다. 구체적으로 살펴보면 단일 사례연구는 하나의 사례만을 연구대상으로 설정하여 개별 단위의 사례들을 소개하는 것을 가리킨다면, 다중 사례연구는 두 개 이상의 사례를 연구대상으로 한다. 특히 다중 사례연구는 독립적인 사례들의 결과를 종합적으로 취합하여 더 넓은 일반화를 시도하는 방법이다. 한편, 다른 하나는 연구 의도를 기준으로 세 가지 측면, 즉 탐색적(exploratory) 사례연구, 기술적(descriptive) 사례연구, 그리고 설명적(explanatory) 사례연구로 나누는 입장을 들 수 있다. 우선, 탐색적 사례연구는 연구주제가 새롭거나 특이한 것으로서 인지도가 낮은 사례를 연구하고자 할 경우에 적용된다(Yin, 2003/2005). 특히 다른 연구 유형에 비해 개방적 연구절차를 통해 이루어지지만 연구의 목적과 탐색의 정당성이 먼저 명확히 설정된 후 수행되어야 한다. 또한 기술적 사례연구는 현실에서 발생한 변수나 현상을 기술하고자 할 경우에 통용된다(Yin, 2003/2005). 이러한 접근은 탐색적 사례연구보다 더 구조화된 방법으로 현상을 기술하는 방법을 취한다. 예컨대, 윌리엄 화이트(William F. Whyte)의 〈길모퉁이 사회(*Street corner society*)〉(1943, 1955)는 공동체 관련 사회학 연구의 필독서로 평가될 정도로 중요한 기술적 사례연구의 고전적 예이다. 이 연구의 초점은 대인 관계에서 발생하는 사건들을 시간의 경과에 따라 추적하여 특정 집단의 하위문화를 상세하게 기술하는 데 있다. 1940년대에는 하위문화에 대한 기술이 일반적이지 않았다는 점에서 당대의 시대적 특수성을 발견할 수 있다. 특히 한편으로 하위문화 중에서도 저임금 청년층의 성공과 실패, 그리고 신분 상승의 조건 등과 같은 동시대의 사회현상을 발견하고 기술하고 있다는 점에 연구주제의 가치가 있다면, 또 다른 한편으로는 하나의 사례를 통해 개인적 성과에 대한 이슈를 집단 및 사회구조와 결합하고 이를 일반화시켰다는 점에서 연구의 가치를 찾을 수 있다. 그 밖에도 인구조사나 여론조사가 이러한 연구 유형을 적용해 이루어질 수 있다. 마지막으로, 설명적 사례연구는 "현상에 대한 인과 관계를 검증"하는 데 목적이 있고 현상에 대한 의미 있는 설명과 일반화를 꾀하는 접근 방법이다(Yin, 2003/2005, 22쪽). 예컨대, 앨리슨(Allison, 1971)은 정치학 분야에서 1962년 쿠바의 미사일 위기에 대한 단일 사례연구를 발표하였는데, 이것은 쿠바 위기에 대한 설명적 사례연구의 모범적 시도로서 평가된다(Yin, 2009). 그 이유는 이 연구가 쿠바 위기에 대한 분석을 위해 서로 다르면서도 보완적인 이론을 대입하여 국제 관계에서 발생하는 복잡 다양한 정치적 행위를 규명할 수 있는 이론의 일반화를 꾀했기 때문이다. 요컨대, 기술적 사례연구가 제한된 사례에 대해 분석의 초점을 둔다면, 설명적 사례연구는 사례들 간의 관계에 초점을 두고 이론의 일반화를 시도한다는 점에서 차이가 나타난다.

끝으로, 크레스웰(Creswell, 2007/2010)은 스테이크와 마찬가지로 사례연구를 다음과 같이 세 가지 유형으로 구분하고 있다. 우선, 본질적 사례연구는 비일상적이거나 독특한 상황을 보여주는 사례 자체를 가리킨다면, 도구적 단일 사례연구는 특정 이슈나 관심을 위한 예증하기 위한 경계 체계를 의미한다. 덧붙여 집합적 · 다중 사례연구는 이슈에 대해 상이한 관점을 제시하기 위한 여러 사례를 지칭하고 있다.

이상에서 살펴본 사례연구의 유형과 특징에 대한 관점들을 정리하면 다음 〈표 8-3〉과 같다.

표 8-3. 사례연구의 유형에 대한 관점들

연구자	유 형		특 징
스테이크 (Stake, 1994, 1995/2000)	본질적 사례연구		특정 사례에 대한 학습의 필요성과 본질적 관심
	도구적 사례연구		다른 이슈나 문제를 규명하기 위한 사례연구
	집합적 사례연구		여러 사례들 간의 중요한 일치점이 있을 경우
메리엄 (Merriam, 1998/2005, 2009)	서술적 사례연구		연구의 주제와 현상 설명
	해석적 사례연구		이론적 가정에 대한 설명, 지지, 도전 작업
	평가적 사례연구		서술, 해석, 판단의 개입
인 (Yin, 2003/2005, 2009)	사례 규모	단일 사례연구	하나의 사례
		다중 사례연구	2개 이상의 사례
	연구 의도	탐색적 사례연구	연구주제가 새롭고 특이하며 인지도가 낮은 사례
		기술적 사례연구	현실에서 발생한 변수, 현상 기술
		설명적 사례연구	현상에 대한 인과 관계 검증
크레스웰 (Creswell, 2007/2010)	본질적 사례연구		비일상적이거나 독특한 상황을 보여주는 사례 자체
	도구적 단일 사례연구		특정 이슈나 관심을 위한 예증하기 위한 경계 체계
	집합적 · 다중 사례연구		이슈에 대해 상이한 관점을 제시하기 위한 여러 사례

2

방법론의 유형과 특징

1) 스테이크(Stake)의 방법론

(1) 연구목적 및 사례 선정

앞에서 살펴보았듯이, 스테이크의 사례연구 유형은 크게 세 가지로 구분되는데 본질적 사례연구, 도구적 사례연구, 그리고 집합적 사례연구가 그것이다. 사례연구의 목적은 이러한 연구 유형을 고려하여 상호 유기적인 연관성에 기반하여 설정된다. 이와 관련하여 초기 교육문화기술 학자들 중의 한 사람인 루이스 스미스(Louis Smith)가 강조했듯이 기본적으로 사례는 하나의 과정이기보다 객체로 간주되며, '한계가 있는 하나의 체계'로서 정의된다. 이와 유사한 관점에서 스테이크(Stake, 1995/2000)는 사례를 그리스어의 기호인 'Θ(theta)'로 표현하면서, 이 Θ의 속성을 경계, 작동, 그리고 통합적 체계를 중심으로 규정하고 있다. 즉 사례 Θ는 제한된 경계 체계로서 특정한 작동방식을 지닌 통합적 체계인 것이다.

그러면, 사례연구의 목적은 어디에 있는가? 스테이크(Stake, 1995/2000, 29쪽)에 의하면, 사례연구의 목적은 "일반화(generalization)"가 아닌 "특수화(particularization)" 작업에 있다. 즉 사례연구의 목적은 특정 사례가 다른 사례들과 어떻게 다른지 그 차이를 규명하는 것이 아니라 사례 자체의 독특성과 차이를 이해하고 고유한 작동방식을 파악하는 데 있다. 이러한 점을 고려하여 연구목적을 선정한 후 사례 선정 작업을 수행한다. 스테이크는 사례 선정의 기준으로서 다음과 같이 세 가지 사항을 제시한다. 우선, 우리가 배울 수 있는 바를 최대화하는 사례인지 여부를 기준으로 선정한다. 둘째, 어떠한 사례들이 연구의 목적과 주장, 그리고 일반화된 명제를 수정하도록 견인하는가 하는 점이다. 마지막으로, 현장 작업의 시간과 출입이 제한되어 있는 점을 고려하여 접근하기 쉽고 호의적이며 예비 정보제공자를 파악할 수 있는, 초기 자료에 대해 논평해 줄 연구참여자들이 있는 사례들을 선정해야 한다는 점이 여기에 포함된다.

(2) 연구문제 설정

적합한 사례 선정을 위해 병행되어야 할 작업은 연구문제들을 설정하는 것이다. 연구문제는 주요한 쟁점들(issues)을 파악하는 과정을 통해 도출될 수 있다. 즉 연구문제는 하나의 문제 상황과 쟁점들에 직면하여 연구의 초점을 형성하는 작업을 통해 설정된다(Stake, 1995/2000). 왜냐하면, 쟁점 문제나 쟁점 진술은 사례연구를 조직하는 데 하나의 강력한 개념 구조를 제공하기 때문이다. 이처럼 사례연구의 개념 구조를 형성하는 데 쟁점 문제 및 진술이 중요하게 작용하는 것은 쟁점의 기본적 특징에 근거한다. 스테이크(Stake, 1995/2000)에 따르면, 우선 쟁점은 단순하거나 명확하지 않고 오히려 정치적, 사회적, 역사적, 그리고 개인적 상황과 복잡하게 연관되어 있다. 둘째, 쟁점은 사례의 문제, 갈등의 분출, 인간의 관심 등 복잡한 배경들을 통해 나타난다. 마지막으로, 쟁점은 역사적 관점에서 사건을 응시하고 사회적 상호작용 과정에서 나타나는 문제들을 인식하도록 하는 데 도움을 준다는 점에서 쟁점의 특성들이 파악된다.

이러한 쟁점 질문들은 어떠한 사례연구의 유형에도 초기에 구성된다. 이러한 쟁점 질문은 처음에는 10개 내지 20개 정도의 예비 질문을 작성해 놓은 후 쟁점 질문을 발전시키면서 크게 2~3가지 연구문제로 최종 추출된다. 그 이유는 사례연구가 진행되는 동안 한 가지 쟁점이 새로운 관찰과 이해를 통해 변화해 가기 때문이다. 이러한 쟁점 질문은 두 가지 유형으로 구분된다(Stake, 1995/2000). 하나는 '에틱 쟁점(etic issues)'으로서 사례에 관한 사전 경험이 없을 경우 외부로부터 연구자가 이슈를 도출하는 방법이다. 즉 에틱 쟁점은 연구자의 입장에서 쟁점을 설정하며 보다 큰 규모의 연구 공동체나 작가들이 주로 채택한다. 또 다른 하나는 '에믹 쟁점(emic issues)'으로서 특정 사례와 연관된 행위자들에 기초해 내부로부터 이슈를 도출하는 것을 말한다. 문화기술지 학자들은 에틱 쟁점과 에믹 쟁점, 이 두 가지 이슈 선정방법을 분리하기보다 상호 연계시켜 발전적으로 적용하는 게 일반적이다.

이러한 관점에서 스테이크는 사례연구를 진행하는 과정에서 쟁점을 어떻게 개발해야 하는지를 제시하고 있다(Stake, 1994, pp. 238-239 참조). 예컨대, 음악 교육 프로그램의 사례연구를 위한 쟁점은 다음과 같이 네 가지 개발 단계를 통해 발전시킬 수 있다. 우선 '관심 이슈(topical issue)'로부터 쟁점을 발전시키기 시작하여 '음악 교육 프로그램의 목적이 어디에 있는지'를 조명한다. 둘째, '예시된 문제(foreshadowed problem)'를 설정하고 쟁점과 관련된 관찰에 집중한다. 이를 위해 제기되는 예시된 혹은 전조가 되는 문제는, '다수의 커뮤니티가 현재 강조되는 밴드, 합창단, 그리고 공연을 지지하지만, 일부 교사들과 커뮤니티 지도자들은 역사, 문학, 음악 비평 등과 같이 더 지적인 것을 강조하길 원한다'는 점에 초점을 둔다. 셋째, '발전된 쟁점(issue under development)'의 단계는 쟁점을 더욱 구체적으로 발전시키는 과정이다. 예컨대, '모든 학생들에게 요구되는 음악 수업을 가르치는 과정에서 이 교수진의 관심 정도는 어떻게 나타나는지' 쟁점을 진전시킨다. 마지막으로, '주장(assertion)'의 단계에서 쟁점을 재구성하는 자료의 패턴들을 해석하는 작업이다. 이를 위해 해석된 쟁점들을 주장의 논조로 제기하면, '이 커뮤니티는 모든 중등학교 학생들에게 음악에 대한 지적인 학습과정을 제공하도록 추가 기금을 조성하지 않을 것'이라는 의견이 도출된다.

이상과 같은 사례연구의 쟁점 개발 과정을 도식화하면 다음 〈그림 8-2〉와 같다.

관심 쟁점 (topical issue)	음악 교육 프로그램의 목적은 어디에 있는가?
↓	
예시된 문제 (foreshadowed problem)	다수의 커뮤니티가 현재 강조되는 밴드, 합창단, 그리고 공연을 지지하지만, 일부 교사들과 커뮤니티 지도자들은 역사, 문학, 음악 비평 등과 같이 더 지적인 것을 강조하길 원하는가?
↓	
발전된 쟁점 (issue under development)	모든 학생들에게 요구되는 음악 수업을 가르치는 과정에서 이 교수진의 관심 정도는 어떻게 나타나는가?
↓	
주장 (assertion)	이 커뮤니티는 모든 중등학교 학생들에게 음악에 대한 지적인 학습과정을 제공하도록 추가 기금을 조성하지 않을 것임

그림 8-2. 사례연구의 쟁점 개발 과정

이와 함께 스테이크는 니콜(Nicole)에 대한 린다 매브리(Linda Mabry)(1991)의 사례 분석 결과를 참조하여 보다 구체적으로 연구문제의 점진적 발전에 대한 다양한 예들을 제시하고 있다(Stake, 1995/2000, 48-50쪽 참조).

이 중에서 두드러진 사례들 가운데 수정 전후로 구분되는 연구문제 설정의 변화 사례를 일부 내용을 수정하여 제시하면 다음 〈표 8-4〉와 같다.

표 8-4. 사례연구의 연구문제 설정의 변화

구 분	수정 전	수정 후
1	• 그녀는 위험에 처해 있는가? • 어느 정도로? • 그녀는 왜 교사들에 의해 너무 쉽게 이 연구의 잠재적 대상으로 지목되었는가?	그녀는 부정적인 결과를 이해하는 것처럼 보이는데 왜 역반응 결과와 같은 방식으로 행동하는가?
2	• 그녀를 위험에 처하게 한 것은 무엇인가? • 이 요인들은 예측되는가/예측되지 않는가?	왜 그녀는 자신의 통제를 넘어서서 책임을 갖는가?
3	• 누가 그녀가 위험에 처해 있다고 생각하는가? • 그녀도 그렇게 생각하는가? • 왜 그들은 그렇다/그렇지 않다고 생각하는가?	• 대학에 대한 그녀의 계획은 얼마나 진지하게 이루어졌는가? • 그녀는 다른 사람을 믿을 수 있는가?
4	그녀의 선택/행동이 자신을 위험에 처하게 하는데도 왜 그녀는 그렇게 선택/행동하는가?	• 나의 존재가 어느 정도로 상황을 변화시키는가? • 그녀가 원하는 관심을 주는가? • 학교에서 좀 더 잘 수행하도록 자극하고 있는가? • 교사로 하여금 그녀에게 좀 더 많은 관심을 갖게 하거나, 그녀를 평가하는 데 있어서 좀 더 관대해지게 하는가?
5	• 기관 차원에서 상호작용을 미치는 영역(interface)/책임은 무엇인가? • 학교는 그녀를 돕는가/상처를 주는가? • 그녀의 상황에 대해 학교 정책은 엄격한가/수용적인가?	학교는 그녀의 가정상황을 어떻게 파악하며 상호작용하고 있고, 지원과 책임 있는 태도를 취하고 있는가?
6	학교와 다른 기관 사이의 관계는 어떠한가?	소년 소녀 구류 센터에서의 감금이 고등학교 졸업, 마약, 알코올, 난교(promiscuity)에 대한 그녀의 의지에 얼마나 중요한 요소가 될 것인가?
7	-	그녀는 왜 일반적으로 교사들을 싫어하지만 개인적으로는 개별 교사들을 좋아한다고 주장하는가?
8	-	많은 어려움에도 불구하고 어떻게 그녀의 긍정적 태도로 인한 활발함과 자아존중이 유지되는가?
9	-	• 학교는 충분히 타당한 반응을 나타냈는가? • 학교와 교사들은 어떠한 노력들을 기울였는가? • 그녀의 어머니는 학교의 반응을 최선의 방책이라고 판단하는가?

(3) 자료수집

사례연구에서 중요한 작업은 무엇보다도 자료수집 과정에서 나타난다. 특히 스테이크(Stake, 1994)가 강조하듯이, 사례의 독특한 속성을 발견하기 위해 중요한 것은 사례의 속성과 역사적 배경, 물리적 환경, 경제적 · 정치적 · 법적 · 미학적 맥락들, 연관 사례들, 그리고 사례를 알 수 있는 정보제공자들에 대한 자료를 수집하는 작업을 수행하는 일이다.

이러한 점에서 질적 사례연구의 자료수집은 다음과 같이 몇 가지 자료수집 계획과 실행 작업을 통해 수행될 수 있다(Stake, 1995/2000). 우선, 자료수집 계획은 사례의 정의, 연구문제 목록, 연구참여자들의 기본 정보와 신원 확인, 자료 출처, 시간 할당, 비용, 왜 누구에게 보고하는지 등을 고려해 실행되어야 한다. 둘째, 자료수집은 다양한 자료들, 즉 관찰, 면담, 정보제공자의 확인, 일지(logs) 수집, 조사지 사용 등을 활용하여 실시한다. 셋째, 짧은 이야기들(vignettes), 특별한 증거, 예증 등을 선택하여 이야기의 전개 과정에서 적절하게 엮어 놓는다. 넷째, 원자료(raw data)를 분류하고 해석 작업을 수행한다. 마지막으로, 핵심적인 관찰의 타당성을 확보하기 위해 반복적으로 참여관찰 방법을 실시하거나 삼각측정법을 통해 부가적으로 자료를 수집한다.

이러한 자료수집 과정을 고려하여 연구를 진행할 경우, 그 다음 단계인 자료분석 및 해석 작업을 더욱 체계적으로 할 수 있다. 왜냐하면, 다양한 자료수집 과정을 통해 사례의 독특한 속성과 역사적 특수성, 환경과 다양한 맥락들을 이해하고 정보제공자들의 생생한 경험 사례들을 분석할 수 있기 때문이다.

(4) 자료분석 및 해석

자료분석은 다양한 의미를 추구하고 기술하는 과정으로서 연구의 시작과 종결이 이루어지는 전 과정에서 지속적으로 이루어진다. 스테이크에 의하면, 자료분석은 "첫인상에 의미를 부여하는 일"이며, "새로운 인상을 분해하고 분해된 각 부분들에 대해 의미를 부여하는 작업"이다(Stake, 1995/2000, 115쪽). 사례연구에서 자료분석 방법이 명확히 구조화된 것은 아니지만, 기본적으로 다음과 같이 스테이크(Stake, 1995/2000)가 언급한 네 가지 핵심적 사항을 고려하여 자료분석 및 해석에 임한다. 우선, 여러 가지 가능한 해석을 바탕으로 원자료를 검토한다. 둘째, 프로그램 계획, 활동, 결과 간의 연계를 추구한다. 셋째, 잠정적인 결론을 도출하고 쟁점에 따라 조직하며 최종 보고서의 틀을 짠다. 마지막으로, 자료를 검토하고 새 자료를 수집하며 연구결과의 미확인 부분을 신중하게 조사한다는 것이 기본적인 실행 방법이다.

이와 관련하여 중요하게 제기되는 것은 사례연구의 분석결과를 표현하는 방법이다. 판 마넨(van Manen)에 따르면, 이야기를 기술하는 방식은 다음과 같이 일곱 가지 유형으로 구분된다(1988). 즉 사실적, 인상적, 고백적, 비판적, 공식적, 문학적, 그리고 혼합형 말하기가 그것이다. 처음에는 무엇이 쟁점이고 지각 행위인지 그리고 이론이 될지 알 수 없다. 사례연구자들은 어떤 사건들, 문제들, 관계들이 중요한지 기대를 하고 그 장소에 들어서지만, 사실상 미미한 결과들을 발견하게 된다. 이러한 상황에서 연구자가 유념할 것은, 사례의 내용은 연구의 시작 단계가 아니라 "글쓰기 그 자체를 진행하는 과정에서 발전된다"는 점이다(Stake, 1994, p. 240). 비록 다양한 현실들과 감정이입에 전념한다 해도 연구자는 사례의 고유한 이야기가 무엇인지를 결정해야 하고, 혹은 최소한 연구자가 보고하는 사례의 고유한 이야기가 무엇인지를 파악해야 한다. 즉 연구자는 사례의 이해를 위해 무엇이 필요한지 결정해야 할 뿐 아니라 사례의 고유한 이야기에 풍미를 더하는 글쓰기 방법을 선택하여 발전시켜야 하는 것이다. 특히 이러한 태도는 스테이크가 강조하는 사례연구의 독특함을 발견하고 그 속성을 도출하기 위해 중요하다.

2) 인(Yin)의 방법론

인은 그의 대표적인 저서인 〈사례연구 방법: 설계와 방법(*Case study research: Design and method*)〉(1984)을 지속적으로 수정하며 여러 해의 개정판을 통해 보다 체계적이고 완성도 있는 사례연구 방법론을 제시하고자 한다. 전공분야인 역사학과 실험심리학(experimental psychology)의 두 학문분야에 사상적 토대를 두고 있는 인의 사례연구 방법론은 다른 학자들보다 더 구체적이고 세부적인 방법들을 제공한다는 점에서 사례연구의 설계와 분석과정에 실질적인 도움을 줄 것으로 판단된다.

주지했듯이 인(Yin, 2003/2005, 2009)은 사례연구의 유형을 두 가지 측면으로 구분하였다. 즉 한편으로, 사례 규모를 기준으로 단일 사례(single-case) 연구와 다중 사례(multiple-case) 연구를 구분한다면, 또 다른 한편으로는 연구 의도를 기준으로 세 가지 측면, 즉 탐색적(exploratory) 사례연구, 기술적(descriptive) 사례연구, 그리고 설명적(explanatory) 사례연구를 각각 구분하여 설명하고 있다. 각각의 유형에 대해서는 앞에서 살펴보았기 때문에 여기서는 단일 사례연구와 다중 사례연구를 중심으로 어떠한 방법론이 요구되는지 논의하고자 한다.

(1) 사례연구 설계

사례연구 설계는 인의 방법론에 독특하게 등장하는 연구의 출발 단계이다. 여기서 인은 세 가지 서로 다른 연구설계에 대한 관점을 대별하고 있다. 우선, 인이 제시하는 연구설계의 정의이다. 인에 따르면, 연구설계란 “실증적으로 수집한 자료를 초기에 설정한 연구문제와 연결시키고 궁극적으로는 연구의 결론으로 연결시키는 논리적 과정”이다(Yin, 2003/2005, 49쪽). 즉 사례연구 설계는 초기의 연구문제와 연구결과를 연결시키기 위해 관련된 자료를 수집하고 분석하는 과정을 통칭한다.

두 번째는 논리적 모델을 강조하는 입장이다(Nachmias & Nachmias, 1992). 이 경우 연구설계란, “연구자가 자료를 수집, 분석, 해석하는 일련의 과정을 체계적으로 수행할 수 있도록 하는 일종의 계획”을 의미한다(Nachmias & Nachmias, 1992, pp. 77-78). 즉 참여관찰과 조사 작업을 통해 변수 사이의 인과 관계를 추론하고 이를 증명할 수 있게 하는 논리적 모델이 연구설계의 또 다른 정의이다.

마지막으로, 연구설계를 연구의 '청사진'으로 간주하는 입장이다(Philliber, Schwab, & Samsloss, 1980). 이 관점에서 연구설계는 무엇을 연구하고, 조사해야 하는지, 구체적으로 무슨 자료를 수집해야 하는지, 그리고 결과를 어떻게 분석할 것인지 제시하는 연구의 '청사진'을 의미한다.

이상의 세 가지 관점에서 알 수 있듯이, 연구설계는 논리적 과정, 계획 및 논리적 모델, 그리고 연구의 다양한 절차를 제시하는 청사진 등으로 정의된다. 하지만, 인(Yin, 2003/2005)이 강조하는바 연구설계는 단순히 작업계획을 세우는 전술의 문제가 아니라 논리적 문제이다. 즉 연구설계의 주요 목적은 수집된 증거가 초기의 연구문제에 부합하지 않은 상황들이 발견될 경우 선별하는 데에 있다. 예컨대, '조직 간의 협동'과 관련하여 연구문제를 설정할 경우 어느 한 조직에 국한된 자료수집이 아니라 연관 조직들까지도 고려하여 연구설계를 수립해야 한다. 그 이유는 초기의 연구문제와 관련하여 어떻게 논리적으로 전개할 것인지 연구설계를 수립하고 검토하지 않는다면, 결론을 도출하는 과정에 시행착오가 발생할 수도 있기 때문이다. 따라서 인이 강조하는 사례연구 설계는 사례연구의 초기 연구문제와 결론의 논리적 연관성을 유기적으로 고려하는 방법론의 고민에서 기인한 것이다.

이러한 맥락에서 연구설계의 구성요소는 다음과 같이 다섯 가지 측면에서 제시된다. 연구문제, 연구명제, 분석단위, 자료와 명제를 연결시키는 이론 개발, 그리고 연구를 통해 발견한 것을 해석하기 위한 기준 등이 그것이다.

(2) 연구문제 및 명제 설정

연구문제와 연구명제의 설정은 연구설계를 진행하는 첫 관문이다. 연구문제는 질적 연구방법론을 적용한 거의 모든 연구작업에서 다루어지는 핵심적 연구설계로서 사례연구에서도 중요한 논리적 고리이다. 인(Yin, 2003/2005)에 의하면, 사례연구의 연구문제는 '어떻게'와 '왜'에 관한 물음을 중심으로 구성된다. 즉 선정된 사례와 관련하여 연구의 목적에 부합하는 연구문제의 구성이 중요하다.

이와 함께 연구명제는 연구설계 중에서 두 번째 요소로 조사 대상에 초점을 두고 설계된다. 연구문제가 '어떻게', '왜'라는 물음을 중심으로 사례와 관련된 문제의식들을 제시한다면, 연구명제는 연구문제를 구체적으로 해결할 수 있도록 개념과 이론적 이슈들을 제공하는 역할을 한다. 예컨대, 인이 제시하는 바에 따르면, "조직은 서로의 공동이익이 존재하는 한 상호 협력한다"는 연구명제가 설정될 수 있다(Yin, 2003/2005, 52쪽). 이 명제는 중요한 이론적 이슈를 반영함과 동시에 이를 뒷받침할 수 있는 논거들을 찾도록 유도한다. 물론 인이 구분하고 있는 여러 가지 사례연구의 유형들 중에서도 탐색적 사례연구는 예외적인 경우에 해당한다. 왜냐하면, 이 경우에는 연구명제를 사용하는 대신 연구목적을 분명하게 명시하고 탐색의 성공적 수행 여부를 평가하는 기준을 제시할 수 있기 때문이다.

(3) 분석단위

연구설계의 세 번째 요소인 분석단위(unit of analysis)는 초기의 연구문제를 어떻게 정의하는가와 관련되어 있다. 분석단위는 사례 선정과 관련하여 선정 근거와 범위들을 뒷받침하는 근거로서 작용한다. 예컨대, 분석단위가 소집단이라면, "그 집단 내에 속한 사람들(사례연구의 직접적인 주제)"과 "그 집단에 속하지 않은 사람들(사례연구를 위한 정황)"이 명확히 분석단위로 구분되어야 한다(Yin, 2003/2005, 55쪽). 이러한 분석단위와 관련하여 시간과 공간의 경계를 구획할 필요가 있다. 즉 시간의 경계가 사례의 시작과 끝을 정의하는 것이라면, 공간의 경계는 구체적인 지역과 장소 등을 구획하는 것을 의미한다. 예컨대, 특정 디지털 서비스가 제공되는 시작과 끝의 시간 경계가 정의되는 한편, 이 서비스가 제공되는 지역과 제공되지 않는 지역 간의 공간 경계가 어디인지를 결정해야 하는 것이다. 분석단위의 선택 방법과 관련하여 아이라 매거지너(Ira Magaziner)와 마크 패틴킨(Mark Patinkin)의 공저인 〈*The silent war: Inside the global business battles shaping America's future*〉(Magaziner & Patinkin, 1989)는 9개의 사례연구로 구성된 것으로서 분석단위를 이해하는 데 중요한 열쇠를 제공한다. 이 사례연구는 국제 간의 생생한 경제적 경쟁 상황을 분석하고 있다. 특히 싱가포르 주재 애플 컴퓨터 공장의 발전에 대한 예시는 사실상 국가 경쟁력을 만드는 싱가포르의 비판적 정책들에 대한 사례연구이다(Yin, 2009). 여기서 주요 분석단위가 국가 정책이라면, 하위 분석단위는 애플 컴퓨터 공장의 사례를 가리킨다. 이것은 사례연구 중에서도 국가 정책이 외국 투자에 어떻게 영향을 미치는지를 보여주는 설명적 사례이다.

(4) 이론 개발

연구설계에서 이론의 역할은 연구주제와 관련해 연구의 기반이 되는 논리적 근거들을 제공하는 데 있다. 다른 질적 연구방법론 중에서 근거이론이 연구결과를 통해 이론이 개발된다면, 사례연구의 이론 개발은 자료수집 이전에 수행된다는 점에서 차이가 나타난다(Yin, 2009). 여기서는 이론 개발의 의미와 역할, 그리고 이론의 유형을 중심으로 살펴보고자 한다.

우선, 이론 개발의 의미는 이론적 명제가 나타나게 된 근거들을 제시하는 데 있다. 인에 의하면, 연구설계에서 이론은 충분하게 "연구의 청사진(blueprint)"을 수립하는 데 그 목적이 있다(Yin, 2009, p. 36). 즉 연구의 청사진은 이론적인 명제들을 요구하는데, 이것은 "왜 행위, 사건(events), 구조 그리고 사고(thoughts)가 나타났는지에 대한 (가정적) 줄거리"를 가리킨다(Sutton & Staw, 1995, p. 378). 따라서 완성도 있는 연구설계는 어떠한 자료를 수집하고 어떠한 자료분석 전략을 결정해야 하는지 매우 강력한 지침을 제공하게 된다. 이 때문에 이론 개발은 사례연구를 수행하는 데 핵심적인 단계로서 자료수집 이전에 이루어져야 한다.

다음으로 이론의 유형은 크게 네 가지로 분류된다(Yin, 2009, p. 37 참조). 개인 이론, 집단 이론, 조직 이론, 그리고 사회 이론 등이 대표적인 이론 유형에 포함된다. 우선, 개인 이론에는 개인역량개발, 인지 행동, 성격, 학습장애, 그리고 대인 상호작용에 관한 이론들이 대표적이다. 둘째, 집단 이론에는 가족 기능, 비공식 집단, 작업 팀, 감독자와 직원 관계, 대인 간 네트워크 등과 연관된 이론들이 여기에 포함된다. 셋째, 조직 이론으로는 관료주의, 조직구조와 기능, 조직의 수행성과, 그리고 조직 간 협력에 관한 이론들이 있다. 마지막으로 사회 이론으로서 도시 개발, 국제 행태, 문화 기구, 기술 개발, 그리고 시장 기능 등이 여기에 포함되는 이론의 유형들이다. 이러한 이론의 유형을 도식화하면 다음 〈표 8-5〉와 같다.

표 8-5. 사례연구의 이론 개발 유형

이론 유형	이론 분야
개인 이론	개인역량개발, 인지 행동, 성격, 학습장애, 대인 상호작용에 관한 이론
집단 이론	가족 기능, 비공식 집단, 작업 팀, 감독자와 직원 관계, 대인 간 네트워크에 관한 이론
조직 이론	관료주의, 조직구조와 기능, 조직의 수행성과, 조직 간 협력에 관한 이론
사회 이론	도시 개발, 국제 행태, 문화 기구, 기술 개발, 시장 기능 등에 관한 이론

(5) 사례연구 프로토콜

자료수집을 위해서 선행되어야 할 것은 프로토콜 작업이다. 여기서는 인(Yin, 2003/2005, 2009)이 설명하고 있는 프로토콜 작업의 의미와 특징, 그리고 내용 범주를 중심으로 살펴보고자 한다.

우선, 사례연구 프로토콜은 다음과 같이 세 가지 특징을 지닌다. 먼저, 프로토콜은 측정도구뿐 아니라 프로토콜을 사용하는 데 따라야 할 일반적 규칙과 절차를 포함하고 있다(Yin, 2003/2005, 2009). 즉 프로토콜은 측정도구보다 더 다양한 내용들을 다루며, 특히 다중 사례연구에서 중요한 역할을 수행한다.

두 번째로, 프로토콜은 사례연구의 신뢰성을 높이는 중요한 방법으로서 타당한 자료들을 수집할 수 있도록 한다. 예컨대, 10여 개의 사례로 구성된 다중 사례연구설계에서 프로토콜은 다수의 사례들에 대한 자료수집을 위해 체계적인 내용들을 포함하도록 한다. 다중 사례를 다루는 과정에서 개별 사례에 대해서는 심층적 정보 수집이 어려울 수 있지만, 많은 사례의 균형적 접근과 상호연관 분석을 수행하는 데 유의미성을 지닌다.

마지막으로, 사례연구 프로토콜의 중요성은 연구의 주제와 목적에 집중할 수 있게 할 뿐 아니라 완성된 연구보고서의 윤곽을 그려보면서 문제와 오류를 수정할 기회를 가질 수 있다는 점에 있다. 즉 연구결과가 도출되는 과정에서 사례 선정과 분석단위의 연계과정 혹은 자료수집 과정에서 나타나는 오류나 불일치 문제들을 수정할 수 있는 것이다.

그러면, 사례연구 프로토콜에는 어떠한 내용들이 다루어져야 하는가? 이것은 크게 네 가지 측면에서 살펴볼 수 있다(Yin, 2003/2005, 2009). 우선, 연구개요에 관한 것이다. 여기에는 프로젝트 목적과 후원자, 사례연구 쟁점, 그리고 연구주제에 대한 관련 문헌 등이 포함된다. 두 번째는 현장조사 절차에 대한 내용이다. 예컨대, 신분증 및 허가서 제시, 사례연구 '현장(sites)' 접근 절차, 정보원(human subjects) 보호와 관련된 언급, 자료 출처, 진행상의 주의사항 등이 그것이다. 세 번째는 사례연구 문제에 대한 것이다. 사례연구 조사자가 자료수집 과정에서 지켜야 할 세부적인 질문사항, 특정한 자료 배열을 위한 표 구성, 각각의 질문에 대답하기 위한 잠재적인 정보원 등을 고려하여 연구문제가 구상되어야 한다. 마지막으로, 사례연구 보고서 작성을 위한 지침이 포함되어야 한다. 이를테면, 전체적인 윤곽, 자료 형식, 참고 자료 사용방법, 참고문헌 목록 등이 대표적인 예이다.

(6) 자료분석

인(Yin, 2003/2005, 2009)에 따르면, 사례연구는 연구자의 학문적 성향과 자질에 더 많이 의존하는 접근이다. 연구자는 사례 분석을 위한 충분하고 타당성 있는 논거와 증거를 제시해야 할 뿐 아니라 심층적 성찰에 근거해 수집된 자료를 분석하고 해석해야 하기 때문이다. 따라서 사례연구의 분석작업을 철저히 수행하기 위해서는 연구의 전체적인 분석 전략을 수립하는 일이 중요하다.

인(Yin, 2003/2005, 2009, 185-190쪽 참조)의 관점에 따르면, 사례연구의 분석 전략은 다음과 같이 몇 가지 핵심적 사항을 통해 제시된다. 우선, 이론적 명제를 기반으로 작업하는 것이 첫 번째 분석 전략이다. 즉 사례연구의 목적과 연구설계는 이론적 명제를 기반으로 하며, 여기에는 연구문제, 선행연구, 새로운 가설이나 명제가 반영되도록 한다. 이처럼 이론적 명제를 사용하는 이유는 연구자가 어떠한 자료를 선별하고 집중해야 하는지를 판별할 수 있도록 하기 때문이다.

두 번째로, 사례 기술(description) 방법에 대한 개발 전략을 들 수 있다. 즉 사례를 기술하기 위한 구성 체계를 개발하여 분석을 전개하는 것이다. 인(Yin, 2009)은 유명한 사회학적 기술적 사례연구인 〈*Middletown: A study in contemporary American culture*〉(Lynd & Lynd, 1929)의 사례를 통해 목차 구성과 기술 방법에 대한 모범적 전형을 제시하고 있다. 이 연구는 미국의 한 작은 중서부 도시의 역사적 사건들을 사례로 선정하여 독특한 목차 구성과 기술 방법을 사용했다는 점에서 의미가 있다. 이 연구의 제1장에서 제6장까지 구성된 목차를 살펴보면, "직업 구하기, 가정 꾸리기, 자녀 교육하기, 여가 생활하기, 종교 활동하기, 그리고 커뮤니티 활동하기" 등으로 이루어져 있다(Yin, 2003/2005, 188쪽). 20세기 초 미국의 한 공동체 사회의 특성을 반영한 이 연구의 독특함은 풍부하고 역사적인 사례라는 전통적 가치 평가를 제외하고도 목차의 구성에 주목할 만하다. 이 연구의 목차 구성을 보면, 구체적인 분석단위의 기술을 통해 당시의 사회적 쟁점과 일상생활의 활동들을 다양하게 보여주고 있기 때문이다. 특히 사회구조와 개인 행위 사이의 상호작용성뿐 아니라 구조적 인과 관계를 규명하는 데 기술적 접근 방법의 효과가 있다는 점도 여기서 확인된다.

이상의 연구설계 절차와 사례연구 프로토콜, 그리고 분석작업을 통해 연구자의 학문적 성향과 이론의 결에 근거해 다양한 사례연구를 수행할 수 있다. 특히 링컨과 구바(Lincoln & Guba, 1985)가 강조하듯이, 사례연구의 리포트 작성을 위해 고려해야 할 것은 사례의 쟁점에 대한 문제의식을 투영하고, 사례가 발생한 현장 상황에 대한 구체적인 설명을 제시하며, 현장 상황의 전개 과정과 상호작용에 대한 세밀한 서술, 그리고 해당 사례의 시사점 및 문제점에 대한 논의를 전개해 나가야 한다는 점이다. 물론 질적 연구는 연구자의 학문적 태도와 글쓰기 스타일에 따라 다양한 차이를 보이고, 동일한 사례라 할지라도 상이한 분석결과를 도출할 수 있다. 하지만, 기본적으로 다른 질적 연구와의 차이점과 특수성을 반영하기 위해서는 사례연구의 기본적인 방법론 중에서도 연구설계와 분석적 글쓰기 방법의 지속적 연마와 관심이 요구된다.

이상에서 살펴본 사례연구의 절차를 정리하면 다음 〈그림 8-3〉과 같다.

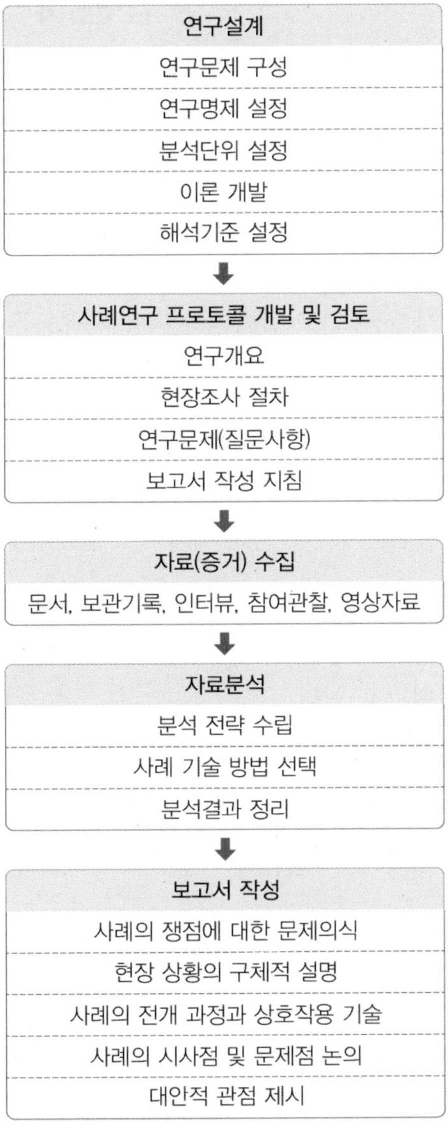

그림 8-3. 사례연구의 흐름도

3

방법론의 적용 사례와 커뮤니케이션과 미디어교육 분야의 시사점

여기서 제시하는 국내 사례연구 방법론의 적용 사례들은 질적 수준을 비교하여 평가하는 것이 아니라 이론과 방법론의 적용 방식들을 성찰하는 데 목적이 있다. 이를 위해 예시되는 논문에 대한 선입견을 괄호치기하고 각각의 논문들이 어떠한 주제와 분석방법을 사용하고 있는지 살펴보고자 한다. 이처럼 적용 사례를 분석하는 이유는 연구방법론이 어떠한 주제와 연구설계에 기초하여 특정 사례와 주제를 선정하고 방법론을 적용하고 있는지 탐색하는 데 있다. 따라서 여기서는 사례연구 적용방법의 이해를 위해 국내 학술논문들의 적용 사례들을 주제와 분석방법을 중심으로 검토하고자 한다.

1) 사례연구의 주제와 분석방법

(1) 주제 유형

이상에서 살펴본 국내 사례연구 방법론의 적용 사례 및 유형을 정리하면 다음 〈표 8-6〉과 같다. 분석결과를 살펴보면, 다음과 같이 몇 가지 특징이 도출된다. 우선, 사례연구의 주제는 주로 사회구조적 문제와 쟁점들과 관련하여 다루어지고 있다는 점이다. 예컨대, 교육의 이해와 역할, 한부모 가정 아동들과 가족 경험, 여교사와 아이사랑, 성인입양인의 가족 경험, 장애인과 비장애인 가족 구성, 성학대 피해 아동의 가족 경험, 다문화가정, 감정노동, 재난, 학업중단경험 청소년, 독거노인, 인터넷 중독, 노인의 섹슈얼리티, 희귀난치성질환 자녀 어머니, 황혼이혼 등의 쟁점 및 이슈들이 대표적이다. 이러한 쟁점들은 사례연구의 핵심적 문제를 구성하는 것으로서 쟁점적 사례와 관련된 발생원인과 과정, 그리고 해결의 가능성을 탐색하기 위한 단초를 제공한다는 점에서 필수적이다.

두 번째로, 사례 유형은 다양한 주제범주 중에서도 주로 관계의 범주에서 두드러지게 발견된다는 점이다. 앞에서 검토했듯이, 인(Yin, 2003/2005, 2009)에 의하면 사례의 유형은 총 여덟 가지로 구분된다. 즉 구체적인 주제 영역에 개인, 조직, 학교, 파트너십이 포함된다면, 추상적인 주제 영역으로서 공동체, 관계, 의사결정, 그리고 프로젝트 등의 주제가 연관된다. 이와 관련하여 선행연구를 분석한 결과, 사례 유형은 주로 관계의 측면에서 가족과 학교, 공동체의 쟁점들을 다루고 있었다. 특히 이러한 관계들이 사적 영역인 가정뿐 아니라 학교, 공동체, 방송 등의 공적 영역으로도 상호연관적으로 다루어지고 있다는 점에서 사례연구의 사적, 공적 이슈와 쟁점들의 중요성이 포착된다.

마지막으로, 젠더의 측면에서 여성노인과 어머니의 생애 경험이 주요하게 다루어지고 있다는 점이다. 특히 〈표 8-6〉에서 알 수 있듯이, 젠더 시각의 사례연구는 주로 도구적 사례연구가 아닌 본질적 사례연구로서 연구참여자의 수를 제한적으로 설정하여 심층적 인터뷰를 실시하면서 여성 개인의 생애사적 맥락과 사회적 쟁점들을 상호교차적으로 연관지어 분석하고 있다는 점에서 주목할 만하다. 이러한 연구 사례는 사례연구와 생애사 연구의 방법론적 절합의 가능성을 보여주며, 다른 질적 연구방법론의 혼용과 방법론적 재구성에 대한 다양한 방안들을 모색하는 데 시사점을 제공한다.

표 8-6. 국내 사례연구 방법론의 적용 사례 및 유형

주제 유형	연구자	연구주제	사례 유형
(A) 교육/복지	안미리 (2002)	학교 구성원의 ICT 활용교육에 대한 이해와 역할: 초등학교 교사, 학생, 교장, 부장과 학부모 사례연구	학교
	김미영 · 김남진 (2009)	한부모 가정 아동들이 경험하는 가족의 의미	관계
	김병찬 · 김미경 (2010)	온라인 교사공동체에 대한 질적 사례 연구: '여교사 아이사랑 카페' 사례	공동체
	안재진 · 권지성 · 변미희 · 최운선 (2012)	성인입양인의 경험에 대한 질적 사례연구	관계
	강승원 (2014)	지적장애 부모를 둔 비장애 청소년의 삶에 관한 질적 사례연구	개인
	한인영 · 김진숙 · 문현주 (2014)	성학대 피해 아동의 가족 경험에 대한 질적 사례연구	관계
	안태용 · 전영국 (2014)	다문화가정 아버지의 자녀양육 경험에 대한 질적 사례연구	관계
	문현주 · 신혜정 · 강방글 · 권지성 (2014)	사회복지전담공무원의 감정노동 경험에 관한 연구	관계
	이현주 · 권지성 (2015)	재난 당사자들의 경험에 관한 질적 사례연구: 이천 집중호우 사례를 중심으로	의사결정
	이선희 (2015)	공교육 학업중단경험 청소년의 대안교육 특성화고등학교 학업복귀 경험에 관한 질적 사례연구: 학교 담장 밖의 아이들, 또 다른 학교에 문을 두드리다	학교
	김유진 (2016)	농촌지역 독거노인 공동생활거주에 관한 질적 사례연구	공동체
(B) 미디어/문화	김인경 · 양소정 (2011)	인터넷 중독의 문제점에 대한 질적 사례연구: 심층인터뷰를 이용한 20대 후반 여성 인터넷 중독자 사례를 중심으로	개인
	백흥진 · 김세은 (2012)	열려 있는 지역 공간으로서의 시민 미디어: 제천 시민 TV 〈봄〉을 중심으로	공동체
	정희원 · 김학만 (2012)	미디어에서 바라본 노인의 섹슈얼리티(Sexuality): 라디오방송 상담사례를 중심으로	관계
(C) 젠더	이현희 (2014)	희귀난치성질환 자녀를 둔 어머니의 생활경험에 대한 질적 사례연구	관계
	이현심 (2015)	황혼이혼 여성노인에 대한 사례연구	개인

(2) 분석방법의 유형

이상에서 살펴본 국내 사례연구 방법론의 분석방법과 분석절차의 유형을 정리하면 다음 〈표 8-7〉과 같다. 이 표에서 알 수 있듯이, 선행 사례연구의 분석방법은 몇 가지 주요한 특징을 보여주고 있다. 우선, 도구적 사례연구 방법이 일반적이고 빈번하게 사용되고 있다는 점이다. 앞에서 살펴보았듯이, 사례연구에는 다양한 유형들이 존재하고 연구자의 관점에 따라 서로 다른 분류작업이 이루어져 왔다. 선행연구를 살펴본 결과, 사례연구의 분석방법은 주로 스테이크의 분석방법 중에서도 도구적 사례연구 방법을 차용하는 경우가 많았고, 그 외에 이 방법을 적용하면서도 특정한 사례연구자의 이론을 다루지 않는 경우도 발견되었다. 본질적 사례연구가 특정 사례의 발생과 본질적 의미, 상호작용과 대응방식 등을 다루는 분석방법이라면, 도구적 사례연구는 사례 자체에 대한 세부적인 접근을 목적으로 하는 대신 사례를 통해 쟁점 이슈를 이해하고 성찰적으로 접근한다는 점에서 차이가 나타난다. 요컨대, 사회과학과 교육학 분야에서 사례연구의 두드러진 경향을 고려할 때, 주로 스테이크의 사례연구 방법을 차용하여 도구적 사례연구를 시도하고 있다는 점, 그리고 본질적 사례연구나 다양한 사례연구 방법론이 적용되는 경향은 미미하게 나타난다는 점을 알 수 있다.

두 번째로, 사례의 규모와 수를 고려하여 다중 사례 분석을 시도하는 경우도 발견되었다. 이 경우 주로 인의 분석방법을 적용하였는데, 사례의 규모와 수를 기준으로 단일 사례연구와 다중 사례연구로 구분한 것이 인의 접근 방식이기 때문이다. 즉 하나의 사례에 집중할 경우에는 단일 사례 접근이고, 여러 사례들을 상호연관적으로 분석하는 것은 다중 사례연구 방법에 해당한다. 다중 사례연구의 대표적인 예로서 다음과 같은 두 가지 사례연구들을 들 수 있다(Yin, 2003/2005, 2009). 우선, 공동체 설립에 대한 비교 분석을 수행하고 있는 처스킨(Chaskin, 2001)의 사례연구이다. 이 연구는 두 개의 사례를 사용한 다중 사례연구의 유형으로서 공동체 역량을 구축하기 위한 두 가지 접근 방법을 제시하고 있다. 하나가 기존에 운영되는 공동체 조직의 네트워크를 강화하는 방법이라면, 또 다른 하나는 새로운 조직을 형성하는 방법이 여기에 포함된다. 이를 위해 이론적 기초를 위한 개념적 틀을 제시하였고, 그 다음으로 이 접근 방법이 얼마나 효과적이었는지를 두 개의 사례를 통하여 분석하고 있다.

또 다른 예시로서 교육시스템 구현을 위한 전략으로서 엘모어, 에이벨만, 그리고 펄먼(Elmore, Abelmann, & Fuhrman, 1996)의 사례연구를 들 수 있다(Yin, 2003/2005, 2009). 이 연구는 교육시스템의 설계를 위한 전략을 설명하고 있는데, 그 초점은 학생들의 학문적 성과를 높이기 위하여 학교가 어떠한 교육시스템을 설계하고 구현해야 하는지를 분석하는 데 있다. 이러한 연구의 분석대상으로 설정된 두 개의 사례는 서로 대비되는 전략을 사용하고 있는데, 하나가 더 낮은 비용의 기본적 시스템을 갖춘 사례라면, 다른 하나는 더 높은 비용의 복잡한 시스템을 갖춘 사례가 분석되었다. 이처럼 2개 이상의 다중 사례는 단일 사례에 비해 타당성 있는 풍부한 논의를 도출할 수 있다는 점에서 의미가 있는 접근 방법으로 평가된다.

이와 같은 맥락에서 인의 다중 사례!연구방법은 스테이크(1994)의 집합적 사례연구 방법을 통해서도 설명된 바 있다. 하지만, 다중 사례연구와 집합적 사례연구는 연구의 초점과 의미에서 차이가 존재한다. 인(Yin, 2003/2005, 2009)에 따르면, 다중 사례연구는 2개 이상의 사례를 선택하여 외적 타당성을 확보할 수 있고, 실질적인 반복연구를 수행할 수 있다는 점에서 단일 사례연구보다 더 강력히 추천되는 방법이다. 1개의 단일 사례연구는 '너무 독특하다'거나 '너무 인위적'이라는 비판에서 자유롭지 않기 때문이다. 따라서 인의 방법을 차용할 경우, 단일 사례연구보다 다중 사례연구 방법을 채택하여 2개 이상의 사례를 통해 분석결과를 도출하는 것이 타당성을 충족시키는 방법이 될 수 있다. 한편, 스테이크(Stake, 1994)의 경우 집합적 사례연구는 사례들 사이의 공통점과 차이점을 포착하기보다 서로 다른 다수의 사례들에 나타나는 공통된 특징들을 발견하는 데 초점이 있다. 이러한 관점에서 스테이크는 인과 달리 집합적 사례연구보다 단일 사례연구를 더 강조하는 경향이 있다. 왜냐하면, 사례연구는 "단일 사례의 독특성과 복잡성에 대한 연구"이며, 중요한 상황들 속에서 사례가 어떻게 전개되는지를 이해하는 데 주요한 목적이 있기 때문이다(Stake, 1995/2005, 13쪽).

마지막으로, 선행연구의 분석결과를 볼 때 사례연구의 분석절차는 다른 질적 연구방법과 달리 정형화되어 나타나지 않는다는 점이다. 이러한 측면은 이미 사례연구의 다양한 연구자들이 언급하고 공유하고 있는 점이기도 하다. 즉 사례연구는 분석방법의 유형에 따라 다양한 연구설계와 해석 및 기술절차가 요구되는 것은 사실이지만, 분석절차의 적용 사례를 볼 때 다른 질적 연구의 분석방법들을 차용하거나 혼용하는 경향이 나타나고 있음을 알 수 있다. 그 이유는 사례연구의 이론적, 사상적 배경이 다른 질적 연구에 비해 광범위하거나 복잡한 이론 체계를 구축하고 있지 않다는 점에서 하나의 근거를 찾아볼 수 있다. 또한 인의 방법론에서도 알 수 있듯이, 명제나 가설 검증의 차원에서 연역적 접근을 취하는 방법도 포괄하고 있다는 점에서 주로 귀납적 방법을 취하는 다른 질적 연구와의 방법론적 차이점을 발견할 수 있다. 물론 이러한 논점은 그 진위 여부를 판단하기 위하여 보다 풍부한 사실자료들을 통해 면밀하게 검토되는 과정이 요구된다. 질적 연구방법론에 관한 학술적 연구의 필요성이 지속적으로 제기되는 것도 바로 이러한 이유 때문이다.

표 8-7. 국내 사례연구의 분석방법과 분석절차의 유형

주제 유형	연구자	사례 유형	분석방법	자료수집 및 분석절차
(A) 교육/복지	안미리 (2002)	학교	도구적 사례연구	• 자료수집: 심층인터뷰, FGI • 분석절차: 내용분석
	김미영 · 김남진 (2009)	관계	도구적 · 집합적 사례연구	• 자료수집: 의도적 표집, 일대일 심층면담, 라포 형성(1, 2회), 반구조화된 질문형식 • 분석절차: ① 원자료의 줄단위 분석, ② 의미단위 추출, ③ 의미단위 합산, ④ 범주화
	김병찬 · 김미경 (2010)	공동체	도구적 사례연구	분류체계 분석법(taxonomic analysis), 카페 게시글 참여관찰, 게시판 질문과 댓글 수집, 주제어 범주화

주제 유형	연구자	사례 유형	분석방법	자료수집 및 분석절차
	안재진 · 권지성 · 변미희 · 최운선 (2012)	관계	도구적 사례연구	• 자료수집: 심층면접, 관찰, 수기, 영상 기록물 • 분석절차 ① 사례 내 분석: 각 사례에서 나타나는 입양 관련 이슈들 발견 ② 사례 간 분석: 사례들 간 공통 이슈 파악 ③ 주제형태로 전환 ④ 주제의 구체적 기술
(A) 교육/ 복지	강승원 (2014)	개인	도구적 사례연구	• 자료수집: 심층면접(자녀, 부모, 조부모, 활동보조인, 사회복지사), 정보원, 가정방문 관찰, 사진 · 상장 등 기록물 활용 • 분석절차: 기술 분석
	한인영 · 김진숙 · 문현주(2014)	관계	도구적 사례연구	자료수집: 심층면접, 인터뷰(어머니, 사례관리자), 기관 문서수집
	안태용 · 전영국 (2014)	관계	도구적 사례연구 (Merriam, 1988, 1998)	• 자료수집: 연구참여자(다문화가정 부친 1인), Seidman의 심층면담법 적용(생애사 초점, 경험 재구성, 의미 숙고), 반구조화 면담형식 • 분석절차 ① 생애사 흐름표 구성(의미단위 구분, 부호화, 선별) ② 연구문제 탐색: 자녀양육 경험의 변화과정 탐구 ③ 사례의 전체 묘사
	문현주 · 신혜정 · 강방글 · 권지성 (2014)	관계	다중 사례연구(Yin)	• 자료수집: 일대일 심층면접 • 분석절차: 주제 분석 및 기술, 하위주제별 진술 인용
	이현주 · 권지성 (2015)	의사결정	본질적 사례연구	자료수집: 반구조화된 설문지 활용 개별면접, 관찰, 기록물 수집
	이선희 (2015)	학교	도구적 사례연구	• 자료수집: 심층면접, 현장노트, 학교장 및 교사 인터뷰, 학교전년도 운영보고서, 문헌자료 • 분석절차(Stake, 2010): 개별사례의 '직접 해석', '범주화', 사례 내 분석, 사례 간 분석(주제 ⇨ 하위범주 ⇨ 상위범주)

<table>
<tr><th>주제 유형</th><th>연구자</th><th>사례 유형</th><th>분석방법</th><th>자료수집 및 분석절차</th></tr>
<tr><td>(A)
교육/
복지</td><td>김유진
(2016)</td><td>공동체</td><td>도구적 · 집합적
사례연구</td><td>• 자료수집: 사전연구(pilot study), 심층면담, 정보원(경로복지 담당자, 노인복지타운 관계자, 사회복지사)
• 분석절차(Stake, 1994, 1995/2000): 사례 배경, 사례의 내외적 역동, 사례 내외부 구성원 관계 및 상호작용 분석 [원자료의 줄단위(line-by-line) 분석, 질적 내용분석]</td></tr>
<tr><td rowspan="3">(B)
미디어/
문화</td><td>김인경 · 양소정
(2011)</td><td>개인</td><td>도구적
사례연구</td><td>• 자료수집: 질적 심층면접(연구참여자, 가족, 친구), 인터넷 메일, 채팅 텍스트
• 분석절차
① 연역적 분석: 개념적 틀 전제, 연구문제 정립, 연구설계의 개방적 신축성 확보
② 범주합산전략(categorical aggregation)(Stake, 1995)</td></tr>
<tr><td>백흥진 · 김세은
(2012)</td><td>공동체</td><td>도구적
사례연구</td><td>• 자료수집: 개별 심층인터뷰
• 분석절차: 질적 내용분석</td></tr>
<tr><td>정희원 · 김학만
(2012)</td><td>관계</td><td>도구적
사례연구</td><td>• 자료수집: 심층인터뷰
• 분석절차: 직접해석, 범주화(109개 노인 성상담 사례), 사례 내 분석(within-case analysis), 사례 간 분석(cross-case analysis)</td></tr>
<tr><td rowspan="2">(C)
젠더</td><td>이현희
(2014)</td><td>관계</td><td>본질적
사례연구,
집합적 · 다중
사례연구</td><td>• 자료수집: 심층인터뷰, 자조모임 참여관찰, 인터넷 카페 게시글
• 분석절차
① 사례 내 분석: 증상 발현 시기 및 대응 행위 구분
② 사례 간 분석: 시간/맥락 차원
③ 주제분석: 가족 · 사회적 지지 영역의 이슈 통합, 주제 형태로 서술</td></tr>
<tr><td>이현심
(2015)</td><td>개인</td><td>본질적
사례연구,
단일 사례연구</td><td>• 자료수집: 심층면담(여성노인 1명), 의도적 표집
• 분석절차
① 신혼기: 이혼 후 가족생활주기의 사건 · 위기 서술
② 사건들의 주제 구조화
③ 진술의 의미 탐색</td></tr>
</table>

2) 커뮤니케이션과 미디어교육 분야의 시사점

(1) 학문적 시사점

사례연구는 커뮤니케이션과 미디어교육 분야에서 어떠한 학문적 시사점을 제공하는가? 이러한 물음에 대해서는 인이 언급한 "모범적인(exemplary)" 사례연구의 조건을 고려할 때 보다 명확한 답변을 도출할 수 있다(Yin, 2009, p. 185). 그것은 우선, 사례연구의 의미성이 명확해야 한다는 점이다. 즉 연구자 자신이 그 사례를 조율하고 통제할 수 있는지를 파악함과 동시에 사례가 많은 경우 선택의 기준을 사전에 설정할 필요가 있다(Yin, 2009). 예컨대, 사례가 독특하고 일반적인 공공의 관심사일 것, 사례의 쟁점 및 이슈가 이론이나 정책, 혹은 실천의 측면에서 국가적으로 중요할 것, 혹은 이 두 경우에 모두 해당될 경우에 그 사례연구와 사례는 의미 있는 것으로 평가된다.

두 번째로, 사례연구가 "완전해야(complete)" 한다는 점이다(Yin, 2009, p. 186). 이러한 완전성은 다음과 같은 몇 가지 범주를 통해 이해된다. 우선, 사례 경계의 명확성이다. 즉 연구하고자 하는 현상과 상황을 분명하게 설정하여 사례의 경계를 명확히 해야 한다는 것이다. 둘째, 사례연구의 증거수집에 대한 '완전한' 주의와 관심을 표현해야 한다. 즉 사례연구의 방법을 기술함에 있어 증거수집 과정과 노력이 설득력 있게 제시되어야 한다는 것이다. 이것은 많은 사례의 증거를 가리키는 게 아니라 주석, 첨부 자료, 혹은 기술 내용을 통해 철저한 자료검증과 관련성을 입증할 수 있어야 함을 의미한다. 마지막으로, 연구설계를 철저히 하여 연구의 범위와 기간을 사전에 계획해야 한다. 이러한 연구태도가 중요한 이유는 사례연구 과정에서 자칫 자료가 고갈되거나 시간의 부족 등으로 인해 인위적으로 연구를 종료해야 하는 상황이 발생하기 때문이다. 이러한 시행착오를 사전에 방지하기 위해서는 연구자의 시간과 조건을 고려한 연구설계와 범위, 기간의 확정이 요구된다.

마지막으로 사례연구에서 "대안적 관점(alternative perspectives)"이 고려되어야 한다는 점이다(Yin, 2009, p. 187). 사례연구에서 연구의 신뢰성을 높이기 위해서는 해당 사례와 관련된 다양한 입장들을 통찰하되 궁극적으로 어떠한 대안적 관점과 입장이 타당한지 명확히 제시할 필요가 있다. 양시양비론(兩是兩非論)의 관점에서 학교와 교사, 학생 등 모든 관계자들의 입장들을 대하거나 혹은 대안적 관점 없이 각각의 주체들의 입장들을 비판으로 일관할 경우, 사례연구의 의미성과 신뢰성은 상실될 수 있다. 중요한 것은 연구자가 사회적 소외계층, 특히 사회적 소수자들의 이해와 요구에 더 가까이 다가가서 문제의 사실들을 드러낼 때, 대안적 관점은 그 힘을 발휘할 수 있다는 점이다. 질적 연구의 생애사적 접근이 중요한 것도 바로 특권층의 영웅서사가 아니라 일반인의 생애 경험들에 관심을 기울이고 공공영역으로 견인할 수 있기 때문이다. 이와 마찬가지로 사례연구가 사회구조의 부와 권력을 재생산하는 도구가 되지 않기 위해서는 개인과 공동체의 관계성에서 야기되는 쟁점 이슈들을 심층적으로 다루고 대안적 방안들을 모색하는 것을 염두에 두어야 한다. 질적 연구방법은 단지 사회적 현상을 명확한 수의 세계로 이끄는 것이 아니라 문제를 느끼며 공동의 해결을 꿈꾸는 이야기의 세계로 향해 있는 까닭이다.

(2) 실천적 시사점

앞에서 살펴보았듯이, 사례연구는 경계를 가진 독특한 체계로서 사례를 이해하고 쟁점들을 찾아내 대안적 관점들을 모색하는 데 목적이 있다. 이러한 점에서 사례연구의 실천적 시사점은 현실에서 발생했거나 현재 진행 중에 있는 사례 자체의 독특성과 차이를 이해하고 고유한 작동방식을 파악함으로써 문제해결의 가능성을 도출하는 데 있다.

보다 구체적으로 살펴보면, 우선 사례연구는 개인과 가족 관계에서 발생하는 문제 상황과 현실 쟁점들을 연구의 초점으로 설정한다는 점이다. 예컨대, 한부모가정 아동들의 가족 경험, 성인입양인의 경험, 지적장애 부모를 둔 비장애 청소년의 삶, 다문화가정 아버지의 자녀양육 경험 등에 대한 사례연구들은 현실의 문제와 쟁점들을 탐구하여 실천적 대안들을 도출할 수 있도록 한다.

두 번째로, 사례연구는 다양하고 경계 있는 체계로서 공동체의 사례를 선정하여 구성원의 역할과 커뮤니케이션 현상에 대한 쟁점 및 이슈들을 파악할 수 있게 한다. 예컨대, 온라인 교사공동체의 카페 운영 사례, 지역 공동체의 시민 미디어, 농촌지역의 독거노인과 공동생활거주에 대한 사례연구들은 바로 이러한 공동체의 사례를 초점에 두고 있다.

마지막으로, 사례연구는 미디어와 이용자의 문제 상황들을 사례로 선정하여 대안적 방안을 탐색할 수 있게 한다. 이를테면, 인터넷 중독의 문제점, 지역 시민 미디어의 운영 상황, 노인의 성과 삶에 대한 미디어 재현 방식 등을 사례로 접근하여 현실의 쟁점과 특수한 상황들을 규명하는 데 시사점을 제공한다. 특히 스테이크(Stake, 1994)가 강조하듯이, 사례연구는 관심 쟁점들을 다양한 질문과 문제들을 반복적으로 제기하며 발전된 쟁점으로 이끈다는 점에서 실천적 시사점이 나타난다. 왜냐하면, 발전적 쟁점들을 통해 해당 사례의 관계자들이 어떻게 대응할 것인지를 예측하고 '주장'할 수 있기 때문이다. 따라서 사례연구의 쟁점, 문제, 발전된 쟁점, 그리고 주장으로 이어지는 쟁점 개발 과정은 해당 사례의 현실 상황과 문제들을 해결하기 위한 실천적 발전과정으로서 평가할 수 있다.

요컨대, 사례연구의 실천적 시사점은 개인과 가족 관계, 공동체와 커뮤니케이션 현상, 그리고 미디어와 이용자의 문제 상황들에 대한 쟁점을 제기할 뿐 아니라 쟁점의 발전을 통해 대안적 방안을 위한 예측과 주장을 제기할 수 있다는 점에서 발견된다.

(3) 방법론적 시사점

사례연구의 방법론은 다른 질적 연구의 접근 방법에 비해 사례 선정, 이론의 설정 단계, 그리고 연구설계의 엄밀성과 완성도가 중요하게 작용한다. 즉 사례연구는 연구의 출발점에서부터 철저한 연구설계를 하지 않을 경우 시행착오를 겪을 수 있는 것이다. 이것은 또한 역으로 사례연구가 갖는 장점을 나타내는 것이기도

하다. 왜냐하면, 연구설계가 충실히 이루어진 상태에서 연구를 진행할 경우 다른 연구에 비해 보다 현실의 쟁점들에 접근하여 문제해결의 방안까지 도출할 수 있는 역동적 방법론일 수 있기 때문이다.

이러한 맥락에서 사례연구의 방법론이 갖는 시사점은 다음과 같이 몇 가지로 정리된다. 우선, 사례연구는 사례의 규모에 따라 다양한 사례에 접근할 수 있는 지침을 제공한다는 점이다. 앞에서 보았듯이, 사례의 규모에 따라 단일 사례연구와 다중 사례연구 혹은 집합적 사례연구로 분류되기 때문에 한 사례의 독특성뿐 아니라 사례들 사이의 공통된 현상과 쟁점들을 분석할 수 있다는 점에서 방법론적 시사점을 발견할 수 있다.

두 번째로, 사례연구는 연구 의도에 따라 다양한 방법론을 적용하여 분석할 수 있다는 점에서 의미가 있다. 예컨대, 특정 사례에 대해 접근하는 본질적 사례연구나 특정 이슈나 문제를 규명하기 위해 활용되는 도구적 사례연구는 연구 의도에 따라 다양하게 선택할 수 있는 방법론의 유형이다. 그 밖에도 탐색적 사례연구, 기술적 사례연구, 그리고 설명적 사례연구 등 다양한 유형으로 연구 의도와 목적을 구현할 수 있다는 점에서 의미가 있다.

마지막으로, 사례연구는 사례 자체가 아니라 특정한 상황과 쟁점들을 다룬다는 점에서 현실 사회구조의 메커니즘과 구성원의 역할을 조망할 수 있는 방법론이다. 특히 상황맥락에서 추출한 쟁점들이 연구문제나 명제를 규명하기 위해 중요하게 작용한다는 점에서 방법론의 특수성을 발견할 수 있다. 이러한 방법론의 특성은 질적 연구에서 기본적으로 요구되는 연구자의 태도와 연관된다. 질적 방법론을 적용하는 연구자에게 중요한 태도는 문제의 해결이 아니라 그 문제 자체를 이해하고 제대로 제기하는 데 있기 때문이다.

이상과 같이 사례연구의 방법론은, 사례의 규모나 연구 의도, 그리고 사례를 둘러싼 상황맥락과 쟁점들을 다룬다는 점에서 의미가 있다. 특히 사례연구는 연구주제와 사례의 설정, 그리고 쟁점의 발견 등이 서로 밀접한 관련성을 지니고 있기 때문에 사회적 이슈와 쟁점에 대한 지속적 관심과 관찰이 선행되어야 한다.

제9장

09

질적 연구의 검증방법

개관

질적 연구의 검증방법은 연구의 타당성과 신뢰성을 확보하기 위한 것으로서 질적 연구자들에 의해 지속적으로 논의되고 대안적 방안들이 모색되어 왔다. 특히 타당성과 신뢰성의 범주는 이론적 관점과 입장에 따라 다양하게 나타나는데 그 대표적인 논의는 다음과 같이 세 가지 관점으로 정리된다. 자연주의적 관점에 근거한 링컨과 구바의 관점, 포스트모더니즘과 후기구조주의 이론의 용어를 차용하는 레더의 관점, 그리고 신뢰성이나 타당성이 아닌 '이해'의 검증을 강조하는 월콧의 관점 등이 여기에 해당된다. 본 장에서는 앞의 두 가지 관점인 링컨과 구바의 자연주의적 입장, 그리고 레더의 독특한 타당성과 신뢰성 범주들을 살펴보고자 한다. 이와 함께 보다 구체적으로 삼각검증법, 참여자 검증, 동료 검증 등의 다양한 검증방법론을 검토한다.

나아가 연구의 윤리성 확보를 위한 연구자의 가치판단과 책임 있는 태도를 요구한다. 연구참여자의 프라이버시 보호와 연구 동의를 전제로 하지 않을 경우, 그 연구자와 연구결과의 신뢰성이 훼손될 뿐 아니라 연구참여자에게 신체적, 정신적 불이익을 가할 수 있기 때문이다. 따라서 질적 연구의 검증방법과 연구의 윤리성은 양자택일의 것이 아니라 병행해 나가야 할 연구자의 기본 윤리이다.

토론 주제

1. 타당성과 신뢰성은 어떠한 관점에서 논의되고 있는가?
2. 타당성과 신뢰성 검증방법은 무엇인가?
3. 자료수집 과정의 윤리성은 왜 필요한가?
4. 자료분석 및 보급과정의 윤리성은 왜 필요한가?

주요 용어

타당성과 신뢰성 • 링컨과 구바(Lincoln & Guba) • 레더(Lather) • 삼각검증법(triangulation) • 윤리성

1

질적 연구의 타당성 및 신뢰성 논의와 검증방법

1) 타당성 및 신뢰성 논의와 관점

질적 연구방법론에서 타당성과 신뢰성에 대한 관심은 다양한 이론적 관점과 정의를 통해 표출되어 왔다. 그 흐름은 크게 양적인 관점에서 질적인 타당성을 검토하는 입장, 독립적인 영역에서 질적 용어를 사용하는 입장, 포스트모더니즘과 해석적 관점을 수용하는 입장, 그리고 양적 연구와 질적 연구의 혼합적 방법론을 채택하는 입장 등으로 세분화된다(Creswell, 2007/2010). 이 중에서도 대표적인 타당성과 신뢰성 논의는 다음과 같이 세 가지 관점에서 살펴볼 수 있다. 즉 자연주의적 관점을 표방하고 있는 링컨과 구바의 관점, 포스트모더니즘과 후기구조주의 이론의 용어를 차용하는 레더의 관점, 그리고 신뢰성이나 타당성이 아닌 '이해'의 검증을 강조하는 월콧의 관점 등이 여기에 포함된다. 여기서는 이 신뢰성과 타당성의 구성범주를 직접적으로 제시하고 있는 앞의 두 가지 관점, 즉 링컨과 구바의 관점, 그리고 레더의 관점을 중심으로 타당성과 신뢰성에 대한 논의들을 검토하고자 한다.

(1) 자연주의적 관점: 링컨과 구바

링컨과 구바는 1985년에 그들의 대표적인 공저인 〈자연주의적 탐구(*Naturalistic*

inquiry)〉를 통해 실증주의 연구와 자연주의 연구 패러다임을 비교하며 그 차이를 제시하고 있다. 이를 도식화하면 다음 〈표 9-1〉과 같다.

표 9-1. 실증주의와 자연주의 연구 패러다임의 기본 신념

기본 신념	실증주의 연구 패러다임	자연주의 연구 패러다임
존재론: 실재성(reality)의 속성은 무엇인가?	유일한, 구체적, 객관적, 단편적, 개별적인 것	다양한, 주관적, 총체적, 구성적인 것
인식론: 연구자와 참여자의 관계는 어떠한가?	독립적	상호작용적, 분리불가능
목적: 연구의 목적은 무엇인가?	일반화, 원인의 설명 · 예측	맥락화, 이해, 해석
인과 관계: 인과적 연관성은 어떠한가?	실제 원인은 결과 이전이나 동시에 영향을 미침	모든 존재들이 상호작용하여 인과 관계의 구분이 불가능
가치: 가치의 역할은 무엇인가?	가치중립적	가치편향적

출처: Lincoln, Y. S., & Guba, E. G. (1985). *Naturalistic inquiry*. Newbury Park, CA: Sage, 37쪽에서 인용. 원 저작권자의 모든 권리가 보호됨.

위의 〈표 9-1〉에서 알 수 있듯이, 링컨과 구바는 다섯 가지 기본 신념에 근거하여 실증주의 연구와 자연주의 연구 패러다임의 차이를 비교하고 있다. 구체적으로 살펴보면, 우선 존재론의 측면에서 '실재성(reality)의 본성은 무엇인가?'라는 물음에 대해 실증주의 연구와 자연주의 연구는 패러다임 상의 차이를 나타내고 있다. 즉 실증주의 연구의 관점에서 실재성은 유일하고, 구체적이며, 객관적일 뿐 아니라 단편적이고 개별적인 속성을 지니고 있다면, 자연주의 연구의 관점에서는 다양하고 주관적이며 총체적이거나 구성적인 특질로서 규정되기 때문이다.

두 번째로, 인식론의 측면에서 '연구자와 참여자의 관계는 어떠한가?'라는 질문이 제기된다. 이에 대해 실증주의 연구가 연구자와 참여자의 관계를 독립적인 것으로 간주하는 반면, 자연주의 연구는 상호작용적이고 분리 불가능한 관계로 제시한다는 점에서 변별성을 지닌다. 따라서 자연주의 연구는 실증주의적 접근과 달리 연구자와 연구참여자 사이의 상호작용적 행위와 공동의 협력을 통해 연구를 전개한다는 점에서 역동적인 연구결과를 도출할 수 있다.

세 번째로, 목적의 측면에서 '연구의 목적이 무엇인가?'에 대한 상이한 관점이 발견된다. 실증주의 연구가 연구결과의 일반화나 원인에 대한 설명과 예측을 주요한 연구목적으로 설정한다면, 자연주의 연구는 이론이나 연구결과의 맥락화와 이해, 그리고 해석을 지향하고 있다는 점에서 패러다임 간의 차이가 도출된다. 이러한 관점에서 링컨과 구바(Lincoln & Guba, 1985, pp. 37-38; 김영천, 2013, 628쪽 참조)는 자연주의적 탐구의 특징으로 자연적 장소와 시간, 연구도구로서의 사람, 암묵적 지시, 질적 방법, 의도된 표본, 귀납적 자료분석, 근거이론, 점진적 설계, 협의된 산출물, 사례 보고, 내부자적 해석, 가정적 적용, 초점 결정적 경계, 진실성 등을 제시하고 있다.

네 번째로, 인과 관계의 측면에서 '인과적 연관성은 어떠한가?'라는 질문에서도 입장의 차이가 나타난다. 자연주의 연구의 경우, 모든 존재들이 상호작용하기 때문에 인과적 관계의 구분이 불가능하다는 관점에 토대를 둔다면, 실증주의 연구는 결과가 발생하기 전이나 동시에 원인이 영향을 미칠 수 있다는 입장을 견지하고 있다는 점에서 그러하다. 이러한 측면에서 자연주의적 관점은 모든 사물과 현상, 인간 존재들이 서로 '준 원인'이 되어 다양한 결과들을 산출한다는 것을 강조한다는 점에서 기계적 인과성의 한계에서 벗어날 수 있다.

마지막으로, 가치의 측면에서 '가치의 역할은 무엇인가?'라는 물음에 대해 실증주의 연구와 자연주의 연구는 서로 다른 관점을 취하고 있다. 왜냐하면, 실증주의의 관점이 가치중립적(value free and unbiased)인 위치에 있다면, 자연주의의 관점은 가치편향적(value bound and biased)인 입장을 지니고 있기 때문이다. 이러한 가치편향적 관점은 김영천(2013)이 설명하듯이, 부정적인 속성으로 제시되는 것이 아니라 연구자의 가치와 이론적 관점, 맥락적이고 방법론적인 가치의 특수성을 존중한다는 점에서 가치 내재적인 속성으로 이해할 수 있다.

그러면, 자연주의적 연구의 패러다임에서 질적 연구의 타당성과 신뢰성은 어떻게 정의되는가? 링컨과 구바(1985)는 양적 연구의 이론적 토대인 실증주의 연구와 차별성을 꾀하고 진실성(trustworthiness) 확보 방안으로서 질적 타당성의 범주들을 다음과 같이 크게 네 가지로 구분하여 제시하고 있다(Lincoln & Guba, 1985, pp. 300-316 참조). 즉 신뢰성(credibility), 전이성(transferability), 의존성(dependability), 그리고 확증성(confirmability) 등이 그 범주들을 구성한다. 이를 도식화하면 다음 〈표 9-2〉와 같이 제시된다.

표 9-2. 링컨과 구바의 질적 타당성 구성범주

양적 연구	질적 연구	질적 연구에서 사용되는 기술
내적 타당도 (internal validity)	신뢰성 (credibility)	장기간 참여, 지속적 관찰, 동료 검증, 반증 사례 분석, 진보적 주관성, 삼각검증법
외적 타당도 (external validity)	전이성 (transferability)	심층적 기술
신뢰도 (reliability)	의존성 (dependability)	신뢰성에 대한 재검사, 삼각검증법, 다양한 탐구를 통한 검증, 공정한 감사
객관성 (objectivity)	확증성 (confirmability)	삼각검증법, 지속적인 연구자 반성일지 작성

출처: Lincoln, Y. S., & Guba, E. G. (1985). *Naturalistic inquiry*. Newbury Park, CA: Sage, pp. 300-316; 김영천 (2013). 〈질적연구방법론 2: Methods〉. 파주: 아카데미프레스, 632쪽 재구성.

보다 세부적으로 살펴보면, 우선 신뢰성의 확보는 다음과 같이 다섯 가지 측면에서 추진될 수 있다(Lincoln & Guba, 1985, pp. 301-316; 김영천, 2013, 629-631쪽 참조). 먼저, 믿을 만한 연구결과가 산출될 수 있도록 하는 다양한 연구 활동들을 수행하는 방법이다. 예컨대, 장기간 현장 참여 및 연구 수행, 지속적 관찰, 삼각검증법, 다양한 관점의 해석 작업 수행 등이 여기에 포함된다. 둘째, 동료 검증(peer debriefing)의 방법으로서 연구자의 선입견과 개인적 성향을 제거하기 위해 동료들과 함께 연구주제에 대한 토론을 진행하는 방법을 들 수 있다. 셋째, 귀납적 방법을 적용하기 위해 사용하는 '반증 사례 분석(negative case analysis)'으로서 지속적으로 나타나는 오류들을 포함할 수 있는 가정을 재구성하는 작업이다. 넷째, '참고자료의 적합성(referential adequacy)'으로서 적합한 참고자료를 관리하고 최대한 원상태로 보관하여 심사자에게 제시하는 것이다. 마지막으로, '연구참여자에 의한 연구결과의 검증(member checking)'으로서 연구참여자로 하여금 연구과정에서 수집 해석한 내용을 검토하게 하여 신뢰성을 높이는 방법 등을 들 수 있다.

두 번째로 제시되는 질적 타당성은 전이성이다. 전이성의 대표적인 방법은 심층적인 기술이다. 즉 주어진 시간과 맥락 속에서 심층적인 기술과 묘사를 통해 상황의 전이 가능성을 높인다. 이러한 전이성 검증이 중요한 이유는, 연구결과에 대한 연구자나 연구참여자 사이의 공감대 형성을 위해서는 상세한 기술이 제대로 수행되었는지 검토할 필요가 있기 때문이다(Creswell, 2007/2010). 따라서 전이성 검증은 심층적이고 깊이 있는 상세한 기술 작업을 수행함으로써 보다 생생한 연구결과를 도출할 수 있도록 하는 방법이다.

세 번째 질적 타당성인 의존성은 신뢰성 검증과정에서 누락된 작업들을 이중으로 검토하는 과정이다. 특히 연구결과가 가변적이고 불안정한 상황일 경우 의존성 검증을 수행한다(Creswell, 2007/2010). 이 때문에 '완벽한 신뢰성의 형성'이나 '철저한 신뢰성 검사' 과정이 수행되었을 경우, 이중 검증과정인 의존성 작업은 생략이 가능하다. 그 밖에도 의존성 검증을 위해 삼각검증법이나 다양한 탐구를 통한 검증, 자료의 해석에 대한 공정성 여부 등 모든 발생할 수 있는 가능성에 대한 검토 작업이 의존성 검증과정에서 요구된다.

마지막으로, 확증성은 앞에서 살펴본 의존성 검증과정과 연계되는 것으로서 여기에는 삼각검증법과 지속적인 반성일지 작성 등이 포함된다. 이러한 확증성과 앞에서 제시한 의존성은 모두 연구과정에 대한 감사(auditing) 작업을 통해 검증할 수 있다(Creswell, 2007/2010).

이상과 같이 링컨과 구바의 질적 타당성을 위한 구성범주는 총 네 가지로 구분된다. 여기서 가장 선차적으로 수행되어야 할 것은 신뢰성 검증으로서 이 작업이 완전하게 이루어지지 않았을 경우, 의존성 검증을 통해 이중의 검사과정을 수행할 수 있다. 또한 현장 상황의 생생한 묘사와 기술을 위해 전이성 검증은 중요한 역할을 행하며, 확증성을 통해 의존성 검증을 보완하여 반성적, 성찰적 연구 수행을 도모할 수 있다. 이러한 점을 고려할 때, 링컨과 구바의 질적 타당성 검증은 가장 일반적으로 연구자들이 접근할 수 있는 방법으로 평가된다. 왜냐하면, 검증절차가 다양하고 용이한 방법을 취할 뿐 아니라 철저한 이중 검증과정을 통해 연구작업과 연구결과의 오류 및 시행착오를 최대한 감소시킬 수 있기 때문이다.

(2) 후기구조주의적 관점: 레더

그 다음으로 후기구조주의적 관점을 견지하고 있는 패티 레더(Patti Lather)의 질적 타당성에 대한 견해를 살펴볼 수 있다. 이러한 레더의 관점은 저서인 〈영리해지기: 포스트모더니즘 페미니즘 연구와 교육학(*Getting smart: Feminist research and pedagogy with/in the postmodern*)〉(1991)을 비롯하여 레더의 논문인 "상상력이 풍부한 집착: 후기구조주의에 따른 타당성(Fertile obsession: Validity after poststructuralism)"(1993)을 통해 집약적으로 제시된다. 여기서는 이러한 레더의 후기구조주의적 관점에서 어떻게 질적 타당성의 요구가 제기되는지, 그리고 구체적인 타당성의 구성범주는 어떠한 특징을 지니고 있는지 살펴보고자 한다.

우선, 레더(Lather, 1991)는 앞에서 소개한 저서 〈영리해지기〉에서 타당성에 대한 재개념화의 필요성을 주장하고 있다. 그 이유는 "인문학 패러다임의 불확실성"으로 인해 새로운 타당성에 대한 관점이 요구되며, 이를 통해 "타당성에 대한 독단적인 관념"을 벗어나 신뢰성 있는 자료의 확보와 새로운 기법의 적용과 개념화 작업을 수행할 수 있기 때문이다(Lather, 1991, p. 66). 이를 위해 레더는 네 가지 타당성 유형을 구분하여 제시하고 있다(Lather, 1991; Creswell, 2007/2010, 282쪽 참조). 그것은 먼저, 복합적 자료원, 복합적인 방법 및 이론적 개념 틀을 포함하는 다원적 타당성을 들 수 있다. 둘째, 정보제공자나 맥락에 이론/구성체를 부여하기보다 존재하는 구성체를 인정하는 구성체 타당성이 여기에 포함된다. 셋째, 액면 타당성(Kidder, 1982)으로서 '그렇긴 하지만(yes, but)' 대신에 '물론 그렇다'는 경험과 '인식의 순간적 깨달음(click of recognition)'과 같은 것을 검증하는 범주, 마지막으로 실제를 알고 그것을 변형시키도록 연구참여자를 격려하는 촉매적 타당성 등 네 가지 타당성이 여기에 포함된다.

이러한 타당성에 대한 재개념화의 시도는 이후 레더의 논문(Lather, 1993)을 통해 더욱더 특이성을 띠고 체계화되었고 페미니즘 연구와 유기적인 연관성을 지니게 되었다. 이 논문에서 제기하는 네 가지 타당성 범주는 첫째, 보드리야르(Baudrillard)의 사유를 적용한 '시뮬라크르적(simulacra)/반어적(ironic) 타당성',

둘째 료타르(Lyotard)의 배리 개념을 적용한 '배리적(paralogic) 타당성', 셋째 데리다(Derrida)의 엄밀함(rigour)과 들뢰즈와 과타리(Deleuze & Guattari)의 리좀 사유를 적용한 '리좀적(rhizomatic) 타당성', 넷째 이리가레(Irigaray)의 여성주의 개념을 통해 제기되는 여성적(voluptuous)/상황적(situated) 타당성이 여기에 포함된다. 이러한 타당성을 제기하게 된 배경에는 레더의 논문 제목처럼 타당성에 대한 '상상력이 풍부한 집착'이 자리하는데, 이 집착의 출발점은 료타르의 질문에서 기인한다. "(이야기에 대한 이야기인: 역자 주) 메타서사에 따를 때, 옳고 그름의 적합성은 어디에 존재하는가?"라는 료타르의 질문이 그것이다(Lyotard, 1984, p. xxv). 이러한 료타르의 물음에 응답하며, 레더(Lather, 1993)는 재현의 위기 상황에 대응하기 위해 권위(authority)에 대한 대항실천(counter-practices)의 분산, 순환, 그리고 확산을 다루고 있다. 레더의 문제의식은 어떻게 타당성의 규범적 틀이 지닌 한계를 극복할 것인지를 탐색하는 데에 있다. 이를 위해 레더(Lather, 1993)가 제기하는 물음은 다음과 같다. 개방적이고 맥락에 민감한 타당성 범주는 무엇이고 왜 그러한가? 연구방법론의 적합성과 타당성에 대한 이러한 집착은 의식 있는(conscience) 사회의 학문분야에서 나타나는 속성 중 하나인가? 이와 같은 레더의 문제의식을 규명하기 위해 앞에서 제시한 네 가지 질적 타당성의 범주들을 구체적으로 살펴보고자 한다.

우선 시뮬라크르적(simulacra)/반어적(ironic) 타당성'은 보드리야르의 시뮬라크르 이론에 근거한다. 여기서 시뮬라크르란 원본(originals)이 없는 복제본들(copies)을 가리킨다. 보드리야르가 주장하는바, 우리는 재현의 문화에서 시뮬라크르 문화로 이동했다. 시뮬라크르란 지시대상의 부재를 가리는 기능을 한다. 보드리야르의 시뮬라크르에 대한 정의는 구약성서(Ecclesiastes)로부터 유래한다. "시뮬라크르는 절대 진실을 은폐하는 것이 아니다. 그것은 진실이 부재하다는 것을 숨기는 진실이다. 시뮬라크르는 진실이다"(Bogard, 1988: Lather, 1993, p. 677 재인용). 시뮬라크르의 세계에서 "지시대상은 고작 파생적인 것에 지나지 않는다"(McGowan, 1991, p. 18). 왜냐하면, 시뮬라크르 세계라는 초현실적 상황으로의 변화는 실재와 복제본을 구별하는 재현의 관계를 벗어나 복제본이 오히려 실재의 위치에 자리하는 내파(implode) 작용의 결과에 기인하기 때문이다(Lather, 1993). 즉 복제본이 실재의 위치를 덮고 파생된 것이 시뮬라크르의 세계인 것이다. 반어적 타당성은 "코드에 의한 통제 가능성을 넘어 문화적 게릴라를 증식시키는 시뮬레이션의 상황으로 이동하는 것이다"(Angus, 1989, p. 346). 이것은 단순한 전도와 대체를 피하는 해체적 이동(deconstructive move)이다. 이러한 시뮬라크르적/반어적 타당성은 실증주의에 근거한 과학적 논리와 연구들에 대한 차별화 전략에 기인한 것으로 파악된다. 왜냐하면, 질적 타당성을 확보하기 위해 연구자는 과학적 대표성을 창출하는 실증주의적 접근과 달리 "문제를 통해 진실을 이끌어내야" 하기 때문이다(Creswell, 2007/2010, 282쪽).

두 번째는 료타르의 배리(背理, paralogy)/신실용주의적(neo-pragmatic) 타당성이다. 료타르가 제기한 배리의 사유는 서구 사상의 거대 담론이나 과학적 지식이 지닌 보편성과 총체성의 논리에서 벗어나 파편화된 미시담론의 다양성과 특수성을 고려하는 포스트모더니즘의 논리에 근거한다. 이러한 관점에서 배리 타당성은 결정할 수 없고 한계가 존재하며 역설적이고 복합적인 것, 그리고 이론화에서 벗어나 거의 중재되지 않는 방식으로 다양한 목소리를 직접 보여주는지 여부를 검증하는 것이다(Creswell, 2007/2010). 예컨대, 우드브룩스(Woodbrooks, 1991)는 고등교육을 받은 아프리카계 미국 여성들과 지도자의 위치에 대한 박사학위논문에서 배리 타당성의 조건들을 분석하고 있다. 이 연구는 지식을 한층 더 상호작용적이고 맥락적인 방식으로 생산하는 방안을 구상하며 대항 해석에 대한 개방성에 초점을 두고 있다. 이 연구에 따르면, 방법론의 중요한 목적은 의미 형성과 해석의 다양성을 만들어내기 위한 풍부한 방해 작업들(interruptions)을 적용하는 데 있다(Lather, 1993). 인터뷰 자료를 분석하는 과정에서 우드브룩스는 두 가지 유사한 질적 타당성의 방법들을 이용하였다. 그것은 링컨과 구바(Lincoln & Guba, 1985)가 타당성 검증방법으로 이미 제시한 바 있는 연구참여자 검사(member checks)와 동료 검증(peer debriefing)이다. 이 두 검증방법을 사용하여 의도적으로 여성주의의 해방론과 후기구조주의 입장 사이의 상반된 경계에 연구자를 위치시키고, 연구자 자신은 중요한 통역자의 역할로서 개입하도록 한다. 그 역할은 여성주의에 대한 비판적 태도를 취하며 "흔들고(to shake), 방해하며(disrupt), 변화하도록(shift)" 하는 데 있다(Woodbrooks, 1991, p. 103). 연구참여자 검사와 동료 검증방법은 연구자가 수행한 자료의 초기 분석을 비평하는 데 사용되었다. 인터뷰 자료와 연구자의 1차 분석에 대한 재분석이 수행된 후, 연구자는 참여자들에게 두 번째 초고를 관련자들에게 보내 전화로 응답을 들었다. 결국 이러한 방법은 배리 타당성을 적용한 하나의 텍스트 전략으로서 그 의미가 발견된다. 왜냐하면, 이 검증방법을 사용한 결과 아프리카계 미국인 가족 참여자들과 백인 여성 연구자들의 서로 다른 목소리를 나란히 도출하는 효과를 만들어낼 수 있었기 때문이다. 즉 목적의식적으로 수행한 연구자의 여성주의에 대한 비판적 이야기와 태도에 대한 연구참여자의 반응을 유도한 결과 해체적 이야기를 구성할 수 있었다. 따라서 배리 타당성은 백인 여성 연구자와 흑인 여성 참여자 사이의 상반된 입장을 넘어서서 "제삼자의 목소리(a third-person voice)"가 구성될 수 있도록 했다(Lather, 1993, p. 679)는 점에서 유의미한 질적 타당성 검증방법으로 평가된다.

세 번째로, 데리다의 엄밀함(rigour)과 들뢰즈와 과타리의 리좀적 타당성(rhizomatic validity)을 들 수 있다. 데리다의 '엄밀함'은 사실과 세부사항들과 같은 어떤 내용에 관해 엄밀한 특이성을 규정하는 방법이다. 그것은 안정성을 훼손하고 전복하며 동요시키는 효과를 지닌다. 왜냐하면, 엄밀함의 방법은 통합성의 논리가 아니라 어떤 체계의 다름이나 타자성의 부름에 반응하는 "소명(vocation)"으로서 간주되기 때문이다(Lather, 1993, p. 680). 해체철학에 기반한 데리다의 놀이는 기표(記表)와 기의(記義) 간의 일대일 지시적 관계를 고정하는 선험적인 기의는 존재하지 않는다는 관점에 근거한다. 즉 기표들 간의 차이를 통해 기의가 제공되며, 기표와 기의의 관계를 안정되고 영구적으로 만들기 위한 어떠한 질서도 넘어선다는 점에서 사유의 고유한 특징이 발견된다(Lather, 1993). 한편, 들뢰즈와 과타리의 리좀적 타당성은 데리다가 제기한 엄밀함의 은유이다(Lather, 1993). 들뢰즈와 과타리(Deleuze & Guattari, 1980/2001)는 근대 지식체계를 가리키는 수목(tree) 모델과 다른 후기구조주의적 사유를 나타내는 리좀 지식을 제시한다. 수목 모델이 보편성, 규칙성, 권위성에 토대를 둔 거대담론과 같은 지배 지식이라면(김영천, 2013), 이에 대한 역설적 대응이 뿌리줄기와 같은 리좀 지식을 통해 이루어진다. 즉 리좀 지식은 거대담론의 닫힌 구조와 원리를 부정하며 차이와 복수성의 논리와 방향성을 작동시키는 역동적인 구조를 전제한다. 예컨대, 대안적 삼각검증법(alternative triangulation)이나 다각적인 검증법(crystalization)은 리좀적 타당성을 검증하는 데 사용된다.

이와 관련하여 맥윌리엄(McWilliam, 1992a)의 연구 사례를 통해 리좀 타당성의 검증방법을 살펴볼 수 있다. 맥윌리엄은 "예비교사 교육에서의 교육적 연구(Educative research in pre-service teacher education)"(1992a)를 통해 연구설계 과정에서 필요한 리좀적 타당성을 제시하고 있다. 구체적으로 살펴보면, 1) 초기 반성 단계(initial reflexive phase)는 이론적, 정책적 노력을 꾀하는 단계로서, 연구자는 억압받는 사람들의 입장에서 다양한 논쟁적 담론들을 세밀하게 검증한다. 2) 경험적 단계(empirical phase)는 교사의 업무에서 학생－교사의 관계를 검토하고 구성하는 데 초점을 둔다. 3) 최종 상호작용 단계는 연구자가 수행한 2단계 자료의 독해를 검토하고 재구성하는 공론화 과정을 전개하고 상호작용한다. 특히 각각의 단계는 차이가 나타나는 자료들에 초점을 두고 검증과정을 수행한다. 이를테면, 후기구조주의 담론과 여성주의의 해방 담론을 이용하고 대립시키는 방법으로 범주 체계에 적합하지 않은 자료들에 주의를 기울인다. 맥윌리엄의 연구에서 주목할 것은, 연구자의 특권을 차단하기 위한 연구의 실천은 수목 모델과 같이 획일화된 통념들에 의문을 제기하는 데 있다. 특히 연구자와 연구참여자가 자신의 태도와 행위들을 재고할 수 있는 조건들을 창출하는 시도들을 수행함으로써 상호관계 속에서 차이의 생성을 가능케 하는 리좀적 타당성을 검증하도록 한다.

마지막으로, 여성적/상황적 타당성을 들 수 있다. 이것은 남성 중심의 상상을 통해 형성된 과학적 인식론에 문제를 제기하는 관점으로서 대표적인 이론가로는 벨기에 태생의 페미니스트, 철학자, 언어학자, 정신분석학자인 뤼스 이리가레(Luce Irigaray)를 들 수 있다. 이리가레(Irigaray, 1985)는 어머니/여성의 개념들을 적용하여 남성 지배적 지식과 상상에서 발견되는 한계들을 드러내고 문제를 제기하고 있다. 즉 서구의 문명을 지탱하는 과학, 철학, 정신분석학 등이 모두 남성 지배적 관점에서 전개되어 왔다는 것이다(김영천, 2013). 이에 대한 대안으로서 포스트모더니즘의 사상에 기초한 페미니즘은 남성지배적 지식에 대한 비판과 개입을 통해 이루어져야 한다(Crotty, 1998). 이러한 관점에서 여성적/상황적 타당성은 자기반성을 통해 자율적 주체를 형성하는 해방적 주체성을 성찰하고 검증하는 방법으로 간주된다.

이상에서 살펴보았듯이, 레더는 질적 타당성의 네 가지 범주들을 검토하며 연구자가 견지해야 할 '상상력이 풍부한 집착'의 필요성을 거듭 각인시키고 있다. 즉 보드리야르의 사유에 기초한 '시뮬라크르적/반어적 타당성', 료타르의 배리를 차용한 '배리적 타당성', 데리다의 엄밀함과 들뢰즈와 과타리의 리좀 사유를 적용한 '리좀적 타당성', 그리고 이리가레의 여성주의 해방론에 근거한 '여성적/상황적 타당성'이 네 가지 범주에 속함을 알 수 있었다. 이러한 레더의 관점은 규범적 틀에 종속된 타당성 논리에 대한 성찰과 대안적 방안들을 모색하는 데 기여한다. 왜냐하면, 수목 모델에 고착된 인과론적 사유에서 벗어나 연구자의 특권을 차단하고 리좀적 연구 행위를 강조한다는 점에서 풍부하고 다양한 질적 타당성 검증을 가능케 하기 때문이다. 따라서 질적 타당성의 척도와 구성범주를 구상하기 위해서는 레더의 시도처럼 다양한 인문학적 상상력과 사회과학적 체계를 활용한 이론 전략이 중요하다.

이상과 같이 레더가 제기한 네 가지 타당성 검증 유형과 특징들을 정리하면 다음 〈표 9-3〉과 같다.

표. 9-3. 레더의 질적 타당성 검증 유형과 특징

검증 유형	이론가	특 징
시뮬라크르적/반어적	보드리야르	가상의 상황들에 대한 문제제기를 통해 진실 도출
배리적	료타르	• 파편화된 미시담론의 다양성과 특수성을 고려 • 연구참여자 검사(member checks)와 동료 검증(peer debriefing)
엄밀함/리좀적	데리다, 들뢰즈 · 과타리	• 차이와 복수성의 논리와 방향성 • 대안적 삼각검증법(alternative triangulation), 다각적인 검증법(crystalization)
여성적/상황적	이리가레	• 남성지배적 지식에 대한 비판 · 개입 • 자기반성을 통해 자율적 주체를 형성하는 해방적 주체성 검증

2) 타당성과 신뢰성 검증방법론

(1) 삼각검증법(triangulation)

덴진은 양적 연구의 전통에서 비롯된 타당도의 개념을 질적 연구의 타당성 검증방법으로 새롭게 정립하였다. 이 중에서도 두드러진 방법은 덴진의 삼각측정법(triangulation)을 이용한 타당성/신뢰성 전략이다. 처음에 토지 측량에서 시작된 삼각측정법은 캠벨과 피스크(Campbell & Fiske, 1959)가 공동 연구에서 제기한 "다중속성 다중측정법(multitrait-multimethod matrix)"을 통해 일반적인 방법론으로서 다루어지기 시작하였다(박성희, 2011, 98쪽). 이후 덴진(Denzin, 1978)에 의해 질적 연구를 위한 삼각측정법이 전략적으로 모색되었고, 다양한 관점에서 삼각검증법의 세부적인 구성범주들이 구상되었다. 따라서 삼각검증법의 이해를 위해서는 우선적으로 덴진의 검증전략에 대한 이해가 전제되어야 한다.

구체적으로 살펴보면, 덴진은 그의 저서인 〈*The research act*〉(1984)에서 총 네 가지 범주를 중심으로 삼각검증법을 제시한다(Denzin, 1978; Stake, 1995/2000, 169-172쪽 참조). 즉 자료원, 연구자, 이론, 그리고 방법론의 삼각검증법이 그것이다. 우선, 자료원 삼각검증법(data source triangulation)은 다양한 시기와 장소, 다양한 사람들의 상호작용의 방식에 근거해 다양한 자료들을 수집하는 방법이다. 이를테면, 다양한 문헌자료 외에도 다양한 인터뷰 영상이나 사진 등을 사용(Flick, 1992)하여 자료의 다원화를 꾀하는 방법이 여기에 포함된다. 예컨대, 교사들이 수년간의 교직 경험을 바탕으로 수업준비를 하는 것을 관찰했다면, 그 다음에는 이와 같은 수업준비 행위가 워크숍이 끝나는 시기나 집에서, 또는 교사 계발 프로그램에 참석한 다른 교사들과의 상호작용 가운데에서도 동일한 현상이 나타나는지 관찰할 수 있다. 따라서 자료원에 대한 삼각검증법은 연구의 주제와 대상이 다양한 시간, 장소, 입장들을 지닌 다양한 자료원들을 통해서도 타당성을 지니는지 검증하는 데 유의미한 방법이다. 인(Yin, 2003/2005)은 사례연구에서 2개 이상의 다양한 자료원을 사용할 것을 강조하고 있다. 그 이유는 더 넓은 영역의 역사적, 태도적, 행동적 이슈에 접근할 수 있도록 할 뿐 아니라 조사 방향의 일관성을 확보할 수 있도록 해주기 때문이다.

두 번째로 연구자 삼각검증법(investigator triangulation)은 동료 연구자나 다른 연구자로 하여금 인터뷰나 참여관찰을 통해 수집한 자료들을 검증받는 방법이다. 이러한 검증법의 효과는 다른 연구자들의 반응을 통해 연구자가 내렸던 해석들을 지지하거나 반박하는 역할을 할 수 있다는 점에서 발견되며, 특히 사례연구의 경우 추가적인 자료들로서 활용할 수도 있다는 점에서 의미가 있다(Stake, 1995/2000). 예컨대, 근거이론의 개방코딩 과정에서 다른 동료 연구자들과 함께 작업하거나(박성희, 2011), 공동연구자와 연구과정이나 연구결과에 대해 토론 및 논쟁을 실시하여 수정작업을 거치는 검증과정 등이 여기에 포함된다. 즉 하나의 연구에 복수의 연구자나 평가자를 결합시키는 방법인 것이다(Patton, 1987). 이러한 그룹토의 방식은 이미 1991년 스트라우스의 근거이론에서 제안된 바 있는 것으로서 연구자 삼각검증법의 일환으로서 간주된다(박성희, 2011).

세 번째로, 이론 삼각검증법(theory triangulation)을 들 수 있다. 이 검증법은 서로 다른 이론적 배경을 지닌 연구자들을 공동 관찰자나 패널리스트, 검토자로 선택하는 방법을 의미한다(Stake, 1995/2000). 예컨대, 급진적 여성주의 해방론자와 여성주의 비판론자의 이론적 입장들을 포함시켜 삼각검증법을 실시함으로써 특정 연구주제에 대한 제3의 해석과 의견들을 창출할 수 있다. 이러한 과정에서 도출된 의견들은 연구주제와 관련된 특정 이슈와 쟁점 혹은 현상에 대해 의견의 일치를 이룰 수도 있지만, 또 다른 한편 이론적 입장의 차이로 인해 의미의 차이를 현격히 만들어낼 수도 있다. 그러나 후자의 경우에는 또 다른 삼각검증과정이 요구되고 또 다른 해석을 찾아야 한다는 점에서 연구자에게 부담이 가중될 수도 있다(Stake, 1995/2000). 그럼에도 불구하고, 이론 삼각검증법은 연구자료의 해석 및 평가에 다원적 시각이나 대립되는 이론적 관점을 적용함으로써 보다 풍부한 해석을 도출할 수 있다(Patton, 1987)는 점에서 유의미한 검증방법으로 평가할 수 있다.

마지막으로, 방법론의 삼각검증법(methodological triangulation)을 들 수 있다. 덴진이 제시하는 삼각검증법은 하나의 연구에 "여러 가지 방법을 동시에 사용하는" 검증방법이다(Denzin, 1978: 박성희, 2011, 99쪽 재인용). 즉 여러 가지 방법을 연속적으로 비교하여 병행하는 검증방법이 여기에 해당된다. 예컨대, 질적 사례연구에서 참여관찰, 심층인터뷰, 문헌 검토 등이 연속적으로 비교되는 방식으로 병행하여 사용될 수 있다. 이 과정에서 인터뷰는 하나의 사건을 관찰한 후 교사나 학생들로 하여금 현장에서 경험한 반응을 찾아낼 수 있는 대안적 방법이다. 왜냐하면, 연구자가 직접 관찰하지 못한 사건들에 대해 "대리 관찰자"를 통해 찾아내고자 하기 때문이다(Stake, 1995/2000, 171쪽). 이 경우 사건에 대한 연구자의 판단이나 해석이 다른 대리 관찰자들과 다른 결과를 도출할 수 있다는 점에서 다시 방법론의 삼각검증법을 사용하여 이전의 연구단계로 돌아갈 수도 있다.

이상에서 살펴본 삼각검증법의 유형과 특징을 정리하면 다음 〈표 9-4〉와 같다.

표 9-4. 삼각검증법의 유형과 특징

유 형	특 징
자료원 삼각검증법	다양한 시기, 장소, 사람들의 상호작용 방식에 근거한 자료수집 검증
연구자 삼각검증법	동료 연구자나 다른 연구자들의 연구결과 및 해석 검증
이론 삼각검증법	서로 다른 이론적 배경을 지닌 연구자들을 공동 관찰자, 패널리스트, 검토자로 선택하는 검증
방법론 삼각검증법	여러 가지 방법의 연속적이고 병행적인 사용과 비교를 통한 검증

(2) 참여자 검토(member checks)

참여자 검토는 연구참여자들에게 인터뷰 및 참여관찰 자료와 잠정적인 분석결과들을 제공하여 이 연구결과에 대한 의견을 수렴하고 검증하는 방법이다(Merriam, 1998/2005). 이 경우 연구의 전반에 걸쳐서 계속하여 이를 시행할 수도 있고, 분석결과에 한해 참여자 검토를 수행할 수도 있다는 점에서 연구의 주제와 특성을 고려한 연구자의 신중한 선택이 요구된다. 예컨대, 사례연구의 경우 연구참여자들은 인터뷰 참여뿐 아니라 정보제공자로서 관찰, 해석에 도움을 주거나 정보원의 출처에 대한 조언을 제공하는 역할을 수행한다(Stake, 1995/2000). 이 과정에서 참여자 검토는 연구자의 관찰이나 해석에 대한 동료 검토를 수행하여 연구의 질적 타당성과 신뢰성을 검증할 수 있도록 한다.

(3) 동료 검토(peer examination)

동료 검토는 결과가 나타날 때 그 결과에 대하여 동료 연구자들에게 의견을 구하는 검증방법이다(Merriam, 1998/2005). 이러한 검증방법은 양적 연구에서의 신뢰도 측정과 같이 연구과정에 대한 외부의 점검을 가능하게 한다(Ely et al., 1991; Erlandson et al., 1993; Glesne & Peshkin, 1992; Lincoln & Guba, 1985; Merriam, 1988; Creswell, 2007/2010). 이러한 동료 검토 방법은 연구자가 수행한 방법, 의미, 해석에 대한 까다롭고 심층적인 질문을 제기한다는 의미에서 '악마의 대변인'이라고 명명되기도 하며 연구의 정직성을 검증하기 위한 하나의 방법이다(Lincoln & Guba, 1985). 이를 위해 연구자는 '동료 검증 회의(peer debriefing session)'의 내용을 기록하여(Lincoln & Guba, 1985) 삼각검증의 증거를 연구보고서의 내용이나 부록에 포함시킬 수 있다.

2

질적 연구의 윤리성

질적 연구의 윤리성 논의는 주로 자료수집 과정과 분석 및 보급 과정과 관련하여 제시된다. 왜냐하면, 자료수집 및 분석 · 보급 과정은 연구자가 연구참여자와 직접적, 간접적으로 대면하거나 관찰하는 과정을 통해 연구참여자의 사적 정보와 심층적 의견들을 다루게 되는 연구절차에 해당하기 때문이다. 연구자가 연구의 윤리규범을 제대로 지키지 않을 경우 연구자의 프라이버시 침해나 예기치 못한 불이익을 초래할 수도 있다. 따라서 질적 연구의 검증방법과 함께 윤리성을 확보하기 위한 연구자의 책임은 중요하다. 여기서는 보다 구체적으로 자료수집 과정의 윤리성과 분석 및 보급 과정의 윤리성을 살펴보고자 한다.

1) 자료수집 과정의 윤리성

질적 연구에서 자료수집 과정의 윤리성은 주로 인터뷰와 참여관찰 과정에서 적용된다. 스테이크가 강조하듯이, 질적 연구자들은 “세계의 사적인 공간들 속에서 손님”이고, “그들의 태도는 좋아야 하며 윤리 규범(code of ethics)은 엄격해야 한다”(Stake, 1994, p. 244). 왜냐하면, 인터뷰는 연구참여자나 정보제공자의 심층적 의견과 해석들을 수집하는 방법으로서 윤리 규범이 지켜지지 않을 경우 참여자의 프라이버시 침해와 불이익을 초래할 수도 있기 때문이다. 이와 같은 불편한 상황에서 연구참여자들은 연구주제와 관련하여 진솔하고 깊이 있는 이야기들을 표명하지 않을 수도 있고, 그 결과 연구자는 두꺼운 기술을 수행하기 어려울 수도 있다. 따라서 자료수집 과정에서 어떻게 윤리 규범을 견지하고 연구참여자들의 사적 영역을 최대한 보장할 것인가 하는 문제는 중요하다.

한편, 자료수집 과정의 또 다른 방법인 관찰 과정에서도 윤리성에 대한 고려가 필요하다. 메리암(Merriam, 1998/2005)이 강조하듯이, 연구참여자가 자신이 관찰되고 있다는 상황을 인지하지 못한 채 연구가 진행될 경우 사생활 보호와 참여자 동의에 위배되는 윤리적 쟁점을 초래하게 된다. 이러한 윤리적 쟁점이 중요한 이유는 관찰 행위 자체가 연구자와 연구참여자 모두의 행동에 영향을 미칠 수 있기 때문이다. 즉 한편으로 연구자가 윤리적인 딜레마를 야기하는 행위, 특히 학대나 범죄 행동을 포함하는 행위를 목격할 수 있다. 이러한 상황에서 연구자가 어떻게 대처할 것인지 고려해야 한다. 또 다른 한편, 연구참여자가 연구 도중 급작스럽게 폭력이나 위험한 상황에 처할 경우 어떻게 대처할 것인가 하는 점도 윤리성의 고려가 필요한 문제이다. 예컨대, 연구참여자인 10대 청소년들이 관찰 도중에 집단 폭력과 공격을 당할 경우 연구자는 어떻게 행동할 것인지 심도 깊은 판단이 요구된다. 또한 자발적인 심폐소생술(CPR) 훈련 과정을 관찰하는 도중에 교습자와 참여자 사이에 부적절한 신체적 접촉이나 성추행이 목격될 경우 연구자는 어떻게 개입해야 할 것인지에 대해서도 윤리적 판단이 필요하다(Merriam, 1998/2005). 즉 관찰 방법을 통한 자료수집 과정에서 위험한 상황이나 부적절한 행위들이 목격될 경우 연구자의 윤리성은 "절대 불간섭"과 같은 극단적인 지침이 아니라 윤리적 판단과 상호작용의 관계를 유지하는 태도를 통해 실천된다(Merriam, 1998/2005, 295쪽).

이러한 상황들에 대처하기 위하여 연구자는 관찰 방법을 실행에 옮기기 전에 연구참여자들로 하여금 사전에 사생활 보호와 참여자 동의서를 받도록 한다. 이것은 관찰 방법뿐만 아니라 인터뷰를 통한 자료수집 과정의 경우에도 마찬가지로 적용된다. 이를 위해 연구자는 연구참여자들의 프라이버시 보호와 참여자 동의를 전제로 인터뷰와 관찰을 통한 자료수집 활동을 수행하도록 한다. 이러한 연구의 윤리성은 연구 전반의 타당성을 뒷받침해주는 필수적인 조건이며 연구결과에 대한 신뢰성을 확보하기 위한 전제이기 때문이다.

2) 자료분석 및 보급 과정의 윤리성

자료분석 및 보급 과정의 윤리성은 연구자의 관점과 연관되는 영역이다. 왜냐하면, 연구자는 자료분석 과정에서 자신의 이론적 입장이나 편견을 통해 연구의 의미들을 선별하는 과정을 경험하기 때문이다. 이러한 선별적 태도의 문제점은 연구자가 자신의 특정한 이론적 입장이나 견해에 상반되는 자료들을 제외시키고 분석할 수 있고, 혹은 즉각적으로 드러나지는 않지만 분석과정에서 선입견과 편견이 작용할 수도 있다는 점에서 발견된다(Merriam, 1998/2005).

이러한 점을 고려할 때, 현상학적 연구방법에서 수행되는 '판단중지'의 방법은 질적 연구의 다양한 방법론에 적용될 수 있으며, 자료분석 및 보급 과정을 통해 연구자가 견지해야 할 윤리적 태도로서 고려할 일이다. 물론 질적 연구는 기본적으로 주관성 연구로서 연구참여자의 심층적 의견이나 해석 같은 것에 초점을 둔다. 하지만, 이러한 주관성이 선입견과 편견의 개입까지 허용하는 것은 아니다. 연구자가 연구참여자와의 인터뷰 결과나 관찰 결과를 분석하는 과정에서 과도하게 선입견과 편견을 작동시킬 경우, 연구참여자의 특이성과 소수의견들을 수렴하기 어렵게 된다. 특히 노인 여성의 생애사나 결혼이주여성, 북한이탈주민, 혹은 장애인이나 성적 소수자 등 사회적 소수자와의 심층인터뷰나 참여관찰 방법을 실행할 경우, 연구자는 최대한 소수자의 다양한 삶과 이야기를 존중하고 선입견과 편견을 판단중지하는 연구 윤리와 책임을 실천하도록 한다.

덧붙여 연구결과의 보급 과정에 대한 윤리성은 소수자 집단이나 불이익을 당하는 집단에 대한 연구에서 신중하게 고려되어야 한다. 왜냐하면, 이러한 특수한 집단을 다룬 연구의 경우 연구자의 의도에 따라 혹은 지원기관의 의도에 따라 연구참여자들을 통제의 대상으로 삼거나 일반 대중과의 차이점을 비교하고 문제 삼기 위한 방편으로 활용할 수 있기 때문이다(Cassell, 1978). 따라서 연구자는 분석 결과뿐 아니라 연구보고서의 보급 과정에 대한 신중한 윤리적 책임을 고려해야 한다. 이를 위해 윤리적 책임의 서약뿐 아니라 실질적으로 연구자 스스로 질적 연구자로서 가치와 윤리에 대한 성찰적 지침을 설정하는 것도 한 방법이다.

참고문헌

≫ 제1장 질적 연구의 사상적 배경과 미디어교육

강진숙 (2000). 〈인터넷 장(field)의 기호체제와 주체화과정에 대한 연구: 공간과 기호의 배치, 그리고 주체문제를 중심으로〉. 중앙대학교 대학원 박사학위 논문.

강진숙 (2008). 한국 비판언론학의 질적 연구방법 적용사례 연구. 〈한국언론정보학보〉, 통권 43호, 81-113.

강진숙 (2010). 1인 미디어로서의 블로그 이용문화와 기술적 상상: 플루서의 코무니콜로기론을 중심으로. 〈언론과 사회〉, 18권 3호, 2-34.

권삼윤 (2001). 〈문명은 디자인이다〉. 서울: 김영사.

김영천 (2012). 〈질적연구방법론 1: Bricoleur〉. 파주: 아카데미프레스.

오형엽 (2009). 발터 벤야민의 언어철학 고찰: 미메시스 개념을 중심으로. 〈어문연구〉, 61권, 479-505.

유기환 (2010). 미메시스에 대한 네 가지 시각: 플라톤, 아리스토텔레스, 벤야민, 리쾨르. 〈세계문학비교연구〉, 33집, 375-406.

이정우 (1999). 〈시뮬라크르의 시대: 들뢰즈와 사건의 철학〉. 서울: 거름.

Benjamin, W. (1933). *Lehre vom Ähnlichen.* 최성만 (역) (2008). 유사성론. 〈언어 일반과 인간의 언어에 대하여; 번역자의 과제 외〉. 서울: 길, 197-207.

Benjamin, W. (1933). *Über das mimetische Vermögen.* 최성만 (역) (2008). 미메시스 능력에 대하여. 〈언어 일반과 인간의 언어에 대하여; 번역자의 과제 외〉. 서울: 길, 209-216.

Benjamin, W. (1972). *Über Sprache überhaupt und über die Sprache des Menschen; Die Aufgabe des Übersetzers.* Frankfurt am Main: Suhrkamp Verlag. 최성만 (역) (2008). 〈언어 일반과 인간의 언어에 대하여; 번역자의 과제 외〉. 서울: 길.

Benjamin, W. (1982). *Das Passagen-werk.* Frankfurt am Main: Suhrkamp Verlag. 조형준 (역) (2005). 〈아케이드 프로젝트〉. 서울: 새물결.

Clandinin, D. J., & Connelly, F. M. (2000). *Narrative inquiry: Experience and story in qualitative research*. San Francisco, CA: Jossey-Bass.

Creswell, J. W. (2007). *Qualitative inquiry and research design: Choosing among five approaches* (2nd ed.). Thousand Oaks, CA: Sage. 조흥식 · 정선욱 · 김진숙 · 권지성 (공역) (2010). 〈질적 연구방법론: 다섯 가지 접근〉. 서울: 학지사.

Denzin, N. K. (1989). *Interpretive biography*. Newbury Park, CA: Sage.

Denzin, N. K., & Lincoln, Y. S. (1994). *Handbook of qualitative research*. Thousand Oaks, CA: Sage.

Denzin, N. K., & Lincoln, Y. S. (2005). The discipline and practice of qualitative research: Introduction. In N. K. Denzin & Y. S. Lincoln (Eds.), *The sage handbook of qualitative research* (3rd ed.) (pp. 1-32). Thousand Oaks, CA: Sage.

Flusser, V. (1983). *Lob der Oberflächlichkeit: Für eine Phänomenologie der Medien*. Bensheim: Bollmann. 김성재 (역) (2004). 〈피상성 예찬: 매체 현상학을 위하여〉. 서울: 커뮤니케이션북스.

Flusser, V. (1996). *Kommunikologie*. Frankfurt am Main: Fischer-Taschenbuch-Verl. 김성재 (역) (2001). 〈코무니콜로기: 코드를 통해 본 커뮤니케이션의 역사와 이론 및 철학〉. 서울: 커뮤니케이션북스.

Guba, E. G., & Lincoln, Y. S. (1988). Do inquiry paradigms imply inquiry methodologies?. In D. M. Fetterman (Eds.), *Qualitative approaches to evaluation in educations* (pp. 89-115). New York, NY: Praeger.

Jacob, E. (1987). Qualitative research traditions: A review. *Review of Educational Research, 57,* 1-50.

Lancy, D. F. (1993). *Qualitative research in education: An introduction to the major traditions*. New York, NY: Longman.

Melody, W. H., & Mansell, R. E. (1983). The debate over critical vs administrative research: Circularity or challenge. Ferment in the Field, *Journal of Communication, 33*(3), 103-116.

Miles, M. B., & Huberman, A. M. (1994). *Qualitative data analysis: A sourcebook of new methods* (2nd ed.). Thousand Oaks, CA: Sage.

Morse, J. M. (1994). Designing funded qualitative research. In N. K. Denzin & Y. S. Lincoln (Eds.), *Handbook of qualitative research* (pp. 220-235). Thousand Oaks, CA: Sage.

Mosco, V. (1983). Critical research and the role of labor. Ferment in the Field, *Journal of Communication, 33*(3), 237-248.

Moustakas, C. (1994). *Phenomenological research methods*. Thousand Oaks, CA: Sage.

Munhall, P. L., & Oiler, C. J. (Eds.) (1986). *Nursing research: A qualitative perspective*. Norwalk, CT: Appleton-Century-Crofts.

Poster, M. (1990). *The mode of information: Poststructuralism and social context.* Chicago: University of Chicago Press. 김성기 (역) (1994). 〈뉴미디어의 철학〉. 서울: 민음사.
Slife, B. D., & Williams, R. N. (1995). *What's behind the research? Discovering hidden assumptions in the behavioral sciences.* Thousand Oaks, CA: Sage.
Strauss, A., & Corbin, J. (1990). *Basics of qualitative research: Grounded theory procedures and techniques.* Newbury Park, CA: Sage.
라스코 동굴벽화 URL: http://100.daum.net/multimedia/63_11100002_i2.jpg
우가리트의 쐐기문자 도기판 URL: http://lila.sns.it/mnamon/index.php?page=Esempi&id=30

>> 제2장 생애사 연구(life history study)

강민수 · 문용린 (2007). 생애사 연구의 교육심리학적 고찰. 〈인간발달연구〉, 14권 1호, 1-19.
강은숙 (2011). 〈저항집단의 생애사를 통해 본 사회적 트라우마티즘 형성과정: 5 · 18시 민군기동타격대의 '상처받은 5월정신'〉. 성공회대학교 대학원 석사학위 논문.
강이화 · Alheit, P. (2015). 독일 생애사 연구의 인식론적 기반과 분화 과정. 〈교육의 이론과 실천〉, 20권 2호, 1-20.
김세은 (2012). 해직 언론인에 대한 생애사적 접근 연구: 동아자유언론수호투쟁위원회를 중심으로. 〈한국언론학보〉, 56권 3호, 292-319.
김세은 (2013). 언론학 연구방법론으로서의 구술사에 대하여. 〈커뮤니케이션 이론〉, 9권 3호, 205-255.
김영숙 · 이근무 (2008). 탈성매매 여성들의 생애사 연구: 그 끝없는 탈주에 대하여. 〈한국사회복지학〉, 60권 3호, 5-30.
김영천 (2010). 〈질적연구방법론 3: 글쓰기의 모든 것〉. 서울: 아카데미프레스.
김영천 (2013a). 〈질적연구방법론 3: Writing〉. 파주: 아카데미프레스.
김영천 (2013b). 〈질적연구방법론 2: Methods〉. 파주: 아카데미프레스.
김영천 · 이동성 (2011). 자문화기술지의 이론적 관점과 방법론적 특성에 대한 고찰. 〈열린교육연구〉, 19권 4호, 1-27.
김영천 · 한광웅 (2012). 질적 연구방법으로 생애사연구의 성격과 의의. 〈교육문화연구〉, 18권 3호, 5-43.
김영천 · 허창수 (2004). 생애사 텍스트로서의 교육과정 연구. 〈교육과정연구〉, 22권 4호, 49-81.
김인순 (1997). 꿈-해석, 이론적 힘과 그 가치. In S. Freud (1900). 〈꿈의 해석〉. 김인순 (역) (1997). 서울: 열린책들, 746-758.
류숙희 (2004). 〈백범 김구의 잠재능력 계발과정 연구: 다중지능이론의 관점에서〉. 서울대학교 대학원 박사학위 논문.

박성희 (2004). 〈질적 연구방법의 이해: 생애사 연구를 중심으로〉. 서울: 원미사.

박성희 (2011). 〈생애사에 기초한 질적 연구방법〉. 서울: 원미사.

박순용 · 장희원 · 조민아 (2010). 자문화기술지: 방법론적 특징을 통해 본 교육인류학적 가치의 탐색. 〈교육인류학연구〉, 13권 2호, 55-79.

박찬부 (1996). 정신분석학과 서사(narrative)의 문제, 〈비평과 이론〉, 1집, 83-122.

박찬부 (1997). 정신분석학에서 본 삶과 죽음의 문제: 프로이트의 후기 이론. In S. Freud (1915). 〈정신분석학의 근본 개념〉. 윤희기 · 박찬부 (공역) (1997). 서울: 열린책들, 505-521.

손병우 (2006). 대중문화와 생애사 연구의 문제설정. 〈언론과 사회〉, 14권 2호, 41-71.

안태진 (2003). 〈다중지능 이론의 관점에서 본 전혜린의 삶〉. 서울대학교 대학원 석사학위 논문.

양영자 (2011). 생애사 재구성: 남성노인의 생애사를 중심으로. 〈사회복지연구〉, 42권 2호, 275-302.

오마리아 · 김하나 (2009). 농촌 여성노인 K의 생애구술에 드러난 젠더 불평등 경험과 극복을 위한 노력. 〈미디어, 젠더 & 문화〉, 12호, 129-163.

유경옥 (2010). 〈1960-70년대 춘천지역민의 일상문화에 관한 연구: 공적 공간과 미디어 경험을 중심으로〉. 강원대학교 대학원 박사학위 논문.

윤미애 (2007). 유년시절에 대한 기억을 '역사적 경험'의 차원으로. Benjamin, W. (1931-1938). 〈1900년경 베를린의 유년시절, 베를린 연대기〉. 윤미애 (역) (2007). 서울: 길, 5-23.

윤택림 (2013). 〈문화와 역사 연구를 위한 질적연구 방법론〉. 서울: 아르케.

윤택림 · 함한희 (2006). 〈새로운 역사 쓰기를 위한 구술사 연구방법론〉. 서울: 아르케.

이경희 · 박성희 (2006). 평생학습의 새로운 패러다임으로서의 생애사 연구: 사례재구성을 통한 중년여성의 학습개념을 중심으로. 〈평생교육학연구〉, 12권 3호, 73-95.

이동성 (2013). 생애사 연구방법론의 이론적 배경과 분석방법에 대한 탐구. 〈초등교육연구〉, 26권 2호, 71-96.

이민용 (2012). 내러티브를 통해 본 정신분석학과 내러티브 치료: 프로이트의 엠마(Emma) 치료를 중심으로. 〈문학치료연구〉, 25집, 103-130.

이용기 (2009). 역사학, 구술사를 만나다: 역사학자의 관점에서 본 구술사의 현황과 과제. 〈역사와 현실〉, 71호, 291-319.

이창재 (2004). 〈프로이트와의 대화〉. 서울: 학지사.

이희영 (2005). 사회학 방법론으로서의 생애사 재구성: 행위이론의 관점에서 본 이론적 의의와 방법론적 원칙. 〈한국사회학〉, 39권 3호, 120-148.

임영호 · 홍찬이 · 김은진 (2009). 문화산업 주변부 종사자의 삶과 커리어: 한국 에로물 감독의 구술 생애사. 〈언론과 사회〉, 17권 3호, 2-50.

정현종 (2008). 〈광휘의 속삭임〉. 서울: 문학과 지성사.

최란주 (2010). 〈결혼이주여성의 생애사 연구〉. 계명대학교 대학원 석사학위 논문.

최성만 (2005). 벤야민 횡단하기 I : 모더니티와 신화. 〈문화과학〉, 2005년 겨울, 249-261.

최성만 (2007). 벤야민 횡단하기Ⅳ: 벤야민의 개념들. 〈문화과학〉, 2007년 봄, 237-259.

최영신 (1999). 질적 자료 수집: 생애사 연구 사례를 중심으로. 〈교육인류학연구〉, 2권 2호, 1-22.
한경혜 (1990). 산업화와 결혼 연령 변화에 관한 이론적 고찰: “가족전략”의 관점에서. 〈한국사회학〉, 24집 겨울호, 103-120.
한경혜 (1991). 세대관계 측면에서 본 Life Course 전이와 역연쇄전이의 시기: 결혼연령을 중심으로. 〈한국노년학〉, 11권 1호, 36-49.
한경혜 (2004). 생애사 연구를 통한 노년기 삶의 이해. 〈한국노년학〉, 24권 4호, 87-106.
한경혜 (2005). 〈생애사 연구를 통해 본 남성의 삶〉. 한국가정관리학회 38차 추계학술대회, 서울: 한국방송통신대학교 방송지원센터(OUN) 4층 스튜디오.
홍기순 (2008). 아동기 가정폭력 경험에 대한 생애사 연구. 〈한국가정관리학회지〉, 26권 3호, 149-168.
Abbott, H. P. (2002). *The Cambridge introduction to narrative*. New York, NY: Cambridge University Press. 우찬제 · 이소연 · 박상익 · 공성수 (공역) (2010). 서울: 문학과 지성사.
Adorno, W. T. (1933). *Kierkegaard: Konstruktion des ästhetischen*. Tübingen: J. C. B. Mohr.
Adriansen, H. K. (2012). Timeline interviews: A tool for conducting life history research. *Qualitative studies, 3*(1), 40-55.
Alheit, P. (1995). “Biographizität” als Lernpotential: Konzeptionelle Überlegungen zum biographischen Ansatz in der Erwachsenenbildung. In Krüger, H.-H. & Marotzki. W. (Hrsg.). *Erziehungswissenschaftliche Biographieforschung*. Opladen: Leske+budrich, 276-307.
Atkinson, R. (1998). *Life story interview*. Thousand Oaks, CA: Sage.
Barthes, R. (1975). An introduction to the structual analysis of narrative. *New Literary History, 6*(2)(Winter). Baltimore, Maryland: The Johns Hopkins University Press.
Becker, H. S. (1966). Introduction. In Shaw, C. (Eds.), *The Jack-Roller: A delinquent boy's own story* (pp. v-xviii). Chicago: University of Chicago Press,
Becker, H. S. (1970). *Sociological work: Method and substance*. Chicago: Aldine.
Benjamin, W. (1928). *Ursprung des deutschen Trauerspiels*. Berlin: Rowohlt. 최성만 · 김유동 (공역) (2009). 〈독일 비애극의 원천〉. 파주: 한길사.
Benjamin, W. (1928). *Lebenslauf Ⅲ*. 최성만 (역) (2012). 이력서 Ⅲ. 〈서사(敍事) · 기억 · 비평의 자리〉. 서울: 길, 518-522.
Benjamin, W. (1931-1938). *Berliner Kindheit um Neunzehnhundert; Berliner Chronik*. 윤미애 (역) (2007). 〈1900년경 베를린의 유년시절; 베를린 연대기〉. 서울: 길.
Benjamin, W. (1940). *Über den Begriff der Geschichte; Der Sürrealismus; Zur kritik der Gewalt*. 최성만 (역) (2008). 〈역사의 개념에 대하여; 폭력비판을 위하여; 초현실주의 외〉. 서울: 길. ·
Benjamin, W. (1982). *Das Passagen-werk*. Frankfurt am Main: Suhrkamp Verlag. 조형준 (역) (2005). 〈아케이드 프로젝트〉. 서울: 새물결.
Bergson, H. (1896). *Matière et mémoire*. Paris: Alcan. 박종원 (역) (2011). 〈물질과 기억〉. 서울: 아카넷.

Berry, K. (2006). *Implicated audience member seeks understanding: Reexamining the "gift" of autoethnography*. URL: http://creativecommons.org/licenses/by/2.0

Brooks, P. (1994). *Psychoanalysis and storytelling*. Oxford: Blackwell.

Bruner, J. (1995). The autobiographical process. *Current Sociology, 43*(2), 161-177.

Casey, K. (1992). Why do progressive women activists leave teaching?: Theory, methodology and politics in life-history research. In I. F. Goodson (Eds.), *Studying teachers' lives* (pp. 187-208). London: Routledge.

Chang, H. (2008). *Autoethnography as Method*. Walnut Creek, CA: Left Coast Press.

Cole, A. L., & Knowles, J. G. (2001). *Lives in context: The art of life history research*. New York, NY: AltiMira Press.

Creswell, J. W. (1998). *Qualitative inquiry and research design: Choosing among five traditions*. Thousands Oaks, CA: Sage.

Creswell, J. W. (2007). *Qualitative inquiry and research design: Choosing among five approaches* (2nd ed.). Thousand Oaks, CA: Sage. 조흥신 · 정선욱 · 김진숙 · 권지성 (공역) (2010). 〈질적 연구방법론: 다섯 가지 접근〉. 서울: 학지사.

Czarniawska, B. (2004). *Narratives in social science research*. London: Sage.

Denzin, N. K. (1989a). *Interpretive biography*. Newbury Park, CA: Sage.

Denzin, N. K. (1989b). *Interpretive interactionism*. Newbury Park, CA: Sage.

Dhunpath, R. (2000). Life history methodology: 'Narradigm' regained. *Qualitative Studies in Education, 13*(5), 543-551.

Dollard, J. (1935). *Criteria for the life history: With analyses of six notable documents*. London: Yale University Press.

Edel, L. (1984). *Writing lives: Principia biographica*. New York, NY: Norton.

Ellis, C. (2004). *The ethnographic it: A methodological novel about autoethnography*. Walnut Greek, CA: AltaMira.

Ellis, C., & Bochner, A. P. (2000). Autoethnography, personal narrative, and personal reflectivity. In N. K. Denzin & Y. S. Lincoln (Eds.), *Handbook of qualitative research* (2nd ed.) (pp. 733-768). Thousand Oaks, CA: Sage.

Frank, G., & Vanderburgh, R. (1980). Life histories in gerontology: The subjective side to aging. In C. Fry & J. Keith (Eds.), *New methods for old age research: Anthropological alternatives* (pp. 155-171). Chicago: Loyola University Center for Urban Policy.

Freeman J, M., & Krantz, D. L. (1980). The unfulfilled promise of life histories. *Biography, 3*(1), 1-13.

Freud, S. (1900). *Die Traumdeutung* (8th ed.). Leipzig und Wien, Franz Deuticke. 김인순 (역). (1997). 〈꿈의 해석〉. 서울: 열린책들.

Freud, S. (1915). *Das Unbewußte*. 윤희기 · 박찬부 (공역) (1997). 무의식에 관하여. 〈정신분석학의 근본 개념〉. 서울: 열린책들, 155-213.

Freud, S. (1920). *Jenseits des Lustprinzips*. Leipzig, Wien & Zürich: Internationaler Psychoanalytischer Verlag. 윤희기 · 박찬부 (공역) (1997). 쾌락 원칙을 넘어서. 〈정신분석학의 근본 개념: 쾌락 원칙을 넘어서〉. 서울: 열린책들, 267-343.

Freud, S. (1923). *Das Ich und das Es*. 윤희기 · 박찬부 (공역) (1997). 자아와 이드. 〈정신분석학의 근본 개념〉. 서울: 열린책들, 347-407.

Haglund, K. (2004). Conducting life history research with adolescents. *Qualitative Health Research, 14*(9), 1-13.

Hayano, D. M. (1979). Auto-Ethnography: Paradigms, problems, and prospect. *Human Organization, 38*(1), 99-104.

Hayano, D. M. (1982). *Poker faces: The life and work of professional card player*. Berkeley: University of California.

Horner, M. S. (1987). The Radcliffe biography series. In R. Coles (Eds.), *Simone Weil: A modern pilgrimage, Reading* (pp. ix-x). MA: Addison-Wesley.

Jameson, F. (1981). *The political unconscious: Narrative as a socially symbolic act*. Ithaca, NY: Cornell University Press.

Jones, S. H. (2005). Autoethnography: Making the personal political. In N. K. Denzin & Y. S. Lincoln (Eds.), *Handbook of qualitative research* (3rd ed.) (pp. 763-791). Thousand Oaks, CA: Sage.

Jung, C. G. (1928). *Presönlichkeit und Übertragung*. 김충열 · 이부영 (공역) (2004). 자아와 무의식의 관계. 〈인격과 전이. 융 기본 저작집 03〉, 융 저작번역위원회 (역), 서울: 솔, 13-163.

Jung, C. G. (1984). *Archetyp und Unbewußtes*. 한국융연구원 C. G. 융 저작번역위원회 (역) (2002). 〈융 기본 저작집 2: 원형과 무의식〉. 서울: 솔.

Jung et. al. (1964). *Man and his symbols*. London: Aldus. 이윤기 (역) (1996). 〈인간과 상징〉. 서울: 열린책들.

Kouritzin, S. G. (2000). Bringing life to research: Life history research and ESL. *Tesl Canada Journal/Review Tesl Du Canada, 17*(2), 1-35.

Lieblich, A., Truval-Mashiach, R., & Zilber, T. (1998). *Narrative research reading, analysis and interpretation*. Thousand Oaks, CA: Sage.

Mandelbaum, D. G. (1973). The study of life history: Gandhi. *Current Anthropology, 14*, 177-207.

Maydell, E. (2010). Methodological and analytical dilemmas in autoethnographic research. *Journal of Research Practice, 6*(1), Article M5. Retrieved from http://jrp.icaap.org/index.php/jrp/article/view/223/190

Miles, M. B., & Huberman, A. M. (1994). *Qualitative data analysis: An expanded sourcebook* (2nd ed.). Thousand Oaks, CA: Sage.

Ojermark, A. (2007). *Presenting life histories: A literature review and annotated bibliography.* Chronic Poverty Research Center, CPRC working paper 101.

Ollerenshaw, J. A., & Creswell, J. W. (2002). Narrative research: A comparison of two restorying data analysis approaches. *Qualitative Inquiry, 8*(3), 329-347.

Plummer, K. (1983). *Documents of life: An introduction to the problems and literature of a humanistic method.* London: George Allen & Unwin.

Polkinghorne, D. E. (1995). Narrative configuration in qualitative analysis. *Qualitative Studies in Education, 8*(1), 5-23.

Reed - Danahay, D. (Eds.) (1997). *Auto/Ethnography: Rewriting the self and the social.* New York, NY: Berg.

Riessman, C. K. (1993). *Narrative analysis: Qualitative research methods.* London: Sage.

Riessman, C. K. (2008). *Narrative methods for the human sciences.* Newbury Park, CA: Sage.

Rosenthal, G. (1995). *Erlebte und erzählte Lebensgeschichte. Gestalt und Struktur biographischer Selbstbeschreibungen.* Frankfurt am Main; New York, NY: Campus Verlag.

Rosenthal, G., & Fischer-Rosentahl, W. (2005). Analyse narrative-biographischer Interviews. In U. Flick, E. von Kardorff & I. Steinke (Eds.), *Qualitative Forschung. Ein Handbuch* (pp. 456-468). Reinbek bei Hamburg: Rowohlt Taschenbuch Verlag.

Schafer, R. (1994). *Retelling a life: Narration and dialogue in psychoanalysis.* New York, NY: W. W. Norton & Co.

Schütze, F. (1983). Biographieforschung und narratives Interview. *Neue Praxis, 13*, 283-293.

Shaw, C. R. (1930). *The Jack-Roller: A delinquent boy's own story.* Chicago: University of Chicago Press.

Smith, L. M. (1994). Biographical method. In N. K. Denzin & Y. S. Lincoln (Eds.), *Handbook of qualitative research* (pp. 286-305). Thousand Oaks, CA: Sage.

Sparkes, A. C. (2000). Autoethnography and narratives of self: Reflections on criteria in action. *Sociology of Sport Journal, 17*, 21-41.

Spence, D. S. (1982). *Narrative truth and historical truth.* New York, NY: W. W. Norton & Co.

Thomas, W. I., & Znaniecki, F. (1918-1920). *The Polish peasant in Europe and America: Monograph of an immigrant group.* Urbana, IL: University of Illinois Press.

Wall, S. (2006). *An autoethnography on learning about autoethnography.* Retrieved from http://creativecommons.org/licenses/by/2.0

>> 제3장 미디어 비오그라피 연구(medienbiographical study)

강미화 (2011). 샤갈(Chagall) 작품에 나타난 무의식의 상징에 관한 연구. 〈예술심리치료연구〉, 7권 4호, 75-103.

강이화 · Alheit, P. (2015). 독일 생애사 연구의 인식론적 기반과 분화 과정. 〈교육의 이론과 실천〉, 20권 2호, 1-20.

강진숙 (1998). 팬덤(Fandom)문화의 생산과 아비투스: 한국 록키호러픽쳐쇼 팬클럽 〈더블 피쳐스〉의 생산활동 분석. 〈언론연구〉, 7권 1호, 91-105.

강진숙 (2014). 미디어교육 패러다임의 변화를 위한 시론: "미디어정동(情動, affectus) 능력"의 개념화를 위한 문제제기. 〈커뮤니케이션 이론〉, 10권 3호, 195-221.

강진숙 (2015). 정동의 장치와 주체화 연구방법: 미디어 비오그라피- 푸코, 아감벤, 들뢰즈의 장치와 주체화, 배치에 대한 사유를 중심으로. 〈커뮤니케이션 이론〉, 11권 4호, 4-37.

김봉섭 (2013, 4월). 청소년 사이버불링 실태와 시사점: 인터넷과 휴대전화를 중심으로. 단국대학교 분쟁해결연구센터 2013년도 연례학술대회 〈소셜미디어와 학교갈등〉 발표문. 경기: 단국대학교.

박성희 (2009). 농촌여성노인의 생애사분석을 통한 성공적 노화에 관한 지역사회교육 전략. 〈평생교육학연구〉, 15권 4호, 217-244.

박영균 (2007). 맑스와 들뢰즈의 마주침. 〈진보평론〉, 31호, 243-267.

박철안 (2014). 〈칼 융(C. G. Jung)의 무의식이론에 기초한 중년 여성의 우울증 극복 방안: 심리치료적 관점에서〉. 한일장신대학교 심리치료대학원 석사학위 논문.

서동욱 (2008). 공명효과: 들뢰즈의 문학론. 〈철학사상〉, 27권, 123-140.

이동연 (1997). 〈문화연구의 새로운 토픽들〉. 서울: 문화과학사.

이은경 (2013). 스피노자의 정서이론의 교육적 함의. 〈도덕교육연구〉, 25권 1호, 117-143.

Abott, A. (1988). *The system of professions: An essay on the division of expert labor.* Chicago: University of Chicago Press.

Abott, A. (1992). What do cases do? Some notes on activity in sociological analysis. In C. C. Ragin & H. S. Becker (Eds.) *What is a case? Exploring the Foundations of social Inquiry.* Cambridge, UK: Cambridge University Press, 53-82.

Abott, A. (1996). Things of boundaries. *Social Research, 62*, 857-882.

Agamben, G. (2006). *Che cos'è un dispositivo?, L'amico, Che cos'è il contemporaneo?*. 양창렬 (역) (2010). 〈장치란 무엇인가?: 장치학을 위한 서론〉. 서울: 난장.

Alheit, P. (1999). Biographisches Lernen, In Weisseno, G. (Hrsg.) *Lexikon der politischen Bildung(II): Klaus-P.* (Hrsg.). *Ausserschulische Jugendbildung/Erwachsenenbildung, Schwalbach/Ts.*, 32-35.

Alheit, P., & Dausien, B. (1990). *Modernisierung und Traditionalität. Lebensverläufe in zeitgenössischen proletarischen Milieus.* Forschungsbericht. Bremen.

Aufenanger, S. (1999). Medienbiographische Forschung. In Krüger, Heinz-Hermann & Marotzki, Winfried (Hrsg.). *Handbucherziehungswissenschaftliche Biographieforschung*. Opladen: Leske + budrich, 487-497.

Baacke, D. (1993). *Jugend und Jugendkulturen: Darstellung und Deutung*. Munchen: Juventa Verlag.

Baacke, D., Sander, U., & Vollbrecht, R. (1991). *Medienwelten Jugendlicher*. Opladen: Leske + budrich.

Bakhtin, M. (1978). *Esthétique et théorie du roman*. Paris: Gallimard.

Bergson, H. (1896). *Matière et mémoire*. Paris: Alcan. 박종원 (역) (2011). 〈물질과 기억〉. 서울: 아카넷.

Bodnar, J. (1992). *Remaking America: Public memory, commemoration, and patriotism in the twentieth century*. Princeton, NJ: Princeton University Press.

Bourdieu, P. (1979). *Algerie 60: Structures économiques et structures temporelles*. Paris: Minuit. 최종철 (역) (1995). 〈자본주의의 아비투스: 알제리의 모순〉. 서울: 동문선.

Bourdieu, P. (1990). *The logic of practice*. Cambridge, England: Polity Press.

Bourdieu, P. (1996). *The rules of art*. Cambridge, England: Polity Press.

Cassirer, E. (1953). *The philosophy of symbolic forms. Vol. 1: Language*. (R. Manheim, Trans.). New Haven, CT, US: Yale University Press.

Clift, W. B. (1983). *Jung and christianity: The challenge of reconciliation*. New York, NY: Crossroads.

Copleston, F. (1961). *A History of Philosophy. Vol. IV: Descartes to Leibniz*. London: Burns Oates and Washbourne. 김성호 (역) (2009). 〈합리론: 데카르트에서 라이프니츠까지〉. 서울: 서광사.

Creswell, J. W. (2007). *Qualitative inquiry and research design: Choosing among five approaches* (2nd ed.). Thousand Oaks, CA: Sage. 조흥신 · 정선욱 · 김진숙 · 권지성 (공역) (2010). 〈질적 연구방법론: 다섯 가지 접근〉. 서울: 학지사.

Deleuze, G. (1964). *Proust et les signes*. Paris: Presses Universitaires de France. 서동욱 · 이충민 (공역) (1997). 〈프루스트와 기호들〉. 서울: 민음사.

Deleuze, G. (1968). *Différence et répétition*. Paris: Presses Universitaires de France. 김상환 (역) (2004). 〈차이와 반복〉. 서울: 민음사.

Deleuze, G. (1968). *Spinoza et le problème de l'expression*. Paris: Minuit. 이진경 · 권순모 (공역) (2002). 〈스피노자와 표현의 문제〉. 고양: 인간사랑.

Deleuze, G. (1969). *Logique du Sens*. Paris: Minuit. 이정우 (역) (1999). 〈의미의 논리〉. 서울: 한길사.

Deleuze, G. (1978). 정동이란 무엇인가?. 1978. 1. 24. 뱅센느대학 강의. In G. Deleuze & A. Negri et. al. *Immaterial labor & multitude*. 서창현 외 (공역) (2005). 〈비물질노동과 다중〉 (21-67쪽). 서울: 갈무리.

Deleuze, G. (1981). *Spinoza: Philosophie pratique*. 박기순 (역) (1999). 〈스피노자의 철학〉. 서울: 민음사.

Deleuze, G., & Guattari, F. (1980). *Mille plateaux: Capitalisme et schizophrénie 2*. Les Éditions de Minuit. 김재인 (역) (2001). 〈천 개의 고원: 자본주의와 분열증 2〉. 서울: 새물결.

Deleuze, G., & Parnet, C. (1977). *Dialogues*, (H. Tomlinson & B. Habberjam, Trans.). New York, NY: Columbia University Press.

Durkheim, E. (1961). *Les formes élémentaires de la vie religieuse: Le systéme totemique en Australie*. Paris: Presses Universitaires de France. 노치준 · 민혜숙 (공역) (1992). 〈종교생활의 원초적 형태〉. 서울: 민영사.

Emirbayer, M. (1997). Manifesto for a relational sociology. *American Journal of Sociology, 103*(2), 281-317.

Felski, R. (2000). *Doing time: Feminist theory and postmodern culture*. New York, NY: New York University Press.

Fischer, W. (1982). Die biographische Methode. In Haft, H. & Kordes, H. (Hrsg.). *Methoden der Erziehungsforschung. Europäische Enzyklopädie der Erziehungswissenschaft, Bd. 2*, Stuttgart, 36-78.

Fischer-Rosenthal, W. (1995). Schweigen — Rechtfertigen — Umschreiben. Biographische Arbeit im Umgang mit deutscher Vergangenheit. In Fischer-Rosenthal, W. & Alheit, P. (Hrsg.). *Biographien in Deutschland. Soziologische Rekonstruktionen gelebter Gesellschaftsgeschichte*. Opladen, 43-86.

Foucault, M. (1975). *Surveiller et punir: Naissance de la prison*. Paris: Gallimard. 오생근 (역) (1994). 〈감시와 처벌: 감옥의 역사〉. 서울: 나남.

Foucault, M. (1977). *Le jeu de Michel Foucault. Dits et Écrits, tome. 3*: 1976-1979, éd. Daniel Defert et François Ewald, avec collab. Jacques Lagrange (1994). Paris: Gallimard.

Fritz, A. (1984). *Die Familie in der Rezeptionssituation*. München.

Hackl, C. (2001). *Fernsehen im Lebenslauf: Eine medienbiographische Studie*. Konstanz: UVK.

Halbwachs, M. (1925). *Les cadres sociaux de la mémoire*. Paris: Alcan.

Halbwachs, M. (1992). *On collective memory*. Chicago: The University of Chicago Press.

Hieckethier, K. (1982). Medienbiographien — Bausteine für eine Rezeptionsgeschichte. *Medien und Erziehung, 26*, 106-215.

Hofmannsthal, H. von (1902). Brief des Lord Chandos an Francis Bacon. Retrieved from http://gutenberg.spiegel.de/buch/ein-brief-997/1. Published in English as *The Lord Chandos Letter*. (J. Rotenberg, Trans.). New York, NY: New York Review of Books, 2007).

Horton, D., & Wohl, R. (1956). Mass communication and para-social interaction. *Journal for the Study of Interpersonal Processes, 19*, 215-229.

Jung, C. G. (1916). The structure of the unconscious. *Collected Works, 7, Two Essays on Analytical Psychology* (2nd ed.). London: Routledge & Kegan, 1966.

Jung, C. G. (1928). *Presönlichkeit und Übertragung.* 김충열 · 이부영 (공역) (2004). 자아와 무의식의 관계. 〈인격과 전이. 융 기본 저작집 03〉, 융 저작번역위원회 (역), 서울: 솔. 13-163.

Jung, C. G. (1984). *Archetyp und Unbewußtes.* 한국융연구원 C. G. 융 저작번역위원회 (역) (2002). 〈융 기본 저작집 2: 원형과 무의식〉. 서울: 솔.

Jung et al., (1964). *Man and his symbols.* London: Aldus. 이윤기 (역) (1996). 〈인간과 상징〉. 서울: 열린책들.

Kohli, M. (Hrsg.) (1978). *Soziologie des Lebenslaufs.* Darmstadt und Neuwied: Luchterhand.

Kübler, H. D. (1982). Medienbiographien – ein neuer Ansatz der Rezeptionsforschung?. *Medien und Erziehung, 26*, 194-205.

Kübler, H. D. (2000). *Mediale Kommunikation: Grundlagen der Medienkommunikation.* Tübingen: Niemeyer.

Neumann, K., & Charlton, M. (1985). Die Untersuchung der kindlichen Medienverarbeitung im gemeinsamen Spiel. Vortrag. *Workshop "Qualitative Medienforschung" der "Gesellschaft für Medienpädagogik und Kommunikationskultur" (GMK).* Ms. Freiburg.

Neumann, K., & Charlton, M. (1989). Strukturanalytische Rezeptionsforschung: Theorie, Methode und Anwendungsbeispiele. In Baacke, D. & Kübler, H. D. (Hrsg.). *Qualitative Medienforschung.* Tübingen: Max Niemeyer Verlag, 176-193.

Neumann - Braun, K., & Schneider, S. (1993). Biographische dimensionen in der medienaneignung. In Holly, W. & Püschel, U. (Hrsg.). *Medienrezeption als aneignung.* Opladen.

Olick, K. J. (2007). *The politics of regret: On collective memory and historical responsibility.* New York, NY: Routledge, 강경이 (역) (2011). 〈기억의 지도: 집단기억은 인류의 역사와 사회, 그리고 정치를 어떻게 뒤바꿔놓았나?〉. 서울: 옥당.

Pöskö, A. (2009). Medienbiographie – ein Leben voller Medien. In *Magazin erwachsenenbildung.at.* Retrieved from http://www.erwachsenenbildung.at/magazin

Proust, M. (1913). *À la recherche du temps perdu: Du côté de chez Swann.* Paris: Grasset. 김희영 (역) (2012). 〈잃어버린 시간을 찾아서 1: 스완네 집 쪽으로 1〉. 서울: 민음사.

Reichel, P. (1995). *Politik mit der Erinnerung: Gedächtnisorte im Streit um die nationalsozialistische Vergangenheit.* Munich: Carl Hanser.

Rogge, J.-U. (1982). Die biographische methode in der medienforschung. *Medien und Erziehung, 26*, 273-287.

Rosenmayr, L. (1983). *Die späte Freiheit. Das Alter – ein Stück bewußt gelebten Lebens.* Berlin: Severin & Siedler Verlag.

Sander, U., & Vollbrecht, R. (1985). Zur wissenschaftlichen Rekonstruktion jugendliches Zeitbewuβtseins. Eine Interpretation biographischer Selbstthematisierungen. In Baacke, D. & Schulze, T. (Hrsg.). *Pädagogische Biographieforschung. Orientierungen, Probleme, Baispiele.* Weinheim/Basel, 141-171.

Sander, U., & Vollbrecht, R. (1989). Biographische medienforschung. *Zeitschrift für Biographieforschung und Oral History, 1*, 15-24.

Schieder, T. (1978). The role of historical consciousness in political action. *History and Theory, 17*, 105-113.

Schorb, B. (1995). *Medienpädagogik in Geschichte, Forschung und Praxis.* Opladen: Leske+budrich.

Schulze, T. (1999). Erziehungswissenschaftliche Biographieforschung. Anfänge-Fortschritte-Ausblicke. In Krüger, Heinz-Hermann & Marotzki, Winfried (Hrsg.). (1999). *Handbuch erziehungswissenschaftliche Biographieforschung.* Opladen: Leske+budrich, 33-55.

Spinoza, B. de. (1675). *Ethica.* 강영계 (역) (1990). 〈에티카〉. 서울: 서광사. (라틴어본: http://www.thelatinlibrary.com/spinoza.html)

Stiehler, H.-J. (1993). Ein medienbiographischer Versuch. In Thier, M. & Lauffer, J. (Hrsg.). *Medienbiographien im vereinten Deutschland. Dokumentation der Potsdamer Tagung vom Febr.* Bielefeld, 54-64.

Stolzenburg, E. (1993). Von Kindesbeinen an? — Eine Medienbiographie. In Thier, M. & Lauffer, J. (Hrsg.). *Medienbiographien im vereinten Deutschland. Dokumentation der Potsdamer Tagung vom Febr.* Bielefeld, 122-129.

Teicher, W. (1972). 'Fernsehen' als soziales Handeln (I): Zur Situation der Rezipientenforschung: Ansätze und Kritik. In *Rundfunk und Fernsehen, 20. Jg. H. 4*, 421-439.

Teicher, W. (1973). 'Fernsehen' als soziales Handeln (II): Entwürfe und modelle zur dialogischen Kommunikation zwischen Publikum und Massenmedien. In *Rundfunk und Fernsehen, 21. Jg. H. 4.*, 356-382.

Theunert, H. (1998, 9, 5). Macht Fernsehen dumm?. *Stuttgarter Zeitung. Glosse in der Wochenendausgabe der StZ.*

Thier, M., & Lauffer, J. (Hrsg.) (1993). *Medienbiographien im vereinten Deutschland. Dokumentation der Potsdamer Tagung vom Febr.* Bielefeld.

Tietgens, H. (1994). Biographisches Lernen zum Älterwerden. In Kade, S. (Hrsg.). *Individualisierug und Älterwerden, BadHeilbrunn*, 159-168.

Tilly, C. (1984). *Big strucktures, large processes, huge comparisons.* New York, NY: Russell Sage.

van Dijk, T. A. (1980). *Textwissenschaft.* München.

van Dijk, T. A. (1985). *Handbook of discourse analysis: Discourse analysis in society.* London: Academic Press.

Vollbrecht, R. (1993). Lebensläufe und sozialer Wandel. Das Krisenkonzept der Erfahrung als Grundlage medienbiographsicher Reflexion. In Thier, M. & Lauffer, J. (Hrsg.). *Medienbiographien im vereinten Deutschland. Dokumentation der Potsdamer Tagung vom Febr.* Bielefeld, 10-27.

White, H. (1992). *Identity and control: A structural theory of social action.* Princeton, NJ: Princeton University Press.

Wiedermann, D. (1993). Medienbiographie im Ostern zwischen "Timur und sein Trupp" und "Die glorreichen Sieben". In Thier, M. & Lauffer, J. (Hrsg.). *Medienbiographien im vereinten Deutschland. Dokumentation der Potsdamer Tagung vom Febr.* Bielefeld, 46-53.

Wolling, J. (2002). Publikumsforschung. Retrieved from http://www.wolling.de

Wysterski, M. (2001). Forum: Qualitative Sozialforschung, Vol 2, No 2, Art. 23. In Hackl, C. (2001). *Fernsehen im Lebenslauf – Eine medienbiographische Studie.* URL: http://www.qualitativeresearch.net/index.php/fqs/article/view/944

>> 제4장 담론 분석(discourse analysis)

강내희 (1992). 언어와 변혁: 변혁의 언어모델 비판과 주체의 '역동일시'. 〈문화과학〉. 2호 겨울.

강진숙 (1993). 〈"담론(Discourse)"분석을 통한 뉴스의 이데올로기적 작용에 관한 연구: M. Pêcheux의 담론이론을 중심으로〉. 중앙대학교 대학원 석사학위 논문.

강진숙 (2006). "교육위기" 담론의 의미와 주체구성 방식 연구: 한겨레신문과 조선일보 기사를 중심으로. 〈한국언론정보학보〉, 33호, 7-52.

김수정 (1991). 〈L. Althusser의 이데올로기론의 성립과 발전과정에 대한 일고찰〉. 서울대학교 대학원 석사학위 논문.

도정일 (1992). 문화, 상징질서, 일상의 삶 – 비판이론의 현단계: 루이 알튀세르와 앙리 르페브르. 〈문화과학〉, 통권 1호, 117-134.

류웅재 (2010). 담론분석과 정치경제학의 조우 가능성에 대한 탐색적 연구: 커뮤니케이션 질적 연구방법론의 몇 가지 논점을 중심으로. 〈언론과 사회〉, 18권 4호, 37-73.

박명진 (1989). 구조주의 기호학과 사회과학. 이상희교수 환갑기념논문집간행위원회 (편), 〈현대사회와 커뮤니케이션 이론〉. 서울: 한길사.

박유선 (2007). 〈한국사회 세계화 담론의 성격변화에 대한 연구〉. 서강대학교 대학원 석사학위 논문.

서덕희 (2006). '교실붕괴' 이후 신자유주의 교육담론의 형성과 그 저항: 홈스쿨링에 대한 담론 분석을 중심으로. 〈교육사회학연구〉, 16권 1호, 77-105.

신진욱 (2011). 비판적 담론 분석과 비판적 · 해방적 학문. 〈경제와 사회〉, 통권 89호, 10-45.

이득재 (1992). 바흐친의 유물론적 언어이론. 〈문화과학〉, 2호 겨울, 서울: 문화과학사.

장혜경 · 우아영 (2011). TV 다큐멘터리가 생성한 정신장애 담론: 구별짓기의 완성. 〈사회복지연구〉, 42권 1호, 179-217.

정미정 · 백선기 (2011). 한국신문의 영화에 관한 보도담론의 특징과 의미: 산업담론과 문화담론의 대립적 갈등을 중심으로. 〈한국언론학보〉, 55권 3호, 28-53.

정태석 (1991). 알뛰세와 발리바르의 역사유물론에 대한 재검토를 위하여. 한국산업사회연구회 (편), 〈경제와 사회〉, 서울: 이론과 실천.

진태원 (2015). 〈현대 프랑스 철학사〉. 서울: 창비.

최은희 (2014). 한국과 독일의 방송뉴스 담론 비교 연구: 일본 후쿠시마 원전 사고 보도에 대한 푸코적 담론질서 중심의 시론적 고찰. 〈커뮤니케이션학 연구〉, 22권 2호, 145-179.

Althusser, L. (1965). *Pour Marx(For Marx)*. Paris: François Maspero. 고길환 · 이화숙 (공역) (1990). 〈마르크스를 위하여〉. 서울: 백의.

Althusser, L. (1965). *Marxism and Humanism*. 고길환 · 이화숙 (공역) (1990). 마르크스주의와 휴머니즘. 〈마르크스를 위하여〉. 서울: 백의, 253-278.

Althusser, L. (1970). *Ideology and ideological state apparatuses*. 이진수 (역) (1991). 이데올로기와 이데올로기적 국가기구. 〈레닌과 철학〉. 서울: 백의, 135-192.

Althusser, L. (1976). Is it Simple to be Marxist in Philosophy?. *Essays in Self-Criticism*. London: NLB.

Althusser, L., & Balibar, E. (1968). *Reading Capital*. London: NLB. 김진엽 (역) (1991). 〈자본론을 읽는다〉. 서울: 두레.

Bakhtin, M. (1979). *Эстетика словесного творчества*. Moscow: Искусство. 김희숙 · 박종소 (공역) (2006). 〈말의 미학〉. 서울: 길.

Benjamin, W. (1982). *Das Passagen-werk*. Frankfurt am Main: Suhrkamp Verlag. 조형준 (역) (2005). 〈아케이드 프로젝트〉. 서울: 새물결.

Cousins, M. (1985). Jokes and their relation to the mode of production. *Economy and Society, 14*(1), 94-112.

Deleuze, G. (1968). *Différence et répétition*. Paris: Presses Universitaires de France. 김상환 (역) (2004). 〈차이와 반복〉. 서울: 민음사.

Deleuze, G. (1968). *Spinoza et le problème de l'expression*. Paris: Minuit. 이진경 · 권순모 (공역) (2002). 〈스피노자와 표현의 문제〉. 고양: 인간사랑.

Engerls, F. (1890). *Engels to J. Bloch In Königsberg*. Marx, K., & Engels, F. 블로흐에게 보내는 엥겔스의 편지. 〈철학적 연구〉.

Fairclough, N. (1985). Critical and descriptive goals in discourse analysis. *Journal of Pragmatics, 9*, 739-763.

Fairclough, N. (1992). *Discourse and social change*. Cambridge: Polity Press.

Fairclough, N. (1995). *Critical discourse analysis: the Critical Study of Language*. London: Longman.

Fairclough, N. (2001). *Language and power.* (2nd ed.). London: Longman..

Foucault, M. (1969). *L'Archeologie du savoir.* Paris: Gallimard. 이정우 (역) (1992). 〈지식의 고고학〉. 서울: 민음사.

Glasgow University Media Group (1980). *Bad news.* London: Routledge.

Hall, S. (1982). The rediscovery of 'Ideology': Return of the repressed in media studies. In M. Gurevitch, T. Bennett, J. Curran, & J. Woollacott (Eds.), *Culture, society and the media* (pp. 56-90). London: Meyhuen.

Halloran, J. D. (1970). Mass media in society: The need of research. *UNESCO Reports and Papers on Mass communication, 59.*

Hegel, G. (1807). *Phänomenologie des Geistes.* Oxford: Oxford University Press. 김양순 (역) (2011). 〈정신현상학〉. 서울: 동서문화사.

Hindess, B., & Hirst, P. Q. (1975). *Pre-capitalist modes of production.* London: Routledge & Kegan Paul.

Jameson, F. (1972). *The prison-house of language: A critical account of structuralism and Russian formalism.* Princeton, NJ: Princeton University Press. 윤지관 (역) (1993). 〈언어의 감옥〉. 서울: 까치.

Jung, M. (2006). Diskurshistorische Analyse — eine linguistische Perspektive. In R. Keller, A. Hirseland, W. Schneider & W. Viehöver (Hrsg.). *Handbuch sozialwissenschaftliche Diskursanalyse, 1:* Theorien und Methoden. Opladen: Leske+budrich, 31-54.

Kress, G. (1985). Ideological structures in discourse. In T. A. van Dijk (Eds.), *Handbook of Discourse Analysis, 4*, 27-42.

Laclau, E., & Mouffe, C. (1985). *Hegemony and socialist strategy: Towards a radical democratic politics.* London: Verso. 김성기 외 (공역) (1990). 〈사회변혁과 헤게모니〉. 서울: 터.

Macdonell, D. (1986). *Theories of discourse: An introduction.* Oxford and New York: Basil Blackwell. 임상훈 (역) (1992). 〈담론이란 무엇인가〉. 서울: 한울.

Marx, K. (1859). *Zur Kritik der Politischen Ökonomie.* Berlin: Dietz Verlag. 김호균 (역) (2007). 〈정치경제학 비판을 위하여〉. 서울: 중원문화.

Marx, K. (1969). *Die Deutsche Ideologie.* Berlin: Dietz Verlag. 김대웅 (역) (1989). 〈독일 이데올로기〉. 서울: 두레.

Pêcheux, M. (1982 [1975]). *Language, semantics and ideology.* (H. C. Nagpal, Trans.). New York, NY: St. Martin's Press.

Poulantzas, N. (1965). *Political power and social classes.* London: New Left Books and Sheed & Ward.

Side, E. (1983). *The world, the text, and the critic.* Cambridge, Mass: Harvard UP.

van Dijk, T. A. (1983). Discourse analysis: Its development and application to the structure of news. *Journal of Communication, 33*(2), 20-43.

van Dijk, T. A. (2008). *Discourse and power.* New York, NY: Palgrave Macmillan.

Thompson, J. B. (1984). *Studies in the theory of ideology.* Berkeley, LA: University of California Press.

Tuchman, G. (1978). *Making news: A study in the construction of reality.* 박홍수 (역) (1995). 〈메이킹 뉴스: 현대 사회와 현실의 재구성 연구〉. 서울: 나남.

Wodak, R., & Meyer, M. (2001). *Critical discourse analysis: History, agenda, theory and methodology.* In R. Wodak & M. Meyer (Eds.), *Methods of critical discourse analysis.* London: Sage.

Woods, R. (1977). Discourse analysis: The work of Michel Pêcheux. *Ideology & Consciousness, 2,* 57-79.

Žižek, S. (2016, 2, 12). 지제크 "유럽은 난민들에게 '약속의 땅' 아니다." 〈한겨레신문〉, 23면.

제5장 근거이론(grounded theory)

강소영 (2012). 학교폭력에 대한 근거이론(Grounded Theory)의 접근: 폭력적 교실문화 현상을 중심으로. 〈한국범죄심리연구〉, 8권 2호, 5-28.

김영천 (2013). 〈질적연구방법론 2: Methods〉. 파주: 아카데미프레스.

김인숙 (2011). 근거이론의 분기: Glaser와 Strauss의 차이를 중심으로. 〈사회복지연구〉, 42권 2호, 351-379.

문선아 · 김봉근 · 강진숙 (2015). 성폭력 범죄 보도 태도에 대한 근거 이론적 연구: 언론사 사회부 기자들과의 질적 심층인터뷰를 중심으로. 〈한국방송학보〉, 29권 6호, 37-66.

박기순 (1987). 상징적 상호작용이론의 모형정립: 2인 커뮤니케이션을 중심으로. 〈한국사회학〉, 21권, 45-54.

박선웅 · 우현정 (2013). 다문화가정 청소년의 한국인 되기: 중도입국 학생의 적응에 대한 근거 이론 접근. 〈사회 이론〉, 44권, 211-258.

박성희 (2004). 〈질적 연구방법의 이해: 생애사 연구를 중심으로〉. 서울: 원미사.

성열관 · 이형빈 (2014). '수업시간에 자는 중학생' 연구: 수업참여 기피 현상에 대한 근거이론. 〈교육사회학연구〉, 24권 1호, 147-171.

손승혜 (2013). 디지털 네트워크 시대의 초국가적 온라인 팬덤: 2PM 팬포럼 Wild2Day 회원 인터뷰의 근거이론적 분석. 〈미디어, 젠더 & 문화〉, 25호, 73-111.

양해림 (2011). 딜타이와 미드(G. H. Mead)의 사회이론: 미드의 상징적 상호작용론을 중심으로. 〈해석학연구〉, 27권, 145-170.

윤견수 (2013). 경험의 의미와 질적 연구의 연구 과정: 근거이론에 대한 사례를 중심으로. 〈한국정책과학학회보〉, 17권 2호, 163-200.

윤혜정 · 권경인 (2011). 휴대전화 중독 청소년들의 특성 및 중독과정 촉진요인. 〈상담학연구〉, 12권 2호, 577-598.

윤호순 · 경수영 · 이은영 · 이현교 (2012). 인터넷게임중독 청소년의 회복과정에 관한 연구: 혼란과 몸부림에서 벗어나기. 〈청소년학연구〉, 19권 10호, 73-99.

이동성 · 김영천 (2012). 질적 연구방법으로서 근거이론의 철학적 배경과 방법론적 특성에 대한 고찰. 〈열린교육연구〉, 20집 2호, 1-26.

이연승 · 임수진 · 최진령 (2015). 유치원 교사의 R-러닝 수용과정에 대한 근거이론적 접근. 〈유아교육학논집〉, 19권 2호, 297-320.

이영철 (2014). 근거이론의 근거에 대한 음미: 방법론과 방법. 〈한국정책과학학회보〉, 18권 1호, 187-214.

임영호 · 김정아 (2011). 프리랜서 방송 진행자의 직업 현실인식과 대응전략: 근거이론에 의한 분석. 〈언론과 사회〉, 19권 2호, 49-109.

임종섭 · 김명준 (2015). 근거이론방법의 고찰과 언론학 연구에 주는 함의: 보수신문과 진보신문의 탈북자 기획기사 분석을 중심으로. 〈한국언론학보〉, 59권 2호, 427-452.

정여주 · 김정득 (2013). 쪽방지역에 거주하는 남성 노인의 삶의 과정에 대한 근거이론 접근. 〈사회과학연구〉, 24권 2호, 295-322.

정재민 (2010). 청소년 팬덤 현상에 대한 근거 이론적 접근. 〈한국청소년연구〉, 21권 3호, 91-119.

최영준 (2015). 베이비붐 세대의 노후준비와 경제교육에 대한 질적 연구: 근거이론적 접근으로. 〈인문사회과학연구〉, 16권 3호, 353-378.

하홍규 (2011). 조지 허버트 미드와 정신의 사회적 구성. 〈철학탐구〉, 30집, 208-239.

Annells, M. (1996). Grounded theory method: Philosophical perspectives, paradigm of inquiry and postmodernism. *Qualitative Health Research, 6*(3), 379-393.

Babchuck, W. A. (1997). *The rediscovery of grounded theory: Strategies for qualitative research in adult education.* Nebraska, Lincoln: University of Nebraska.

Blumer, H. (1969). *Symbolic interactionism: Perspective and method.* Englewood Cliffs. NJ: Prentice Hall.

Charmaz, K. (2000). Grounded theory: Objectivist and constructivist methods. In N. K. Denzin & Y. S. Lincoln (Eds.), *Handbook of qualitative research* (pp. 509-535). New York, NY: The Guilford Press.

Charmaz, K. (2005). Grounded theory in the 21st century: Applications for advancing social justice studies. In N. K. Denzin & Y. S. Lincoln (Eds.), *The sage handbook of qualitative research* (3rd ed.) (pp. 507-536). Thousand Oaks, CA: Sage.

Charmaz, K. (2006). *Constructing grounded theory: A practical guide through qualitative analysis.* London: Sage.

Charmaz, K. (2008). Constructionism and the grounded theory method. In J. A. Holstein &

J. F. Gubrium (Eds.), *Handbook of constructionist research* (pp. 397-412). New York, NY: The Guilford Press.

Clarke, A. (1990a). Controversy and the development of reproductive sciences. *Social Problems, 27*, 18-37.

Clarke, A. (1990b). A Social worlds research adventure: The case of reproductive sciences. In S. Cozzens & T. Gieryn (Eds.), *Theories of science in society* (pp. 23-50). Bloomington: Indiana University Press.

Corbin, J., & Strauss, A. L. (1990). Grounded theory research: Procedures. *Canons and Evaluative Criteria. Qualitative Sociology, 13*(1), 3-21.

Creswell, J. W. (1998). *Qualitative inquiry and research design: Choosing among five traditions.* Thousands Oaks, CA: Sage.

Creswell, J. W. (2007). *Qualitative inquiry and research design: Choosing among five approaches* (2nd ed.). Thousand Oaks, CA: Sage. 조흥식 · 정선욱 · 김진숙 · 권지성 (공역) (2010). 〈질적 연구방법론: 다섯 가지 접근〉. 서울: 학지사.

Denzin, N. K., & Lincoln, Y. S. (1994). *Handbook of qualitative research.* Thousand Oaks, CA: Sage.

Dewey, J. (1929). *The quest for certainty.* New York, NY: G. P, Putnam.

Dey, J. (2004). Grounded theory. In C. Seale et. al. (Eds.), *Qualitative research practice* (pp. 80-93). Thousand Oaks, CA: Sage Publications.

Gary, T., & David, J. (2006). Reinventing grounded theory: Some questions about theory, ground and discovery. *British Educational Research Journal, 32*(6), 767-795.

Glaser, B. G. (1978). *Theoretical sensitivity: Advances in the methodology of grounded theory.* Mill Valley, CA: Sociology Press.

Glaser, B. G. (1992). *Basics of grounded theory analysis: Emergence vs forcing.* Mill Valley. CA: Sociology Press. 김인숙 · 장혜경 (공역) (2014). 〈근거이론 분석의 기초: 글레이저의 방법〉. 서울: 학지사.

Glaser, B. G. (2002). Conceptualization: On theory and theorizing using grounded theory. *International Journal of Qualitative Methods, 1*(2), 1-31.

Glaser, B. G., & Strauss, A. L. (1965). *Awareness of dying.* Chicago: Aldine.

Glaser, B. G., & Strauss, A. L. (1967). *The discovery of grounded theory: Strategies for qualitative research.* Chicago: Aldine. 이병식 · 박상욱 · 김사훈 (공역) (2011). 〈근거이론의 발견: 질적 연구 전략〉. 서울: 학지사.

Glaser, B. G., & Strauss, A. L. (1968). *Time for dying.* Chicago: Aldine.

Habermas, J. (1981). *Theorie des kommunikativen handelns.* Frankfurt am Main: Suhrkamp Verlag. 장춘익 (역) (2006). 〈의사소통행위이론 I, II〉. 파주: 나남.

Health, H., & Cowley, S. (2004). Developing a grounded theory approach: A comparison of Glaser and Strauss. *International Journal of Nursing Studies, 41*, 141-150.

Hughes, E. (1971). *The sociological eye: Selected papers.* Chicago: New York: Aldine. Atherton.

Joas, H. (1988). Symbolischer Interaktionismus. *Kölner Zeitschrift für Soziologie und Sozialpsychologie, 40*, 417-446.

Kendall, J. (1999). Axial coding and the grounded theory methodology. *Journal of Advanced Nursing, 23*(3), 448-453.

Mead, G. H. (1909). Social psychology as counterpart to physiological psychology. *Psychological Bulletin, 6*(12), 401-408.

Mead, G. H. (1922). A behavioristic account of the significant symbol. *Journal of Philosophy, 19*(6), 157-163.

Mead, G. H. (1932). *The philosophy of the present.* LaSalle, Illinois: Open Court.

Mead, G. H. (1934). *Mind, self and society from the standpoint of a social behaviorist.* 나은영 (역) (2010). 〈정신 · 자아 · 사회: 사회적 행동주의자가 분석하는 개인과 사회〉. 파주: 한길사.

Mead, G. H. (1938). *The philosophy of the act.* Chicago: University of Chicago Press.

Mead, G. H. (1969). *Philosophie der Sozialität: Aufsätze zur Erkenntnisanthropologie.* Frankfurt am Main: Suhrkamp Verlag.

Melia, K. M. (1996). Rediscovering Glaser. *Qualitative Health Research, 6*(3), 368-378.

Morse, J. M. (2001). *Situating grounded theory within qualitative inquiry.* 신경림 · 김미영 (공역) (2003). 〈근거이론 연구방법론〉. 서울: 현문사.

Morse, J. M. (2004). Constructing qualitatively derived theory. *Qualitative Health Research, 14*(10), 1387-1395.

Morse et al. (2009). *Developing grounded theory: The second generation.* Walnut Greek, California: Left Coast Press. 신경림 · 김미영 · 신수진 · 강지숙 (공역) (2011) 〈근거이론의 발전: 제2세대〉. 서울: 하누리.

Rennie, D. (1998). Grounded theory methodology: The pressing need for a coherent logic of justification. *Theory and Psychology, 8*(1), 101-119.

Schreiber, R. S., & Stern, P. N. (2001). *Using grounded theory in nursing.* 신경림 · 김미영 (공역) (2003). 〈근거이론 연구방법론〉. 서울: 현문사.

Star, S. L. (1989a). *Regions of the mind: Brain research and the quest for scientific certainty.* Stanford, CA: Stanford University Press.

Star, S. L. (1989b). The structure of ill-structured solutions: Boundary objects and heterogeneous distributed problem solving. In M. Huhns & L. Glasser (Eds.), *Distributed Artificial Intelligence, 3* (pp. 37-54). Menlo Park, CA: Morgan Kauffmann.

Stern, P. N. (1994). Eroding grounded theory. In J. Morse (Eds.), *Critical issues in qualitative research* (pp. 212-223). Newbury Park, London: Sage.

Stern, P. N., & Covan, E. K. (2001). Early grounded theory: Its processes and products. In R. S. Schreiber & P. N. Stern (Eds.), *Using grounded theory in nursing.* 신경림 · 김미영

(공역) (2003). 〈근거이론 연구방법론〉. 서울: 현문사.

Strauss, A. L. (1987). *Qualitative analysis for social scientists.* New York, NY: Cambridge University Press.

Strauss, A. L., & Corbin, J. (1990). *Basics of qualitative research: Grounded theory procedures and techniques.* Newbury Park, CA: Sage.

Strauss, A. L., & Corbin, J. (1994). Grounded theory methodology: An overview. In N. K. Denzin & Y. S. Lincoln (Eds.), *Handbook of qualitative research* (pp. 273-285). Thousand Oaks, CA, US: Sage.

Strauss, A. L., & Corbin, J., (1998). *Basics of qualitative research: Grounded theory procedures and techniques* (2nd ed.). Thousand Oaks, CA: Sage.

Suddaby, R. (2006). From the editors: What grounded theory is not. *Academy of Management Journal, 49*(4), 633-642.

Walker, D., & Myrick, F. (2006). Grounded theory: An exploration of process and procedure. *Qualitative Health Research, 16*(4), 547-559.

Wiener, C. (1981). *The politics of alcoholism.* New Brunswick, NJ: Transaction.

제6장 현상학 연구(phenomenological study)

강명선 · 양성은 (2011). 여성의 낙태경험에 관한 현상학적 연구. 〈한국가정관리학회지〉, 29권 4호, 233-250.

강진숙 · 김도희 · 노창희 · 김지은 · 신선미 (2007). 미국 드라마 시청선호 현상에 대한 현상학적 연구. 〈한국방송학보〉, 21권 6호, 44-80.

강진숙 · 장유정 (2012). 스마트폰 이용자들의 원격현전 경험에 대한 현상학적 연구: 비릴리오의 속도론과 '감각의 마비'를 중심으로. 〈한국방송학보〉, 26권 6호, 7-45.

강진숙 · 장지훈 · 최종민 (2009). 2008 촛불집회 참여 경험에 대한 현상학적 연구: 대학생 참여자 및 1인 미디어 이용자를 중심으로. 〈한국방송학보〉, 23권 4호, 7-48.

고기숙 · 이면재 · 김영은 (2012). 대학생의 스마트폰 중독적 사용경험 연구. 〈한국디지털콘텐츠학회논문지〉, 13권 4호, 501-516.

김광기 (2005). 알프레드 슈츠와 "자연적 태도": 철학과 사회학의 경계를 넘어서. 〈철학과 현상학 연구〉, 25집, 47-70.

김기석 · 심선애 · 정형원 (2015). 온라인게임 연구를 위한 현상학적 연구의 논리와 방법. 〈디지털융복합연구〉, 13권 11호, 321-329.

김동만 · 이철현 (2015). 초등학생의 스마트폰 과몰입 경험에 대한 현상학적 접근. 〈한국실과교육학회지〉, 28권 2호, 65-90.

김영천 (2013). 〈질적연구방법론 2: Methods〉. 파주: 아카데미프레스.

김영한 (2009). 하이데거의 존재론적 해석학에 대한 성찰. 〈철학논총〉, 58집, 173-196.

김진숙 (2013). 장기실종아동 부모의 경험에 대한 현상학적 연구. 〈한국가족복지학〉, 18권 4호, 557-577.

남미애 · 홍봉선 (2011). 청소년양육미혼모의 부모됨의 경험과 의미: 시간체험에 관한 현상학적 연구. 〈청소년복지연구〉, 13권 3호, 141-170.

배상식 (2014). 질적 연구를 위한 교육학적 현상학의 한계와 문제. 〈철학연구〉, 129권, 83-109.

유혜령 (2013). 현상학적 질적 연구에 대한 오해와 이해: 연구 논리와 연구 기법 사이에 길찾기. 〈현상해석학적 교육연구〉, 10권 1호, 5-31.

유혜령 (2015). 현상학적 질적 연구의 논리와 방법: Max van Manen의 연구방법론을 중심으로. 〈가족과 상담〉, 5권 1호, 1-20.

이남인 (2005). 현상학과 질적 연구방법. 〈철학과 현상학 연구〉, 24집, 91-121.

이남인 (2013). 후설의 현상학적 사회윤리학의 의의와 과제. 〈인문과학논총〉, 69집, 189-218.

이남인 (2014). 〈현상학과 질적 연구: 응용현상학의 한 지평〉. 파주: 한길사.

이정복 (1994). 후설의 현상에 대한 하이데거의 비판. 해석학연구회 (편), 〈현대 해석과 철학 1〉 (27-46쪽). 서울: 지평문화사.

이지영 (2011). 초기 청소년의 인터넷 게임을 통한 사이버공간 경험. 〈스트레스연구〉, 19권 3호, 221-229.

이현주 (2005). 〈노인부부가구에서 치매 배우자를 돌보는 남편의 수발 경험에 관한 연구: Giorgi의 현상학적 연구방법을 활용하여〉. 이화여자대학교 대학원 박사학위 논문.

이희연 · 박태정 (2010). 가정폭력 피해여성의 사회적 배제 경험에 대한 현상학적 연구. 〈여성연구〉, 78호, 159-200.

정상원 · 김영천 (2014). 질적 연구에서의 현상학적 글쓰기의 전략과 방법의 탐구. 〈교육문화연구〉, 20-3호, 5-42.

정윤태 · 박소영 · 서용석 (2014). 청소년의 인터넷 중독 경험에 관한 연구. 〈청소년학연구〉, 21권 4호, 227-255.

주형일 (2008). 직관의 사회학, 나의 사회학 그리고 현상학적 방법. 〈커뮤니케이션 이론〉, 4권 1호, 77-113.

최용주 · 유성신 (2015). 대학생들의 페이스북 이용 경험에 관한 현상학적 연구: 자아표현과 기업의 마케팅 커뮤니케이션에 대한 의미를 중심으로. 〈광고학연구〉, 26권 6호, 185-211.

최홍석 · 고재천 (2014). 초등학교 고학년 학생의 모바일 SNS를 이용한 의사소통에 대한 현상학적 연구. 〈학습자중심교과교육연구〉, 14권 12호, 579-605.

한민석 (2013). 공립 초등학교 학교운영위원회 심의과정에 대한 이해: 서울특별시 소재 A초등학교를 중심으로. 〈한국교육문제연구〉, 31권 1호, 25-55.

Barritt, L. S., Beekman, T., Bleeker, H., & Mulderij, K. (1983). *A handbook for phenomenological research*. Ann Arbor: University of Michigan Press.

Barritt, L. S., Beekman, T., Bleeker, H., & Mulderij, K. (1984). Analyzing phenomenological descriptions. *Phenomenology Pedagogy, 2*(1), 1-17.

Bolton, N. (1987). The programme of phenomenology. In A. Costall (Eds.), *Cognitive psychology in question* (pp. 234-254). St Martin's Press.

Burch, R. (1989) On phenomenology and its practices [part I]. *Phenomenology+Pedagogy*, 7, 187-217.

Cohen, M. Z., & Omery, A. (1994). Schools of phenomenology: Implications for research. In J. M. Morse (Eds.), *Critical issues in qualitative research methods* (pp. 136-156). Thousand Oaks, CA: Sage.

Colaizzi, P. F. (1973). *Reflection and research in psychology: A phenomenological study of learning*. Dubuque, IA: Kendall-Hunt.

Colaizzi, P. F. (1978). Psychological research as the phenomenologist views it. In R. Valle & M. King (Eds.), *Existential-phenomenological alternatives for psychology* (pp. 48-71). New York, NY: Oxford University Press.

Creswell, J. W. (1998). *Qualitative inquiry and research design: Choosing among five traditions*. Thousands Oaks, CA: Sage. 조흥신 · 정선욱 · 김진숙 · 권지성 (공역) (2005). 〈질적 연구방법론: 다섯 가지 전통〉. 서울: 학지사.

Creswell, J. W. (2007). *Qualitative inquiry and research design: Choosing among five approaches* (2nd ed.). Thousand Oaks, CA: Sage. 조흥신 · 정선욱 · 김진숙 · 권지성 (공역) (2010). 〈질적 연구방법론: 다섯 가지 접근〉. 서울: 학지사.

Crotty, M. (1996). *Phenomenology and nursing research*. South Melbourne: Churchill Livingstone. 신경림 · 공병혜 (공역) (2001). 〈현상학적 연구〉. 서울: 현문사.

Denzin, N. K., & Lincoln, Y. S. (1994). *Handbook of qualitative research*. Thousand Oaks, CA: Sage.

Diekelmann, N., Allen, D., & Tanner, C. (1989). *The NLN criteria of appraisal of baccalaureate programm: A critical hermeneutic analysis*. New York, NY: National League for Nursing Press.

Garfinkel, H. (1952). *The perception of the other: A study in social order*. Cambridge, MA: Harvard University.

Garfinkel, H. (1967). *Studies in ethonomethodology*. Englewood Cliffs, NJ: Prentice Hall.

Garfinkel, H. (1996). Ethnomethodology's program. *Social Pshchology Quarterly, 59*(1), 5-21.

Giorgi, A. (1970). *Psychology as a human science: A phenomenologically based approach*. New York, NY: Harper & Row.

Giorgi, A. (1975). Convergence and divergence of qualitative and quantitative methods in psychology. In A. Giorgi, W. F. Fischer, C. Fischer & E. Murray (Eds.), *Duquesne studies in phenomenological psychology, 2* (pp. 72-79). Pittsburgh, PA: Duquesne University Press.

Giorgi, A. (Eds.) (1985). *Phenomenology and psychological research*. Pittsburgh, PA: Duquesne University Press. 신경림 · 장연집 · 박인숙 · 김미영 · 정승은 (공역) (2004). 〈현상학과 심리학 연구〉. 서울: 현문사.

Giorgi, A. (1994). A phenomenological perspective on certain qualitative research methods. *Journal of Phenomenological Pshchology, 25*(2), 190-220.

Giorgi, A. (2009). *The descriptive phenomenological method in psychology: A modified Huessrlian approach.* Pittsburgh: Duquesne University Press.

Giorgi, A., Fischer, W. F., & von Eckartsberg. R. (Eds.) (1971). *Duquesne Studies in Phenomenological Psychology, 1*(3), 81-96. Pittsburgh, PA: Duquesne University Press.

Heidegger, M. (1927). *Sein und Zeit.* 전양범 (역) (2011). 〈존재와 시간〉. 서울: 동서문화사.

Heidegger, M. (1962). *Being and time.* (J. Macquerrie & E. Robinson, Trans.). New York, NY: Harper & Row. (Original work published 1927).

Heidegger, M. (1975). *Die Grundproblemes der Phänomenologie.* Gesamtausgabe Bd. 24. Frankfurt am Main: Vittorio Klostermann.

Holstein, J. A., & Gubrium, J. F. (1994). Phenomenology, ethnomethodology, and interpretive practice. In N. K. Denzin & Y. S. Lincoln (Eds.), *Handbook of qualitative research* (pp. 262-272). Thousand Oaks, CA: Sage.

Husserl, E. (1911). *Die Idee der Phänomenologie. Philosophie alsstrenge wissenschaft.* Fünf Vorlesungen. 이영호 · 이종훈 (공역) (1988). 〈현상학의 이념. 엄밀한 학으로서의 철학〉. 서울: 서광사.

Husserl, E. (1931). *Cartesianische Meditationen und Pariser Vorträge*, herausgegeben und eingeleitet von S. Strasser, Husserliana Band I. The Hague, Netherlands: Martinus Nijhoff. 이종훈 (역) (1993). 〈데카르트적 성찰〉. 서울: 철학과 현실사.

Husserl, E. (1936). *Die Krisis der europäischen Wissenschaften und die transzendentale Phänomenologie: Eine Einleitung in die phänomenologische Philosophie.* 이종훈 (역) (2003). 〈유럽학문의 위기와 선험적 현상학〉. 서울: 한길사.

Keen, E. (1975). *A primer in phenomenological psychology.* Lanham, MD: University Press of America.

Kockelmans, J. (1999). *Edmund Husserl's phenomenology.* West Lafayette: Purdue University Press. 임헌규 (역) (2000). 〈후설의 현상학〉. 수원: 청계출판사.

Langan, T. (1970). The future of phenomenology. In F. G. Smith (Eds.), *Phenomenology in perspective* (pp. 1-15). The Hague, Netherlands: Martinus Nijhoff.

Maynard, D. W., & Clayman, S. E. (1991). The Diversity of ethnomethodology. *Annual Review of Sociology, 17*, 385-418.

Morse, J. M. (1994). Designing funded qualitative research. In N. K. Denzin & Y. S. Lincoln (Eds.), *Handbook of qualitative research* (pp. 220-235). Thousand Oaks, CA: Sage.

Moustakas, C. (1994). *Phenomenological research methods.* Thousand Oaks, CA: Sage.

Munhall, P. L., & Oiler, C. J. (Eds.) (1986). *Nursing research: A qualitative perspective.* Norwalk,

CT: Appleton-Century-Crofts.

Polkinghorne, D. E. (1989). Phenomenological research methods. In R. S. Valle & S. Halling (Eds.), *Existential-phenomenological perspectives in psychology: Exploring the breadth of human existence* (pp. 41-60). New York, NY: Plenum.

Ray, M. C. (1994). The richness of phenomenology: Philosophic, theoretic and methodologic concerns. In J. Morse (Eds.), *Critical issues in qualitative research methods* (pp. 117-133). Newbury Park, CA: Sage.

Schutz, A. (1962). *The problem of social reality*. The Hague, Netherlands: Martinus Nijhoff.

Schutz, A. (1964). *Collected Papers Vol. Ⅲ: Studies in Phenomenological Philosophy*. The Hague, Netherlands: Martinus Nijhoff.

Schutz, A. (1967). *The phenomenology of the social world*. Evanston, IL: Northwestern University Press.

Schutz, A. (1970). *On phenomenology and social relationa*. Chicago: University of Chicago Press.

Schutz, A., & Luckmann, T. (1974). *The structures of the life-world*. Heinemann.

Slife, B. D., & Williams, R. N. (1995). *What's behind the research? Discovering hidden assumptions in the behavioral sciences*. Thousand Oaks, CA: Sage.

Spiegelberg, H. (1982). *The phenomenological movement* (3rd ed). The Hague, Netherlands: Martinus Nijhoff.

Stevick, E. L. (1971). An empirical investigation of the experience of anger. In A. Giorgi, W. F. Fischer & von Eckartsberg R. (Eds.), *Duquesne studies in phenomenological psychology, 1*(3). (pp. 132-148). Pittsburgh, PA: Duquesne University Press.

Strauss, A., & Corbin, J. (1990). *Basics of qualitative research: Grounded theory procedures and techniques*. Newbury Park, CA: Sage.

van Kaam, A. (1966). *Existential foundations of psychology*. Pittsburgh, PA: Duquesne Univeristy Press.

van Manen. M. (1990). *Researching lived experience: Human science for an action sensitive pedagogy*. Albany, NY: SUNY Press. 신경림 · 안규남 (공역) (1994). 〈체험 연구: 해석학적 현상학의 인간과학 연구방법론〉. 서울: 동녘.

van Manen, M. (1994). Pedagogy, virtue, and narrative identity in teaching. *Curriculum Inquiry, 4*(2), 135-170.

van Manen, M. (1997). From meaning to method. *Qualitative Heath Research: An International, Interdisciplinary Journal, 7*(3), 345-369.

>> 제7장 문화기술지 연구(ethnography study)

강진숙 · 이광우 (2012). 문화예술 프로그램 생산자에 대한 문화기술지 연구: EBS 〈문화공감〉 제작진을 중심으로. 〈한국언론학보〉, 56권 4호, 339-364.

김민경 (2009). 국제결혼 남성의 "부부되기"에 대한 문화기술지. 〈한국가족관계학회지〉, 14권 3호, 179-211.

김영천 (2013). 〈질적연구방법론 2: Methods〉. 파주: 아카데미프레스.

김정현 (2009). 학생 청소년의 아르바이트 경험에 대한 문화기술지. 〈청소년복지연구〉, 11권 3호, 69-98.

김창준 (2009). 텍스트로서의 문화: 기어츠의 해석인류학에 대한 소고. 〈브레히트와 현대연극〉, 21권, 257-278.

박진숙 · 전혜정 (2009). 난민 가정의 문화 정체성에 대한 문화기술지적 사례연구. 〈한국가족관계학회지〉, 14권 1호, 1-31.

송현주 · 윤정혜 (2007). 네티즌의 아바타 소비에서의 자기고양 정서체험: 민속지적 면접을 이용하여. 〈한국가정관리학회지〉, 25권 4호, 151-168.

이기형 (2009). 갈등의 시대, '민속지학적 상상력'과 (미디어) 문화연구의 함의를 되묻기: 현장과 타자들의 삶 속으로 관심을 기울이기. 〈커뮤니케이션 이론〉, 5권 2호, 6-53.

이기형 (2011). 〈미디어 문화연구와 문화정치로의 초대: 민속지학적 상상력의 가능성과 함의를 중심으로〉. 서울: 논형.

이상규 · 홍석경 (2014). '강북' 청소년들의 일상생활 문화와 계급 정체성 형성에 대한 영상방법론적 연구. 〈한국언론정보학보〉, 통권 68호, 87-129.

이오현 (2005). 텔레비전 다큐멘터리 프로그램의 생산과정에 대한 민속지학적 연구: KBS 〈인물현대사〉의 인물선정과정을 중심으로. 〈언론과 사회〉, 13권 2호, 117-156.

이오현 (2007). 텔레비전 코미디 프로그램의 생산과정에 대한 민속지학적 연구: KBS 〈개그콘서트〉 생산의 제한요인을 중심으로. 〈언론과 사회〉, 15권 2호, 131-174.

이정선 (1998). 초등교육 연구방법으로서 문화기술적 연구: 방법과 시사점. 〈초등교육연구〉, 12권 1호, 187-207.

이정선 · 최영순 (2001). 초등학교 고학년 학급에서 나타나는 집단 따돌림 현상에 관한 문화기술적 연구. 〈초등교육연구〉, 14권 2호, 181-211.

장혜경 · 손현미 · 임정현 (2009). 조모의 손자녀 양육에 관한 문화기술지: 다중의 경계 밖에 가족 만들기. 〈한국사회복지학〉, 61권 1호, 109-134.

조영남 · 박성호 (2003). 초등학생들의 인터넷 활용 실태에 관한 문화기술 연구. 〈교육공학연구〉, 19권 2호, 151-177.

현온강 · 이홍숙 (2001). 청소년쉼터에서의 가출청소년과 쉼터종사자들의 생활에 대한 문화 기술적 연구. 〈청소년학연구〉, 8권 1호, 163-195.

황철형 · 이용학 (2013). 비판문화기술지의 방법적 탐색: 탐구영역과 그 절차에 대한 이해. 〈교육문화연구〉, 19권 3호, 31-66.

황희영 · 김종호 (2013). 정보화마을에 대한 문화기술지 연구: 경상북도 정보화마을의 두 사례를 중심으로. 〈한국사회와 행정연구〉, 24권 3호, 373-408.

Aamodt, A. (1991). *A knowledge-intensive, integrated approach to problem solving and sustained learning*. Trondheim: University of Trondheim.

Agar, M. H. (1980). *The professional stranger: An informal introduction to ethnography*. San Diego, CA: Academic Press.

Atkinson, P., & Hammersley, M. (1994). Ethnography and participant observation. In N. K. Denzin & Y. S. Lincoln (Eds.), *Handbook of qualitative research* (pp. 248-261). Thousand Oaks, CA: Sage.

Banks, M. (2001). *Visual methods in social research*. London: Sage.

Bean, S. (1976). Soap operas: Sagas of American kinship. In W. Arens & S. P. Montagu (Eds.), *The American dimension* (pp. 80-98). Port Washington, NY: Alfred.

Boas, F. (1966). *Kwakiutl ethnography*. In H. Codere (Eds.), Chicago: University of Chicago Press.

Boyle, J. S. (1994). Styles of ethnography. In J. M. Morse (Eds.), *Critical issues in qualitative research methods*. Thousand Oaks, CA: Sage.

Brown, S. G., & Dobrin, S. I. (2004). *Ethnography unbound: From theory shock to critical praxis*. Albany: State University of New York Press.

Bruyn, S. T. (1966). *The human perspective in sociology: The methodology of participant observation*. Englewood Cliffs, NI: Prentice Hall.

Carspecken, P. F. (1996). *Critical ethnography in educational research: A theoretical and practical guide*. New York, NY: Routledge.

Caudill, W. (1958). *The psychiatric hospital as a small society*. Cambridge, MA: Harvard University Press.

Clark, M. (1959). *Health in the Mexican-American culture: A community study*. Berkeley: University of California Press.

Clifford, J., & Marcus, G. E. (Eds.) (1986). *Writing culture: The poetics and politics of ethnography*. Berkeley: University of California Press.

Douglas, M. (1966). *Purity and danger: An analysis of the concepts of pollution and taboo*. New York, NY: Pantheon.

Douglas, M. (1970). *Natural symbols: Explorations in cosmology*. London: Barrie & Rockliff.

Fabrega, H., & Silver, D. (1973). *Illness and shamanistic curing in Zinacantan: An ethnomedical analysis*. California: Stanford University Press.

Fetterman, D. M. (1989). *Ethnography: Step be step* (2nd ed.). Thousand Oaks, CA: Sage.

Frake, C. (1961). The diagnosis of disease among the Subanun of Mindanao. *American Anthropologist, 63*(1), 113-132.

Geertz, C. (1973). *The interpretation of cultures*. 문옥표 (역) (2009). 〈문화의 해석〉. 서울: 까치글방.

Geertz, C. (1973a). Deep play: Notes on the Balinese cockfight. In C. Geertz (Eds.), *The interpretation of cultures: Selected essays* (pp. 412-453). New York, NY: Basic Books.

Geertz, C. (1973b). Thick description: Toward an interpretive theory of culture. In C. Geertz (Eds.), *The interpretation of cultures: Selected essays* (pp. 3-30). New York, NY: Basic Books.

George, D., & Spindler, L. (1970). *Being an anthropologist: Fieldwork in eleven countries*. New York, NY: Holt, Rinehart & Winston.

Germain, C. (1979). *The cancer unit: An ethnography*. Wakefield, MA: Nursing Resources.

Giddens, A. (1979). *Central problems in social theory: Action, structure and contradiction in social analysis*. London: Macmillan.

Goffman, E. (1961). *Asylums: Essays on the social situation of mental patients and other inmates*. New York, NY: Doubleday Anchor Books.

Habermas, J. (1981). *Theorie des kommunikativen handelns*. Frankfurt am Main: Suhrkamp Verlag.

Habermas, J. (1987). *The theory of communicative action, Volume. 2, Lifeworld and System: A Critique of Functionalist Reason*. (T. McCarthy, Trans.). Cambridge: Polity.

Haekel, J. (1970). Source criticism in anthropology. (T. A. Tatje & E. M. Schepers, Trans.). In R. Naroll & R. Cohen (Eds.), *A handbook of method in cultural anthropology* (pp. 147-164). New York, NY: Columbia.

Hall, G. (1976). Workshop of a ballerina: an exercise in professional socialization. *Urban Life and Culture 6*, 193-220.

Hammersley, M. (1989). *The dilemma of qalitative method*. London: Routledge.

Hammersley, M. (1992). *What's wrong with ethnography?: Methodological explorations*. New York, NY: Routledge.

Hardcastle, M., Usher, K., & Holmes, C. (2006). Carspecken's five-stage critical qualitative research method; An application to nursing research. *Qualitative Health Research, 16*(1), 151-161.

Hughes, C. C. (1992). Ethnography: What's in a word-process? product? promise? *Qualitative Health Research, 4*, 439-450.

Leach, E. (1954). *Political systems of highland Burma: A study of Kachin social structure*. London: Bell. 강대훈 (역) (2016). 〈버마 고산지대의 정치 체계: 카친족의 사회구조 연구〉. 서울: 황소걸음.

Lincoln, Y. S., & Guba, E. G. (1985). *Naturalistic inquiry*. Newbury Park, CA: Sage.

Madison, D. S. (2005). *Critical ethnography: Method, ethics and performance*. Thousand Oaks, CA: Sage.

Malinowski, B. (1922). *Argonauts of the Western Pacific: An account of native enterprise and adventure in the Archipelagoes of Melanesian New Guinea*. London: Routledge & Kegan Paul; New York: E. P. Dutton 1961 edition.

Marshall, C., & Rossman, G. B. (1999). *Designing qualitative research* (3rd ed.). Thousand Oaks, CA: Sage.

Morse, J. M. (Eds.) (1991a). Qualitative nursing research: A free for all? In J. M. Morse (Eds.), *Qualitative nursing research: A contemporary dialogue* (pp. 14-22). Newbury Park, CA: Sage.

Morse, J. M. (Eds.) (1991b). Subjects, respondents, informants, and paricipants? (Eds.), *Qualitative Health Research, 1*(4), 403-406.

Morse, J. M. (1992). Ethnography. In J. M. Morse (Eds.), *Qualitative Health Research* (pp. 141-144). Newbury Park, CA: Sage.

Muecke, M. A. (1994). On the evaluation of ethnographies. In J. M. Morse (Eds.), *Critical issues in qualitative research methods*. Thousand Oaks, CA: Sage.

Nash, J. E. (1975). Bus riding: Community on wheels. *Urban Life and Culture, 4*, 99-124.

Nelson, R. K. (1969). *Hunters of the northern ice*. Chicago: University of Chicago Press.

Noblit, G. W., & Hare, R. D. (1988). *Meta-Ethnography: Synthesizing qualitative studies*. Newbury Park, CA: Sage.

Northrop, D. (1978). I look better when I prance: An ethnography of track runners. Unpublished paper, *Department of Anthropology*, Macalester College, St. Paul, Minn.

Opler, M. E. (1945). Themes as dynamic forces in culture. *American Journal of Sociology, 53*, 198-206.

Prosser, J., & Schwartz, D. (1998). Photographs within the sociological research process. In J. Prosser (Eds.), *Image-based research: A sourcebook for qualitative researchers*. London: Falmer Press.

Rhodes, L. (1991). *Emptying beds: The work of an emergency psychiatric unit*. Berkeley: University of California Press.

Rbyski, J. (1974). Flying like a butterfly from cloud to cloud: An ethnography of soaring in Minnesota. Unpublished paper, *Department of Anthropology,* Macalester College, St. Paul, Minn.

Riemer, J. W. (1977). Varieties of opportunistic research. *Urban Life and Culture, 5*, 467-477.

Sanders, W. B. (1973). Pinball occasions. In A. Bierenbaum & E. Sagarin (Eds.), *People in places: The sociology of the familiar*. New York, NY: Praeger.

Shimahara, N. K. (1988). Anthroethnography: A methodlogical consideration. In R. Sherman & B. Webb (Eds.), *Qualitative research in education: Focus and methods*. London: Falmer Press.

Shostak, M. (1981). *Nisa: The life and words of a !Kung woman.* Boston. Cambridge, MA: Harvard University Press.

Smyth, W., & Holmes, C. (2005). Using Carspecken's critical ethnography in nursing research. *Contemporary Nurse, 19*(1)-(2).

Spradley, J. P. (1970). *You owe yourself a drunk: An ethnography of unban nomads.* Boston: Little, Brown.

Spradley, J. P. (1979). *The ethnographic interview.* New York, NY: Holt, Rinehart & Winston.

Spradley, J. P. (1980). *Participant observation.* New York, NY: Holt, Rinehart & Winston.

Sugarman, B. (1974). *Daytop village: A therapeutic community.* New York, NY: Holt, Rinehart & Winston.

Turnbull, C. (1961). *The forest people: A study of the Pygmies of the Congo.* New York, NY: Clarion.

Turner, V. (1975). *Revelation and divination in Ndembu ritual.* London: Cornell University.

Tylor, E. B. (1871). *Primitive culture: Researches into the development of mythology, philosophy, religion, language, art, and custom, 2.* London: J. Murray.

Villarruel, A. M., & Ortiz de Montellano, B. (1992). Culture and pain: A Mesoamerican perspective. *Advances in Nursing Science, 15*(1), 21-32.

Wax, R. H. (1971). *Doing fieldwork: Warning and advice.* Chicago: University of Chicago Press.

Werner, O., & Schoepfle, M. (1987a). *Systematic fieldwork: Ethnographic analysis and data management.* Newbury Park, CA: Sage.

Werner, O., & Schoepfle, M. (1987b). *Systematic fieldwork: Foundation of ethnography and interviewing.* Newbury Park, CA: Sage.

Wilcox, K. A. (1982). Ethnography as a methodology & its application to the study of schooling: A review. In G. D. Spinder (Eds.), *Doing the ethnography of schooling: Educational anthropology in action.* New York, NY: Holt, Rinehart & Winston.

Wolcott, H. F. (1973). *The man in the principal's office: An ethnography.* New York, NY: Holt, Rinehart & Winston.

Wolcott, H. F. (1980). How to look like an anthropologist without really being one. *Practicing Anthropology, 3*(2), 56-59.

Wolcott, H. F. (1994). *Transforming qualitative data: Description, analysis, and interpretation.* Thousand Oaks, CA: Sage.

Wolf, M. (1992). *A thrice-told tale: Feminism, postmodernism, and ethnographic responsibility.* California: Stanford University Press.

>> 제8장 사례연구(case study)

강승원 (2014). 〈지적장애 부모를 둔 비장애 청소년의 삶에 관한 질적 사례연구〉. 전북대학교 대학원 박사학위 논문.

김미영 · 김남진 (2009). 한부모 가정 아동들이 경험하는 가족의 의미. 〈한국사회복지질적연구〉, 3권 1호, 5-27.

김병찬 · 김미경 (2010). 온라인 교사공동체에 대한 질적 사례 연구: '여교사 아이사랑 카페' 사례. 〈교육연구〉, 18권 3호, 71-107.

김유진 (2016). 농촌지역 독거노인 공동생활거주에 관한 질적 사례연구. 〈한국노년학〉, 36권 1호, 21-38.

김인경 · 양소정 (2011). 인터넷 중독의 문제점에 대한 질적 사례연구: 심층인터뷰를 이용한 20대 후반 여성 인터넷 중독자 사례를 중심으로. 〈동서언론〉, 14권, 157-199.

문현주 · 신혜정 · 강방글 · 권지성 (2014). 사회복지전담공무원의 감정노동 경험에 관한 연구. 〈한국사회복지행정학〉, 16권 1호, 113-146.

백홍진 · 김세은 (2012). 열려 있는 지역 공간으로서의 시민 미디어: 제천 시민 TV 〈봄〉을 중심으로. 〈미디어, 젠더 & 문화〉, 22호, 75-117.

신경림 · 조명옥 · 양진향 외 (2004). 〈질적 연구 방법론〉. 서울: 이화여자대학교 출판부.

안미리 (2002). 학교 구성원의 ICT 활용교육에 대한 이해와 역할: 초등학교 교사, 학생, 교장, 부장과 학부모 사례연구. 〈교육정보방송연구〉, 8권 4호, 199-218.

안재진 · 권지성 · 변미희 · 최운선 (2012). 성인입양인의 경험에 대한 질적 사례연구. 〈한국아동복지학〉, 38호, 67-97.

안태용 · 전영국 (2014). 다문화가정 아버지의 자녀양육 경험에 대한 질적 사례 연구. 〈Andragogy Today〉, 17권 2호, 29-60.

이선희 (2015). 공교육 학업중단경험 청소년의 대안교육 특성화고등학교 학업복귀 경험에 관한 질적 사례연구: 학교 담장 밖의 아이들, 또 다른 학교에 문을 두드리다. 〈청소년복지연구〉, 17권 1호, 333-356.

이현심 (2015). 황혼이혼 여성노인에 대한 사례연구. 〈노인복지연구〉, 통권 68호, 85-106.

이현주 · 권지성 (2015). 재난 당사자들의 경험에 관한 질적 사례연구: 이천 집중호우 사례를 중심으로. 〈사회과학연구〉, 31집 2호, 261-292.

이현희 (2014). 〈희귀난치성질환 자녀를 둔 어머니의 생활경험에 대한 질적 사례연구〉. 건국대학교 대학원 박사학위 논문.

정희원 · 김학만 (2012). 미디어에서 바라본 노인의 섹슈얼리티(Sexuality): 라디오방송 상담사례를 중심으로. 〈한국정책연구〉, 12권 3호, 287-304.

한인영 · 김진숙 · 문현주 (2014). 성학대 피해 아동의 가족경험에 대한 질적 사례연구. 〈한국청소년연구〉, 25권 3호, 69-100.

Allison, G. T. (1971). *Essence of decision: Explaining the Cuban missile crisis*. Harper Collins Publishers.

Asmussen, K. J., & Creswell, J. W. (1995). Campus response to a student gunman. *Journal of Higher Education, 66*, 575-591.

Bromley, D. B. (1986). *The case-study method in psychology and related disciplines*. Chichester: Wiley.

Chaskin, R. J. (2001). Building community capacity: A definitional framework and case studies from a comprehensive community initiative. *Urban Affairs Review, 36*(3), 291-323.

Creswell, J. W. (2007). *Qualitative inquiry and research design: Choosing among five approaches* (2nd ed.). Thousand Oaks, CA: Sage. 조흥신 · 정선욱 · 김진숙 · 권지성 (공역) (2010). 〈질적 연구방법론: 다섯 가지 접근〉. 서울: 학지사.

Elmore, R. F., Abelmann, C., & Fuhrman, S. (1996). The new accountability in state education reform: From process to performance. In H. F. Ladd (Eds.), *Holding schools accountable: Performance-based reform in education* (pp. 65-98). Washington, DC.: Brookings.

Hinds, P., Chaves, D., & Cypess, S. (1992). Context as a source of meaning and understanding. *Qualitative Health Research*, 31-42.

Kemmis, S. (1980). The imagination of the case and the invention of the study. In H. Simons (Eds.), *Towards a science of the singular: Essays about case study in educational research and evaluation* (pp. 93-142). Norwich: Centre for Applied Research in Education, University of East Anglia.

Lincoln, Y. S., & Guba, E. G. (1985). *Naturalistic inquiry*. Newbury Park, CA: Sage.

Lynd, R. S., & Lynd, H. M. (1929). *Middletown: A study in contemporary American culture*. New York, NY: Harcourt, Brace, and Company.

Mabry, L. (1991). Nicole: Seeking attention. In D. B. Strother (Eds.), *Learning to fail: Case studies of students at-risk* (pp. 1-24). Bloomington, IN: Phi Delta Kappa.

Magaziner, I., & Patinkin, M. (1989). *The silent war: Inside the global business battles shaping America's future*. New York, NY: Random House.

Merriam, S. B. (1988). *Case study research in education: A qualitative approach*. San Francisco, CA: Jossey-Bass.

Merriam, S. B. (1998). *Qualitative research and case study applications in education*. San Francisco, CA: Jossey-Bass. 강윤수 외 (공역) (2005). 〈정성연구방법론과 사례연구〉. 서울: 교우사.

Merriam, S. B. (2009). *Qualitative research: A guide to design and implementation*. San Francisco, CA: Jossey-Bass. 강윤수 외 (공역) (2005). 〈정성연구방법론과 사례연구〉. 서울: 교우사.

Nachmias, C., & Nachmias, D. (1992). *Research methods in the social sciences* (4th ed.). New York, NY: St. Martin's Press.

Philliber, S. G., Schwab, M. R., & Samsloss, G. (1980). *Social research: Guides to a decision-making process*. Itasca, IL: Peacock.

Smith, L. (1978). An evolving logic of participant observation, educational ethnography, and other case studies. *Reviews of Research in Education, 6*, 316-377.

Stake, R. E. (1978). The case study method in social inquiry. *Educational Researcher, 7*(2), 5-8.

Stake, R. E. (1988). Case study methods in educational research: Seeking sweet water. In R. M. Jaeger (Eds.), *Complementary methods for research in education* (pp. 253-278). Washington, DC: American Educational Research Association.

Stake, R. E. (1994). Case studies. In N. K. Denzin & Y. S. Lincoln (Eds.), *Handbook of qualitative research* (pp. 236-247). Thousand Oaks, CA: Sage.

Stake, R. E. (1995). *The art of case study research*. Thousand Oaks, CA: Sage. 홍용희 · 노경주 · 심종희 (공역) (2000). 〈질적 사례연구〉. 서울: 창지사.

Sutton, R. I., & Staw, B. M. (1995). What theory is not. *Administrative Science Quarterly, 40*(3), 371-384.

Thomas, W. I., & Znaniecki, F. (1918-1920). *The Polish peasant in Europe and America: Monograph of an immigrant group*. Urbana, IL: University of Illinois Press.

van Manen, M. (1988). *Tales of the field: On writing ethnography*. Chicago: University of Chicago Press.

Whyte, W. F. (1943). *Street corner society: The social structure of an Italian slum*. Chicago: University of Chicago Press.

Whyte, W. F. (1955). *Street corner society: The social structure of an Italian slum*. (2nd ed.). Chicago: University of Chicago Press.

Wolcott, H. F. (1973). *The man in the principal's office: An ethnography*. New York, NY: Holt, Rinehart & Winston.

Wolcott, H. F. (1990). *Writing up qualitative research*. Newbury Park, CA: Sage.

Wolcott, H. F. (1992). Posturing in qualitative research. In M. D. LeCompte, W. L. Millroy & J. Preissle (Eds.), *The handbook of qualitative research in education* (pp. 3-52). San Diego, CA: Academic Press.

Wolcott, H. F. (1994). *Transforming qualitative data: Description, analysis, and interpretation*. Thousand Oaks, CA: Sage.

Yin, R. K. (1984). *Case study research: Design and methods*. Newbury Park, CA: Sage.

Yin, R. K. (2003). *Case study research: Design and methods*. (3rd ed.). Thousand Oaks, CA: Sage. 신경식 · 서아영 (공역) (2005). 〈사례연구방법〉. 서울: 한경사.

Yin, R. K. (2009). *Case study research: Design and methods* (4th ed.). Thousand Oaks, CA: Sage.

>> 제9장 질적 연구의 검증 방법

김영천 (2013). 〈질적연구방법론 2: Methods〉. 파주: 아카데미프레스.

박성희 (2011). 〈생애사에 기초한 질적 연구방법〉. 서울: 원미사.

Angus, I. (1989). Media beyond representation. In S. Jhally & I. Angus (Eds.), *Cultural politics in contemporary America*. New York, NY: Routledge.

Bogard, W. (1988). Sociology in the absence of the social: The significance of Baudrillard for contemporary social thought. Paper delivered at the Pacific Sociological Association annual conference, Las Vegas, Nevada, April.

Campbell, D. T., & Fiske, D. W. (1959). Convergent and discriminant validation by the multitrait-multimethod matrix. *Psychological Bulletion, 56*, 81-105.

Cassell, J. (1978). Risk and benefit to subjects of fieldwork. *American Sociologist, 13*(3), 134-143.

Creswell, J. W. (2007). *Qualitative inquiry and research design: Choosing among five approaches* (2nd ed.). Thousand Oaks, CA: Sage. 조흥신 · 정선욱 · 김진숙 · 권지성 (공역) (2010). 〈질적 연구방법론: 다섯 가지 접근〉. 서울: 학지사.

Crotty, M. (1998). *The foundations of social research: Meaning and perspective in the research process*. London: Sage.

Deleuze, G., & Guattari, F. (1980). *Mille plateaux: Capitalisme et schizophrénie 2*. Les Éditions de Minuit. 김재인 (역) (2001). 〈천 개의 고원: 자본주의와 분열증 2〉. 서울: 새물결.

Denzin, N. K. (1978). *The research act: A theoretical introduction to sociological methods*. New York, NY: McGraw Hill.

Denzin, N. K. (1984). *The research act* (3rd ed.). Englewood Cliffs, NJ: Prentice Hall.

Ely, M., Anzul, M., Friedman, T., Garner, D., & Steinmetz, A. C. (1991). *Doing qualitative research: Circles within circles*. New York, NY: Falmer Press.

Erlandson, D. A., Harris, E. L., Skipper, B. L., & Allen, S. D. (1993). *Doing naturalistic inquiry: A guide to methods*. Newbury Park, CA: Sage.

Flick, U. (1992). Triangulation revisited: Strategy of validation or alternative? *Journal for the Theory of Social Behaviour, 22*(2), 175-198.

Glesne, C., & Peshkin, A. (1992). *Becoming qualitative researches: An introduction*. White Plains, NY: Longman.

Irigaray, L. (1985). *Speculum of the other woman*. (G. C. Gill, Trans.). Ithaca: Cornell University Press.

Kidder, L. (1982). Face validity from multiple perspectives. In D. Brinberg & L. Kindder (Eds.), *New directions for methodology of social and behavioral science: Forms of validity in research* (pp. 41-57). San Francisco, CA: Jossey-Bass.

Lather, P. (1991). *Getting smart: Feminist research and pedagogy with/in the postmodern.* New York, NY: Routledge.

Lather, P. (1993). Fertile obsession: Validity after poststructuralism. *Sociological Quarterly, 34*(4), 673-693.

Lincoln, Y. S., & Guba, E. G. (1985). *Naturalistic inquiry.* Newbury Park, CA: Sage.

Lyotard, Jean-François (1984). *The postmodern condition: A report on knowledge.* (G. Bennington & B. Massumi, Trans.). Minneapolis: University of Minnesota Press.

McGowan, J. (1991). *Postmodernism and its critics* (4th ed.). New York, NY: Cornell University Press.

McWilliam, E. (1992a). Educative research in pre-service teacher education: Postpositivist possibilities. Unpublished manuscript.

McWilliam, E. (1992b). *In broken images: A postpositivist analysis of student needs talk in pre-service teacher education.* Brisbane: University of Queensland.

Merriam, S. B. (1988). *Case study research in education: A qualitative approach.* San Francisco: Jossey-Bass.

Merriam, S. B. (1998). *Qualitative research and case study applications in education.* San Francisco, CA: Jossey-Bass. 강윤수 외 (공역) (2005). 〈정성연구방법론과 사례연구〉. 서울: 교우사.

Patton, M. Q. (1987). *How to use qualitative methods in evaluation.* Newbury Park, CA: Sage.

Stake, R. E. (1994). Case studies. In N. K. Denzin & Y. S. Lincoln (Eds.), *Handbook of qualitative research* (pp. 236-247). Thousand Oaks, CA: Sage.

Stake, R. E. (1995). *The art of case study research.* Thousand Oaks, CA: Sage. 홍용희 · 노경주 · 심종희 (공역) (2000). 〈질적 사례연구〉. 서울: 창지사.

Woodbrooks, C. (1991). *The construction of identity through the presentation of self: Black women candidates interviewing for administrative positions at a research university.* Columbus: Ohio State University.

Yin, R. K. (2003). *Case study research: Design and methods* (3rd ed.). Thousand Oaks, CA: Sage. 신경식 · 서아영 (공역) (2005). 〈사례연구방법〉. 서울: 한경사.